D0085786

Viking Language 2: The Old Norse Reader

immerses the learner in Old Norse and Icelandic sagas, eddas, and myths
The Old Norse Reader includes:

- **Wide Selection of Old Norse and Icelandic Readings**
- **Explanatory Notes and Maps of the Viking World**
- **Scandinavian Mythology, the Norse Gods and Goddesses**, life in the Viking Age, descriptions of the dwarves' gold and the ring that inspired Tolkien's *Lord of the Rings* and Wagner's *Ring Cycle*
- **Workbook Design for Rapid Interactive Learning**
- **A Complete Saga with Introduction and Cultural Background**
- **Viking Age and Medieval Runes**
- **Mythic and Heroic Poetry: Eddic and Skaldic**
- **The Doom of the Gods**
- **Hrafnkel's Saga, The Priest of the God Frey**
- **The Tale of Audun From the West Fjords and the Bear**
- **Comprehensive Old Norse Reference Grammar**
- **Extensive Vocabulary Marked for Word Frequency**

Visit our website for more information
and the free download Answer Key to *Viking Language 1*

www.vikingnorse.com
www.vikinglanguage.com

THE VIKING LANGUAGE SERIES

A full course in Old Norse, runes, Icelandic sagas, and Vikings

Viking Language 1: Learn Old Norse, Runes, and Icelandic Sagas. (the first book in The Viking Language Series) is a new introduction to Old Norse, Icelandic, and runes. The beginner has everything in one book: graded lessons, vocabulary, grammar, exercises, pronunciation, culture sections, and maps. The book follows an innovative method that speeds learning. The grammar of Modern Icelandic has changed little from Old Norse, and the learner is well on the way to mastering Modern Icelandic.

Viking Language 2: The Old Norse Reader (the second book in The Viking Language Series) immerses the learner in Old Norse, Icelandic, and runes. It teaches how to read sagas, poems of the Scandinavian gods and heroes. The Old Norse Reader includes a large vocabulary, a reference grammar, and runic inscriptions.

TWO MP3 DOWNLOAD AUDIO ALBUMS
TEACH PRONUNCIATION of reading passages
and runic inscriptions in *Viking Language 1*.

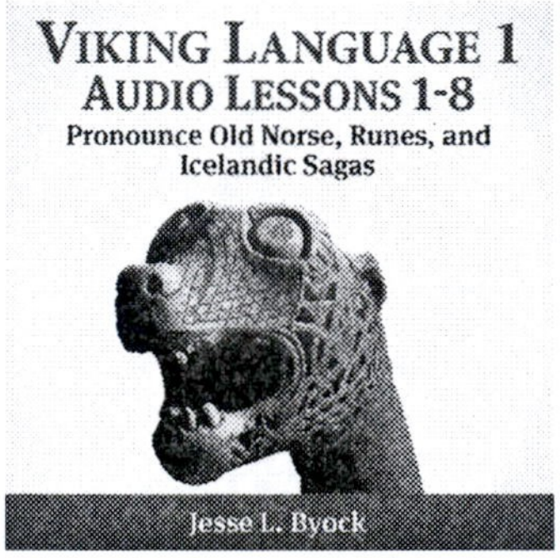

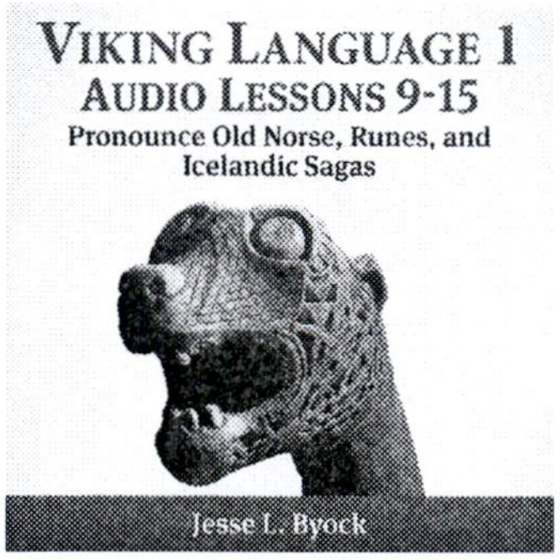

***Viking Language 1 Audio Lessons 1-8: Pronounce Old Norse, Runes, and Icelandic Sagas*.**

Viking Language 2 Audio Lessons 9-15: Pronounce Old Norse, Runes, and Icelandic Sagas.

www.vikingnorse.com www.vikinglanguage.com

About the Author

Jesse Byock is Distinguished Professor of Old Norse Studies in the UCLA Scandinavian Section and at UCLA's Cotsen Institute of Archaeology. He received his Ph.D. from Harvard University and teaches Old Norse, Icelandic sagas, and Viking Archaeology. Prof. Byock directs the Mosfell Archaeological Project (MAP) in Iceland, excavating a Viking Age longhouse, harbor, and valley. He is professor at the University of Iceland (Háskóli Íslands) affiliated with the Department of History and the Program in Viking and Medieval Norse Studies.

Books by Jesse Byock

Studies:

Viking Age Iceland. Penguin Books

L'Islande des Vikings. Flammarion, Editions Aubier

La Stirpe Di Odino: La Civiltá Vichinga in Islandia. Oscar Mondadori

Исландия эпохи викингов. Corpus Books

Feud in the Icelandic Saga. University of California Press

サガ゛ノ シャカイカイシ チューセイアイスラント゛ノ シユウコッカ. Tokai University Press

Medieval Iceland: Society, Sagas, and Power. University of California Press

Island í sagatiden: Samfund, magt og fejde. C.A. Reitzel

アイスラント゛ サカ. Tokai University Press

Viking Archaeology in Iceland: The Mosfell Archaeological Project. Edited by Davide Zori and Jesse Byock. Brepols Publishers

Translations from Old Norse:

Grettir's Saga. Oxford University Press

The Prose Edda: Norse Mythology. Penguin Books.

***The Saga of the Volsungs*: The Norse Epic of Sigurd the Dragon Slayer.** Penguin Books

The Saga of King Hrolf Kraki. Penguin Books

Sagas and Myths of the Northmen. Penguin Books (a short introductory book)

VIKING LANGUAGE 2

THE OLD NORSE READER

JESSE L. BYOCK

Jules William Press

www.vikingnorse.com

www.vikinglanguage.com

Viking Language 2: The Old Norse Reader

Jules William Press

15450 De Pauw St.

Pacific Palisades, CA 90272

www.vikingnorse.com

Copyright © 2015, Jesse L. Byock

Maps copyright © 2015, Jesse L. Byock

All rights reserved. No part of this copyrighted book may be reproduced, transmitted, or used in any form or by any means graphic, electronic, or mechanical, including internet, photocopying, recording, taping, pdf, or any information storage and retrieval systems without written permission from Jesse L. Byock.

Cataloging-in-Publication Data

Byock, Jesse L., 1945-

Viking language 2 : The Old Norse reader / Jesse Byock. -1st ed.

v. cm. - (Viking language series)

Contents: v. 1. Viking language 1 : Learn Old Norse, runes, and Icelandic sagas. v. 2. Viking language 2 : The Old Norse reader.

Summary: Old Norse Icelandic language introductory textbook with readings from sagas, runes, and the Viking Age in Scandinavia.

Includes bibliographical references, vocabulary, appendices, and student´s guide.

ISBN-13: 978-1481175265 (pbk.)

ISBN-10: 1481175262 (pbk.)

1. Old Norse language-Grammar. 2. Old Norse language-Readers. 3. Vikings-Language. 5. Sagas-Icelandic. 6. Runes-Scandinavian. I. Title.

PD2235.B9 2012/v.2

439/.6/v.2-dc 2012921210 (LCN)

Printed in Calibri

Cover Picture Permission: Cf24063_C55000_100_VSH: Vikingskipshuset, det akademiske dyrehodet fra Oseberg © Kulturhistorisk museum, Universitetet I Oslo / Ove Holst

ACKNOWLEDGMENTS

Preparing *Viking Language 2: the Old Norse Reader* was a pleasure, especially since it involved reading sagas and eddas. In choosing the selections, I tried them out on my students and post docs, both at UCLA and at the University of Iceland (Háskóli Íslands). I am thankful for their help and comments, and in many ways, I have shaped the book in answer to their needs. I especially thank my UCLA graduate students Kevin Elliott, Randall Gordon, and Davide Zori. Among the graduate students Árngrímur Víðalin Stefánsson, Eduardo Ramos, and Rabea Stahl were especially knowledgeable and helpful. John Hines in Cardiff shared his great knowledge of runes, and Russell Poole contributed his his deep understanding of eddic poetry. I am grateful for the help of these exceptional scholars. My Icelandic friends Ágúst Guðmundsson and Helgi Þorláksson eloquently provided editorial advice.

In Iceland, I have been professor for several years with the Department of History, and the Programs in Viking and Medieval Studies. I especially thank Professors Ástráður Eysteinsson, Gunnar karlsson, Helgi Þorláksson, and Torfi Tulinius for assisting me. Steve Shema and Ilya Sverdlov, both of whom know a great deal of Old Norse, worked closely with me, and I thank them heartily. Also I thank Brett Landenberger at the UCLA Center for Medieval and Renaissance Studies for his exceptional skill at graphics. Guðmundur Ólafur Ingimundarson, a magnificent cartographer, worked with me on the maps.

The Stofnun Árna Magnússonar í íslenskum fræðum (the Árni Magnússon Institute for Icelandic Studies) graciously gave permission to use pictures of manuscripts, and I thank Guðrún Nordal and Sigurgeir Steingrímsson for their assistance. I also warmly thank Gayle Byock for her careful readings of the manuscript and her many wonderful suggestions. Any errors that remain are my own.

I am also grateful to the Menntamálaráðuneyti (the Icelandic Ministry of Education, Science, and Culture), the Alcoa Foundation, Arcadia Fund, the National Endowment for the Humanities, the Institute for Viking and North Atlantic Studies, and the UCLA Center for Medieval and Renaissance Studies. These generous institutions often supported the Viking Language project and the Mosfell archaeology at the same time.

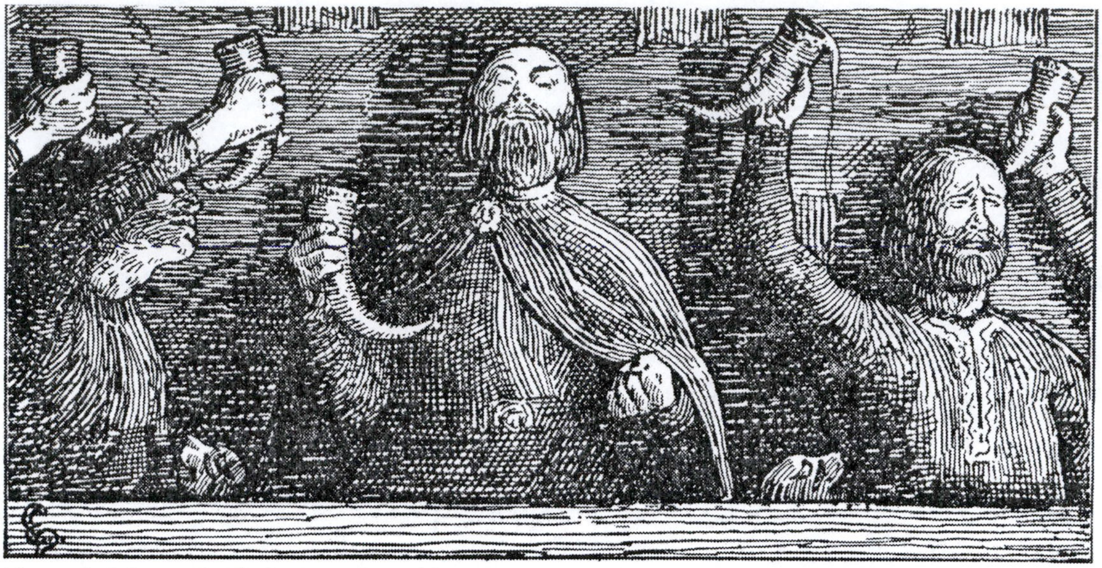

Figure 1. A Toast To Those Learning Old Norse

CONTENTS

– CHAPTER 2 –
CREATION OF THE WORLD:
YMIR, YGGDRASIL, AND ASGARD

–CHAPTER 3 –
RAGNAROK: THE BATTLE AT THE WORLD'S END

– Chapter 4 –
Gods and Goddesses

– Chapter 5 –
Thor and the Giant Utgarda-Loki

– Chapter 6 –
Otter's Ransom: The Dwarves' Gold and the Ring

– Chapter 7 –
Settling the North Atlantic: Iceland

– Chapter 8 –
Greenland and Vinland

–Chapter 9 –
The Tale of Audun from the West Fjords,
Auðunar þáttr vestfirzka

– Chapter 10–
Hrafnkel's Saga,
Hrafnkels saga freysgoða

– Chapter 11 –
Runes in Viking and Medieval Times

– Chapter 12 –
Eddic Poetry

–Chapter 13 –
Eddic Meters
Jesse Byock and Russell Poole

– Chapter 14–
The Lay of Thrym (Þrymskviða): A Complete Eddic Poem and Poetic Devices

– Chapter 15–
Runes and Eddic Meter from Sweden

– Chapter 16–
Skaldic Poetry

– Chapter 17 –
The Karlevi Runestone:
A Skaldic Poem Carved in Runes

Appendix and Vocabulary

Maps, Figures and Diagrams

Front Pages

Chapter 1 – Readings from The Family and Kings' Sagas

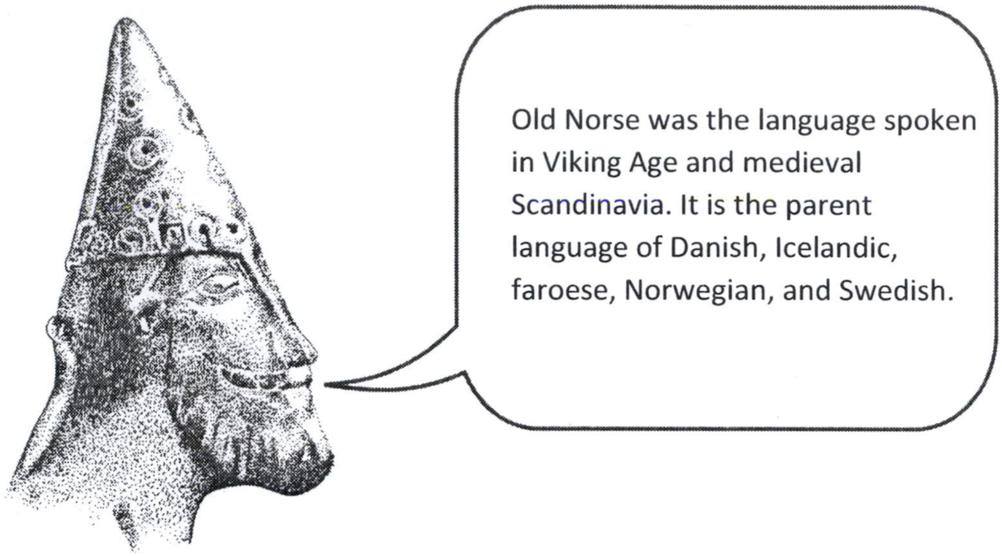

Old Norse was the language spoken in Viking Age and medieval Scandinavia. It is the parent language of Danish, Icelandic, faroese, Norwegian, and Swedish.

INTRODUCTION

This book, *Viking Language 2: The Old Norse Reader* is designed to accompany *Viking Language 1: Learn Old Norse, Runes, and Old Icelandic Sagas* (the first book in The Viking Language Series). Together the two books in The Viking Language Series are a comprehensive entry to the language, sagas, runes, and eddas. Both Viking Language 1 and 2 are structured as workbooks, so that the learner works interactively with the material and learns quickly. *Viking Language 2* is also a stand-alone text for those wishing to deepen their knowledge of sagas, mythology, history, and runes. The extensive Vocabulary continues the practice begun in *Viking Language 1* of focusing on the 250 most frequent words in the sagas.

The many cultural sections and maps provide an introduction to Old Scandinavian culture. Readings tell of the gods, goddesses, the final battle at the end of the world, as well as eddic and skaldic verse. Runes are a major component in The Viking Language Series. This is unusual, in Old Norse studies, which often treats runes as peripheral. In fact, runes are a central aspect of Old Norse culture, and these books treat them as such.

The Viking Age

The Viking Age began in the late 700s A.D., when Scandinavia was a land of pagan chieftaincies. The age continued to around the year 1100 by which time, kings and Christianity were becoming firmly established. Vikings were people of the ship, the first northern Europeans to harness and exploit a full technology of long-distance water travel. Their era was an epoch of sea-borne expansion.

The period comes alive in a poem from the sagas made by an Icelandic boy of four, Egill Skalla-Grímsson (Egil the son of Bald Grim). Egil's mother is pleased with her son. She has just called him, *vikinga-efni* ('the stuff of Vikings') after Egil avenged himself on an older playmate with an axe. Egil looks to his future, and his prediction comes to pass. He becomes a far-travelled Viking warrior, a famous Icelandic poet (*skáld*), and the hero of a saga.

So said my mother,	Þat mælti mín móðir,
for me, they shall buy	at mér skyldi kaupa
a ship with stout oars,	fley ok fagrar árár,
so I should sail with Vikings,	fara á brótt með víkingum,
stand tall in the ship's prow,	standa upp í stafni,
steer the valuable knörr,	stýra dýrum knerri,
hold so into harbors,	halda svá til harnar,
hew down a man or two.	höggva mann ok annan.

As part of their late Iron Age warrior culture, Vikings sailed from Scandinavia in all compass directions. Shipwrights in mainland Scandinavia had advantages over most of their contemporaries. They could draw on native resources of high quality woods, tar, iron and saltwater-resistant sea mammal hide for ships' ropes. The navigational skills of the Northmen were prodigious. They reached several continents, making their presence felt in Europe, Asia, the Middle East, North America, and Africa. Their voyages generated wealth for the Viking world, which fueled Viking Age culture.

Northmen traded, raided, explored, and colonized. The distinction between Viking raiders and merchants was often unclear. Some sailors were mostly raiders, and others were mostly merchants, but all were armed. Depending on the defenses they met on the shores, Norse seamen might engage in raiding or commerce. Vikings were often in search of land. In Iceland, the Faroe Islands, Britain, and Ireland, they settled and brought their families.

Wherever Scandinavians went, they brought with them their language, legends, myths, and runes. Today, especially from Iceland where the old manuscripts were preserved, we still have many of these materials, and this is what this book is about.

Jesse Byock, University of California, Los Angeles (UCLA)
University of Iceland (Háskóli Íslands)

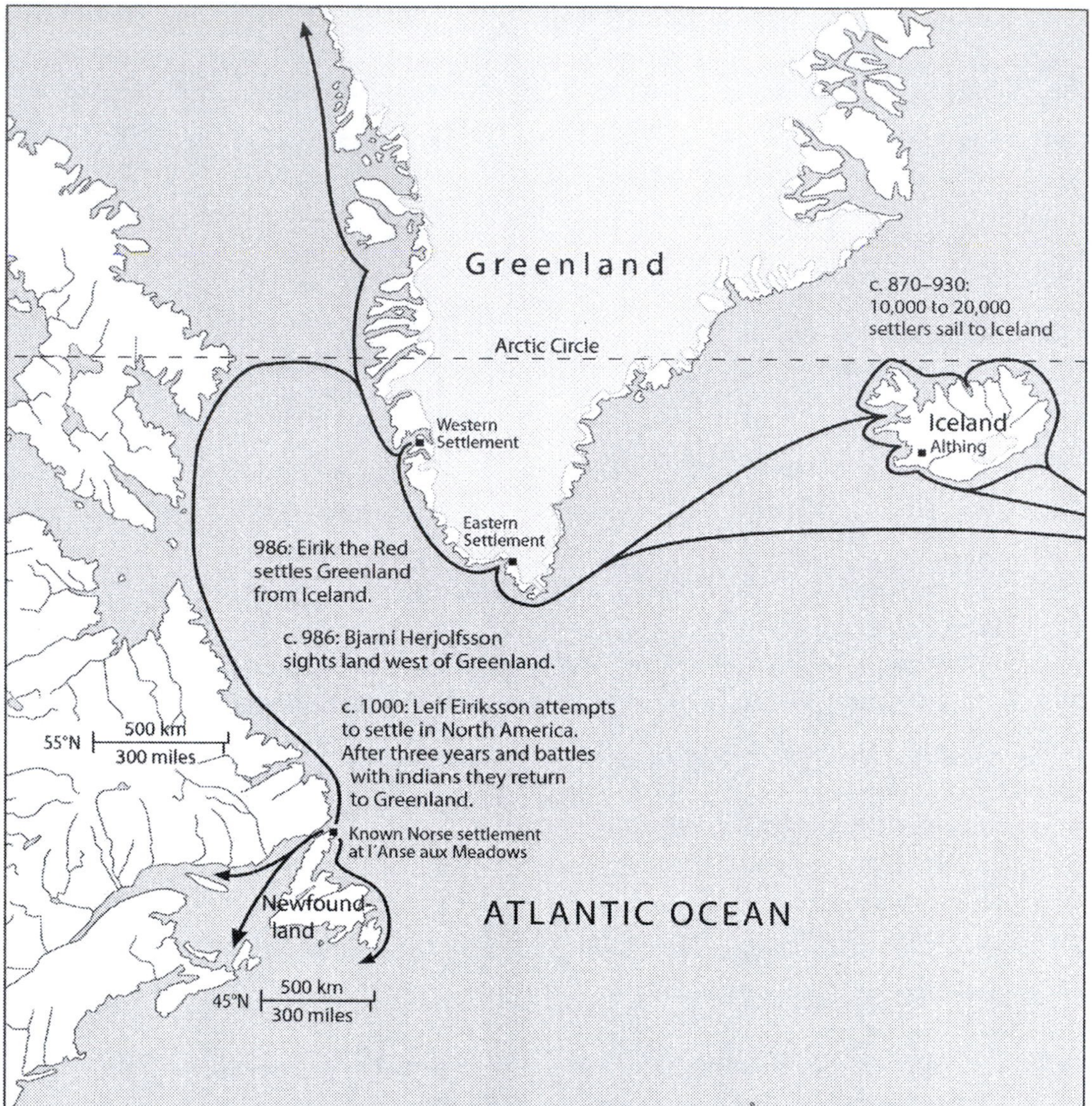
Greenland
c. 870–930:
10,000 to 20,000
settlers sail to Iceland
Arctic Circle
Western
Settlement
Iceland
Althing
Eastern
Settlement
986: Eirik the Red
settles Greenland
from Iceland.
c. 986: Bjarni Herjolfsson
sights land west of Greenland.
c. 1000: Leif Eiriksson attempts
to settle in North America.
After three years and battles
with indians they return
to Greenland.
55°N
500 km
300 miles
Known Norse settlement
at l'Anse aux Meadows
Newfound-
land
ATLANTIC OCEAN
45°N
500 km
300 miles

Map 1: The World of the Vikings

From their Scandinavian homelands, Northmen journeyed in all directions. Some sailed to the far Arctic regions, hunting for walrus ivory, sealskins and furs. Others voyaged west across the North Atlantic seeking lands to settle as farmers and fishermen. They discovered and colonized the Faroe Islands, Iceland and Greenland and unsuccessfully tried to settle North America (Vinland) shortly after the year 1000. Vikings plundered and conquered large parts of the British Isles and attacked the Frankish Empire, twice besieging Paris and acquiring Normandy (named for the Norsemen).

To the east, they sailed across the Baltic Sea, and then rowed down the rivers of Russia. Some went as far as the Caliphate of Baghdad, opening a major trade route between Northern Europe and the Middle East. Others sailed southwards across the Black Sea to Byzantium or Constantinople, the capital of the Greek speaking Byzantine Empire. From there, as merchants, raiders, and bodyguards to the Greek Emperors, they journeyed throughout the Near East and Mediterranean.

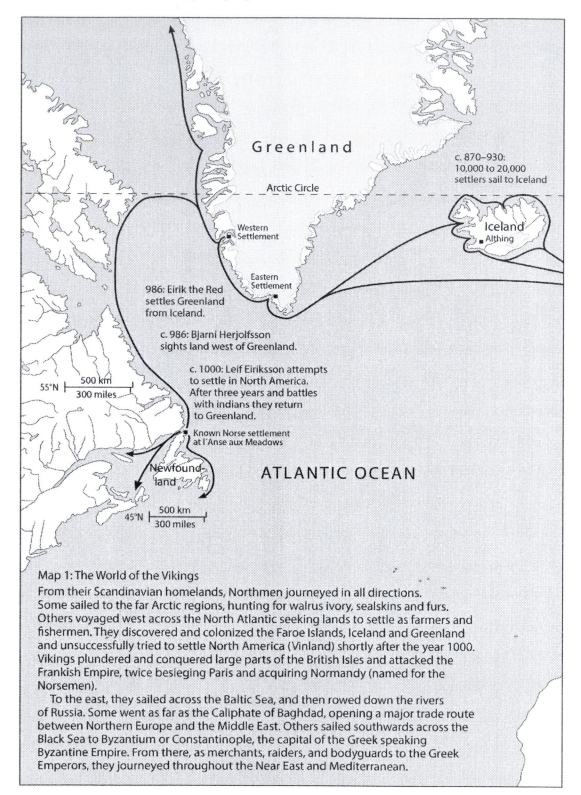

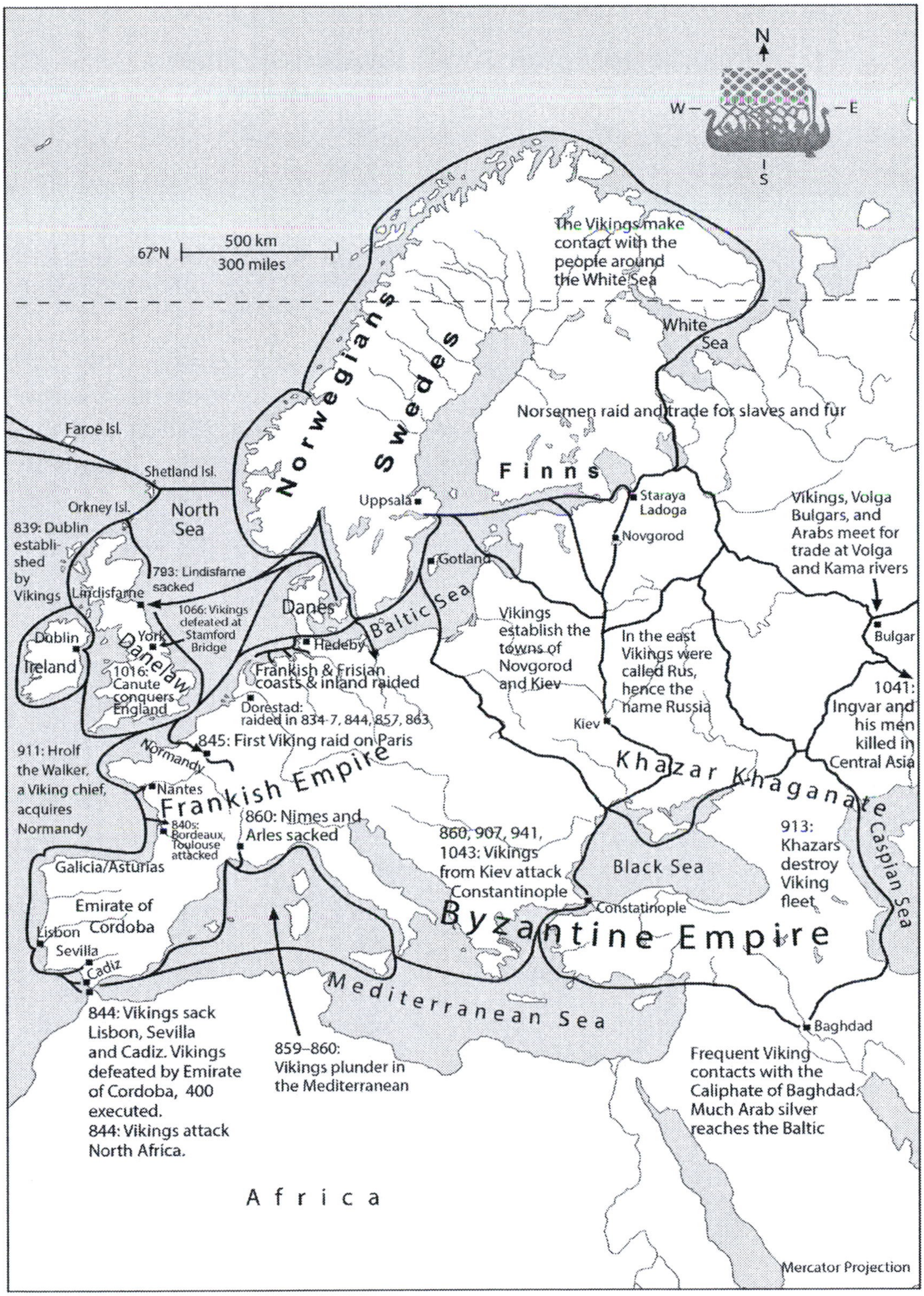
N
W
E
S
67°N
500 km
300 miles
The Vikings make contact with the people around the White Sea
White Sea
Norwegians
Swedes
Norsemen raid and trade for slaves and fur
Faroe Isl.
Shetland Isl.
Finns
Orkney Isl.
North Sea
Uppsala
Staraya Ladoga
Novgorod
Vikings, Volga Bulgars, and Arabs meet for trade at Volga and Kama rivers
839: Dublin established by Vikings
793: Lindisfarne sacked
Gotland
Lindisfarne
1066: Vikings defeated at Stamford Bridge
Danes
Baltic Sea
Vikings establish the towns of Novgorod and Kiev
Dublin
Ireland
York
Danelaw
Hedeby
In the east Vikings were called Rus, hence the name Russia
Bulgar
1016: Canute conquers England
Frankish & Frisian coasts & inland raided
Dorestad: raided in 834-7, 844, 857, 863
1041: Ingvar and his men killed in Central Asia
Kiev
845: First Viking raid on Paris
911: Hrolf the Walker, a Viking chief, acquires Normandy
Normandy
Frankish Empire
Khazar Khaganate
Nantes
840s: Bordeaux, Toulouse attacked
860: Nimes and Arles sacked
860, 907, 941, 1043: Vikings from Kiev attack Constantinople
913: Khazars destroy Viking fleet
Caspian Sea
Galicia/Asturias
Black Sea
Emirate of Cordoba
Constatinople
Lisbon
Sevilla
Cadiz
Byzantine Empire
Mediterranean Sea
844: Vikings sack Lisbon, Sevilla and Cadiz. Vikings defeated by Emirate of Cordoba, 400 executed.
844: Vikings attack North Africa.
859–860: Vikings plunder in the Mediterranean
Baghdad
Frequent Viking contacts with the Caliphate of Baghdad. Much Arab silver reaches the Baltic
Africa
Mercator Projection

Old Norse/Icelandic Alphabet and Spelling

Many of the texts in this book were written in Old Icelandic, a branch of Old Norse. The Latin alphabet adopted by the Icelanders in the eleventh century to write their Old Norse speech was was probably modeled on Anglo-Saxon writing, which already had the letters *þ* and *ð*.

- **The letter *þ* (upper case, *Þ*)** is called 'thorn' and pronounced like 'th' in the English word 'thought' or the name of the god Thor (*Þórr*). *Þ* is voiceless.
- **The letter *ð* (upper case, *Ð*)** is called 'eth' and pronounced like 'th' in the English word 'breathe' or Othin (*Óðinn*), often spelled Odin in English. *Ð* is voiced.

Old Norse writers, whether they wrote runes or manuscripts, did not follow a standardized spelling. Scholars addressed this issue more than a century ago by adopting a standardized Old Norse/Icelandic spelling and alphabetic order. Reading passages and vocabularies in the book generally follow standardized Old Norse spelling as found in the Icelandic *Íslenzk fornrit* saga editions. Additional readings from Anthony Faulkes' fine multi-volume editions of *The Prose Edda* and R. G. Finch's, *Völsunga Saga: Saga of the Volsungs* have been adapted to follow these conventions.

The Old Norse vowels *ǫ* and *ø* coalesced in the medieval period into the single vowel *ö*, which is still used in Modern Icelandic. This book maintains the distinction between *ǫ* and *ø* but uses the modern letter *ö* in place of *ǫ*. A primary reason for adopting *ö* in the lessons is that it is included in almost all modern digital fonts. That said, *ö* is not a bad choice, because it is found in many manuscripts. Where the phonological distinction between *ö* and *ǫ* remains important, especially in pronunciation charts, *ǫ* is used.

Modern Icelandic has lost the distinction between *æ* and *œ* and employs *æ* for both letters. This book mostly retains the original medieval distinction. Overall, the spelling differences between Old and Modern Icelandic are minor.

In the Old Norse/Icelandic alphabet, long vowels are distinguished from short vowels by an accent (for example, long *é* and short *e*). The long vowels *æ*, *œ*, *ø* and umlauted *o* (*ö*/*ǫ*) are listed at the end of the Icelandic alphabet. The letters *c*, *q*, and *w* are occasionally found in manuscripts but have not been adopted into the standardized alphabet.

a, á, b, d, ð, e, é, f, g, h, i, í, j, k, l, m, n, o, ó, p, r, s, t,
u, ú, v, x, y, ý, z, þ, æ, œ, ö(ǫ), ø

Anglicizing Old Norse Personal Names. Rendering Old Norse and Icelandic names into English is always a problem. This book employs a set of rules. The Icelandic vowels *ö* and *ø* are written as *o*, hence, Björn becomes 'Bjorn.' The long vowels *œ* and *æ* are retained, hence, Æsir remains

'Æsir.' Accents over long vowels are omitted in personal names when spelled in English, hence, Sigrún becomes 'Sigrun.' The letters *þ* and ð are spelled *th* and *d* in English, and Old Norse case endings are dropped, hence Þórðr (with case ending *r*) becomes 'Thord' and Önundr becomes Onund. The exception is weak masculine and feminine names that end in vowels and keep their endings, hence Bjarni and Gyða are 'Bjarni' and 'Gyda.'

Many names in Old Norse easily translate into English, as for instance, *Laxárdalr* = *Lax* 'salmon' + *ár* 'rver' + *dalr* 'valley' . Others prove more difficult and some appear impossible. An example is the Icelandic name of the Irish king Mýrkjartan. This name does not easily lend itself to translation, and some older translators choose Moorkjartan from the word *mýri* ('moor,' 'swamp') and the name Kjartan. In most of such instances, I give the original Old Norse name in English without accents, hence Myrkjartan. In some instances, where it seems best, the book uses the Old Norse name.

List of Abbreviations

1dual, 2dual	1st person dual, etc.	*num*	number
1pl, 2pl, 3pl	1st person plural, etc.	*obj*	object
1sg, 2sg, 3sg	1st person singular, etc.	OE	Old English
acc	accusative	OI	Old Icelandic
adj	adjective	ON	Old Norse
adv	adverb	*ord*	ordinal (number)
art	article (definite)	*pl*	plural
aux	auxiliary (verb)	*poet*	poetical usage
comp	comparative (*adj* or *adv*)	*poss*	possessive (pronoun)
conj	conjunction	*ppart*	past participle
conjug	conjugation	*pref*	prefix
dat	dative	*prep*	preposition
def	definite (article)	*pres*	present
defect	defective	*pres part*	present participle
dem	demonstrative (pronoun)	*pret-pres*	preterite-present (verb)
esp	especially	*pron*	pronoun
etc	etcetera	*refl*	reflexive (verb or pronoun)
ex	example	*rel*	relative (pronoun or particle)
f	feminine	*sb*	somebody
fig	figurative	*sg*	singular
gen	genitive	*sth*	something
impers	impersonal (verb)	*str*	strong (adjective or verb)
indecl	indeclinable	*subj*	subject
indef	indefinite (pronoun)	*subjunct*	subjunctive
indic	indicative	*superl*	superlative (*adj* or *adv*)
inf	infinitive	*trans*	transitive (verb)
interrog	interrogative (*adv* or *pron*)	*transl*	translation
intrans	intransitive (verb)	*usu*	usually
leg	legal usage	*var*	variant
lit	literally	*vb*	verb
m	masculine	*w*	with
mid	middle voice	*wk*	weak (adjective or verb)
neg	negative	=	equals
n	neuter	~	Alternative (spelling)
nom	nominative	=	equals

THE MOST FREQUENT WORDS IN THE SAGAS
A LEARNING STRATEGY FOR OLD NORSE

Word frequency is the key to learning Old Norse, and The Viking Language Series is designed with a word-frequency strategy, concentrating on the 246 most common words in the sagas. In the vocabularies, these words are marked with the symbol ❖.

The total vocabulary of the sagas is surprisingly small.[1] Excluding names, there are only 12,400 different words in the corpus of the family sagas out of a total word count of almost 750,000. Of these 12,400 different words, the 70 most frequent compose 60% of the total word count. The greatest benefit to using a word-frequency strategy in Old Norse material is found by learning the 246 most frequent words divided into parts of speech in groups of 50 each. This way the learner can concentrate on the 50 most frequent nouns, verbs, and adjectives, as well as common prepositions and conjunctions.

For example, *maðr* (man or person) is the most common noun in the sagas, and *konungr* (king) is the second most common noun. If you concentrate on learning the fifty most common nouns, you will have mastered the large majority of the frequently used nouns in the language. The same for verbs. The first two most frequent are *vera* (to be) and *hafa* (to have), when you become familiar with the fiftieth, you will have at your grasp the most frequent verbs in Old Norse, whether sagas from Iceland or runic inscriptions from Sweden.

Below are two lists of the same 246 Most Frequent Words in the Sagas. The first list (A) gives the 246 words divided by parts of speech into the 50 most common nouns, adjectives, pronouns, numerals, verbs, prepositions and adverbs, and conjunctions. The second list (B) is arranged alphabetically. Depending on the information you seek at different times, both lists are useful.

An added benefit to this learning strategy is that the majority of the 246 entries in the lists below remain among the most common words in Modern Icelandic. For example *maðr* (spelled *maður* in modern Icelandic) and *skip* remain among the most frequent nouns, while the verbs *vera*, *hafa*, and *segja* are still at the top of their frequency list.

A. THE 246 MOST FREQUENT WORDS IN THE SAGAS (by part of speech)

NOUNS

1. **maðr** – man, person
2. **konungr** – king
3. **skip** – ship
4. **mál** – speech; case, matter
5. **sonr** – son
6. **hönd** – hand
7. **fé** – wealth; livestock
8. **bróðir** – brother
9. **vetr** – winter
10. **land** – land
11. **kona** – woman
12. **ráð** – advice; plan
13. **dagr** – day
14. **frændi** – kinsman

[1] *Íslendinga sögur orðstöðulykill og texti: Handbók*. Eds. Bergljót S. Kristjánsdóttir, Eiríkur Rögnvaldsson (chief editor), Guðrún Ingólfsdóttir and Örnólfur Thorsson. 2nd ed. Reykjavík: Mál og menning, 1998.

15. **jarl** – earl
16. **faðir** – father
17. **ferð** – journey
18. **sumar** – summer
19. **dóttir** – daughter
20. **þing** – assembly
21. **orð** – word
22. **hestr** – horse
23. **nótt** – night
24. **tíðindi** – news, tidings
25. **fundr** – meeting
26. **lið** – following, troops
27. **bœr** – farm
28. **bóndi**– farmer
29. **sverð** – sword
30. **hlutr** – thing; part
31. **sök** – cause, reason
32. **bú**– farm
33. **höfuð** – head
34. **móðir** – mother
35. **víg** – slaying
36. **vinr** – friend
37. **vísa** – verse
38. **leið** – path
39. **sinn** – time
40. **kveld** – evening
41. **vápn** – weapon
42. **morginn** – morning
43. **hús** – house
44. **fótr** – foot
45. **spjót** – spear
46. **sveinn** – boy, lad
47. **vár** – spring
48. **kostr** – choice
49. **skjöldr** – shield
50. **bak** – back

Adjectives

1. **mikill** – great
2. **margr** – many
3. **góðr** – good
4. **lítill** – little
5. **illr** – bad, ill
6. **sannr** – true
7. **fár** – few
8. **dauðr** – dead
9. **stórr** – big
10. **gamall** – old
11. **kyrr** – quiet
12. **fyrri** – former
13. **varr** – aware
14. **sterkr** – strong
15. **ungr** – young
16. **víss** – certain; wise
17. **vándr** – bad
18. **langr** – long
19. **sárr** – wounded
20. **hálfr** – half
21. **vænn** – beautiful
22. **verðr** – worthy
23. **líkr** – alike
24. **vitr** – wise
25. **harðr** – hard
26. **vanr** – accustomed
27. **heill** – whole
28. **lauss** – loose, free
29. **sekr** – guilty
30. **vinsæll** – popular
31. **skyldr** – related; necessary, obliged
32. **miðr** – middle
33. **fullr** – full
34. **fagr** – beautiful
35. **auðigr** – wealthy
36. **fríðr** – beautiful
37. **réttr** – right, correct
38. **næstr** – next
39. **kunnigr** – known; cunning, skilled in magic
40. **líkligr** – likely
41. **reiðr** – angry
42. **ríkr** – powerful
43. **fjölmennr** – well attended; numerous
44. **skammr** – short; brief
45. **göfugr** – noble

Pronouns

1. **sá** – that (one)
2. **hann** – he, it
3. **ek** – I
4. **þú** – you
5. **sinn** – his/her/their (own)
6. **sjá** – this
7. **hon** – she, it
8. **allr** – all
9. **sik** – him/herself/ themselves
10. **annarr** – other; second
11. **hinn** – the other
12. **hverr** – each, every; who?
13. **minn** – my
14. **engi** – no (one)
15. **nökkurr** – some, a certain
16. **þinn** – your
17. **slíkr** – such
18. **báðir** – both
19. **várr** – our
20. **hvárr** – who, which (of two)?
21. **sjálfr** – self
22. **samr** – same
23. **sumr** – some
24. **hvárrtveggi** – each of the two
25. **yðr** – you (*pl*)
26. **okkarr** – us (*dual*)
27. **einhverr** – someone

Numerals

1. **einn** – one
2. **tveir** – two
3. **þrír** – three

4. **tólf** – twelve
5. **fjórir** – four
6. **sex** – six
7. **fimm** – five
8. **tíu** – ten
9. **sjau** – seven
10. **fimmtán** – fifteen

VERBS

1. **vera** – to be
2. **hafa** – to have
3. **segja** – to say
4. **koma** – to come
5. **fara** – to go, travel
6. **munu** – will
7. **mæla** – to speak
8. **vilja** – to want
9. **taka** – to take
10. **skulu** – shall
11. **ganga** – to walk
12. **gera** – to do; make
13. **verða** – to become
14. **kveða** – to speak
15. **þykkja** – to seem
16. **eiga** – to own
17. **láta** – to let
18. **heita** – to call; be named
19. **búa** – to live, dwell; prepare
20. **sjá** – to see
21. **ríða** – to ride
22. **svara** – to answer
23. **spyrja** – to ask; learn
24. **biðja** – to ask; tell
25. **mega** – may
26. **fá** – to get, obtain
27. **ætla** – to intend
28. **vita** – to know
29. **leggja** – to lay, place
30. **bera** – to carry, bear
31. **gefa** – to give
32. **finna** – to find
33. **ráða** – to advise; rule
34. **sitja** – to sit
35. **standa** – to stand
36. **bjóða** – to offer; invite
37. **hlaupa** – to leap; run
38. **kalla** – to call
39. **halda** – to hold
40. **falla** – to fall
41. **skilja** – to part, separate; understand
42. **drepa** – to kill
43. **setja** – to set
44. **liggja** – to lie
45. **leita** – to search
46. **veita** – to grant
47. **sœkja** – to seek
48. **höggva** – to strike
49. **senda** – to send
50. **geta** – to get, beget

PREPOSITIONS AND ADVERBS

1. **til** – to
2. **í** – in; into
3. **á** – on; onto
4. **þá** – then
5. **þar** – there
6. **um** – about
7. **nú** – now
8. **við** – with; against
9. **með** – with
10. **svá** – so; such
11. **eigi** – not
12. **fyrir** – before; for
13. **af** – of; from
14. **ekki** – not
15. **eptir** – after
16. **vel** – well
17. **upp** – up
18. **síðan** – then
19. **þó** – nevertheless
20. **heim** – (to) home
21. **út** – out
22. **frá** – from
23. **hér** – here
24. **mjök** – very
25. **þegar** – at once
26. **ór** – out of, from
27. **fram** – forward
28. **yfir** – over
29. **fyrr** – before
30. **áðr** – before
31. **saman** – together
32. **inn** – inside
33. **undir** – under
34. **heldr** – rather
35. **brott** – away
36. **enn** – yet, still
37. **niðr** – down
38. **ofan** – from above
39. **aptr** – back
40. **móti** – against
41. **hjá** – by, near
42. **illa** – badly
43. **lengi** – for a long time
44. **hversu** – how
45. **þangat** – to there
46. **aldri** – never
47. **nær** – nearly
48. **mikit** – greatly
49. **milli** – between
50. **útan** – from out

CONJUNCTIONS

1. **ok** – and
2. **at** – that
3. **en** – but
4. **er** – who, which, that; when; where
5. **sem** – who, which, that; as
6. **ef** – if
7. **eða** – or
8. **hvárt** – whether
9. **bæði** – both
10. **þótt** – although
11. **nema** – except
12. **né** – nor
13. **enda** – and yet

14. **hvárgi** – neither

C. THE 246 MOST FREQUENT WORDS IN THE SAGAS (in alphabetical order)

af – of; from
aldri – never
allr – all
annarr – other; second
aptr – back
at – that
auðigr – wealthy
á – on; onto
áðr – before
bak – back
báðir – both
bera – to carry, bear
biðja – to ask; tell
bjóða – to offer; invite
bóndi– farmer
brott – away
bróðir – brother
bú– farm
búa – to live, dwell; prepare
bæði – both
bœr – farm
dagr – day
dauðr – dead
dóttir – daughter
drepa – to kill
eða – or
ef – if
eiga – to own
eigi – not
einhverr – someone
einn – one
ek – I
ekki – not
en – but
enda – and yet
engi – no (one)
enn – yet, still
eptir – after
er – who, which, that; when; where
fá – to get, obtain
faðir – father
fagr – beautiful
falla – to fall
fara – to go, travel
fá – to get, obtain
fár – few
ferð – journey
fé – wealth; livestock
fimm – five
fimmtán – fifteen
finna – to find
fjórir – four
fjölmennr – well attended; numerous
fótr – foot
fram – forward
frá – from
fríðr – beautiful
frændi – kinsman
fullr – full
fundr – meeting
fyrir – before; for
fyrr – before
fyrri – former
gamall – old
ganga – to walk
gefa – to give
gera – to do; make
geta – to get, beget
góðr – good
göfugr – noble
hafa – to have
halda – to hold
hann – he, it
harðr – hard
hálfr – half
heill – whole
heim – (to) home
heita – to call; be named
heldr – rather
hestr – horse
hér – here
hinn – the other
hjá – by, near
hlaupa – to leap; run
hlutr – thing; part
hon – she, it
hús – house
hvárgi – neither
hvárr – who, which (of two)?
hvárrtveggi – each of the two
hvárt – whether
hverr – each, every; who?
hversu – how
höfuð – head
höggva – to strike
hönd – hand
illa – badly
illr – bad, ill
inn – inside
í – in; into
jarl – earl
kalla – to call
koma – to come
kona – woman
konungr – king
kostr – choice
kunnigr – known; cunning, skilled in magic
kveða – to speak
kveld – evening
kyrr – quiet
land – land
langr – long
lauss – loose, free
láta – to let
leggja – to lay, place
leið – path
leita – to search
lengi – for a long time
lið – following, troops
liggja – to lie
líkligr – likely
líkr – alike
lítill – little
maðr – man, person
margr – many
mál – speech; case, matter
með – with
mega – may
miðr – middle
mikill – great
mikit – greatly
milli – between

minn – my
mjök – very
morginn – morning
móðir – mother
móti – against
munu – will
mæla – to speak
nema – except
né – nor
niðr – down
nótt – night
nú – now
nær – nearly
næstr – next
nökkurr – some, a certain
ofan – from above
ok – and
okkarr – us (*dual*)
orð – word
ór – out of, from
ráð – advice; plan
ráða – to advise; rule
reiðr – angry
réttr – right, correct
ríða – to ride
ríkr – powerful
saman – together
samr – same
sannr – true
sá – that (one)
sárr – wounded
segja – to say
sekr – guilty
sem – who, which, that; as
senda – to send
setja – to set
sex – six
sik – him/herself/ themselves
sinn – his/her/their (own)
sinn – time
sitja – to sit
síðan – then
sjau – seven
sjá – this
sjá – to see
sjálfr – self
skammr – short; brief
skilja – to part, separate; understand
skip – ship
skjöldr – shield
skulu – shall
skyldr – related; necessary, obliged
slíkr – such
sonr – son
spjót – spear
spyrja – to ask; learn
standa – to stand
sterkr – strong
stórr – big
sumar – summer
sumr – some
svara – to answer
svá – so; such
sveinn – boy, lad
sverð – sword
sœkja – to seek
sök – cause, reason
taka – to take
til – to
tíðindi – news, tidings
tíu – ten
tólf – twelve
tveir – two
um – about
undir – under
ungr – young
upp – up
út – out
útan – from out
vanr – accustomed
varr – aware
vándr – bad
vápn – weapon
vár – spring
várr – our
veita – to grant
vel – well
vera – to be
verða – to become
verðr – worthy
vetr – winter
við – with; against
vilja – to want
vinr – friend
vinsæll – popular
vita – to know
vitr – wise
víg – slaying
vísa – verse
víss – certain; wise
vænn – beautiful
yðr – you (*pl*)
yfir – over
þangat – to there
þar – there
þá – then
þegar – at once
þing – assembly
þinn – your
þó – nevertheless
þótt – although
þrír – three
þú – you
þykkja – to seem
ætla – to intend

– CHAPTER 1 –
READINGS FROM
THE FAMILY AND KINGS' SAGAS

Þá veit þat, er reynt er – Grettis saga
(It is known when it is tested)

Figure 1.1. London Bridge is Falling Down after being pulled apart by attacking Viking ships. The passage below from *Heimskringla*, a history of the kings of Norway written in medieval Iceland, describes the destruction of the fortified bridge in 1013. The event, remembered in England, is the historical source of the children's song.

1.1 LONDON BRIDGE PULLED DOWN

LONDON BRIDGE FROM *THE SAGA OF ST. OLAF* (*ÓLÁFS SAGA HELGA, HEIMSKRINGLA*)[1]

Beginning in the year 1003, King Svein Forkbeard (Sveinn tjúguskegg Haraldsson) of Denmark carries out a decade-long military campaign against Anglo-Saxon England. During the conquest, London bridge is pulled down. The Danish invasion of England includes Vikings from different

[1] *Heimskringla*, the 13th century collection of sagas about Norwegian kings, is attributed to the Icelandic chieftain and man of letters Snorri Sturluson. For more on *Heimskringla* and Snorri Sturluson, see *Viking Language 1*.

parts of Scandinavia. After years of war, England's King Æthelred (Aðalráðr konungr) is defeated and in 1013 flees across the English Channel to Normandy.[2]

In Normandy, Æthelred acquires supporters and hires shiploads of mercenaries in order to attempt a comeback. Among the hired warriors are many Vikings. One is a young Norwegian named Olaf (Óláfr) Haraldsson. Known as Olaf the Stout (inn digri), he has already fought for several years against Æthelred with the Danes under King Svein. Olaf, who later becomes Norway's king and then its patron saint, switches sides and fights for King Æthelred against the Danes in return for a large payment of silver.

The passage below is from *The Saga of St. Olaf* (*Óláfs saga helga*) in *Heimskringla*. It describes Olaf's actions in 1013. At the time, Olaf is leading a contingent of Viking mercenaries in Æthelred's army and joins the English king in attacking the Danish Viking garrisons in London (Lundún) and the market town of Southwark (Súðvirki). These two walled towns lie across from each other on the Thames and are connected by a bridge (*bryggja*) that controls traffic on the river. The bridge is a formidable obstacle with fortifications built upon it. It rests on timber pilings driven into the riverbed. When assaults on the walled towns fail, Olaf volunteers to attack the bridge with his ships. The Vikings cover their ships for protection from the defenders above and succeed in loosening the bridge's pilings.

ÓLÁFS SAGA HELGA (CHS 12-13) FROM *HEIMSKRINGLA*

Aðalráðr konungr var mjök hugsjúkr, hvernug hann skyldi vinna bryggjurnar.[3] Hann kallaði á tal alla höfðingja hersins ok leitaði ráðs við þá, hvernug þeir skyldi koma ofan bryggjunum.[4] Þá segir Óláfr konungr, at hann mun freista at leggja til sínu liði,[5] ef aðrir höfðingjar vilja at leggja. Á þeiri málstefnu var þat ráðit, at þeir skyldu leggja her sinn upp undir bryggjurnar. Bjó þá hverr[6] sitt lið ok sín skip.

Translate: ____

---

2 Norðmandí in Old Norse, the region of northern France across the Channel from England that was settled by Northmen a century earlier (ca. 911) and namd after them.

3 **hvernug hann skyldi vinna bryggjurnar**: 'how he would win the bridge' (*skyldi*, 3sg past subj of *skulu*). *Hvernug* is a variant of *hvernig*.

4 **hvernug þeir skyldi koma ofan bryggjunum**: 'how they would tear down the bridge.'

5 **leggja til sínu liði**: 'to attack with his troops.'

6 **Bjó þá hverr**: 'Each then made ready.'

Óláfr konungr lét gera flaka stóra af viðartaugum ok af blautum viði[7] ok taka í sundr vandahús[8] ok lét þat bera yfir skip sín svá vítt, at tók út af borðum.[9] Þar lét hann undir setja stafi svá þykkt ok svá hátt, at bæði var hœgt at vega undan[10] ok ýrit stinnt fyrir grjóti, ef ofan væri á borit.[11] En er herrinn var búinn, þá veita þeir atróðr neðan eptir ánni.[12] Ok er þeir koma nær bryggjunum, þá var borit ofan á þá bæði skot ok grjót svá stórt, at ekki helt við, hvártki hjálmar né skildir, ok skipin meiddusk sjálf ákafliga.[13] Lögðu þá margir frá.

En Óláfr konungr ok Norðmannalið með honum røru allt upp undir bryggjurnar[14] ok báru kaðla um stafina, þá er upp heldu bryggjunum, ok tóku þá[15] ok røru öllum skipunum forstreymis,[16] sem mest máttu þeir. Stafirnir drógusk með grunni,[17] allt til þess er[18] þeir váru lausir undir bryggjunum. En fyrir því at vápnaðr herr stóð á bryggjunum þykkt, þar var bæði grjót mart[19] ok hervápn mörg, en stafirnir váru undan brotnir, bresta af því niðr bryggjurnar, ok fellr fólkit mart ofan á ána, en allt annat liðit flýði af bryggjunum, sumt í borgina, en sumt í Súðvirki.

7 **blautum viði**: 'soft, green or raw wood.'

8 **vandahús**: houses constructed of 'wattle and daub,' that is from branches covered with a mixture of mud and manure.

9 **ok lét þat bera yfir skip sín svá vítt, at tók út af borðum**: 'and had them carried [placed] over his ships so far that they stretched out over the sides of the ships.'

10 **at bæði var hœgt at vega undan**: 'that [the wicker shield) was both easy to fight underneath.' **vega**: 'to thrust or hew with weapons.'

11 **ef ofan væri á borit**: 'if these were borne [thrown] down upon it from above.'

12 **þá veita þeir atróðr neðan eptir ánni**: 'they set out rowing up along the river.'

13 **ok skipin meiddusk sjálf ákafliga**: 'and the ships themselves were exceedingly damaged.'

14 **allt upp undir bryggjurnar**: 'all the way up under the bridges.'

15 **þá**: refers to the ropes.

16 They used the strength of the river´s downstream current to pull down the bridge.

17 **Stafirnir drógusk með grunni**: 'The poles were pulled along the riverbed.'

18 **allt til þess er**: 'right up to the point when.'

19 **mart** = **margt** (*n nom/acc sg* of **margr**).

Eptir þat veittu þeir atgöngu í Súðvirki ok unnu þat. En er borgarmenn sá þat, at áin var unnin, Temps, svá at þeir máttu ekki banna skipfarar upp í landit, þá hræddusk þeir skipfarar ok gáfu upp borgina ok tóku við Aðalráði konungi.

1.2 CHIEFTAINS AND FAMILIES FROM *NJAL'S SAGA*

ICELANDIC CHIEFTAINS: THE OPENING CHAPTER OF *NJAL'S SAGA*

Njal's Saga begins with the following description of Mord the Fiddle (Mörðr gígja), a leader from the south of Iceland. Mord's father is mentioned as well as the site of his family's landholding at Völlr, located near the broad plains of Rangárvellir (Rang+ár+vellir, the Rang River Plains) of southern Iceland. Heroes in most epic traditions are celebrated for valorous deeds, enemies slain, territories taken, and booty and slaves acquired. Mord made his mark not as a warrior but as a lawyer. His weapons, an extensive knowledge of law and judicial procedure and his ability to use them, was valued in Viking Age Iceland.[20]

Mord's daughter Unn (Unnr) is unhappy in her marriage to Hrut (Hrútr), a well-born and successful farmer. Hrut is half-brother to the influential chieftain Hoskuld Dala-Kollsson (Höskuldr Dala-Kollsson), the father of the chieftain Ólaf the Peacock (Óláfr pái), who in a later section in this reader, gives a hound to Gunnar of Hlíðarendi (Slope's End).[21]

The first chapter of *Njal's Saga* quickly shifts from describing Mord to introducing the chieftain Hoskuld Dala-Kollsson and his family in the Dales of the Broadfjord region in western Iceland. The saga alerts the reader to the coming change in scene with the formulaic phrase *nú víkr sögunni* 'now the saga shifts' to describing the tension between Hoskuld and his half-brother Hrut over 'thief's eyes' in the family.

[20] Concerning Mord, see Jesse Byock, *Viking Age Iceland*. London and New York: Penguin Books, 2001, Ch. 1.

[21] **hlíð**: 'a broad hillside.'

BRENNU-NJÁLS SAGA (CH 1)

Mörðr hét maðr, er kallaðr var gígja; hann var sonr Sighvats ins rauða; hann bjó á Velli á Rangárvöllum. Hann var ríkr höfðingi[22] ok málafylgjumaðr[23] mikill ok svá mikill lögmaðr, at engir þóttu lögligir dómar dœmðir, nema hann væri við.[24] Hann átti dóttur eina,[25] er Unnr hét; hon var væn kona ok kurteis ok vel at sér, ok þótti sá beztr kostr á Rangárvöllum.[26]

Nú víkr sögunni vestr til Breiðafjarðardala.

Maðr er nefndr Höskuldr; hann var Dala-Kollsson. Móðir hans hét Þorgerðr ok var dóttir Þorsteins ins rauða, Óláfs sonar ins hvíta, Ingjaldssonar, Helgasonar; móðir Ingjalds var Þóra, dóttir Sigurðar orms-í-auga, Ragnars sonar loðbrókar. Uðr in djúpúðga var móðir Þorsteins rauðs, dóttir Ketils flatnefs, Bjarnar sonar bunu. Höskuldr bjó á Höskuldsstöðum í Laxárdal.

Hrútr hét bróðir hans; hann bjó á Hrútsstöðum. Hann var sammœðr við Höskuld; faðir hans var Herjólfr. Hrútr var vænn maðr, mikill ok sterkr, vígr vel ok hógværr í skapi, manna vitrastr, harðráðr við óvini sína, en tillagagóðr inna stœrri mála.[27]

---

[22] **ríkr höfðingi**: here *ríkr* means 'powerful.'

[23] **málafylgjumaðr**: *m* lawyer; from *mál* + *fylgja* + *maðr*.

[24] **engir þóttu lögligir dómar dœmðir, nema hann væri við = engir dómar þóttu lögligir dœmðir, nema**: 'no cases [were] thought to be lawfully judged, unless.'

[25] **dóttur eina**: this could be '[only] one daughter,' but more likely 'a certain daughter,' otherwise *átti eina dóttur barna.*'

[26] **[hon] þótti sá beztr kostr á Rangárvöllum**: '[she] was thought to be the best match in Rangarvellir.'

[27] **tillagagóðr inna stœrri mála**: 'gave good advice' (*lagði gott til*);' 'gave sensible advice in matters of importance;' lit., 'reliable in bigger matters.' *tillaga* means 'to contribute, suggest, advise.'

Þat var einu hverju sinni,[28] at Höskuldr hafði vinaboð, ok þar var Hrútr, bróðir hans, ok sat it næsta honum.[29] Höskuldr átti sér dóttur,[30] er Hallgerðr hét. Hon lék sér á gólfinu við aðrar meyjar; hon var fríð sýnum ok mikil vexti ok hárit svá fagrt sem silki ok svá mikit, at þat tók ofan á belti.

Höskuldr kallar á hana: 'Far þú hingat til mín,' sagði hann. Hon gekk þegar til hans. Hann tók undir kverkina ok kyssti hana; síðan gekk hon í braut.

Þá rœddi Höskuldr til Hrúts: 'Hversu lízk þér á mey þessa?'[31] Þykki þér eigi fögr vera?'[32] Hrútr þagði við.[33] Höskuldr innti til annat sinn.[34]

Hrútr svaraði þá: 'Œrit fögr er mær sjá, ok munu margir þess gjalda;[35] en hitt veit ek eigi, hvaðan þjófsaugu eru komin[36] í ættir várar.

Þá reiddisk Höskuldr, ok var fátt um með þeim brœðrum nökkura hríð.[37]

Brœðr Hallgerðar váru þeir Þorleikr, faðir Bolla, ok Óláfr, faðir Kjartans, ok Bárðr.

---

28 **einu hverju sinni**: 'on one occasion'; The dative case can be used to express a point in time.

29 **ok sat it næsta honum**: 'and sat the closest [nearest] to him'; the seat of honor next to the host.

30 **Höskuldr átti sér dóttur**: 'Hoskuld had himself a daughter.'

31 **hversu lízk þér á mey þessa?**: 'What do you think of this maiden?'

32 **Þykki þér eigi fögr vera?**: 'Doesn't [she] seem beautiful to you?'

33 **Hrútr þagði við**: 'Hrut was/remained silent.'

34 **Höskuldr innti til annat sinn**: 'Hoskuld mentioned [it] a second time ['asked again'] .'

35 **Œrit fögr er mær sjá, ok munu margir þess gjalda = sjá mær er œrit fögr, en margir [menn] munu gjalda þess**: 'That girl is beautiful enough, and many will pay [i.e., suffer] for it.'

36 **hvaðan þjófsaugu eru komin**: 'from where thief's eyes have come'; Hrut's statement foreshadows the trouble that Hoskuld's daughter will cause later in the saga.

37 **ok var fátt um með þeim brœðrum nökkura hríð**: 'and [it] was cold with those brothers for some time,' i.e., 'there was a coldness between the brothers....'

VIKINGS ATTACK NJAL'S SONS OFF THE COAST OF SCOTLAND

Njal's Saga tells that Grim and Helgi, the sons of the Icelander Njal, sail to Norway. In Norway, they take passage to the British Isles on a trading ship skippered by two merchants, Bard the Black and Olaf. After a violent storm, the merchants find themselves lost in a dense fog off the coast of Scotland. Suddenly, they see thirteen Viking ships sailing towards them. The merchants want to surrender to the Vikings, but Helgi shouts out 'þat vilja kaupmenn at verja sik' ('the merchants choose to defend themselves'). The passage begins when more ships round a promontory and row toward them. The new ships come from the Hebrides and are commanded by Kari Solmundarson. Later in *Njals Saga*, Kari marries Helgi and Grim's sister before becoming the avenger in an Icelandic feud.

NJÁLS SAGA (CH 84)

Í þessu[38] varð þeim litit til hafs. Sjá þeir þar skip fara sunnan fyrir nesit ok váru eigi færi en tíu; þeir róa mikinn ok stefna at þangat; er þar skjöldr við skjöld.[39] En á því skipi, er fyrst fór, stóð maðr við siglu; sá var í silkitreyju ok hafði gyldan hjálm, en hárit bæði mikit ok fagrt; sjá maðr hafði spjót gullrekit í hendi.

Hann spurði: 'Hverir eigu hér leik svá ójafnan?'[40]

Helgi nefndi sik ok sagði, at í móti váru þeir Grjótgarðr ok Snækólfr.

'En hverir eru stýrimenn?' sagði hann.

Helgi svaraði: 'Sá heitir Bárðr svarti, er lifir, en annarr er látinn, er Óláfr hét, en bróðir minn heitir Grímr, er mér fylgir.'

'Eruð þit íslenzkir menn?' segir hann.

'Svá er víst,' segir Helgi.

[38] **Í þessu**: 'at that moment.'
[39] **er þar skjöldr við skjöld**: 'there [on the ship] shield by shield'; i.e. the sides were lined with shields.
[40] **Hverir eigu hér leik svá ójafnan?**: 'Who here has such an uneven game?'The ON uses plural *hverir* from *hverr*, so that the verb *eiga* must agree with it.

Hann spurði, hvers synir þeir væri;[41] þeir sögðu. Þá kannaðisk hann við ok mælti: 'Nafnfrægir eruð þér feðgar.'

'Hverr ertú?' segir Helgi.

'Kári heiti ek, ok em ek Sölmundarson.'

'Hvaðan komtú at?' segir Helgi.

'Ór Suðreyjum,' segir Kári.

'Þá ert þú vel at kominn,' segir Helgi, 'ef þú vill veita oss nökkut.'

'Veita slíkt sem þér þurfuð,' segir Kári, 'eða hvers beiðizk þér?'

'Veita þeim atlögu,' segir Helgi.

'Kári sagði, at svá skyldi vera.

1.3 GIFT-GIVING IN THE SAGAS

Gift-giving occurs throughout the sagas. An example is the three gifts that the chieftain Olaf the Peacock gives to Gunnar of Hlíðarendi in the following passage 'Gunnar's Faithful Hound.' Gift-giving plays a significant role in what anthropologists call a 'prestige economy,' in which the

[41] **Hann spurði, hvers synir þeir væri**: 'He asked, whose sons they were'; **væri**: *3pl past subj* of **vera**.

giving serves to elevate a person's status and cement alliances. In Iceland, gifts of friendship (*vingjafar*, sg *vingjöf*) were given and often demanded when a person embroiled in troubles was seeking support or strengthening alliances.

Formal exchanges of gifts often resulted in contractual friendship (*vinfengi*) and put the giver in a position to expect reciprocity.[42] Gifts were also used to reconcile disputes. In such cases, gift-giving helped to prevent contention, which might develop into blood feud. Gifts were also given in out-of-court settlements, where gifts replaced judicial fines.

Among chieftains and kings, gift-giving and displays of hospitality increases stature and authority. Hosts, such as Olaf the Peacock in the next reading section, typically give gifts to their guests as they leave. Feasts and their hosts were judged by the quality of gifts. Generosity in gift-giving is reflected in kennings such as 'distributor of gold' (*gullmiðlandi*) to refer to a particular king or leader.

1.4 A GIFT IN *NJÁL'S SAGA*, GUNNAR'S FAITHFUL HOUND: FOUR SAMPLE TRANSLATIONS

The following passage from *Njáls saga* recounts an episode when Gunnar of Hlíðarendi leaves the Althing and rides to visit his new brother-in-law, the chieftain Olaf the Peacock. On parting Olaf gives Gunnar a hound. The dog serves Gunnar faithfully.

NJÁLS SAGA (CH 70)

Reið Gunnarr þá vestr af þingi til Dala í Hjarðarholt. Tók Óláfr pái vel við honum; sat hann þar hálfan mánuð. Hann reið víða um Dala,[43] ok tóku allir honum fegins hendi.[44] En at skilnaði mælti Óláfr: 'Ek vil gefa þér þrjá gripi: gullhring ok skikkju, er átt hefir Mýrkjartan Írakonungr, ok hund, er mér var gefinn á Írlandi; hann er mikill ok eigi verri til fylgðar en röskr maðr.[45] Þat fylgir ok, at hann hefir manns vit; hann mun ok geyja at hverjum manni, þeim er hann veit, at óvinr þinn er, en aldri at vinum þínum; sér hann ok á hverjum manni, hvárt honum er til þín vel eða illa;[46] hann mun ok lífit á leggja at vera þér trúr. Þessi hundr heitir Sámr.' Síðan mælti hann við hundinn: 'Nú skaltú[47] Gunnari fylgja ok vera honum slíkr sem þú mátt.' Hundrinn gekk þegar at Gunnari ok lagðisk niðr fyrir fœtr honum.[48]

Translate the above passage from *Njal's Saga* and compare your translation with the following four translations from over a span of 140 years. The translations are given chronologically, the oldest first. Styles and tastes change.

---

[42] For a discussion of friendship (*vinfengi*) in light of Icelandic feud, see *Viking Age Iceland*, Ch. 13, pp. 233-251.

[43] Place names have often changed little in Iceland over the past thousand years. The Dales are called Dalar in the medieval language and Dalir in modern Icelandic.

[44] **tóku allir honum fegins hendi**: 'they all received him joyfully.'

[45] **eigi verri til fylgðar en röskr maðr**: 'he is no worse a follower than a sturdy man.'

[46] **hvárt honum er til þín vel eða illa**: 'whether he means you well or ill.'

[47] **skaltú**: *skalt þú* becomes *skaltú*.

[48] **fyrir fœtr honum**: 'before his feet.'

– FOUR TRANSLATIONS OF THE FAITHFUL HOUND –

TRANSLATION 1 (1861). GEORGE WEBBE DASENT, EVERYMAN'S EDITION:

Then Gunnar rode from the Thing west to the Dales, till he came to Hjardarholt, and Olaf the Peacock gave him a hearty welcome. There he sat half a month, and rode far and wide about the Dales, and all welcomed him with joyful hands. But at their parting Olaf said, 'I will give thee three things of price, a gold ring, and a cloak which Moorkjartan the Erse king owned, and a hound that was given me in Ireland; he is big, and no worse follower than a sturdy man. Besides, it is part of his nature that he has a man's wit, and he will bay at every man whom he knows is thy foe, but never at thy friends; he can see, too, in any man's face, whether he means thee well or ill, and he will lay down his life to be true to thee. This hound's name is Sam.'

After that he spoke to the hound, 'Now thou shalt follow Gunnar, and do him all the service thou canst.'

The hound went at once to Gunnar and laid himself down at his feet.

TRANSLATION 2 (1955). C. F. BAYERSCHMIDT, NEW YORK UNIVERSITY PRESS:

Gunnar then rode west from the Assembly to the Dales as far as Hjardarholt, where he was well received by Óláf Peacock. He remained there half a month. During that time he rode around far and wide in the Dales and was welcomed wherever he came.

At his departure Óláf said: 'I wish to give you three things of value: a gold ring, a cloak which once belonged to Mýrkjartan, the king of Ireland, and a dog which was given to me in Ireland. The dog is big and will stand you in as good stead as a strong man. Also, he has human intelligence and will bark at every man whom he recognizes as your enemy, but never at your friends, because he can tell from a man's look whether he means you well or ill; he will lay down his life for you. Sám is the dog's name.'

Then he spoke to the dog: 'Now follow Gunnar and serve him in every way you can!' The dog immediately went to Gunnar and lay down at his feet.

TRANSLATION 3 (1960). MAGNUS MAGNUSON AND HERMANN PÁLSSON, PENGUIN CLASSICS:

Gunnar then rode from the Althing west to the Dales, to Hjardarholt, where he was warmly welcomed by Olaf the Peacock. He stayed there for a fortnight; he rode all over the Dales, and was welcomed gladly wherever he went.

When they parted, Olaf said, 'I want to give you three gifts: a gold bracelet, a cloak that once belonged to King Myrkjartan of Ireland, and a dog I was given in Ireland. He is a big animal, and will make as good a comrade-in-arms as a powerful man. He has human intelligence, and he will bark at every man he recognizes as your enemy, but never at your friends; he can tell from a man's face whether he means you well or not. He would lay down his life rather than fail you. His name is Sam.'

Then he said to the dog, 'Go with Gunnar and serve him as well as you can.' The dog went to Gunnar at once and lay down at his feet.

TRANSLATION 4 (2002). ROBERT COOK, PENGUIN CLASSICS:

From the Althing Gunnar rode west to Hjardarholt in Dalir. Olaf Peacock gave him a good welcome, and he stayed there for half a month. He travelled widely around Dalir, and everybody welcomed him gladly.

At their parting, Olaf spoke: 'I want to give you three gifts: a gold ring, a cloak which King Myrkjartan of Ireland once owned, and a dog which was given to me in Ireland — he is large and no worse as a companion than a strong man. Furthermore, he has the common sense of a man: he will bark at every man whom he knows to be your enemy, but never at your friends. He can also see in any man whether he means you well or ill, and he will lay down his life out of loyalty to you. The dog's name is Sam.'

Then he said to the dog, 'Go with Gunnar from now on and serve him the best you can.'

The dog went at once to Gunnar and lay down at his feet.

1.5 KING HARALD FAIRHAIR (*HARALDS SAGA INS HÁRFAGRA*)

Almost all we know of early Norwegian history comes from Icelandic writings, including the following stories about King Halfdan and his son Harald. King Halfdan the Black (Hálfdan svarti) was a petty king in the Víkin region of Southern Norway in the mid-ninth century. He carved out a kingdom on the Oslo Fjord with several districts under his control. His tale, *The Saga of Halfdan the Black* (*Hálfdanar saga svarta*) is the second saga in *Heimskringla*.

THE BOY HARALD INHERITS A KINGDOM

Harald's father Halfdan svarti dies when his sledge falls through the ice while crossing a frozen lake. The sudden disappearance of his father thrusts young Harald into danger as prominent men compete to fill the power void. Harald, in his early years, is supported by his maternal uncle Gudorm (Guðormr).

HARALDS SAGA INS HÁRFAGRA (CH 1)

Haraldr tók konungdóm eptir föður sinn. Þá var hann tíu vetra gamall.[49] Hann var allra manna[50] mestr ok sterkastr ok fríðastr sýnum, vitr maðr ok skörungr mikill. Guðormr, móðurbróðir hans, var forstjóri fyrir hirðinni ok fyrir öllum landráðum.[51] Hann var hertogi fyrir liðinu. Eptir líflát Hálfdanar svarta gengu margir höfðingjar á ríkit, þat er hann hafði leift.

KING HARALD AND THE PROUD MAIDEN

Eventually young Harald establishes himself as one of the petty kings and chieftains who control different regions of Norway. With a small kingdom under his command, Harald turns to other concerns. The saga tells that Harald set his eyes upon a high-spirited maiden named Gyda (Gyða), the daughter of King Eirik of Hordaland (Hörðaland, in western Norway). Harald desires Gyda for his mistress, and in the following passage, he sends men to relay his wish to the young woman.

Figure 1.2. Gyda Answers Harald's Men.

Gyda replies to the messengers that she will not sacrifice her maidenhood for a king who rules only a few districts (*fylki*), and names King Gorm of Denmark and King Eirik in Sweden (Uppsala) as examples of worthy kings. When Harald receives these words, he vows not to cut or comb his hair until he possesses all Norway. He become known as Haraldr lúfa (Shaggy Head).

[49] **tíu vetra gamall**: 'ten winters old.'

[50] **allra manna**: 'of all men.'

[51] **Guðormr ... öllum landráðum**: 'Guthorm, his uncle, was the commander of the king's court and responsible for all decisions of state.'

HARALDS SAGA INS HÁRFAGRA (CH 3)

Haraldr konungr sendi menn eptir meyju,[52] er Gyða er nefnd, dóttir Eiríks konungs af Hörðalandi - hon var at fóstri á Valdresi með ríkjum bóanda - er hann vildi taka til frillu sér,[53] því at hon var allfríð mær ok heldr stórlát. En er sendimenn kómu þar, þá báru þeir upp ørendi sín fyrir meyna.[54] Hon svaraði á þessa lund,[55] at eigi vill hon spilla meydómi sínum til þess at taka til manns þann[56] konung, er eigi hefir meira ríki en nökkur fylki til forráða.[57] 'En þat þykki mér undarligt,' segir hon, 'er[58] engi er sá konungr[59] er svá vill eignask Nóreg at vera einvaldi yfir sem hefir Gormr konungr at Danmörku[60] eða Eiríkr at Uppsölum.'

HARALD SETS HIS NEW KINGDOM IN ORDER

Once Harald conquered large parts of Norway, the Icelandic sources tell that he set about reordering the power of kingship at the expense of the traditional rights of the free farmers. *King Harald Fairhair's Saga* recounts that Harald levied property taxes on the farmers. In so doing, he increased royal power and disturbed the age-old customs of allodial, or family-based, private landholding (*óðal* plural *óðöl*).

---

52 The feminine noun *mær* 'maiden, young woman', is used several times in this passage. It is an atypical feminine noun with an *-r* ending. Its earliest paradigm was: 1) *mær, mey, mey(ju), meyjar* (nom, acc, dat, gen). Because this pattern was rare, the paradigm changed over time to mimic more common paradigms. One variant made the *-r* ending part of the stem: 2) *mær, mær, mær, mærar*. Another variant is based on the original dative ending, and got rid of the *-r* altogether: 3) *mey, mey, mey(ju), meyjar*. This passage uses the first, earliest paradigm (1).

53 **er hann vildi taka til frillu sér**: 'whom he wanted to take as his mistress.'

54 **fyrir meyna**: 'for the maiden.'

55 **Hon svaraði á þessa lund**: 'She answered in this manner.'

56 **þann** *m acc sg* of **sá**.

57 **til þess at taka ... en nökkur fylki til forráða**: '[namely] to take as a man [lord or husband] that king, who doesn't have a larger kingdom than some districts to rule over.'

58 **er**: 'that'; **er** can be used instead of **at** to introduce a subordinate clause.

59 **er engi er sá konungr**: 'that no one is that king,' i.e. 'there is no king.'

60 **sem hefir [gört] Gormr konungr at Danmörku**: 'as King Gorm has [done] in Denmark.'

HARALDS SAGA INS HÁRFAGRA (CH 6)

Haraldr konungr setti þann rétt allt þar,[61] er hann vann ríki undir sik, at hann eignaðisk óðöl öll ok lét alla bóendr gjalda sér landskyldir,[62] bæði ríka ok óríka. Hann setti jarl í hverju fylki, þann er[63] dœma skyldi lög ok landsrétt ok heimta sakeyri ok landskyldir, ok skyldi jarl hafa þriðjung skatta ok skylda til borðs sér ok kostnaðar.[64]

En svá mikit hafði Haraldr konungr aukit álög ok landsskyldir, at jarlar hans höfðu meira ríki en konungar[65] höfðu fyrrum.

En er þetta spurðisk um Þrándheim,[66] þá sóttu til Haralds konungs margir ríkismenn ok gerðusk hans menn.

HARALD CLAIMS HIS PRIZE

After winning the sea battle at Hafrsfjord (ON Hafrsfjörðr, Modern Norwegian Havsfjord), Harald stood unopposed. His thoughts returned to the words of the maiden Gyda.

Figure 1.3. Gyda Watches the Arrival of Harald's Messenger.

[61] **allt þar, er**: 'everywhere, where.'
[62] **ok lét alla bóendr gjalda sér landskyldi**r: 'and he had all the farmers pay him land taxes.'
[63] **þann er**: 'that one, who,' referring back to the **jarl** in the accusative singular.
[64] **til borðs sér ok kostnaðar**: 'for table and upkeep.'
[65] **konungar**: The 'kings' refer to the petty kings and chieftains who formerly controlled Norway.
[66] **En er þetta spurðisk um Þrándheim:** 'And when [men] learned this in Trondheim.' The people of the Trondelag region of northern Norway were traditionally opposed to Southerners, such as Harald from the Oslo Fjord region.

***HARALDS SAGA INS HÁRFAGRA* (CH 20)** Haraldr konungr var nú einvaldi orðinn[67] alls Nóregs. Þá minntisk hann þess, er mærin sú in mikilláta[68] hafði mælt til hans. Hann sendi þá menn eptir henni ok lét hana hafa til sín ok lagði hana hjá sér.[69] Þessi váru börn þeira: Álof var ellst, þá var Hrœrekr, þá Sigtryggr, Fróði ok Þorgils.

King Harald went on to have many wives, concubines, and children. Sources claim he fathered somewhere between nine and twenty sons. These sons and their numerous descendants aggressively sought to enforce their claims to lands and titles, leading to centuries of bloody struggles for control of Norway.

HARALD RECEIVES THE NAME FAIRHAIR

Rognvald, one of Harald's faithful supporters, is rewarded with a valuable earldom. While feasting after conquering Norway, Harald , having fulfilled his vow, has his hair combed and cut. Rognvald, now the earl (*jarl)* of Mœrr (Norwegian Møre), then bestows upon Harald a new name. No longer was he to be called Haraldr lúfa, but Haraldr hárfagri (fairhair).

HARALDS SAGA INS HÁRFAGRA (CH 23)

Haraldr konungr var á veizlu á Mœri at Rögnvalds jarls. Hafði hann þá eignazk land allt.[70] Þá tók konungr þar laugar,[71] ok þá lét Haraldr konungr greiða hár sitt,[72] ok þá skar Rögnvaldr jarl hár hans, en áðr hafði [hárit] verit óskorit ok ókembt tíu vetr.[73] Þá kölluðu þeir hann Harald lúfu,

---

67 **var nú ... orðinn**: 'had now become.'

68 **sú mærin, in mikilláta**: 'the proud maiden,' literally 'that maiden, the proud one.' Such constructions where there is more than one definite article relates to the same noun are common in Old Norse; here there is a demonstrative pronoun, a suffixed definite article and a free-standing definite article.

69 **lét hana hafa til sín ... hjá sér**: 'had her brought to him and placed [in bed] beside him.'

70 **Hafði ... eignazk**: 'had conquered for himself.' The form ***eignazk*** (*eignat + sk*) is a middle past participle in a past perfect construction.

71 **laugar**: grammatically plural with singular meaning, 'bath.'

72 **ok þá lét Haraldr konungr greiða hár sitt**: 'and then King Harald had his hair combed.'

73 **tíu vetr**: 'for ten years.'

en síðan[74] gaf Rögnvaldr honum kenningarnafn ok kallaði hann Harald inn hárfagra, ok sögðu allir, er sá, at þat var it mesta sannnefni, því at hann hafði hár bæði mikit ok fagrt.

1.6 EGIL'S BONES – SAGA AND ARCHAEOLOGY

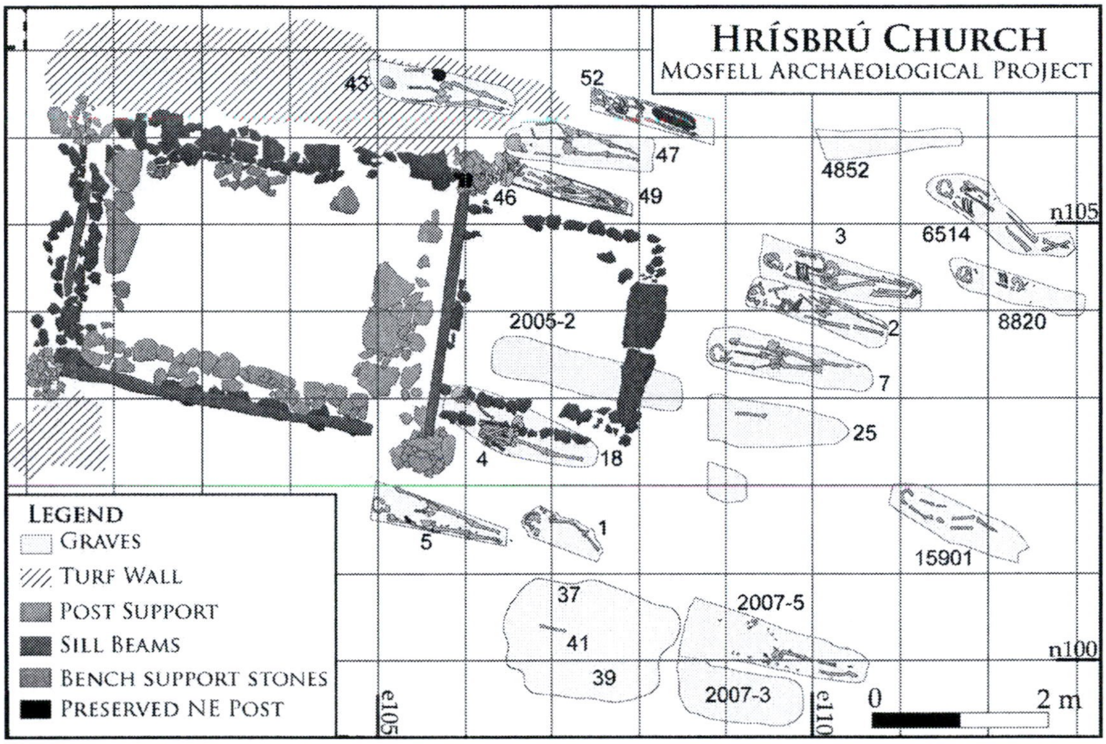

Figure 1.4. Site Plan of the Stave Church at Hrísbrú in the Mosfell Valley. The small wooden conversion-age church has two parts: a rectangular nave to the west (left) and a small chancel on the eastern end. An emptied grave shaft in the chancel (gray without skeletal remains, archaeological feature # 2005-2) was found under the place of the altar.

The story of Egil's bones from the final pages of *Egil's Saga* is an example of the compatibility of textual analysis and archaeology. The saga describes events that take place at the Hrísbrú farmstead in the Mosfell Valley (modern Mosfellsdalur)in southwestern Iceland . Hrísbrú, the old Mosfell farmstead, was the home of the Mosfell chieftains. Egil (Egill Skallagrímsson, the famous Viking and poet), lived at Mosfell in his old age with his step-daughter Thordis (Þórdís Þórólfsdóttir) and her husband, the Mosfell chieftain Grim (Grímr Svertingsson).[75] Egil dies at Hrísbrú in ca. 990, and Egil's Saga provides considerable information about Mosfell.

---

[74] **síðan**: 'afterwards.'

[75] Grímr Svertingsson is an historical figure. He was lawspeaker from 1002 to 1003 and, according to *Íslendingabók* (ed. Jakob Benediktsson, *Íslenzk fornrit* 1 [Reykjavík 1968]), he was the uncle of the lawspeaker Skapti Thóroddsson (d. 1030). The name Skapti was rare in early Iceland, and one can speculate that Skapti Thórarinsson, the priest at the unearthing of the bones, may have been descended from Skapti Thóroddsson.

Egil died at the Hrísbrú longhouse. The saga says the Egil was a believer in the old gods and that he was buried in a pagan burial mound at Tjaldanes (Tenting Ness).[76] His death occurred ten years before Iceland converted to Christianity in the year 1000.[77] When Iceland converted to Christianity, Grim built a small church at Hrísbrú and Thordis had Egil's bones moved there. Later his bones were again moved within the valley.

With all this information, Hrísbrú and the Mosfell Valley offered the possibility of being a rich archaeological site. The Mosfell Archaeological Project (MAP) found this to be the case. MAP was formed as an interdisciplinary research project with Iceland's written sources in mind. MAP employs the tools of archaeology, saga studies, environmental sciences, history, anthropology, and forensics. The work is constructing a picture of human adaption ecological change in the North Atlantic and Mosfell regions.[78]

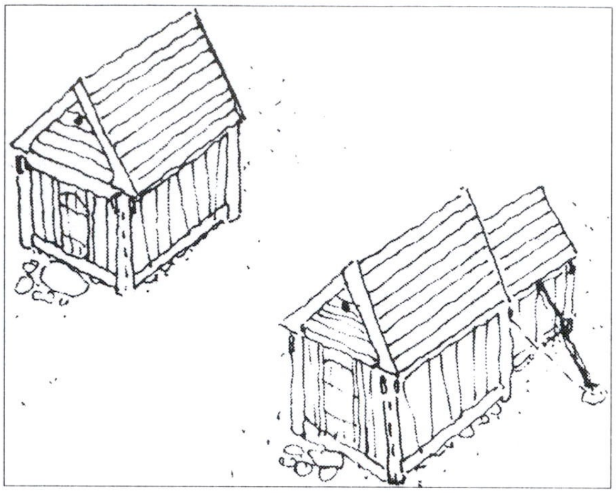

Figure 1.5. The Two Construction Phases of the Conversion Age Church at Hrísbrú. The church was built of stave (timber) construction from driftwood, principally Siberian Larch. In the initial phase (top left), the church was a single-room, rectangular building supported by corner posts dug into the earth. In the second phase (to the right), a small square chancel was added to the eastern end of the nave. The place of the altar was moved from the eastern end of the original single-room nave into the chancel of the now two-room church. The two parts show distinctly different building styles. The chancel was constructed without corner posts dug into the earth. (Jesse Byock and Grétar Markússon – Mosfell Archaeological Project)

---

76 Tjaldanes, the site of the mound, lies in the valley below Hrísbrú about 900 meters from the longhouse.

77 Because of uncertainty as to what calendar the medieval Icelanders used at different times, a controversy exists as to whether the conversion should be dated by our modern calendar to 999 or 1000. Since the precise date is in doubt and probably will remain so, I chose the traditional year of 1000. *Ólafía Einarsdóttir* (*Studier I kronologisk metode I tidlig Islandsk historieskrivning*, 1964: 72-90) argues for the year 999. Jakob Benediktsson (in his introduction to *Íslendingabók*, *ÍF* 1, 1968, pp. xxix-xxxv) reviews in detail the question of dating, including the views of Ólafía Einarsdóttir 1964.

78 For information on the MAP excavations see: *Viking Age Archaeology in Iceland: the Mosfell Archaeological Project*. Davide Zori and Jesse Byock (eds), Tournhout: Brepols Publishers, 2014; Jesse Byock and Davide Zori, 'Viking Archaeology, Sagas, and Interdisciplinary Research in Iceland's Mosfell Valley,' *Backdirt 2013: Annual Review of the Cotsen Institute,* (2013):124-141; Davide Zori, Jesse Byock, Egill Erlendsson, Steve Martin, Thomas Wake, and Kevin J. Edwards, 'Feasting in Viking Age Iceland: Sustaining a Chiefly Political Economy in a Marginal Environment.' *Antiquity* 87(2013):150-165; Phillip Walker, Jesse Byock, Jon Erlandson, Per Holck, Jacqueline Eng, Henry Schwarz, and Davide Zori, 'The Axed Man of Mosfell: Skeletal Evidence of a Viking Age Homicide and the Icelandic Sagas.' *The Bioarchaeology of Individuals*, Ann Stodder and Ann Palkovich (eds), University of Florida Press, 2012; Jesse Byock, Phillip Walker, Jon Erlandson, Per Holck, Davide Zori, Magnus Guðmundsson, and Mark Tveskov. 'A Viking Age Valley in Iceland: The Mosfell Archaeological Project.' *Medieval Archaeology* 49(2005): 196-220; Davide Zori, *From Viking Chiefdoms to Medieval State in Iceland: The Evolution of Power Structures in*

The Mosfell Valley offers many possibilities. No one had previously excavated there , so the still rural sites were undisturbed. Rich saga traditions about the Valley (over ten Old Icelandic sources speak of the location, including *Egil's Saga*, *Gunnlaug's Saga*, *Hallfred's Saga*, *Íslendingabók*, and *Landnámabók*) are matched by environmental possibilities. The valley encapsulates the major ecologies of Iceland: coastal, riverine, and highland. At the coastal mouth of the Mosfell Valley lies Leiruvogur Bay and the remains of a Viking Age harbor, a gem of Viking Age archaeology which MAP has located.

THE SKULL AND BONES UNDER THE PLACE OF THE ALTAR (*EGILS SAGA* CH 86)

Grímr at Mosfelli var skírðr, þá er kristni var í lög leidd á Íslandi; hann lét þar kirkju gera. En þat er sögn manna, at Þórdís hafi látit flytja Egil til kirkju, ok er þat til jartegna, at síðan er kirkja var gör at Mosfelli, en ofan tekin at Hrísbrú sú kirkja, er Grímr hafði gera látit, þá var þar grafinn kirkjugarðr. En undir altarisstaðnum, þá fundusk mannabein; þau váru miklu meiri en annarra manna bein. Þykkjask menn þat vita af sögn gamalla manna, at mundi verit hafa bein Egils.

Þar var þá Skapti prestr Þórarinsson, vitr maðr; hann tók upp hausinn Egils ok setti á kirkjugarðinn;var haussinn undarliga mikill, en hitt þótti þó meir frá líkendum, hvé þungr var; haussinn var allr báróttr útan svá sem hörpuskel. Þá vildi Skapti forvitnask um þykkleik haussins; tók hann þá handöxi vel mikla ok reiddi annarri hendi sem harðast ok laust hamrinum á hausinn ok vildi brjóta, en þar sem á kom, hvítnaði hann, en ekki dalaði né sprakk, ok má af slíku marka, at hauss sá mundi ekki auðskaddr fyrir höggum smámennis, meðan svörðr ok hold fylgði. Bein Egils váru lögð niðr í útanverðum kirkjugarði at Mosfelli.

the *Mosfell Valley*. PhD Dissertation, 2010, UCLA; Rhonda Bathurst, Davide Zori, and Jesse Byock, 'Diatoms as Bioindicators of Site Use: Locating Turf Structures from the Viking Age,' *Journal of Archaeological Science* 37(2010): 2920-2928; Jesse Byock, 'Findings from the Mosfell Archaeological Project's Seminal 2002 Excavations.' *Heimtur: Ritgerðir til heiðurs Gunnari Karlssyni sjötugum*, eds. Helgi Skúli Kjartansson Guðmundur Jónson, Vésteinn Ólason, Reykjavík: *Mál og menning*, 2009, pp. 94-109; Per Holck, 'Egill Skallagrimssons gård og kirke på Island – fra utgravningene 2001-2005.' *Michael* 2(2005): 340-348.

The passage above gives an idea of the type of information contained in the sagas. Its value to archaeologists and other researchers can be estimated. The passage recounts that the Hrísbrú church, which Grim built at the time of the conversion was 'taken down' (*ofan tekin*)[79] in the middle of the twelfth century. That is, approximately 160 years after Egil's burial. The decommissioning of Grim's conversion-age church occurred when the church site was moved approximately 600 meters to the east and a new churchyard laid out.[80] In accordance with the entries in *Grágás,* Iceland's *'Greygoose'* medieval lawbooks, ancestral bones at Hrísbrú were dug up as part of the decommissioning of the old church, and the bones were moved to the new churchyard.[81] Egil's posthumous journeys were prodigious. His bones spent approximately 10 years in the pagan mound at Tjaldanes, then 160 years at the church at Hrísbrú (old Mosfell), before being dug up (described in the passage below) and moved for a third time around the year 1160 to the new church at Mosfell (new Mosfell).[82]

The unearthing at Hrísbrú of Egil's skull and bones in the twelfth century can be dated because of the presence of the priest Skapti Thórarinsson in the digging party. Skapti is mentioned in several Old Icelandic sources.[83] *Egil's Saga* describes him as a 'wise man' (*vitr maðr*), and he is remembered in *The Saga of Thorgils and Hafliði* as a witty man. He took part in arbitration of feuds and was known as a man worth quoting.[84] In the passage above, Skapti and his axe play a role in transferring the human remains from the old church at Hrísbrú,

[79] 'Taken down' or 'dismantled' rather than 'torn down,' perhaps in order to preserve valuable building wood.

[80] The Mosfell Archaeological Project found and excavated the remains of this new twelfth-century church at Mosfell mentioned in the saga.

[81] *Grágás* 1a, 13 in the *'Greygoose Laws,'* gives clear instructions concerning the transference of previously buried bones, if a church is moved. See, Jesse Byock, 'The Skull and Bones in Egils Saga: A Viking, A Grave, and Paget's Disease.' *Viator* 24(1993): 23-50.

[82] Originally the farm at Mosfell (Old Mosfell) was directly under Mosfell Mountain. Sometime after the middle of the eleventh century, the farmstead of Mosfell was moved 500 meters east in the valley to where it still remains today (New Mosfell). At the time of the move, the site of Old Mosfell was renamed Hrísbrú, the name that the site retains today. The change in names occurred before the saga description of Egil's bones was written because the saga writer is careful to distinguish the name Hrísbrú as the site where Grímr of Mosfell built his church shortly after the conversion.

[83] According to *Prestatal*, a twelfth-century listing of well-born priests, Skapti was an active priest in 1143. 'Nafnaskrá íslenzkra presta,' in *Diplomatarium Islandicum: Íslenzkt fornbréfasafn*, ed. Jón Sigurðsson, 1 (Copenhagen 1857, p. 186). See genealogical table 13 in *Sturlunga saga* 2, ed. Jón Jóhannesson, Magnús Finnbogason, and Kristján Eldjárn (Reykjavík 1946), which postulates that Skapti was the father of the priest Helgi Skaptason from Saurbær on Kjalarnes close to Mosfell.

[84] In *Þorgils saga ok Hafliða*, Skapti is credited with the statement: 'Costly would be all of Hafliði, if this should be the price of each limb' ('Dýrr myndi Hafliði allr, ef svá skyldi hverr limr'), referring to the large sum demanded by Hafliði as compensation for the loss of a finger (Ch 31, in *Sturlunga saga* 1).

including an unusually deformed skull.[85] For archaeologists, the lines tell where an early church is to be found, when it was built, and who built it. They describe when the church at Hrísbrú was decommissioned, who was there at the decommissioning, and what was found under the place of the altar. The passage also hints at the nature of an Icelandic priest of the twelfth century, who participates in feud and carries an axe.

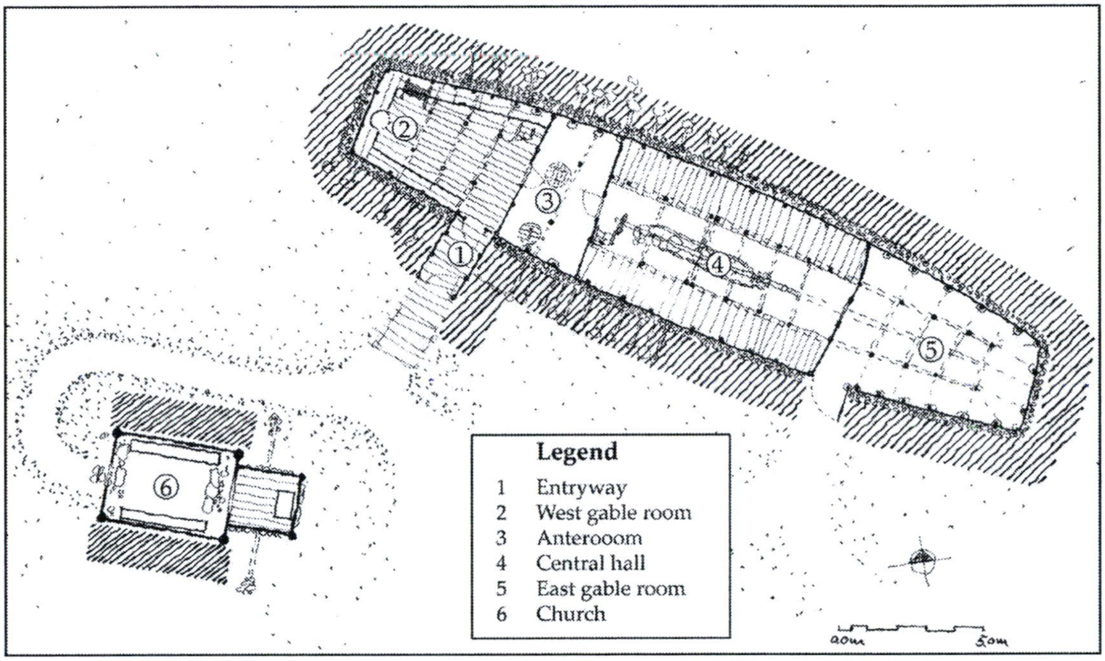

Figure 1.6. Site Plan of the Excavated Viking Age Longhouse (ca. 900) and Church (ca. 1000) at Hrísbrú. The timber church (6) shown here with outer turf walls was entered through a door on the west side. The longhouse had two doors in the south wall. The one to west (left) was the main entrance, while the door on east (right) was larger, allowing the passage of livestock. The ground floor of the Hrísbrú longhouse was divided into five separate spaces marked 1-5 in the drawing. The building probably had a second floor loft on the Western end. The planked entryway (1) was the main entrance. The western gable room (2) served as a form of *stofa* or living room. This living space did not show the remains of trodden earthen floor layers, suggesting that it had a wooden floor. The anteroom (3) served as a pantry, with sunken barrel pits and evidence of food processing. The central hall (4), an *eldskáli* or 'fire hall' was the center of activity at the Mosfell chieftain's farm. This long room had rows of posts supporting the roof and served as the main living, eating, and sleeping space. A large long fire ran down the center with benches on the sides. The eastern gable room (5) was a multi-purpose room where small finds show a variety of farm work and repair activities. Analysis of the earthen floor layers of this room indicate that animals were kept there. (Jesse Byock and Grétar Markússon, Mosfell Archaeological Project).

[85] Perhaps the result of disease. Jesse Byock, 'Egil's Bones: A Viking Warrior and Paget's Disease.' *Scientific American* 272 January (1995):82-87.

– CHAPTER 2 –
CREATION OF THE WORLD: YMIR, YGGDRASIL, AND ASGARD

Figure 2.1. A one-eyed god who sees all. Nineteenth- century Norwegian woodcut.

Fátt er rammara en forneskjan – Grettis Saga
(*Little is mightier than old lore*)

MYTHOLOGICAL READINGS. The readings in this chapter are drawn from *The Prose Edda*. They recount events from the creation and earliest days of the world.[1] The next chapter looks to the doom of the gods at the final battle. *The Prose Edda* is also called *Snorra Edda* (*Snorri's Edda*), because it is attributed to the Icelander Snorri Sturluson (d 1241).[2]

The Prose Edda, along with the poems of *The Poetic* or *Elder Edda,* is our most extensive source for Norse mythology. In straightforward prose, interspersed with eddic and skaldic stanzas, it recounts stories of the gods, giants, dwarves and other mythic and supernatural creatures. *The Prose Edda* also preserves heroic tales and parts of ancient lays about the struggles of legendary kings, queens, and warriors. Like the poems of *The Poetic Edda, The Prose Edda* incorporates stories from the Viking Age. Some of the narratives reach as far back as the Migration

---

[1] Modern editions of *The Prose Edda* rely principally on one largely intact vellum manuscript Gks 2367 4to, known by its Latin name, *Codex Regius,* or by its Icelandic name, *Konungsbók* (the *King's Book*). This name is shared with manuscript Gks 2365 4to, which contains a majority of the known eddic poetry. Manuscripts are typically named after a collection where they are or have been housed. For example, 'Gks' is an abbreviation for 'Gammel kongelig samling,' ('Old Royal Collection') in Copenhagen. The '4to,' (quarto) in the name refers to the size of the parchment. Many of the manuscripts that were previously in Copenhagen are now housed in Reykjavík at the Árni Magnusson Institute (AM).

[2] The main reason for assuming Snorri's authorship of *The Prose Edda* is the following short passage from the *Codex Upsaliensis,* an early fourteenth-century Icelandic manuscript, which today is in Uppsala University Library. The passage reads: 'This book is called *Edda*. Snorri Sturluson compiled [literally, assembled] it in the way that it is arranged here.' First it tells about the Æsir [the gods] and Ymir [the primordial giant], then comes the poetic diction section with the poetic names of many things and lastly a poem called Háttatal ('List of Meters') which Snorri composed about King Hakon and Duke Skuli.' *Snorre Sturlusons Edda: Uppsala-Handskriften DG 11*. Vol II. Transcribed by Anders Grape, Gotfried Kallstenius and Olof Thorell. Uppsala, 1977, p. 1. For a modern transaltion, see Snorri Sturluson, *The Prose Edda: Norse Mythology*. Penguin Classics.

Period, the time in Northern Europe from the fourth to sixth centuries AD when the Roman Empire was collapsed, and northern clans and tribes moved from their homelands into regions of the Empire.

The central group of mythological stories in *The Prose Edda* is called *Gylfaginning* (*The Deluding of Gylfi*). *Gylfaginning* is written as a dialogue between the Swedish King Gylfi and three formidable god-like figures, High, Just-as-High and Third (Hár, Jafnhár, and Þriði). Seeking knowledge, Gylfi disguises himself as a traveler named Gangleri (meaning 'strider,' 'walker,' or 'wanderer') and journeys to visit the Æsir, a mysterious people said to be newly arrived in the North. In the majestic but illusory hall of the Æsir, Gangleri/Gylfi meets High and his two companions, who sit on thrones, one above the other. The three are manifestations of Odin. From them Gangleri tries to discover the source of the Æsir's power, and he probes these Æsir with questions. Story by story, the three reveal what they know.

Gangleri's dialogue with High, Just-as-High and Third resembles contests of wisdom found in eddic poems such as *The Lay of Vafthrudnir* (*Vafþrúðnismál*), where Odin pits his mastery of mythic knowledge against the giant Vafthrudnir. Such wisdom contests were adversarial, and Gangleri is told at the start of the contest that he will not leave unharmed unless he grows wiser.

EDDIC POEMS CITED IN *THE PROSE EDDA*. The mythic stories retold in *The Prose Edda* rely on a number of eddic poems. Some of these are now lost. For example, Chapter 27 of *Gylfaginning* mentions *Heimdall's Chant* (*Heimdallargaldr*), but this eddic poem is lost. Many eddic poems about the gods, however, survive in *The Poetic Edda*. Below is a list of the mythological poems from *The Poetic Edda* which are cited in *Gylfaginning*.

The Lay of Fafnir (*Fáfnismál*)
The Lay of Grimnir (*Grímnismál*)
The Lay of Hyndla (*Hyndluljóð*)
The Lay of Skirnir (*Skírnismál*)
The Lay of Vafthrudnir (*Vafþrúðnismál*)
Loki's Flyting (*Lokasenna*)
The Sayings of the High One (*Hávamál*)
The Sibyl's Prophecy (*Völuspá*)
The Shorter Sibyl's Prophecy (*Völuspá in skamma*)

At times, stanzas found in *The Poetic Edda* vary from their counterparts in *The Prose Edda.* The differences of wording between lines found in *The Prose Edda* and *The Poetic Edda* can be significant.

2.1 CREATION: YMIR, AUDHUMLA, AND ODIN

The Norse gods live in a world of constant danger, and their actions frequently have unanticipated consequences. In the creation story told in *Gylfaginning*, Odin (Óðinn) and his two brothers (Vili and Vé)[3] slay Ymir[4] the primordial giant. Ymir is a frost giant, a *hrímþurs*, and the gods use Ymir's body, together with his bones, and blood, to create the world by filling

3 Known also as Vilji and Véi.
4 **Ymir**: also Ýmir.

Ginnungagap, the great void. The slaying gives rise to life, but it also unleashes the power of the giants, the gods' enemies. In the following passage, Gangleri questions High about Ymir, after High tells him: 'Hinn gamli hrímþurs, hann köllum vér[5] Ými.'

YMIR (THE PRIMORDIAL GIANT), AUÐHUMLA (THE FERTILE COW), AND THE BIRTH OF ÓÐINN AND HIS TWO BROTHERS VILI AND VÉ (*GYLFAGINNING* 6)

Þá mælir Gangleri: 'Hvar byggði Ymir? Eða við hvat lifði hann?' 'Næst var þat, þá er hrímit draup,[6] at þar varð af kýr sú er Auðhumla[7] hét, en fjórar mjólkár[8] runnu ór spenum hennar, ok fœddi hon Ymi.' Þá mælir Gangleri: 'Við hvat fœddisk kýrin?' Hár segir: 'Hon sleikti hrímsteinana, er saltir váru,[9] ok hinn fyrsta dag, er hon sleikti steina, kom ór steininum at kveldi manns hár, annan dag manns höfuð, þriðja dag var þar allr maðr; sá er nefndr[10] Búri. Hann var fagr álitum, mikill ok máttugr. Hann gat son þann, er Borr hét. Hann fekk þeirar konu, er Besla hét, dóttir Bölþorns jötuns, ok fengu þau þrjá sonu: hét einn Óðinn, annarr Vili, þriði Vé; ok þat er mín trúa, at sá Óðinn ok hans brœðr munu vera stýrandi himins ok jarðar.'

Translate:

BERGELMIR AND THE SECOND RACE OF FROST GIANTS (*GYLFAGINNING* 7)

Þá mælir Gangleri: 'Hvat varð þá um þeira sætt, eða hvárir váru ríkari?'

Þá svarar Hár: 'Synir Bors drápu Ymi jötun; en er hann fell, þá hljóp svá mikit blóð ór sárum hans, at með því drekktu þeir allri ætt hrímþursa, nema einn komsk undan með sínu hýski;

---

5 **vér** *pl pron* we <*acc/dat* oss, *gen* vár>.

6 **draup** 'dripped' from **drjúpa**.

7 **Auðhumla**: The great cow at the start of time. *Auð* means 'rich,' 'fertile,' and 'fruitful' and *humla* 'without horns.'

8 **mjólkár** (*nom sg* mjólká) *f* 'rivers of milk.'

9 **váru** *3pl past* of **vera**.

10 **nefndr** 'named' from **nefna**.

þann kalla jötnar Bergelmi. Hann fór upp á lúðr[11] sinn ok kona hans, ok hélzk þar, ok eru af þeim komnar hrímþursa ættir, svá sem hér segir:

____

____

____

____

____

____

Ørófi vetra ________________________
áðr væri jörð of sköpuð, ________________________
þá var Bergelmir borinn; ________________________
þat ek fyrst of man ________________________
er sá hinn fróði jötunn ________________________
á var lúðr of lagiðr.' ________________________

Numbers in the notes refer to lines in the stanzas above. *(1)* Ørófi *dat sg* of **øróf**, 'immensity,' dative is used for the impersonal construction, 'it was a immensity of winters.' (2) *of* = *af* ***(5)*** **man** is from **muna**, not the *var 1/3sg pres* of **munu**. This verse is also found in *Vafþrúðnismál*.

THE WORLD CREATED FROM YMIR'S BODY (*GYLFAGINNING* 8)

Þá svarar Gangleri: 'Hvat höfðusk þá at Bors synir, ef þú trúir at þeir sé guð?[12] 'Hár segir: 'Eigi er þar lítit af at segja. 'Þeir tóku Ymi, ok fluttu í mitt Ginnungagap, ok gerðu af honum jörðina; af blóði hans sæinn ok vötnin; jörðin var gör af holdinu, en björgin af beinunum; grjót ok urðir gerðu þeir af tönnum ok jöxlum, ok af þeim beinum, er brotin váru.' Þá mælir Jafnhár: 'Af því blóði, er ór sárum rann ok laust fór, þar af gerðu þeir sjá þann er þeir gerðu ok festu saman jörðina, ok lögðu þann sjá í hring útan um hana, ok mun þat flestum manni ófœra þykkja, at komask þar yfir.' Þá mælir Þriði: 'Tóku þeir ok haus hans ok gerðu þar af himin, ok settu hann upp yfir jörðina með fjórum skautum, ok undir hvert horn settu þeir dverg. Þeir heita svá: Austri, Vestri, Norðri, Suðri. Þá tóku þeir síur ok gneista, þá er lausir fóru, ok kastat hafði ór Muspellsheimi, ok settu á miðjan Ginnungahimin bæði ofan ok neðan, til at lýsa himin ok jörð. Þeir gáfu staðar öllum eldingum, sumum á himni, sumar fóru lausar undir himni, ok settu þó

[11] **Lúðr** has several meanings. One meaning of *lúðr* is wooden box. The word also means a stand for holding a handmill, that is, the wooden box that surrounds the millstone into which ground flour falls. This box could function as a vessel. It is also somewhat like a coffin, and the usage of the word in this line carries the imagery of death and a boat, perhaps death's journey.

[12] **guð**: *guð* (*n pl*) and *goð* (*n pl*) both refer to pagan gods. Both forms are used in this text. In the singular, *goð* (*n*) usually indicates a pagan god, while Guð (*m sg*) is used for the Christian God.

þeim stað ok sköpuðu göngu þeim. Svá er sagt í fornum vísindum, at þaðan af váru dœgr greind ok áratal.' Svá sem segir í *Völuspá*:

Sól þat né vissi	______________________
hvar hon sali átti.	______________________
Máni þat né vissi	______________________
hvat hann megins átti.	______________________
Stjörnur þat né vissu	______________________
hvar þær staði áttu.	______________________

ASKR AND EMBLA, THE FIRST HUMANS (*GYLFAGINNING* 9)

Þá mælir Gangleri: 'Mikit þótti mér þeir hafa þá snúit til leiðar er jörð ok himinn var gert ok sól ok himintungl váru sett ok skipt dœgrum—ok hvaðan kómu menninir þeir er heim byggja?' Þá svarar Hár: 'Þá er þeir Bors synir gengu með sævar ströndu, fundu þeir tré tvau, ok tóku upp tréin, sköpuðu af menn: gaf hinn fyrsti önd ok líf, annarr vit ok hrœring, þriði ásjónu, málit ok heyrn ok sjón: gáfu þeim klæði ok nöfn; hét karlmaðrinn Askr, en konan Embla, ok ólusk þaðan af mannkindin, þeim er byggðin var gefin undir Miðgarði.

2.2 THE NORSE COSMOS AND THE WORLD TREE

The Icelandic sources, and the eddas in particular, speak of different worlds and mythic regions, including the realms of gods, giants, dwarves, elves, and men. At the start of time, there was Ginnungagap in the North, an empty place filled with ice, and Muspell (Múspell) in the South, a burning region of intense heat. There also seem to have been several heavens.

At the center of the Norse universe is the World Tree, Yggdrasil (Yggdrasill), which rises up into the heavens.[13] The tree is a living entity, whose branches spread over all lands, and its roots reach into different worlds. This *axis mundi* or cosmic pillar at the center of the world is described as a giant ash. It binds together the disparate parts of the universe and serves as a symbol for a dynamic cosmos (see the accompanying figure). Norns, women who determine the fates of men, live beside the tree. Daily they draw water from the Well of Urd (Urðarbrunnr). They 'splash this holy water, mixed with the mud that lies beside the well, over the ash so that its branches will not wither or decay.'

Above the branches of the tree is a heavenly vault which the gods made from the skull of the giant Ymir. The vault gives shape to the upper part of the universe and is supported by a dwarf at each of the four primary compass points. Heavenly bodies shine at the skull's upper reaches. Among these, the sun and the moon are central. Their chariots move daily across the sky just ahead of pursuing wolves. A giant, in the guise of an eagle, beats its wings to blow

---

[13] For more information and interpretation of the name Yggdrasil, see the description of the Word Tree in Lesson 14 of *Viking Language 1*.

winds across the world. The tree's roots are spread far apart. One is among the Æsir. A second reaches to the world of the frost giants where Ginnungagap once was. The third goes down to the underworld to Niflheim where coldness, death, and all things grim are found. A great serpent called Nidhogg (Níðhöggr) gnaws at this root from below, weakening the tree. Under this root is the well Hvergelmir, where there are so many serpents with Nidhogg that no tongue can count them.

THE ASH YGGDRASIL, THE NORNS, AND THE THREE WELLS (*GYLFAGINNING* 15)

Þá mælir Gangleri: 'Hvar er höfuðstaðrinn eða helgistaðrinn goðanna?' Hár svarar: 'Þat er at aski Yggdrasils; þar skulu guðin eiga dóma sína hvern dag.' Þá mælir Gangleri: 'Hvat er at segja frá þeim stað?' Þá segir Jafnhár: 'Askrinn er allra tréa mestr ok beztr; limar hans dreifask yfir heim allan, ok standa yfir himni. Þrjár rœtr trésins halda því upp, ok standa afar breitt. Ein er með Ásum, en önnur með hrímþursum, þar sem forðum var Ginnungagap; in þriðja stendr yfir Niflheimi, ok undir þeiri rót er Hvergelmir, en Níðhöggr gnagar neðan rótina.

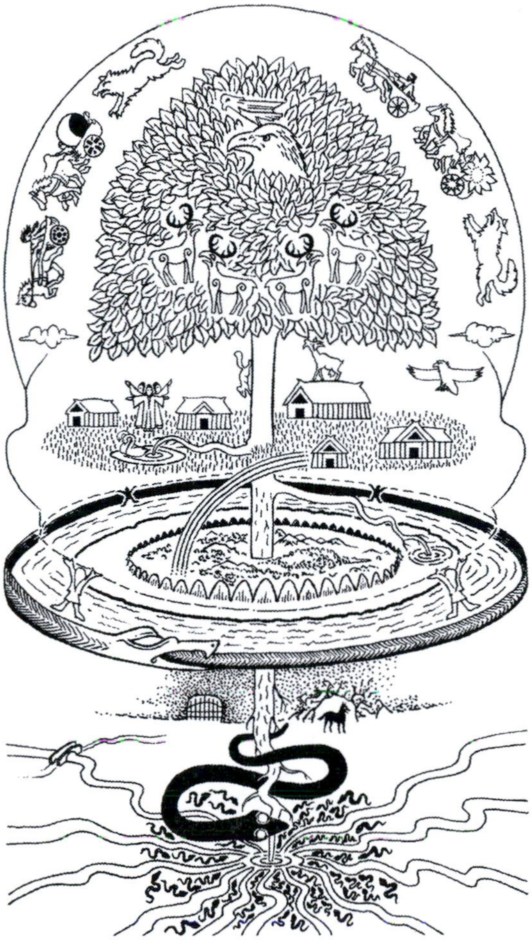

Figure 2.2. The World Tree Yggdrasil as described in *The Prose Edda*.

En undir þeiri rót, er til hrímþursa horfir, þar er Mímis brunnr, er spekð ok mannvit er í fólgit; ok heitir sá Mímir, er á brunninn. Hann er fullr af vísindum, fyrir því at hann drekkr ór brunninum af horninu Gjallarhorni. Þar kom Alföðr ok beiddisk eins drykkjar af brunninum, en hann fekk eigi fyrr en hann lagði auga sitt at veði. Svá segir í *Völuspá*:

Allt veit ek, Óðinn,
hvar þú auga falt,
í þeim inum mæra

Mímis brunni.[14]
Drekkr mjöð Mímir
morgun hverjan
af veði Valföðrs.
Vituð þér enn eða hvat? (*Völuspá* 28)

Þriðja rót asksins stendr á himni, ok undir þeiri rót er brunnr sá er mjök er heilagr er heitir Urðar brunnr. Þar eigu guðin dómstað sinn. Hvern dag ríða Æsir þangat upp um Bifröst. Hon heitir ok Ásbrú.

MORE ABOUT THE TREE AND ITS CREATURES (*GYLFAGINNING* 16)

Þá mælir Gangleri: 'Hvat er fleira at segja stórmerkja frá askinum?' Hár segir: 'Margt er þar af at segja. Örn einn sitr í limum asksins, ok er hann margs vitandi; en í milli augna honum sitr haukr sá, er heitir Veðrfölnir. Íkorni sá, er heitir Ratatoskr, renn upp ok niðr eptir askinum, ok berr öfundarorð milli arnarins ok Níðhöggs. En fjórir hirtir renna í limum asksins ok bíta barr. Þeir heita svá: Dáinn, Dvalinn, Duneyrr, Duraþrór. En svá margir ormar eru í Hvergelmi með Níðhögg at engi tunga má telja.' Svá segir hér:

Askr Yggdrasils ______________________
drýgir erfiði ______________________
meira en menn viti. ______________________
Hjörtr bítr ofan ______________________
en á hliðu fúnar, ______________________
skerðir Níðhöggr neðan.[15] ______________________

Svá er sagt:

---

[14] Names such as Mímis brunnr can also be spelled as compound words, hence Mímisbrunnr.
[15] This verse is also found in *Grímnismál*.

Ormar fleiri ______
liggja und aski Yggdrasils ______
en þat of hyggi hverr ______
ósviðra apa. ______
Góinn ok Móinn ______
(þeir ró Grafvitnis synir), ______
Grábakr ok Grafvölluðr, ______
Ófnir ok Sváfnir ______
hygg ek at æ myni ______
meiðs kvistum má.[16] ______

***(4)* ósviðra** is from **ósvinnr**, ***(6)* ró** = **eru** (from **vera**).

THE NORNS HEAL THE TREE (*GYLFAGINNING* 16)

Enn er þat sagt at nornir þær er byggja við Urðar brunn taka hvern dag vatn í brunninum ok með aurinn þann er liggr um brunninn, ok ausa upp yfir askinn til þess at eigi skyli limar hans tréna eða fúna. En þat vatn er svá heilagt at allir hlutir þeir sem þar koma í brunninn verða svá hvítir sem hinna sú er skjall heitir, er innan liggr við eggskurn, svá sem hér segir:

Ask veit ek ausinn, ______
heitir Yggdrasill, ______
hár baðmr, heilagr, ______
hvíta auri. ______
Þaðan koma döggvar ______
er í dali falla. ______
Stendr hann æ yfir grœnn ______
Urðar brunni.[17] ______

***(1) ausinn**: hvíta auri* follows.

Sú dögg er þaðan af fellr á jörðina, þat kalla menn hunangfall, ok þar af fœðask býflugur. Fuglar tveir fœðask í Urðar brunni. Þeir heita svanir, ok af þeim fuglum hefir komit þat fugla kyn er svá heitir.'

2.3 LOKI AND SVADILFARI – THE WALLS OF ASGARD

---

[16] This verse is also found in *Grimnismál*.
[17] This verse is also found in *Völuspá*.

The home of the gods is at Asgard (*Ásgarðr*), a compound name whose first part *Ás-* refers to the Æsir (sg *Áss*) and whose second part *-garðr* is related to the English word 'yard' meaning an 'enclosure.' Asgard is the 'enclosed region where the Æsir live.' *Gylfaginning* recounts the story of an unnamed smith, who is hired to build the walls of Asgard. His mare is named Svadilfari. The story is also about Loki, the trickster among the gods. The gods require Loki to make certain that the smith does not get his payment, which includes the goddess Freyja. Loki's intervention in these events results in the birth of Sleipnir, Odin's eight-legged horse. The story also tells us something about the Æsir, who find the mysterious smith's offer too attractive to refuse.

LOKI OK SVAÐILFARI (*GYLFAGINNING* 42)

Þat var snimma í öndverða byggð goðanna, þá er goðin höfðu sett Miðgarð ok gert Valhöll, þá kom þar smiðr nökkurr ok bauð at gera þeim borg á þrim misserum svá góða at trú ok ørugg væri fyrir bergrisum ok hrímþursum,[18] þótt þeir kœmi inn um Miðgarð; en hann mælti sér þat til kaups,[19] at hann skyldi eignask Freyju, ok hafa vildi hann sól ok mána. Þá gengu Æsirnir á tal ok réðu ráðum sínum,[20] ok var þat kaup gert við smiðinn, at hann skyldi eignask þat er hann mælir til, ef hann fengi gert borgina á einum vetri; en hinn fyrsta sumars dag, ef nökkurr hlutr væri ógörr at borginni, þá skyldi hann af kaupinu.[21] Skyldi hann af engum manni lið þiggja til verksins. Ok er þeir sögðu honum þessa kosti, þá beiddisk hann at þeir skyldu lofa at hann hefði lið af hesti sínum, er Svaðilfari[22] hét; en því réð Loki, er þat var til lagt við hann.[23]

---

18 **svá góða at trú ok ørugg væri fyrir bergrisum ok hrímþursum**: 'so good that it would be safe and secure against mountain giants and frost giants.'

19 **hann mælir sér þat til kaups**: 'he demands that as payment [for himself].'

20 **ok réðu ráðum sínum**: 'and [they] took their counsel.'

21 **þá skyldi hann af kaupinu**: 'then he would not receive payment,' *lit* 'then should he [be] off the payment.'

22 **Svaðilfari**: also **Svaðilfœri**.

23 **en því réð Loki, er þat var til lagt við hann**: 'and Loki prevailed in this, that this was granted to him.'

Hann tók til hinn fyrsta vetrar dag[24] at gera borgina, en of nætr dró hann til grjót á hestinum; en þat þótti Ásunum mikit undr, hversu stór björg sá hestr dró, ok hálfu meira þrekvirki gerði hestrinn en smiðrinn.[25] En at kaupi þeira váru sterk vitni[26] ok mörg sœri, fyrir því at jötnum þótti ekki tryggt at vera með Ásum griðalaust,[27] ef Þórr kvæmi heim; en þá var hann farinn í Austrveg at berja tröll. En er á leið vetrinn, þá sóttisk mjök borgargerðin,[28] ok var hon svá há ok sterk at eigi mátti á þat leita.[29] En þá er þrír dagar váru til sumars, þá var komit mjök at borghliði.[30] Þá settusk guðin á dómstóla sína ok leituðu ráða ok spurði hverr annan hverr því hefði ráðit,[31] at gipta Freyju í Jötunheima eða spilla loptinu ok himninum svá, at taka þaðan sól ok tungl ok gefa jötnum; en þat kom ásamt með öllum, at þessu mundi ráðit hafa sá er flestu illu ræðr, Loki Laufeyjarson,[32] ok kváðu hann verðan ills dauða,[33] ef eigi hitti hann ráð til, at smiðrinn væri af kaupinu,[34] ok veittu Loka atgöngu.[35] En er hann varð hræddr, þá svarði hann eiða at hann skyldi svá til haga at smiðrinn skyldi af kaupinu, hvat sem hann kostaði til.[36]

---

[24] **hann tók til hinn fyrsta vetrar dag**: 'he began on the first day of winter,' **taka til** = begin.

[25] **hálfu meira þrekvirki gerði hestrinn en smiðrinn**: 'the horse did much more work [*lit* 'half again as much'] as did the smith.'

[26] **at kaupi þeira váru sterk vitni**: '[there] were strong witnesses to their bargain.'

[27] **jötnum þótti ekki tryggt at vera með Ásum griðalaust**: 'the giants did not feel safe to be among the Æsir without a truce.' The construction is impersonal, hence *jötnum* is dative.

[28] **en er á leið vetrinn þá sóttisk mjök borgargerðin**: 'and as the winter wore on, the building of the stronghold had greatly progressed.'

[29] **ok var hon svá há ok sterk at eigi mátti á þat leita**: 'and it was so high and strong that it could not be attacked.'

[30] **þá var komit mjök at borghliði**: 'then the work had nearly reached the stronghold gate.'

[31] **ok spurði hverr annan hverr því hefði ráðit**: 'and each asked the other who had counseled it.' *Hverr* occurs twice in this clause: one is the indefinite pronoun meaning 'each' (used together with *annan*, 'each ... other') and the other is the interrogative pronoun meaning 'who.'

[32] **at þessu myndi ráðit hafa sá er flestu illu ræðr, Loki Laufeyjarson**: 'that Loki Laufeyjarson, that one who counsels badly in most things, would have planned it.'

[33] **ok kváðu hann verðan ills dauða**: 'and [they] said that he was deserving [*lit* 'worthy'] of an evil death.'

[34] **ef eigi hitti hann ráð til at smiðrinn væri af kaupinu**: 'if he did not hit upon a plan by which the smith would lose his payment.'

[35] **ok veittu Loka atgöngu**: 'and [they] attacked Loki.'

[36] **hvat sem hann kostaði til**: 'whatever he tried.'

Ok it sama kveld, er smiðrinn ók út eptir grjótinu með hestinn Svaðilfara, þá hljóp ór skóginum nökkurum merr at hestinum ok hrein við. En er hestrinn kenndi hvat hrossi þetta var,[37] þá œddisk hann ok sleit sundr reipin ok hljóp til merarinnar, en hon undan til skógar ok smiðrinn eptir ok vill taka hestinn, en þessi hross hlaupa alla nótt, ok dvelsk smíðin þá nótt.[38] Ok eptir um daginn varð ekki svá smíðat sem fyrr hafði orðit.[39] Ok þá er smiðrinn sér at eigi mun lokit verða verkinu,[40] þá fœrisk smiðrinn í jötunmóð. En er Æsirnir sá þat til víss, at þar var bergrisi kominn, þá varð eigi þyrmt eiðunum,[41] ok kölluðu þeir á Þór, ok jafnskjótt kom hann, ok því næst fór á lopt hamarrinn Mjöllnir. Galt hann þá smíðarkaupit, ok eigi sól ok tungl; heldr synjaði hann honum at byggva í Jötunheimum[42] ok laust þat hit fyrsta högg, er haussinn brotnaði í smán mola,[43] ok sendi hann niðr undir Niflhel.

En Loki hafði þá ferð haft til Svaðilfara[44] at nökkuru síðar bar hann fyl. Þat var grátt ok hafði átta fœtr, ok er sá hestr beztr með[45] goðum ok mönnum.

[37] **en er hestrinn kenndi hvat hrossi þetta var**: 'but when the horse [Svadilfari] realized what kind of horse this was.'

[38] **ok dvelsk smíðin þá nótt**: 'and the building work is delayed that night.'

[39] **ok eptir um daginn varð ekki svá smíðat sem fyrr hafði orðit**: 'and afterwards, during the day, not as much was built as had been done before.'

[40] **eigi mun lokit verða verkinu**: 'the work will not be finished.'

[41] **þá varð eigi þyrmt eiðunum**: 'then the oaths were not observed.'

[42] **heldr synjaði hann honum at byggva í Jötunheimum**: ' rather he [Thor] denied him [the smith] the chance to return to live in Jotunheim' (because he kills him instead).

[43] **haussinn brotnaði í smán mola**: 'the skull broke into fragments.'

[44] **en Loki hafði þá ferð haft til Svaðilfara**: 'but Loki had had such dealings with Svadilfari.'

[45] **ok er sá hestr beztr með**: 'and that horse is the best among.'

At kveldi skal dag lofa – Hávamál

– Chapter 3 –
RAGNAROK: THE BATTLE AT THE WORLD'S END

Engi má við sköpum vinna –Völsunga saga
(No one can resist his fate)

Figure 3.1. An Eight-legged Horse and Ravens.

3.1 THE DOOM OF THE GODS

The Norse universe was fated for destruction at Ragnarok, a cataclysmic battle at the end of time. *The Prose Edda* generally employs the term *ragnarøkr* for the battle, while *The Poetic Edda mostly* uses *ragnarök*. The first component in both terms comes from the noun *regin*, a poetic word for the gods, whose genitive plural is *ragna* ('of the gods'). *Ragnarøkr* combines *ragna* with the noun *røkr* ('twilight, dusk;' sometimes spelled *røkkr*) resulting in a compound word meaning something like the gods' 'twilight' or 'darkness,' while *Ragnarök* combines *ragna* with the neuter plural *rök*, meaning the 'end' or 'doom of the gods.'

A series of cosmic catastrophes herald the final battle. *Fimbulvetr* ('the mighty winter') is the terrible sign that the end is coming. Its worsening weather lasts for seven years with life becoming almost impossible for men and gods. This endless storm leads to worldwide strife. Family structure, the source of an individual's protection within Old Scandinavian society, collapses as 'brothers fight brothers.'

At Ragnarok, Odin, Thor, Frey, and the other gods make their final stand. They pit themselves against their enemies, the cosmic beasts, as the wolf Fenrir breaks free from his chains and the Midgard Serpent comes onto land from the sea. These monsters are joined by the giants and the armies of the dead who, led by Loki against the gods, rise from the underworld of Hel. Surt, a fire giant, wields his flaming sword. The stars become unstable in the sky, and the sea boils up around the land.

In world mythology, it is unusual for gods to know so clearly in advance the coming of their doom. Ragnarok lies in the mythological future, but its coming shapes the gods' present. They know that the battle cannot be averted, and they accept their fate. Still, the timing can be changed, and Odin constantly seeks the knowledge to forestall. Steadily, he prepares for the fight by increasing the size and quality of his army of dead warriors, the Einherjar. Odin gathers this troop by sending his female servants called valkyries (*valkyrjur*, sg *valkyrja*; 'choosers of the slain') to battlefields. They bring the ablest among the slain to Odin in Valhalla (*Valhöll*, 'hall of the slain'). Each day the Einherjar fight each other to the death in an endless battle. Each night these slain champions arise from their mythic battlefield to feast together in Valhalla. This training continues until they march with Odin to their doom at Ragnarok.

RAGNARØKR (*GYLFAGINNING* 51)

Þá mælir Gangleri: 'Hver tíðindi eru at segja frá um ragnarøkr? Þess hefi ek eigi fyrr heyrt getit.'

Hárr segir: 'Mikil tíðindi eru þaðan at segja ok mörg, þau in fyrstu, at vetr sá kemr, er kallaðr er fimbulvetr.[1] Þá drífr snær ór öllum áttum. Frost eru þá mikil ok vindar hvassir. Ekki nýtr sólar.[2] Þeir vetr fara þrír saman ok ekki sumar milli, en áðr ganga svá aðrir þrír vetr, at þá er um alla veröld orrostur miklar.[3] Þá drepask brœðr fyrir ágirni sakar, ok engi þyrmir föður eða syni í manndrápum eða sifjasliti. Svá segir í Völuspá:

____

____

____

____

____

____

____

____

Brœðr munu berjask	____________________________
ok at bönum verðask,	____________________________
munu systrungar	____________________________
sifjum spilla;	____________________________
hart er með höldum,	____________________________
hórdómr mikill,	____________________________
skeggjöld, skálmöld,	____________________________
skildir klofnir,	____________________________
vindöld, vargöld,	____________________________
áðr veröld steypisk.	____________________________

***(2)* bönum verðask**: 'bring each other to death,' ***(4)* sifjum spilla**: 'commit adultery' or 'break kinship' with a connotation of incest, ***(5)* með höldum**: 'among men,' ***(10)* áðr veröld steypisk**: 'until the world tumbles down.'

---

[1] **fimbulvetr**: 'mighty winter,' or 'monstrous winter.'

[2] **ekki nýtr sólar**: 'the sun [will be] of no use,' (*lit* 'of the sun [it] is no use.') The verb *njóta* takes its object in the genitive. *Sól* is gen sg.

[3] **um alla veröld orrostur miklar**: 'great battles throughout the world.'

Þá verðr þat, er mikil tíðindi þykkja, at úlfrinn gleypir sólina, ok þykkir mönnum þat mikit mein. Þá tekr annarr úlfrinn tunglit, ok gerir sá ok mikit ógagn.[4] Stjörnurnar hverfa af himninum.

Þá er ok þat til tíðinda, at svá skelfr jörð öll ok björg, at viðir losna ór jörðu upp, en björgin hrynja, en fjötrar allir ok bönd brotna ok slitna. Þá verðr Fenrisúlfr lauss. Þá geysisk hafit á löndin, fyrir því at þá snýsk Miðgarðsormr í jötunmóð ok sœkir upp á landit. Þá verðr ok þat, at Naglfar losnar, skip þat, er svá heitir. Þat er gert af nöglum dauðra manna, ok er þat fyrir því varnanar vert, ef maðr deyr með óskornum nöglum, at sá maðr eykr mikit efni til skipsins Naglfars, er goðin ok menn vildi seint, at gert yrði.[5] En í þessum sævargangi flýtr Naglfar. Hrymr heitir jötunn, er stýrir Naglfari, en Fenrisúlfr ferr með gapanda munn, ok er hinn efri kjöptr við himni, en hinn neðri við jörðu.[6] Gapa mundi hann meira, ef rúm væri til. Eldar brenna ór augum hans ok nösum. Miðgarðsormr blæss svá eitrinu, at hann dreifir lopt öll ok lög, ok er hann allógurligr, ok er hann á aðra hlið úlfinum.

4 **ok gerir sá mikit ógagn**: 'and he will cause great ruin.'

5 **er goðin ok menn vildi seint, at gert yrði**: 'that both gods and men would prefer not to see built.'

6 **ok er hinn efri kjöptr við himni, en hinn neðri við jörðu**: 'and the upper jaw is against heaven, and the lower jaw against earth.'

Í þessum gný klofnar himininn, ok ríða þaðan Muspells synir.[7] Surtr ríðr fyrst ok fyrir honum ok eptir bæði eldr brennandi. Sverð hans er gott mjök. Af því skínn bjartara en af sólu. En er þeir ríða Bifröst, þá brotnar hon, sem fyrr er sagt. Muspells megir sœkja fram á þann völl, er Vígríðr heitir. Þar kemr ok þá Fenrisúlfr ok Miðgarðsormr. Þar er ok þá Loki kominn ok Hrymr ok með honum allir hrímþursar, en Loka fylgja allir Heljar sinnar.[8] En Muspells synir hafa einir sér fylking; er sú björt mjök. Völlrinn Vígríðr er hundrað rasta[9] víðr á hvern veg.

En er þessi tíðindi verða, þá stendr upp Heimdallr ok blæss ákafliga í Gjallarhorn ok vekr upp öll guðin, ok eiga þau þing saman. Þá ríðr Óðinn til Mímis brunns ok tekr ráð af Mími fyrir sér ok sínu liði. Þá skelfr askr Yggdrasils, ok engi hlutr er þá óttalauss á himni eða jörðu. Æsir herklæða sik ok allir Einherjar[10] ok sœkja fram á vélluna. Ríðr fyrstr Óðinn með gullhjálm ok fagra brynju ok geir sinn er Gungnir heitir. Stefnir hann móti Fenrisúlf,[11] en Þórr fram á aðra hlið honum, ok má hann ekki duga honum, því at hann hefir fullt fang at berjask við Miðgarðsorm. Freyr bersk móti Surti, ok verðr harðr samgangr, áðr Freyr fellr. Þat verðr hans bani, er hann missir þess hins góða sverðs, er hann gaf Skírni. Þá er ok lauss orðinn hundrinn Garmr, er bundinn er fyrir Gnípahelli.[12] Hann er it mesta forað. Hann á víg móti Tý, ok verðr hvárr öðrum at bana.

[7] **Muspell** is alteratively spelled Múspell.
[8] **en Loka fylgja allir Heljar sinnar**: 'and all of Hel's own follow Loki.'
[9] **rasta**: see röst
[10] **Æsir herklæða sik ok allir Einherjar**: 'The Æsir and all the Einherjar dress themselves for battle.'
[11] **Fenrisúlf** can be corrected to Fenrisúlfi.
[12] **Gnípahelli**: *dat* of **Gnípahellir**, 'jutting cave' or 'overhanging cave,' possibly the entrance to Hel's domain.

Þórr berr banaorð af Miðgarðsormi ok stígr þaðan braut níu fet. Þá fellr hann dauðr til jarðar fyrir eitri því, er ormrinn blæss á hann. Úlfrinn gleypir Óðin. Verðr þat hans bani. En þegar eftir snýsk fram Víðarr ok stígr öðrum fœti í neðra kjöpt úlfsins. Á þeim fœti hefir hann þann skó, er allan aldr hefir verit til samnat. Þat eru bjórar þeir, er menn sníða ór skóm sínum[13] fyrir tám eða hæli. Því skal þeim bjórum braut kasta sá maðr, er at því vill hyggja at koma Ásunum at liði. Annarri hendi tekr hann inn efra kjöpt úlfsins ok rífr sundr gin hans, ok verðr þat úlfsins bani. Loki á orrostu við Heimdall, ok verðr hvárr annars bani. Því næst slyngr Surtr eldi yfir jörðina ok brennir allan heim. Svá er sagt í Völuspá:

Hátt blæss Heimdallr,
horn er á lopti,
mælir Óðinn
við Míms höfuð;
skelfr Yggdrasils
askr standandi,

[13] **Þat eru bjórar þeir ...skóm sínum**: 'They are the extra pieces that people cut away from their shoes.'

ymr it aldna tré, ________________________________
en jötunn losnar. ________________________________

(1) heimdallr: The Watchman of the the Gods ***(5)*** **skelfr ... standandi:** 'the standing [towering] ash of Yggdrasil shakes.'

Hvat er með Ásum? ________________________________
Hvat er með álfum? ________________________________
Ymr allr Jötunheimr, ________________________________
Æsir ró á þingi, ________________________________
stynja dvergar ________________________________
fyrir steindurum, ________________________________
veggbergs vísir. ________________________________
Vituð ér enn eða hvat? ________________________________

***(4)* ró *= eru; (7)* veggbergs vísir**: 'frequenters' or 'knowedgeable of the cliff,' dwarves; ***(8)* ér** = þér

Hrymr ekr austan, ________________________________
hefisk lind fyrir, ________________________________
snýsk Jörmungandr ________________________________
í jötunmóði; ________________________________
ormr knýr unnir, ________________________________
örn mun hlakka, ________________________________
slítr nái niðfölr, ________________________________
Naglfar losnar. ________________________________

***(2)* hefisk lind fyrir**: '[Hrymr] holds a shield before himself.' ***(3)* snýsk Jörmungandr**: 'Jormungand turns himself [writhes].' ***(7)* nái**: *m acc pl.*; niðfölr *poet* pale or a grayish-yellow color. It describes *örn* in line 6, and is often glossed as the name of the eagle. ***(8)* Naglfar**: 'nail ship from Muspell.'

Kjóll ferr austan, ________________________________
koma munu Muspells ________________________________
of lög lýðir, ________________________________
en Loki stýrir; ________________________________
þar ró fíflmegir ________________________________
með freka allir, ________________________________
þeim er bróðir ________________________________
Býleists í för. ________________________________

(1) Kjóll: 'ship' ***(2-3)*** **koma ... lýðir:** 'the people of Muspell will come.' ***of lög***: 'across the sea.'***(7-8)*** **þeim ... för**: 'the brother of Byleist [Loki] is with them on the journey.' ***(5)*** **fíflmegir** *m pl* 'monsters,' 'monstrous brood,' see **mögr/megir** in Vocabulary. ***(6)*** **Freki**: 'The Wolf.'

Surtr ferr sunnan ______________________________
með sviga lævi, ______________________________
skínn af sverði ______________________________
sól valtíva; ______________________________
grjótbjörg gnata, ______________________________
en gífr rata, ______________________________
troða halir Helveg, ______________________________
en himinn klofnar. ______________________________

(2) **sviga lævi**: 'the destroyer of twigs,' that is, 'fire.' ***(4)*** **valtíva**: 'god of the slain' or 'slain-god.' ***(3-4)*** **sverði sól valtíva**: **valtíva** goes either with **sól** or **sverði**, if with **sól** then both **sól** and **sverði** are in apposition and are in the *dat*; **sól valtíva** may be a kenning for sword, or **sverði sól valtíva** may mean the sun [light] which flashes from the sword, hence **skínn af ... valtíva**:'[there] shines the [light] from the sword of the slain-god.'

Þá kømr Hlínar ______________________________
harmr annarr fram, ______________________________
er Óðinn ferr ______________________________
við úlf vega, ______________________________
en bani Belja ______________________________
bjartr at Surti; ______________________________
þar mun Friggjar ______________________________
falla angan. ______________________________

(1-2) **Þá kømr ... fram**: 'Then Hlin's second sorrow comes forth.' Hlin may be another name for the goddess Frigg, whose first sorrow is the death of her son Balder (Baldr) and second is the death of her husband, Odin. **Kømr** is a variant of **kemr**. ***(5)*** **bani Belja**: 'the slayer of Beli,' that is, the Vanir god Frey; ***(6)*** **at Surti**: 'against Surt.'

Gengr Óðins son ____________________
við úlf vega, ____________________
Víðarr of veg ____________________
at valdýri; ____________________
lætr hann megi ____________________
Hveðrungs ____________________
mund of standa ____________________
hjör til hjarta; ____________________
þá er hefnt föður. ____________________

***(7)* mund**: instrumental dative, 'with his hand'; ***(5-8)* megi Hveðrungs ... til hjarta** 'sticks the sword, with [his] hand in the heart of the son of Hvedrung [Loki, his son is Fenrir].'

Gengr inn mæri ____________________
mögr Hlöðynjar ____________________
neppr af naðri ____________________
níðs ókvíðnum; ____________________
munu halir allir ____________________
heimstöð ryðja, ____________________
er af móði drepr ____________________
Miðgarðs véorr. ____________________

***(3)* neppr af naðri**: 'exhausted from the Midgard serpent.'

Sól mun sortna, ____________________
søkkr fold í mar, ____________________
hverfa af himni ____________________
heiðar stjörnur, ____________________
geisar eimi ____________________
ok aldrnari, ____________________
leikr hár hiti, ____________________
við himin sjálfan. ____________________

***(7)* leikr hár hiti**: 'the tall flame plays.' ***(8)* við himin sjálfan**: 'beside heaven itself.'

Hér segir enn svá:

Vígríðr heitir völlr, ____________________
er finnask vígi at ____________________
Surtr ok in svásu goð; ____________________
hundrað rasta ____________________
hann er á hverjan veg; ____________________
sá er þeim völlr vitaðr.' ____________________

***(2)* finnask vígi at**: 'meet each other in battle.' ***(3)* in svásu goð**: *n nom pl*, 'the beloved gods.'

– Chapter 4 –
Gods and Goddesses

Maðr er manns gaman –Hávamál
(Man is mans' joy)

Figure 4.1. The Eight-legged Steed and Rider on the Gotland picture stone from Tjängvide, Alskogs Parish, is interpreted as portraying the eight-legged horse Sleipnir and its owner Odin.

Before the conversion to Christianity, Viking Age Scandinavians did not have a single organized religion. Instead they shared a common view of the universe and belief in a pantheon of gods and supernatural creatures. In the prehistory of the gods, two groups, the Æsir and the Vanir, fought each other. Eventually they made a truce and exchanged hostages as the first step to becoming a united group of gods. The stories of the settlement between the warring gods tell of unusual characters such as Hænir, Kvasir, and Mímir's head. The latter, cut from its body, was preserved alive and became an exclusive source of wisdom for Odin. The truce is long lasting, and thereafter the two groups live together in harmony. All the gods become known as Æsir, but the Vanir, identified with fertility and pleasure, retain their identity as a small family of gods among the Æsir.

4.1 The Æsir and the Vanir

Ynglinga saga (*The Saga of the Ynglings*) is the opening section of *Heimskringla*. An important source of information about the myths and legends of Old Scandinavia, *Ynglinga saga* is less well known than the *The Prose Edda* and *The Poetic Edda*. When referring to the gods and especially when describing Odin, *Ynglinga saga* frequently speaks of magic and sorcery and pictures the gods with more human characteristics than do the eddas. The following passage from *Ynglinga saga* recounts the war between the Æsir and the Vanir early in the history of the gods.

War Among the Gods (*Ynglinga saga* Ch 4)

Óðinn fór með her á hendur Vönum, en þeir urðu vel við ok vörðu land sitt, ok höfðu ýmsir sigr. Herjuðu hvárir land annarra ok gerðu skaða. En er þat leiddisk hvárumtveggjum, lögðu þeir milli sín sættarstefnu ok gerðu frið ok seldusk gíslar.[1] Fengu Vanir sína ina ágæztu menn, Njörð inn auðga[2] ok son hans, Frey, en Æsir þar í mót þann er Hœnir hét, ok kölluðu hann allvel til höfðingja fallinn. Hann var mikill maðr ok inn vænsti. Með honum sendu Æsir þann er Mímir hét, inn vitrasti maðr, en Vanir fengu þar í mót þann, er spakastr var í þeira flokki, sá hét Kvasir.

En er Hœnir kom í Vanaheim, þá var hann þegar höfðingi görr. Mímir kenndi honum ráð öll. En er Hœnir var staddr á þingum eða stefnum, svá at Mímir var eigi nær, ok kœmi nökkur vandamál fyrir hann, þá svaraði hann æ inu sama: 'ráði aðrir,' kvað hann. Þá grunaði Vani, at Æsir myndi hafa falsat[3] þá í mannaskiptinu. Þá tóku þeir Mími ok hálshjoggu ok sendu höfuðit Ásum. Óðinn tók höfuðit ok smurði urtum þeim, er eigi mátti fúna, ok kvað þar yfir galdra ok magnaði svá, at þat mælti við hann ok sagði honum marga leynda hluti.

Njörð ok Frey setti Óðinn blótgoða,[4] ok váru þeir díar[5] með Ásum. Dóttir Njarðar var Freyja. Hon var blótgyðja.[6] Hon kenndi fyrst með Ásum seið, sem Vönum var títt. Þá er Njörðr var með Vönum, þá hafði hann átta systur sína, því at þat váru þar lög. Váru þeira börn Freyr ok Freyja.[7] En þat var bannat með Ásum at byggva[8] svá náit at frændsemi.

Peace Between the Æsir and the Vanir – The Mead of Poetry (*Skáldskaparmál* 1)

The war between the Æsir and the Vanir is mentioned in many places in the mythology. The following account from *Skáldskaparmál* explains the mead of poetry and touches on the mythic origin of the art of verse making. Like stories from *Gylfaginning*, this passage is presented as a dialogue, but the dialogue, in this instance, is between Ægir and Bragi at a feast of the Æsir.

---

1 **seldusk gíslar**: 'exchanged hostages with each other.'

2 **Njörð inn auðga**: 'Njord the Wealthy.'

3 **myndi hafa falsat**: 'might have cheated them/must have cheated them;' **myndi** from **munu** and **falsat** from **falsa**.

4 **Njörð ok Frey setti Óðinn blótgoða**: 'Odin appointed Njord and Frey as sacrificial priests.'

5 **díar** usually means 'gods' but here seems to be 'priests.'

6 **Hon var blótgyðja**: a priestess who makes sacrifices.

7 *Gylfaginning* likewise says that Njord is the father of Freyja and Frey but does not tell that the mother was Njord's sister.

8 **byggva**: here the verb means 'to marry.'

The background to the mead of poetry is this:

> A man was named Ægir or Hler. He lived on the island now called Hlesey and was greatly skilled in magic. He set off on a trip to Asgard. The Æsir knew he was coming and they received him well, but much of what they showed him was fashioned through spells and shape-changings. In the evening when it was time to drink, Odin had swords brought into the hall. These shone so brightly that no other light was used while they sat at the drinking. The Æsir then went to their feast, and the twelve Æsir who were to be judges sat in their high seats. [The passage continues in Old Norse:]
>
> Ok svá váru nefndir: Þórr, Njörðr, Freyr, Týr, Heimdallr, Bragi, Viðarr, Váli, Ullr, Hœnir, Forseti, Loki—slíkt sama Ásynjur: Frigg, Freyja, Gefjun, Iðunn, Gerðr, Sigyn, Fulla, Nanna. Ægi þótti göfugligt þar um at sjásk. Veggþili öll váru þar tjölduð með fögrum skjöldum. Þar var ok áfenginn mjöðr ok mjök drukkit. Næsti maðr Ægi sat Bragi, ok áttusk þeir við drykkju ok orðaskipti. Sagði Bragi Ægi frá mörgum tíðindum þeim er Æsir höfðu átt. Hann hóf þar frásögn...

KVASIR AND THE MEAD OF POETRY (*SKÁLDSKAPARMÁL* 2)

Ok enn mælir Ægir, 'Hvaðan af hefir hafizk sú íþrótt, er þér kallið skáldskap?' Bragi svarar: 'Þat váru upphöf til þess, at guðin höfðu ósætt við þat fólk, er Vanir heita; en þeir lögðu með sér friðstefnu, ok settu grið á þá lund, at þeir gengu hvárirtveggju til eins kers, ok spýttu í hráka sínum. En at skilnaði, þá tóku goðin ok vildu eigi láta týnask þat griðamark, ok sköpuðu þar ór mann; sá heitir Kvasir. Hann er svá vitr, at engi spyrr hann þeira hluta, er eigi kann hann órlausn. Hann fór víða um heim at kenna mönnum frœði, ok þá er hann kom at heimboði til dverga nökkurra, Fjalars ok Galars, þá kölluðu þeir hann með sér á einmæli, ok drápu hann, létu renna blóð hans i tvau ker ok einn ketil, ok heitir sá Óðreyrir, enn kerin heita Són ok Boðn. Þeir blendu hunangi við blóðit, ok varð þar af mjöðr sá, er hverr, er af drekkr, verðr skáld ok frœðamaðr.'

4.2 ODIN THE ALFATHER

Odin is an old god who figures in the mythologies of other northern peoples, where he was known as Woden, Wodan, Wotan and Wuotan. Odin is known best from Scandinavian mythology, where he leads the Æsir. With his skills in magic, prophecy and governance, Odin serves as the patron of aristocrats, warriors and poets, and the eddas and other sources speak of Odin by many names.

Odin (*Gylfaginning* 3)

Gangleri hóf svá mál sitt: 'Hverr er œztr eða elztr allra goða?' Hár segir: 'Sá heitir Alföðr at váru máli, en í Ásgarði inum forna átti hann tólf nöfn. Eitt er Alföðr, annat er Herran eða Herjan, þriðja er Nikarr eða Hnikarr, fjórða er Nikuz eða Hnikuðr, fimmta Fjölnir, sétta Óski, sjaunda Ómi, átta Bifliði eða Biflindi, níunda Sviðarr, tíunda Sviðrir, ellipta Viðrir, tólfta Jálg eða Jálkr.' Þá spyrr Gangleri: 'Hvar er sá guð, eða hvat má hann, eða hvat hefir hann unnit framaverka?' Hár segir: 'Lifir hann of allar aldir, ok stjórnar öllu ríki sínu, ok ræðr öllum hlutum, stórum ok smám.' Þá mælir Jafnhár: 'Hann smíðaði himin ok jörð ok loptin ok alla eign þeira.' Þá mælti Þriði: 'Hitt er mest, er hann gerði manninn ok gaf honum önd þá, er lifa skal ok aldri týnask, þótt líkaminn fúni[9] at moldu eða brenni at ösku. Ok skulu allir menn lifa, þeir er rétt eru siðaðir, ok vera með honum sjálfum, þar sem heitir Gimlé eða Vingólf. En vándir menn fara til Heljar, ok þaðan í Niflhel, þat er niðr í inn níunda heim.' Þá mælir Gangleri: 'Hvat hafðisk[10] hann áðr at en himinn ok jörð væri gör?' Þá svarar Hár: 'þá var hann með hrímþursum.'

Figure 4.2. Another Gotlandic Portrayal of the Eight-legged Horse and Its Rider. This one from Ardre Church. The stone has been dated to the early Viking Age.

Odin's Many Names (*Gylfaginning* 20)

Óðinn heitir Alföðr, þvíat hann er faðir allra goða. Hann heitir ok Valföðr,[11] þvíat hans óskasynir eru allir þeir er í val falla. Þeim skipar hann Valhöll ok Vingólf, ok heita þeir þá einherjar. Hann heitir ok Hangaguð[12] ok Haptaguð,[13] Farmaguð,[14] ok enn hefir hann nefnzk á fleiri vega þá er

---

[9] **Funi** and **brenni** are subjunctive, 'though the body *should* rot to earth or *might* burn to ashes.'

[10] **hafðisk...at**, 'occupied himself,' *3sg past* of **hafask**.

[11] All-Father (Alföðr), the High One (Hár), and Val-Father (Valföðr), meaning 'Father of the Slain.

[12] **Hangaguð** *m* 'god of the hanged,' a name for Odin. Also **hangatýr**, **týr** meaning 'god.'

[13] **Haptaguð** is an example of the difficulty in translating the meaning of names. The name can mean 'god of fetters,' hence a possible connection with prisoners as well as with the dead. But **Haptaguð** could also be 'he who employs fetters' and/or perhaps even 'he who loosens fetters.' **Höpt** can also refer to 'gods,' with the possibility that **Haptaguð** refers to 'foremost of the gods.' Further, as a noun **hapt** might mean 'godly powers.' The name could thus mean 'the god of gods' or the 'god who restricts men with his divine laws.'

[14] God of Cargoes (Farmaguð)

hann var kominn til Geirrøðar konungs.[15]

Odin is a dangerous god with numerous roles. A god of war and death, he decides the fates of warriors. As god of war, Odin is fickle and hard to please, and he is known to withdraw his favor from formerly victorious warriors. The stories also hint that Odin functioned as a psychopomp, a deity who traveles between the worlds of the living and the dead. For journeys between the worlds of the living and the dead, Odin had Sleipnir, his eight-legged steed. At times, Odin lends Sleipnir, as he did when Hermod rode Sleipnir down to Hel seeking to retrieve Odin's son Baldr from death. In *The Saga of the Volsungs*, Sleipnir is said to be the ancestor of Grani, the special horse of Sigurd the Dragon Slayer. In *Grímnismál*, stanza 44, a listing of major mythological entities, Sleipnir is named as foremost of steeds.

Askr Yggdrasils, hann er œstr viða, ____________________
enn skiðblaðnir skipa, ____________________
Óðinn Ása, en jóa Sleipnir, ____________________
bilröst brúa en Bragi skálda, ____________________
Hábrók hauka, en hunda Garmr _________________

***(4)* bilröst** is a variant of **bifröst**, the bridge to Asgard.

Sleipnir is also mentioned in *Hervarar saga ok Heiðreks*, in which Gestumblindi ('the Blind Gest') asks a riddle of King Heidrek (Heiðrekr). Heidrek's disguised and dangerous guest is Odin, who draws Heidrek into a contest of riddles.

Hverir eru þeir tveir, ____________________
er hafa tíu fœtr, ____________________
augu þrjú, ____________________
enn einn hala? ____________________
Heiðrekr konungr, ____________________
hyggðu at gátu. ____________________

Heiðrekr svarar: Margs freistar þú nú, er þú finnr þau rök til framburðar við mik, er forðum váru; þat er þá er Óðinn reið hestinum Sleipni; hann hafði átta fœtr, enn Óðinn tvá, enn þeir höfðu þrjú augu; Sleipnir tvau enn Óðinn eitt.[16]

---

[15] See the eddic poem *Grímnismál*.

[16] Odin removed one of his own eyes and placed it in Mimir's well in return for wisdom.

In preparation for Ragnarok, Odin increases the *einherjar* by sending women called valkyries to battlefields. There they choose the warriors to be slain and brought to Valhalla. Although Odin knows the fate that awaits the Æsir, he constantly seeks to forestall the coming doom. His two ravens Hugin ('Thought') and Munin ('Memory') sit on his shoulders. Odin has taught them to speak, and every morning they fly over the world gathering information for Odin, who remembers everything. As symbols of his power, Odin has special possessions. One is his spear Gungnir, which he casts over armies to be defeated. Another is the magical ring Draupnir, which drips eight gold rings of equal weight every ninth night.[17]

ODIN HANGED ON THE TREE (*HÁVAMÁL, THE SAYINGS OF THE HIGH ONE*)

Norse mythology hints at Odinic cults, that worshipped Odin through a combination of ecstatic and seemingly shamanistic rituals. In the eddic poem *Hávamál* (*The Sayings of the High One*), Odin is said to have hanged himself on a tree in a sacrifice-like ritual. Barely surviving this ordeal, he gains arcane knowledge, including runes. In the following two stanzas from *Hávamál,* Odin chants about his experience on the tree and his acquistion of runes.

(*Hávamál* 138-139)

Veit ek, at ek hekk ____________________
vindga meiði á ____________________
nætr allar níu, ____________________
geiri undaðr ____________________
ok gefinn Óðni, ____________________
sjálfr sjálfum mér, ____________________
á þeim meiði ____________________
er manngi veit ____________________
hvers hann af rótum renn. ____________________

Við hleifi mik sældu ____________________
né við hornigi, ____________________
nýsta ek niðr, ____________________
nam ek upp rúnar, ____________________
œpandi nam, ____________________
fell ek aptr þaðan. ____________________

(2) **vindga** is from **vindugr** *adj*, **meiði** can mean both 'gallows tree' and 'Yggdrasil;' ***(10)*** **hleifr** <s, ar> *m* loaf of bread; **sældu** (sæla <-di, -dr> *vb* bless) may also be **sœldu** in the text (**sœla** <-di, -dr> *vb* slake, satisfy).

---

[17] For more about Draupnir, see the reading in this section: 'The Death of Baldr and Hermod's Ride to Hel.'

Odin and Magic (*Ynglinga saga* 7)

Óðinn skipti hömum.[18] Lá þá búkrinn sem sofinn eða dauðr, en hann var þá fugl eða dýr, fiskr eða ormr ok fór á einni svipstund á fjarlæg[19] lönd at sínum ørendum eða annarra manna. Þat kunni hann enn at gera með orðum einum at sløkkva eld ok kyrra sjá ok snúa vindum hverja leið, er hann vildi, ok hann átti skip, er Skíðblaðnir hét, er hann fór á yfir höf stór, en þat mátti vefja saman sem dúk.

Óðinn hafði með sér höfuð Mímis, ok sagði þat honum mörg tíðendi ór öðrum heimum, en stundum vakði hann upp dauða menn ór jörðu, eða settisk undir hanga. Fyrir því var hann kallaðr draugadróttinn[20] eða hangadróttinn. Hann átti hrafna tvá, er hann hafði tamit við mál. Flugu þeir víða um lönd ok sögðu honum mörg tíðendi. Af þessum hlutum varð hann stórliga fróðr.

Allar þessar íþróttir kenndi hann með rúnum ok ljóðum þeim, er galdrar heita. Fyrir því eru Æsir kallaðir galdrasmiðir. Óðinn kunni þá íþrótt, svá at mestr máttr fylgði, ok framdi[21] sjálfr, er seiðr heitir, en af því mátti hann vita ørlög manna ok óorðna hluti, svá ok at gera mönnum bana eða óhamingju eða vanheilindi, svá ok at taka frá mönnum vit eða afl ok gefa öðrum. En þessi fjölkynngi, er framið er, fylgir svá mikil ergi, at eigi þótti karlmönnum skammlaust við at fara, ok var gyðjunum kennd[22] sú íþrótt. Óðinn vissi um alt jarðfé, hvar fólgit var,[23] ok hann kunni þau ljóð, er upp lauksk fyrir honum jörðin ok björg ok steinar ok haugarnir, ok batt hann með orðum einum þá, er fyrir bjoggu[24], ok gekk inn ok tók þar slíkt, er hann vildi. Af þessum kröptum varð hann mjök frægr.

Óvinir hans óttuðusk hann, en vinir hans treystusk honum ok trúðu á krapt hans ok á sjálfan hann. En hann kenndi flestar íþróttir sínar blótgoðunum. Váru þeir næst honum um allan fróðleik ok fjölkynngi. Margir aðrir námu þó mikit af, ok hefir þaðan af dreifzk[25] fjölkynngin víða ok haldizk lengi. En Óðin ok þá höfðingja tólf blótuðu menn ok kölluðu goð sín ok trúðu á lengi síðan.

Eptir Óðins nafni var kallaðr Auðun, ok hétu menn svá sonu sína, en af Þórs nafni er kallaðr Þórir eða Þórarinn eða dregit af öðrum heitum til, svá sem Steinþórr eða Hafþórr, eða enn

---

[18] **skipta hömum:** 'change shape.' From **skipta** + **hamr**.
[19] **fjarlægr:** *adj* 'distant,' 'located far off.'
[20] **Draugadróttinn**: 'lord of ghosts,' possibly meaning specters, ghosts, and revenants.
[21] **framdi**: from **fremja**
[22] **var gyðjunum kennd:** 'was associated with the goddesses,' **gyðja** *f* goddess, priestess.
[23] **hvar fólgit var:** 'where it was hidden.' *folgit* is from **fela**.
[24] **bjoggu**: also **bjuggu** *3pl past* from **búa**
[25] **dreifzk** or **drifizk:** from **drífask**

breytt[26] á fleiri vega.

Odin and Asgard (*Gylfaginning* 9)

Þá svarar Hár:[27] '...Þar næst gerðu þeir sér borg í miðjum heimi er kallaðr er Ásgarðr. Þat köllum vér Troja. Þar byggðu guðin ok ættir þeira ok gerðusk þaðan af mörg tíðindi ok greinir bæði á jörðunni ok í lopti. Þar er einn staðr er Hliðskjálf heitir, ok þá er Óðinn settisk þar í hásæti, þá sá hann of alla heima ok hvers manns athœfi ok vissi alla hluti þá er hann sá. Kona hans hét Frigg Fjörgvinsdóttir, ok af þeira ætt er sú kynslóð komin er vér köllum Ása ættir, er byggt hafa Ásgarð hinn forna ok þau ríki er þar liggja til, ok er þat allt goðkunnig ætt. Ok fyrir því má hann heita Alföðr at hann er faðir allra goðanna ok manna ok alls þess er af honum ok hans krapti var fullgert. Jörðin var dóttir hans ok kona hans. Af henni gerði hann hinn fyrsta soninn, en þat er Ásaþórr. Honum fylgði afl ok sterkleikr. Þar af sigrar hann öll kvikvendi.'

4.3 Thor

Thor (Þórr), Odin's eldest son, is called Ásaþórr (Thor of the Æsir) and Ökuþórr (Thor the Charioteer or Thor the Driver). Thor's mother is Earth (Jörð), who *The Prose Edda* says is Odin's daughter and wife. Thor is a god of the sky. From the sky, this good-natured god controls storms and brings life-giving rain, the source of the earth's abundance.

In the Germanic regions south of Scandinavia, he was called Donar, referring to thunder. Thor was widely worshiped by farmers and seamen, and his name was a prominent element in names for men, women and places, such as Thorsteinn (Þorsteinn), Thorgerd (Þorgerðr), and Thorsness (Þórsnes). Such names continued to be popular in Scandinavia after the introduction of Christianity.

The myths picture Thor driving a chariot pulled by two goats across the heavens. A great fighter, Thor undertakes much of the combat against the gods' enemies, and his children are also powerful warriors. Thor's most cherished possessions are his hammer, his iron gloves, and a belt or girdle of power. The contrast between Thor and his father is considerable. Whereas Odin is cunning and thoughtful, Thor is generally forthright and impulsive. At times, Thor is depicted as foolish and gullible.

Thor (*Gylfaginning* 21)

Þá mælir Gangleri: 'Hver eru nöfn annarra Ásanna, eða hvat hafask þeir at, eða hvat hafa þeir gert til frama?' Hár segir: 'Þórr er þeira [Ásanna] framastr, sá er kallaðr er Ásaþórr eða Ökuþórr. Hann er sterkastr allra guðanna ok manna. Hann á þar ríki er Þrúðvangar heita, en höll hans heitir Bilskirnir. Í þeim sal eru fimm hundrað gólfa ok fjórir tigir, þat er hús mest svá at menn

---

[26] **breytt**: *ppart* of **breyta**

[27] Before turning to the creation of Asgard, the text describes the finding of Ask and Embla.

hafa gert. Svá segir í Grímnismálum:

Fimm hundrað gólfa ______________________
ok um fjórum tøgum, ______________________
svá hygg ek Bilskirni með bugum. ______________________
Ranna þeira ______________________
er ek ræfr vita ______________________
míns veit ek mest magar. ______________________

***(3)* með bugum**, 'all around,' **bugr** *m* curve, bend, bight.

Thor's Possessions and Weapons (*Gylfaginning* 21)

Þórr á hafra tvá er svá heita: Tanngnjóstr ok Tanngrisnir, ok reið þá er hann ekr, en hafrarnir draga reiðina. Því er hann kallaðr Ökuþórr. Hann á ok þrjá kostgripi. Einn þeira er hamarrinn Mjöllnir, er hrímþursar ok bergrisar kenna þá er hann kemr á lopt, ok er þat eigi undarligt: hann hefir lamit margan haus á feðrum eða frændum þeira. Annan grip á hann beztan, megingjarðar, ok er hann spennir þeim um sik, þá vex honum ásmegin hálfu. Inn þriðja hlut á hann, þann er mikill gripr er í, þat eru járnglófar. Þeira má hann eigi missa við hamars skaptit. En engi er svá fróðr at telja kunni öll stórvirki hans. En segja kann ek þér svá mörg tíðindi frá honum at dveljask munu stundirnar áðr en sagt er allt þat er ek veit.'

4.4 Tyr

Tyr (Týr) is an ancient god of war and council. *The Prose Edda* tells us that he breaks his pledge to the Fenris wolf and loses his right hand, crucial for making oaths and wielding weapons. From the perspective of historical linguististics, Tyr is of particular significance because of the connection between his name and other powerful gods, including the Roman Jupiter and the Greek Zeus. The name Týr may derive from postulated Proto-Germanic **tîwaz*, meaning perhaps 'god.' In the eddic *Lay of Sigurdrifa (Sigrdrífumál)*, Týr is the name of a rune that brings victory.

Týr, The One-handed (*Gylfaginning* 25)

Þá mælir Gangleri: 'Miklir þykkja mér þessir fyrir sér Æsirnir, ok eigi er undarligt at mikill kraptr fylgi yðr, er þér skuluð kunna skyn goðanna ok vita hvert biðja skal hverrar bœnarinnar. Eða eru fleiri enn goðin?'

Hár segir: 'Sá er enn Áss er Týr heitir. Hann er djarfastr ok bezt hugaðr, ok hann ræðr mjök sigri í orrostum. Á hann er gott at heita hreystimönnum. Þat er orðtak at sá er 'týhraustr,' er um fram er aðra menn ok ekki sésk fyrir. Hann var vitr svá at þat er mælt at sá er 'týspakr' er vitr er. Þat er eitt mark um djarfleik hans, þá er Æsir lokkuðu Fenrisúlf til þess at leggja fjöturinn á hann, Gleipni, þá trúði hann þeim eigi at þeir mundu leysa hann, fyrr en þeir lögðu honum at veði hönd Týrs í munn úlfsins. En þá er Æsir vildu eigi leysa hann, þá beit hann höndina af, þar er nú heitir úlfliðr, ok er hann einhendr ok ekki kallaðr sættir manna.

4.5 Goddesses and Supernatural Women

The goddesses are often referred to as *ásynjur* (sg *Ásynja*) and *gyðjur* (sg *gyðja*) . In *Gylfaginning*, Just-as-High tells Gangleri that, compared to the gods, 'the goddesses are no less sacred, nor are they less powerful.' *Ásynjur* means 'female Æsir,' while *gyðjur* is a more general term meaning 'female gods.' In Asgard, the goddesses own a beautiful sanctuary named Vingolf, and the most prominent among the goddesses have their own halls.

The gods and the women of the giants (*þursameyjar*) often mix freely. Sometimes they marry, suggesting that the difference between the giants and the gods may not be so exteme. Among the goddesses and daughters of giants, the most prominent are:

Frigg: the chief goddess, Odin's wife.
Freyja: from the Vanir, a goddess concerned with pleasure.
Sif: the wife of Thor.
Nanna: the wife of Baldr.
Gefjun: a giant woman.
Iðunn: the keeper of the apples of immortality and the wife of Bragi.
Skaði: a giant woman, the incompatible wife of Njord.
Gerðr: a giant woman, the wife of the god Frey.
Hel: presider over the Underworld. A giant maid (*þursamey*), the daughter of Loki and the ogress/giantess (*gýgr*) named Angrboda (Angrboða).

4.6 Frigg and the Goddesses

Frigg is the most prominent among the goddesses. She is Odin's wife and owns the magnificent dwelling Fensalir. Frigg is said to be the daughter of Fjorgvin (Fjörgvinsdóttir), but little else is known about her parentage. She is the mother of Baldr, the most beautiful of the gods, whose death she tries to prevent. Frigg has great powers but uses them with restraint. She sees into the future.

Frigg Knows the Fates of Men (*Gylfaginning* 20)

Þá mælir Gangleri: 'Hverir eru Æsir þeir er mönnum er skylt at trúa á?' Hár segir tólf eru Æsir guðkunnigir.' Þá mælir Jafnhár: 'Eigi eru Ásynjurnar óhelgari ok eigi megu þær minna.' Þá mælir Þriði: 'Óðinn er œztr ok elztr ásanna. Hann ræðr öllum hlutum, ok svá sem önnur guðin eru máttug, þá þjóna honum öll svá sem börn föður. En Frigg er kona hans, ok veit hon ørlög manna þótt hon segi eigi spár, svá sem hér er sagt at Óðinn mælir sjálfr við þann Ás er Loki heitir:

Œrr ertu, Loki, ______________________
ok ørviti, ______________________
hví ne legskaþu, Loki? ______________________
Ørlög Frigg ______________________
hygg ek at öll viti, ______________________
þótt hon sjálfgi segi ______________________

***(3)* hví ne legskaþu, Loki**? 'why don't you lay off, Loki?' **legskaþu** is a contraction of **leg(g)sk + -a + þú**; *(6)* **-gi** is a negative suffix in **sjálfgi**.

THE GODDESSES (*GYLFAGINNING* 35)

Þá mælir Gangleri: 'Hverjar eru Ásynjurnar?'

Hár segir: 'Frigg er œzt, hon á þann bœ er Fensalir heita ok er hann allvegligr. Önnur er Sága, hon býr á Søkkvabekk ok er þat mikill staðr. Þriðja er Eir, hon er læknir beztr. Fjórða er Gefjun, hon er mær, ok henni þjóna þær er meyjar andask. Fimmta er Fulla, hon er enn mær ok ferr laushár ok gullband um höfuð. Hon berr eski Friggjar ok gætir skóklæða hennar ok veit launráð með henni.

Freyja er tignust með Frigg, hon giptisk þeim manni er Óðr heitir. Dóttir þeira heitir Hnoss, hon er svá fögr at af hennar nafni eru hnossir kallaðar þat er fagrt er ok gersemligt. Óðr fór í braut langar leiðir, en Freyja grætr eptir, en tár hennar er gull rautt. Freyja á mörg nöfn, en sú er sök til þess at hon gaf sér ýmis heiti er hon fór með ókunnum þjóðum at leita Óðs. Hon heitir Mardöll ok Hörn, Gefn, Sýr. Freyja átti Brísingamen.[28] Hon er kölluð Vanadís.

Sjaunda Sjöfn, hon gætir mjök til at snúa hugum manna til ásta, kvenna ok karla. Af hennar nafni er elskuginn kallaðr sjafni.

Átta Lofn, hon er svá mild ok góð til áheita at hon fær leyfi af Alföðr eða Frigg til manna samgangs, kvenna ok karla, þótt áðr sé bannat eða þvertekit. Fyrir því er af hennar nafni lof kallat, ok svá þat er lofat er mjök af mönnum.

Níunda Vár, hon hlýðir á eiða manna ok einkamál er veita sín á milli konur ok karlar. Því heita þau mál várar. Hon hefnir ok þeim er brigða.

Tíunda Vör, hon er ok vitr ok spurul, svá at engi hlut má hana leyna. Þat er orðtak at kona

[28] **Brisingamen**: the 'Necklace of the Brisings' was one of Freyja's treasures. The necklace is said to have been made by four dwarves, and according to the Icelandic *Tale of Sorli* (*Sörla þáttr*), Odin has Loki steal it. The Old English poem *Beowulf* speaks of a similar mysterious piece of jewelry called the *Brosinga mene* (the 'Necklace of the Brosings'). Several figures, including giants and Heimdall, possessed Brisingamen at different times.

verði vör þess er hon verðr vís.

Ellipta Syn, hon gætir dura í höllinni ok lýkr fyrir þeim er eigi skulu inn ganga, ok hon er sett til varnar á þingum fyrir þau mál er hon vill ósanna. Því er þat orðtak at syn sé fyrir sett þá er hann neitar.

Tólfta Hlín, hon er sett til gæzlu yfir þeim mönnum er Frigg vill forða við háska nökkurum. Þaðan af er þat orðtak at sá er forðask hleinir.

Þrettánda Snotra, hon er vitr ok látprúð. Af hennar heiti er kallat snotr kona eða karlmaðr sá er vitr maðr er.

Fjórtánda Gná, hana sendir Frigg í ýmsa heima at eyrindum sínum. Hon á þann hest, er renn lopt ok lög, er heitir Hófvarfnir. Þat var eitt sinn er hon reið at vanir nökkurir sá reið hennar í loptinu. Þá mælti einn:

42. 'Hvat þar flýgr? ____________________
Hvat þar ferr ____________________
eða at lopti líðr?' ____________________

Hon segir:

43. 'Ne ek flýg, ____________________
þó ek fer ____________________
ok at lopti líðk ____________________
á Hófvarpni ____________________
þeim er Hamskerpir ____________________
gat við Garðrofu.' ____________________

(5) **Hamskerpir**: a horse, probably a stallion; ***(6)*** **Garðrofa**: a mare

Af Gnár nafni er svá kallat at þat gnæfar er hátt ferr. Sól ok Bil eru talðar með Ásynjum, en sagt er fyrr frá eðli þeira.

4.7 Female Divinities and Valkyries

The sources mention other female figures. One is Hel, Loki´s daughter. Hel presides in the underworld and wields considerable supernatural power. Gloomy and cruel, she acts like a goddess, governing over those who die of disease and old age. In *Gylfaginning*, Third tells Gangleri that Odin receives righteous men: ´But evil men go to Hel and from there into Niflhel

['Dark Hel'], which is below in the ninth world.[29] Few escape Hel, and Baldr, the son of Odin and Frigg, is no exception.

Hel Thrown into Niflheim (*Gylfaginning* 34)

Hel kastaði hann í Niflheim ok gaf henni vald yfir níu heimum at hon skipti öllum vistum með þeim er til hennar váru sendir, en þat eru sóttdauðir menn ok ellidauðir. Hon á þar mikla bólstaði ok eru garðar hennar forkunnar hávir ok grindr stórar. Eljúðnir heitir salr hennar, Hungr diskr hennar, Sultr knífr hennar, Ganglati þrællinn, Ganglöt ambátt, Fallanda Forað þresköldr hennar er inn gengr, Kör sæng, Blíkjanda böl ársali hennar. Hon er blá hálf en hálf með hörundar lit—því er hon auðkend—ok heldr gnúpleit ok grimlig.

Valkyries (*Gylfaginning* 36)

Odin sent valkyries to battlefields, where they chose warriors to be slain and taken to Valhalla.[30] There they joined the einherjar, Odin's private army of dead heroes. The name valkyrie (*valkyrja,* pl *valkyrjur*) means 'chooser of the slain' and derives from two words: the noun *valr* ('the slain on the battlefield') and the verb *kjósa* ('to choose'). The concept of the valkyrie seems to have existed beyond Scandinavia, and ON *valkyrja* is cognate with Old English *wælcyrge*. *Gylfaginning* tells that valkyries served Odin in Valhalla and participated in the feasting.

Enn eru þær aðrar er þjóna skulu í Valhöll, bera drykkju ok gæta borðbúnaðar ok ölgagna. Svá eru þær nefndar í Grímnismálum:

Hrist ok Mist	______________________
vil ek at mér horn beri,	______________________
Skeggjöld ok Skögul,	______________________
Hildr ok Þrúðr,	______________________
Hlökk ok Herfjötur,	______________________
Göll ok Geirahöð,	______________________
Randgríð ok Ráðgríð	______________________
ok Reginleif.	______________________
Þær bera einherjum öl.	______________________

---

29 **Nifl**: an old word, means mist, fog and darkness. At the time the *Edda* was written, the word was already obsolete. It remained, however, in many mythological compounds, as here in **Niflhel** (Dark Hel), a place seemingly different from **Hel** where the worst of men underwent a kind of second death. Some manuscripts confuse **Niflhel** with **Niflheim**, the dark world of freezing mists.

30 At times it is unclear whether valkyries chose which warriors were to be slain, or whether they made their choice from among the already slain.

Many of these names for valkyries can be found in other sources, especially skaldic poetry where they can form the basis of kennings for battle, such as **Hildar leikr**, 'Hild's game.' Some, such as **Herfjötur(r)** ('Host-fetter'), are names shared with Odin himself.

Þessar heita valkyrjur, þær sendir Óðinn til hverrar orrostu. Þær kjósa feigð á menn ok ráða sigri. Guðr ok Róta ok norn in yngsta, er Skuld heitir, ríða jafnan at kjósa val ok ráða vígum.

4.8 Baldr

Baldr, the beautiful god, is known principally from the story of his death. Many attend his funeral, where he and his horse, his wife Nanna, and the ring Draupnir are burned in the flames of his pyre. Baldr's death leads to the destruction of the gods at Ragnarök.

Baldr the Beautiful (*Gylfaginning* 22)

Þá mælir Gangleri: 'Spyrja vil ek tíðinda af fleiri Ásunum.' Hár segir: 'Annarr son Óðins er Baldr, ok er frá honum gott at segja. Hann er beztr, ok hann lofa allir. Hann er svá fagr álitum ok bjartr svá at lýsir af honum, ok eitt gras er svá hvítt at jafnat er til Baldrs brár. Þat er allra grasa hvítast, ok þar eptir mátþu marka hans fegrð bæði á hár ok á líki. Hann er vitrastr Ásanna ok fegrst talaðr ok líknsamastr. En sú náttúra fylgir honum at engi má haldask dómr hans. Hann býr þar sem heitir Breiðablik, þat er á himni. Í þeim stað má ekki vera óhreint, svá sem hér segir:

Breiðablik heita ________________________
þar er Baldr hefir ________________________
sér of gerva sali, ________________________
í því landi ________________________
er ek liggja veit ________________________
fæsta feiknstafi ________________________

The Death of Baldr (*Gylfaginning* 49)

Þá mælir Gangleri: 'Hafa nökkur meiri tíðindi orðit með Ásunum? Allmikit þrekvirki vann Þórr í þessi ferð.'

Hár svarar: 'Vera mun at segja frá þeim tíðindum er meira þótti vert Ásunum. En þat er upphaf þessar sögu at Baldr inn góða dreymði drauma stóra ok hættliga um líf sitt. En er hann sagði Ásunum draumana, þá báru þeir saman ráð sín, ok var þat gert at beiða griða Baldri fyrir alls konar háska. Ok Frigg tók svardaga til þess at eira skyldu Baldri eldr ok vatn, járn ok alls konar málmr, steinar, jörðin, viðirnir, sóttirnar, dýrin, fuglarnir, eitr, ormar.

En er þetta var gert ok vitat, þá var þat skemmtun Baldrs ok Ásanna at hann skyldi standa upp á þingum, en allir aðrir skyldu sumir skjóta á hann, sumir höggva til, sumir berja grjóti. En hvat sem at var gert, sakaði hann ekki, ok þótti þetta öllum mikill frami.

En er þetta sá Loki Laufeyjarson, þá líkaði honum illa er Baldr sakaði ekki. Hann gekk til Fensalar til Friggjar ok brá sér í konu líki. Þá spyrr Frigg ef sú kona vissi hvat Æsir höfðusk at á þinginu. Hon sagði at allir skutu at Baldri, ok þat at hann sakaði ekki. Þá mælir Frigg: 'Eigi munu vápn eða viðir granda Baldri. Eiða hefi ek þegit af öllum þeim.'

Þá spyrr konan: 'Hafa allir hlutir eiða unnit at eira Baldri?'

Þá svarar Frigg: 'Vex viðarteinungr einn fyrir vestan Valhöll, sá er mistilteinn kallaðr. Sá þótti mér ungr at krefja eiðsins.' Því næst hvarf konan á braut.

En Loki tók mistiltein ok sleit upp ok gekk til þings. En Höðr stóð útarliga í mannhringinum, þvíat hann var blindr. Þá mælir Loki við hann: 'Hví skýtr þú ekki at Baldri?' Hann svarar: 'Þvíat ek sé eigi hvar Baldr er, ok þat annat at ek em vápnlauss.' Þá mælir Loki: 'Gerðu þó í líking annarra manna ok veit Baldri sœmð sem aðrir menn. Ek mun vísa þér til hvar hann stendr. Skjót at honum vendi þessum.'

Höðr tók mistiltein ok skaut at Baldri at tilvísun Loka. Flaug skotit í gögnum hann ok fell hann dauðr til jarðar. Ok hefir þat mest óhapp verit unnit með goðum ok mönnum.

Þá er Baldr var fallinn, þá fellusk öllum Ásum orðtök ok svá hendr at taka til hans, ok sá hverr til annars ok váru allir með einum hug til þess er unnit hafði verkit. En engi mátti hefna, þar var svá mikill griðastaðr.

En þá er Æsirnir freistuðu at mæla, þá var hitt þó fyrr at grátrinn kom upp, svá at engi mátti öðrum segja með orðunum frá sínum harmi. En Óðinn bar þeim mun verst þenna skaða sem hann kunni mesta skyn hversu mikil aftaka ok missa Ásunum var í fráfalli Baldrs.[31]

En er goðin vitkuðusk, þá mælir Frigg ok spurði hverr sá væri með Ásum er eignask vildi allar ástir hennar ok hylli, ok vili hann ríða á Helveg ok freista ef hann fái fundit Baldr ok bjóða Helju útlausn, ef hon vill láta fara Baldr heim í Ásgarð. En sá er nefndr Hermóðr inn hvati, sveinn Óðins, er til þeirar farar varð. Þá var tekinn Sleipnir, hestr Óðins, ok leiddr fram, ok steig Hermóðr á þann hest ok hleypti braut.

Baldr's Funeral Pyre – Gods, Giants, and the Ring Draupnir (*Gylfaginning* 49)

En Æsirnir tóku lík Baldrs ok fluttu til sævar. Hringhorni hét skip Baldrs. Hann var allra skipa mestr, hann vildu goðin fram setja ok gera þar á bálför Baldrs. En skipit gekk hvergi fram. Þá var sent í Jötunheima eptir gýgi þeiri er Hyrrokkin hét, en er hon kom ok reið vargi ok hafði

---

[31] Odin, who sees into the future, is apparently thinking of the coming of Ragnarok.

höggorm at taumum, þá hljóp hon af hestinum, en Óðinn kallaði til berserki fjóra at gæta hestsins, ok fengu þeir eigi haldit nema þeir feldi hann. Þá gekk Hyrrokkin á framstafn nökkvans ok hratt fram í fyrsta viðbragði, svá at eldr hraut ór hlunnunum ok lönd öll skulfu.[32] Þá varð Þórr reiðr ok greip hamarinn ok myndi þá brjóta höfuð hennar, áðr en goðin öll báðu henni friðar.

Þá var borit út á skipit lík Baldrs, ok er þat sá kona hans, Nanna Nepsdóttir, þá sprakk hon af harmi ok dó. Var hon borin á bálit ok slegit í eldi. Þá stóð Þórr at ok vígði bálit með Mjöllni, en fyrir fótum hans rann dvergr nökkurr, sá er Litr nefndr, en Þórr spyrndi fœti sínum á hann ok hratt honum í eldinn, ok brann hann.

En at þessi brennu sótti margs konar þjóð: fyrst at segja frá Óðni, at með honum fór Frigg ok valkyrjur ok hrafnar hans. En Freyr ók í kerru með gelti þeim er Gullinbursti heitir eða Slíðrugtanni. En Heimdallr reið hesti þeim er Gulltoppr heitir, en Freyja köttum sínum. Þar kømr ok mikit fólk hrímþursa ok bergrisar. Óðinn lagði á bálit gullhring þann er Draupnir heitir. Honum fylgði síðan sú náttúra at hina níundu hverja nótt drupu af honum átta gullhringar jafnhöfgir.[33] Hestr Baldrs var leiddr á bálit með öllu reiði.

Hermod's Ride to Hel (*Gylfaginning* 49)

En þat er at segja frá Hermóði at hann reið níu nætr døkkva dala ok djúpa svá at hann sá ekki fyrr en hann kom til árinnar Gjallar ok reið á Gjallar brúna.[34] Hon er þökt lýsigulli. Móðguðr er nefnd mær sú er gætir brúarinnar. Hon spurði hann at nafni eða ætt ok sagði at hinn fyrra dag riðu um brúna fimm fylki dauðra manna, 'en eigi dynr brúin minnr undir einum þér, ok eigi hefir þú lit dauðra manna. Hví ríðr þú hér á Helveg?' Hann svarar at 'ek skal ríða til Heljar at leita Baldrs. Eða hvárt hefir þú nökkut sét Baldr á Helvegi?' En hon sagði at Baldr hafði þar riðit um Gjallar brú, 'en niðr ok norðr liggr Helvegr.'

Þá reið Hermóðr þar til er hann kom at Helgrindum. Þá sté hann af hestinum ok gyrði hann fast, steig upp ok keyrði hann sporum, en hestrinn hljóp svá hart ok yfir grindina at hann kom hvergi nær. Þá reið Hermóðr heim til hallarinnar ok steig af hesti, gekk inn í höllina, sá þar sitja í öndugi Baldr bróður sinn, ok dvalðisk Hermóðr þar um nóttina. En at morni þá beiddisk Hermóðr af Helju at Baldr skyldi ríða heim með honum, ok sagði hversu mikill grátr var með Ásum. En Hel sagði at þat skyldi svá reyna hvárt Baldr var svá ástsæll sem sagt er, 'ok ef allir

---

[32] When a ship was hauled up on the shore, logs were placed as rollers under the keel.

[33] Magic rings such as Draupnir had creative powers and play significant roles in Norse myth and legend. *Skaldskaparmal*, *The Saga of the Volsungs* and the Sigurd poems in *The Poetic Edda* speak of a ring called Andvaranaut (Andvari's gift). In his retelling of the tale of Baldr's death, the medieval Danish writer Saxo Grammaticus also refers to a gold ring that made wealth for its owner.

[34] The boundary separating the world of the living from the world of the dead.

hlutir í heiminum, kykvir ok dauðir,[35] gráta hann, þá skal hann fara til Ása aptr, en haldask með Helju ef nökkurr mælir við eða vill eigi gráta.'

Þá stóð Hermóðr upp, en Baldr leiðir hann út ór höllinni ok tók hringinn Draupni ok sendi Óðni til minja, en Nanna sendi Frigg ripti ok enn fleiri gjafar, Fullu fingrgull. Þá reið Hermóðr aptr leið sína ok kom í Ásgarð ok sagði öll tíðindi þau er hann hafði sét ok heyrt.

Því næst sendu Æsir um allan heim ørindreka at biðja at Baldr væri grátinn ór Helju. En allir gerðu þat, mennirnir ok kykvendin ok jörðin ok steinarnir ok tré ok allr málmr, svá sem þú munt sét hafa at þessir hlutir gráta þá er þeir koma ór frosti ok í hita.

Þá er sendimenn fóru heim ok höfðu vel rekit sín eyrindi, finna þeir í helli nökkurum hvar gýgr sat, hon nefndisk Þökk. Þeir biðja hana gráta Baldr ór Helju. Hon segir:

'Þökk mun gráta ______________________
þurrum tárum ______________________
Baldrs bálfarar. ______________________
Kyks né dauðs ______________________
nautka ek karls sonar: ______________________
haldi Hel því er hefir.' ______________________

***(5)* -ka** is the negative suffix in **nautka**

En þess geta menn at þar hafi verit Loki Laufeyjarson, er flest hefir illt gert með Ásum.'

4.9 The Vanir – Njord, Frey, and freyja

Three gods of the Vanir family, Njord and his two children, the twins Frey and Freyja, figure prominently as gods of fertility.

Njord is an ancient god of abundance and well being. He appears to be related to an older female deity named Nerthus, a fertility or earth goddess. According to Tacitus, the first-century Roman historian, Nerthus was worshiped on an island in the Baltic. By the Viking Age, Njord is a male god whose realm is the sea. Njord marries Skadi (Skaði, a goddess of skiing), the daughter of a giant, but Skadi, rather than live with her husband chooses to return to her father's home in the mountains. The story of Njord and Skadi may have aspects of an ancient tale about the meeting of land and sea and the incompatibility of life in these different environments.

Frey is said to control the bounty of the earth, and he is devoted to pleasure. At times this god of fertility cannot control his desires. He endangers the gods by trading his sword for marriage to the lovely giantess Gerd (Gerðr). At Ragnarok, the gods greatly miss his bartered

---

[35] **kykr ok dauðr**: 'alive or dead,' meaning animate or inanimate. This has a similar meaning to the biblical phrase, 'the quick and the dead.'

weapon. Frey was worshiped throughout much of the northern world. In the Baltic region, he was called Yngvi Frey. We have no sure explanation for the meaning of Yngvi, but it was a name that was widely known. In Old English writings, Frey is called Ing (Yngvi).

Yngvi Frey was prominent in Sweden at Old Uppsala. There he was revered as the divine ancestor of the royal Yngling dynasty, perhaps named after him. A branch of this Swedish royal family moved to Norway by the beginning of the Viking Age and founded an Yngling dynasty in the Vik region near modern-day Oslo. Icelandic writings tell us that through the conquests of the long-lived King Harald Fairhair (c. 860–930), the Ynglings became Norway's medieval royal house, and Ynglings remained on the throne until the fourteenth century.

In the following reading from *Gylfaginning*, Njord counted among the Æsir. We are also told that he was born and raised in Vanaheimr, the 'Home of the Vanir.'

The Marriage of Njörðr and Skaði (*Gylfaginning* 23)

Hinn þriði Áss er sá er kallaðr er Njörðr, hann býr á himni þar sem heitir Nóatún. Hann ræðr fyrir göngu vinds ok stillir sjá ok eld. Á hann skal heita til sæfara ok til veiða. Hann er svá auðigr ok fésæll at hann má gefa þeim auð landa eða lausafjár er á hann heita til þess. Eigi er Njörðr Ása ættar. Hann var upp fœddr í Vanaheimum, en vanir gísluðu hann goðunum ok tóku í mót at Ásagíslingu þann er Hœnir heitir. Hann varð at sætt með goðunum ok Vönum.

Njörðr á þá konu er Skaði heitir, dóttir Þjaza jötuns. Skaði vill hafa bústað þann er átt hafði faðir hennar, þat er á fjöllum nökkurum þar sem heitir Þrymheimr, en Njörðr vill vera nær sæ. Þau sættusk á þat at þau skyldu vera níu nætr í Þrymheimi, en þá aðra níu at Nóatúnum. En er Njörðr kom aptr til Nóatúna af fjallinu, þá kvað hann þetta:

Leið erumk fjöll,
varka ek lengi á:
nætr einar níu.
Úlfa þytr
mér þótti illr vera
hjá söngvi svana.

(1) **erumk** = **eru** + **mér**. The accusative '**mik**' is generalized in poetic contractions, even when the dative '**mér**' is grammatically correct.

Þá kvað Skaði þetta:

Sofa ek máttigak
sævar beðjum á
fugls jarmi fyrir.

Sá mik vekr ______________________
er af víði kemr ______________________
morgun hverjan: már. ______________________

***(1)* máttigak** is from **mátta** + **-gi** + **ek**

Þá fór Skaði upp á fjallit ok byggði[36] í Þrymheimi, ok ferr hon mjök á skíðum ok með boga ok skýtr dýr. Hon heitir Öndurguð eða Öndurdís.[37] Svá er sagt:

Þrymheimr heitir ______________________
er Þjazi bjó, ______________________
sá hinn ámátki jötunn, ______________________
en nú Skaði byggvir ______________________
skír brúðr guða ______________________
fornar toptir föður. ______________________

(1) Þrymheimr may be named after the giant **Þrymr**. Like many names associated with giants, it is related to sound: **þrymr** *m* noise, alarm; ***(3)*** **ámátki** *wk poet contraction* of **ámáttigr**

FREYR AND FREYJA (*GYLFAGINNING* 24)

Njörðr í Nóatúnum gat síðan tvau börn, hét sonr Freyr en dóttir Freyja. Þau váru fögr álitum ok máttug. Freyr er hinn ágætasti af Ásum. Hann ræðr fyrir regni ok skini sólar, ok þar með ávexti jarðar, ok á hann er gott at heita til árs ok friðar. Hann ræðr ok fésælu manna. En Freyja er ágætust af Ásynjum, hon á þann bœ á himni er Fólkvangar heita, ok hvar sem hon ríðr til vígs, þá á hon hálfan val, en hálfan Óðinn, svá sem hér segir:

Fólkvangr heitir, ______________________
en þar Freyja ræðr ______________________
sessa kostum í sal. ______________________
Hálfan val ______________________
hon kýss á hverjan dag, ______________________
en hálfan Óðinn á. ______________________

***(2)* ræðr/ sessa kostum í sal** 'decides the choice of seats in the hall,' **sessa** is from **sess** (*m* bench), rather than **sessi** (*m* bench-mate). This is the only time Freyja is associated

[36] **byggði**: lived, dwelt from **byggja**
[37] **Öndurguð eða Öndurdís**: 'ski god' or the 'ski lady.'

with the war-dead.

Salr hennar, Sessrúmnir, hann er mikill ok fagr. En er hon ferr, þá ekr hon köttum tveim ok sitr í reið. Hon er nákvæmust mönnum til á at heita, ok af hennar nafni er þat tignarnafn er ríkiskonur eru kallaðar 'fróvur.' Henni líkaði vel mansöngr. Á hana er gott at heita til ásta.'

4.10 Loki

Loki is a trickster figure who is frequently mentioned in the mythology. A shape-changer, Loki puts on a *hamr* in several stories thereby altering his 'appearance' or 'shape.' This occurs in the eddic poem *Þrymskviða* (*The Lay of Thrym*), where he puts on Freyja's falcon shape (*valshamr*). Tricksters are found in stories from cultures as disparate as ancient Mesopotamia and the Americas. At times they are cultural heroes, and at other times, they are anti-social individuals.

Tricksters often live at the margins of society. Their ethics are frequently ambiguous and their loyalties shift. They are neither completely good nor thoroughly bad, and they seem to be constantly on the move. They delight audiences with their adventures, mishaps and humor. As shape-changers, they sometimes switch genders according to the needs of the moment. These features more or less fit Loki. He acts as an inexhaustible mischief-maker and often is the cause of the gods' dilemmas as well as the solutions.

Most of what we know about Loki comes from stories of him with other gods. He frequently accompanies Odin and Thor on journeys, and he plays a role in several eddic poems, especially *Lokasenna* (*Loki's flyting*) and *Þrymskviða*. When first mentioned in *The Prose Edda*, Loki is referred to as one of the Æsir, but other stories make it clear that he is the son of the giant Farbauti and a woman named Laufey, characters about whom we know almost nothing.

Loki is sometimes a friend and sometimes an enemy to the gods. His children are among the monsters who most threaten the gods. One, the wolf Fenrir, swallows the sun in the final battle. Another, the Midgard Serpent, lies in the outer sea, encircling and threatening all lands. A third, Hel, oversees the realm of the dead. At Ragnarok, Loki leads the dead from Hel's realm into battle against the gods. There is no convincing evidence of a Loki cult, and few if any place names can be connected with him, suggesting that, if Loki was a god, he was not publicly worshiped.

Loki the Troublemaker (*Gylfaginning* 33)

Sá er enn talðr með Ásum er sumir kalla rógbera Ásanna ok frumkveða flærðanna ok vömm allra goða ok manna. Sá er nefndr Loki eða Loptr, sonr Fárbauta jötuns. Móðir hans er Laufey eða Nál, brœðr hans eru þeir Býleistr ok Helblindi. Loki er fríðr ok fagr sýnum, illr í skaplyndi, mjök fjölbreytinn at háttum. Hann hafði þá speki um fram aðra menn er slœgð heitir ok vælar til allra hluta. Hann kom Ásum jafnan í fullt vandræði, ok opt leysti hann þá með vælræðum. Kona hans heitir Sigyn, sonr þeira Nari eða Narfi.

Loki's Monstrous Children (*Gylfaginning* 34)

Enn átti Loki fleiri börn. Angrboða hét gýgr í Jötunheimum. Við henni gat Loki þrjú börn. Eitt var Fenrisúlfr, annat Jörmungandr (þat er Miðgarðsormr), þriðja er Hel. En er goðin vissu til at þessi þrjú systkin fœddusk upp í Jötunheimum ok goðin rökðu til spádóma at af systkinum þessum mundi þeim mikit mein ok óhapp standa, ok þótti öllum mikils ills af væni, fyrst af móðerni ok enn verra af faðerni.

Þá sendi Alföðr til guðin at taka börnin ok fœra sér. Ok er þau kómu til hans, þá kastaði hann orminum í inn djúpa sæ er liggr um öll lönd, ok óx sá ormr svá at hann liggr í miðju hafinu of öll lönd ok bítr í sporð sér.

For more on Loki, see these readings in this volume: *Otter´s Ransom*, *Loki and Svadilfari*, *Thor and Utgarda-loki*, and the eddic poem *Thrymskvida*.

– CHAPTER 5 –
THOR AND THE GIANT UTGARDA-LOKI

Falls er ván af fornu tré – Kjalnesinga saga
(An ancient tree is wont to fall)

Figure 5.1. Wolves Passing a Burial Mound Already Ancient in the Viking Age. The landscape of old Scandinavia was alive with the memory of ancestors and their myths and legends.

THOR'S TRAVELS

Thor journeys across lands and over water to distant mythic regions, where he engages in deadly contests. Often he travels to Jotunheim (*Jötunheimr*), the world of the giants.[1] *Gylfaginning* tells the tale of Thor´s encounter with a giant who has two names, Skrýmir[2] and Útgarðaloki.[3] The story is filled with rough humor. Although Thor is sometimes naive, he is a determined opponent. Throughout the mythology, Thor's enemies fear him when he raises his hammer Mjöllnir.

Optical illusions, such as those that fool Thor in his contest with Utgarda-Loki, occur

---

1 **Jötunheimr**: also plural Jötunheimar.

2 It is often difficult to translate names. Skrýmir is an example. It may mean something like 'braggart' or it may mean 'huge,' 'big fellow,' or something else. *Jötunn* names often emphasize size or loud sounds.

3 **Útgarðaloki** seems to be 'Loki of the Outlying Regions.'

frequently in the eddas. Such illusions are called *sjónhverfing* ('sight altering'), visual deceptions caused by spells or chants. The eddas often employ the word *hamr* when describing magical change in the physical appearance of people or things. *Hamr* means 'shape,' and the word is found in variants of the phrase *at skipta hömum*, 'to shift in shape.'[4] Shape shifting is an integral part of this story of Thor's journey. The idea seems to be that even when Thor loses, as he does to Utgarda-Loki, it is because of deception and not through a lack of might.

Loki, not to be confused with Utgarda-Loki, accompanies Thor on his journey to Jotunheim. The passage begins with an explanation of how Thor acquires his two servants, the brother and sister, Thjalfi and Roskva.

5.1 THOR MEETS SKRYMIR IN THE FOREST (*GYLFAGINNING* 45)

Þá mælir Þriði: 'Auðsýnt er nú at hann [Gangleri] vill þessi tíðindi vita þótt oss þykki eigi fagrt at segja. En þér [Gangleri] er at þegja.

'Þat er upphaf þessa máls, at Ökuþórr[5] fór með hafra sína ok reið, ok með honum sá Áss er Loki er kallaðr. Koma þeir at kveldi til eins búanda ok fá þar náttstað. En um kveldit tók Þórr hafra sína ok skar báða; eptir þat váru þeir flegnir ok bornir til ketils. En er soðit var, þá settisk Þórr til náttverðar ok þeir lagsmenn. Þórr bauð til matar með sér búandanum ok konu hans ok börnum þeira; sonr búa hét Þjálfi, en Röskva dóttir. Þá lagði Þórr hafrstökurnar útar frá eldinum, ok mælti at búandinn ok heimamenn hans skyldu kasta á hafrstökurnar beinunum.

Þjálfi, son[6] búanda, helt á lærlegg hafrsins ok spretti á knífi sínum[7] ok braut til mergjar. Þórr dvalðisk þar of nóttina; en í óttu fyrir dag[8] stóð hann upp ok klæddi sik, tók hamarinn Mjöllni ok brá upp ok vígði hafrstökurnar. Stóðu þá upp hafrarnir, ok var þá annarr haltr eptra fœti. Þat fann Þórr, ok talði at búandinn eða hans hjón mundi eigi skynsamliga hafa farit með beinum hafrsins. Kennir hann at brotinn var lærleggrinn.

Eigi þarf langt frá því at segja: vita megu þat allir, hversu hræddr búandinn mundi vera, er hann sá at Þórr lét síga brýnnar ofan fyrir augun; en þat er sá augnanna, þá hugðisk hann falla mundu fyrir sjóninni einni samt.[9] Hann herði hendrnar at hamarskaptinu svá at hvítnuðu

---

4 **hömum:** *dat* of **hamr**.

5 **Ökuþórr**: most likely 'driving-Thor,' a reference to Thor's chariot and the two goats, Tanngnjóstr and Tanngrísnir, who pull it. '*Öku-*' is from an otherwise unattested substantive **aka* (from the verb *aka*). The word '*reið*' has a double meaning as 'a clap of thunder' or 'a chariot.'

6 **son** is a variant nominative form of *sonr*.

7 **spretti á knífi sínum**: 'split with his knife.'

8 **í óttu fyrir dag**: see the discussion on time reckoning in the chapter on Iceland.

9 **vita megu þat allir, hversu hræddr búandinn mundi vera er hann sá at Þórr lét síga brýnnar ofan fyrir augun; en þat er sá augnanna, þá hugðisk hann falla mundu fyrir sjóninni einni samt**: 'everyone can know it, how afraid the farmer would have been when he saw that Thor made his brows sink down over his eyes. But that which he saw of the eyes—*then* he thought he would fall from the sight alone.' The grammatical shift is for emphasis.

knúarnir. En búandinn gerði sem ván var ok öll hjónin, kölluðu ákafliga, báðu sér friðar, buðu at fyrir kvæmi allt þat er þau áttu.[10] En er hann sá hræzlu þeira, þá gekk af honum móðrinn ok sefaðisk hann, ok tók af þeim í sætt börn þeira, Þjálfa ok Rösku, ok gerðusk þau þá skyldir þjónustumenn Þórs, ok fylgja þau honum jafnan síðan.

Lét hann þar eptir hafra, ok byrjaði ferðina austr í Jötunheima ok allt til hafsins, ok þá fór hann út yfir hafit þat it djúpa.[11] En er hann kom til lands, þá gekk hann upp, ok með honum Loki ok Þjálfi ok Röskva. Þá er þau höfðu lítla hríð gengit, varð fyrir þeim mörk stór. Gengu þau þann dag allan til myrks. Þjálfi var allra manna fóthvatastr; hann bar kýl Þórs, en til vista[12] var eigi gott.

Þá er myrkt var orðit, leituðu þeir sér til náttstaðar ok fundu fyrir sér skála nökkurn mjök mikinn. Váru dyrr á enda ok jafnbreiðar skálanum. Þar leituðu þeir sér náttbóls. En of miðja nótt varð landskjálpti mikill, gekk jörðin undir þeim skykkjum, ok skalf húsit. Þá stóð Þórr upp ok hét á lagsmenn sína; ok leituðusk fyrir, ok fundu afhús til hœgri handar í miðjum skálanum ok gengu þannig. Settisk Þórr í dyrrin, en önnur þau váru innar frá honum, ok váru þau hrædd, en Þórr helt hamarskaptinu ok hugði at verja sik. Þá heyrðu þau ym mikinn ok gný.

En er kom at dagan, þá gekk Þórr út ok sér hvar lá maðr skammt frá honum í skóginum, ok var sá eigi lítill. Hann svaf ok hraut sterkliga. Þá þóttisk Þórr skilja hvat látum verit hafði of nóttina. Hann spennir sik megingjörðum ok óx honum ásmegin; en í því bili vaknar sá maðr ok stóð skjótt upp. En þá er sagt at Þór varð bilt einu sinni at slá hann með hamrinum,[13] ok spurði hann at nafni; en sá nefndisk Skrýmir. 'En eigi þarf ek', sagði hann, 'at spyrja þik at nafni. Kenni ek at þú ert Ásaþórr. En hvárt hefir þú dregit á braut hanzka minn?'[14] Seildisk þá Skrýmir til, ok tók upp hanzka sinn. Sér Þórr þá at þat hafði hann haft of nóttina fyrir skála, en afhúsit, þat var þumlungrinn hanzkans.

Skrýmir spurði ef Þórr vildi hafa föruneyti hans, en Þórr játti því. Þá tók Skrýmir ok leysti nestbagga sinn ok bjósk til at eta dagverð, en Þórr í öðrum stað ok hans félagar. Skrýmir bauð þá at þeir legði mötuneyti sitt, en Þórr játti því. Þá batt Skrýmir nest þeira allt í einn bagga ok

---

[10] **buðu at fyrir kvæmi allt þat er þau áttu**: 'offered that for [the offense] they would give all that they owned.'

[11] **út yfir hafit þat it djúpa:** *lit* 'out over the sea –that the deep one.' The use of the *dem pron* (*þat*) alongside the *def art* (*it*) is redundant in English, but is used for emphasis in ON. Here it emphasizes the difficulty and scale of the journey out to Jotunheim.

[12] **vist** *f* 'lodging' or 'provisions'; here most likely lodgings.

[13] The wording gives the impression that Thor, who was somewhat of a bungler, rather than being frightened, which is a possible translation, was surprised and startled. He acted before taking the time to think out the best course of action.

[14] Example of medieval Icelandic humor. The words and the image of dragging away a glove give the impression of the work of a child or a small animal, like a puppy.

lagði á bak sér. Hann gekk fyrir of daginn ok steig heldr stórum, en síðan at kveldi leitaði Skrýmir þeim náttstaðar undir eik nökkurri mikilli. Þá mælir Skrýmir til Þórs at hann vill leggjask niðr at sofa, 'en þér takið nestbaggann ok búið til náttverðar yðr.' Því næst sofnar Skrýmir ok hraut fast, en Þórr tók nestbaggann ok skal leysa.[15] En svá er at segja sem ótrúligt mun þykkja, at engi knút fekk hann leyst, ok engi álarendann hreyft svá at þá væri lausari en áðr.

Ok er hann sér at þetta verk má eigi nýtask, þá varð hann reiðr, greip þá hamarinn Mjöllni tveim höndum ok steig fram öðrum fœti at, þar er Skrýmir lá, ok lýstr í höfuð honum. En Skrýmir vaknar ok spyrr hvárt laufsblað nökkut felli í höfuð honum, eða hvárt þeir hefði þá matazk ok sé búnir til rekna. Þórr segir at þeir munu þá sofa ganga. Ganga þau þá undir aðra eik. Er þat þér satt at segja, at ekki var þá óttalaust at sofa.

En at miðri nótt, þá heyrir Þórr at Skrýmir hrýtr ok sefr fast svá at dunar í skóginum. Þá stendr hann upp ok gengr til hans, reiðir hamarinn títt ok hart ok lýstr ofan í miðjan hvirfil honum. Hann kennir at hamars muðrinn søkkr djúpt í höfuðit. En í því bili vaknar Skrýmir ok mælti: 'Hvat er nú? Fell akarn nökkut í höfuð mér? Eða hvat er títt um þik, Þórr?' En Þórr gekk aptr skyndiliga ok svarar at hann var þá nývaknaðr, sagði at þá var mið nótt ok enn væri mál at sofa.

Þá hugsaði Þórr þat, ef hann kvæmi svá í fœri at slá hann it þriðja högg, at aldri skyldi hann sjá sik síðan;[16] liggr nú ok gætir ef Skrýmir sofnaði fast. En litlu fyrir dagan, hann heyrir þá at Skrýmir mun sofnat hafa, stendr þá upp ok hleypr at honum, reiðir þá hamarinn af öllu afli ok lýstr á þunnvangann þann er upp vissi.[17] Søkkr þá hamarrinn upp at skaptinu, en Skrýmir settisk upp ok strauk of vangann ok mælir:

'Hvárt munu fuglar nökkurir sitja í trénu yfir mér? Mik grunar, er ek vaknaða, at tros nökkut af kvistunum felli í höfuð mér.[18] Hvárt vakir þú, Þórr?[19] Mál mun vera upp at standa ok klæðask. En ekki eiguð þér nú langa leið fram til borgarinnar er kallat er Útgarðr. Heyrt hefi ek at þér hafið kvisat í milli yðvar at ek væra ekki lítill maðr vexti, en sjá skuluð þér þar stœrri menn, ef þér komið í Útgarð. Nú mun ek ráða yðr heilræði: látið þér eigi stórliga yfir yðr. Ekki munu hirðmenn Útgarðaloka vel þola þvílíkum kögursveinum köpuryrði.

'En at öðrum kosti hverfið aptr, ok þann ætla ek yðr betra af at taka. En ef þér vilið fram fara, þá stefnið þér í austr, en ek á nú norðr leið til fjalla þessa er nú munuð þér sjá mega.' Tekr

---

[15] **skal leysa**: *lit* 'shall loosen,' here with the meaning 'tries to loosen.'

[16] **at aldri skyldi hann sjá sik síðan**: 'that never should he [Skrýmir] see himself again.'

[17] **upp vissi**: 'faced up,' **vita** has the meaning of being turned in a certain direction in addition to knowing.

[18] **tros**: 'rubbish,' including leaves or twigs from a tree gathered and used for fuel.

[19] **Hvárt vakir þú, Þórr**: 'are you awake, Thor,' **hvárt** has a literal meaning of 'whether,' but often introduces a yes/no question.

Skrýmir nestbaggann ok kastar á bak sér ok snýr þversá braut í skóginn frá þeim, ok er þess eigi getit, at Æsirnir bæði þá heila hittask.[20]

5.2 THOR REACHES THE GIANT'S STRONGHOLD (*GYLFAGINNING* 46)

Þórr fór fram á leið ok þeir félagar ok gengr framan til miðs dags. Þá sá þeir borg standa á völlum nökkurum ok settu hnakkann á bak sér aptr áðr þeir fengu sét yfir upp;[21] ganga til borgarinnar, ok var grind fyrir borghliðinu ok lokin aptr.[22] Þórr gekk á grindina ok fekk eigi upp lokit, en er þeir þreyttu at komask í borgina, þá smugu þeir milli spalanna ok kómu svá inn, sá þá höll mikla ok gengu þannig. Var hurðin opin. Þá gengu þeir inn ok sá þar marga menn á tvá bekki ok flesta œrit stóra.

Því næst koma þeir fyrir konunginn Útgarðaloka ok kvöddu hann, en hann leit seint til þeira[23] ok glotti um tönn ok mælti: 'Seint er um langan veg at spyrja tíðinda, eða er annan veg en ek hygg, at þessi sveinstauli sé Ökuþórr? En meiri muntu vera en mér lízk þú. Eða hvat íþrótta er þat er þér félagar þykkizk vera við búnir? Engi skal hér vera með oss, sá er eigi kunni nökkurs konar list eða kunnandi um fram flesta menn.' Þá segir sá er síðarst gekk, er Loki heitir: 'Kann ek þá íþrótt, er ek em albúinn at reyna, at engi er hér sá inni er skjótara skal eta mat sinn en ek.'

Þá svarar Útgarðaloki: 'Íþrótt er þat, ef þú efnir, ok freista skal þá þessar íþróttar.' Kallaði útar á bekkinn at sá er Logi heitir skal ganga á gólf fram ok freista sín í móti Loka. Þá var tekit trog eitt ok borit inn á hallar gólfit ok fyllt af slátri. Settisk Loki at öðrum enda, en Logi at öðrum, ok át hvárrtveggi sem tíðast ok mœttusk í miðju troginu. Hafði þá Loki etit slátr allt af beinum, en Logi hafði ok etið slátr allt ok beinin með ok svá trogit, ok sýndisk nú öllum sem Loki hefði látit leikinn.

Þá spyrr Útgarðaloki hvat sá inn ungi maðr kunni leika, en Þjálfi segir at hann mun freista at renna skeið nökkur við einhvern þann er Útgarðaloki fær til. Hann segir, Útgarðaloki, at þetta er góð íþrótt ok kallar þess meiri ván, at hann sé vel at sér búinn of skjótleikinn, ef hann skal þessa íþrótt inna; en þó lætr hann skjótt þessa skulu freista. Stendr þá upp Útgarðaloki ok gengr út, ok var þar gott skeið at renna eptir sléttum velli. Þá kallar Útgarðaloki til sín

---

[20] **ok er þess eigi getit, at Æsirnir bæði þá heila hittask**: 'and this is not mentioned, that the Æsir bade they should well meet again,' i.e., it was good riddance.

[21] **ok settu hnakkann á bak sér aptr áðr þeir fengu sét yfir upp**: 'and [they] set the back of the neck backwards on their backs before they got to see up over,' i.e., they had to lean far, far back to see.

[22] **lokin aptr**: 'closed, shut,' **l(j)úka upp** has the meaning of 'open,' **l(j)úka aptr** has that of 'shut.'

[23] **en hann leit seint til þeira**: 'and he turned slowly to them.'

sveinstaula nökkurn, er nefndr er Hugi, ok bað hann renna í köpp við Þjálfa.

Þá taka þeir it fyrsta skeið, ok er Hugi því framar at hann snýsk aptr í móti honum at skeiðs enda. Þá mælir Útgarðaloki: 'Þurfa muntu, Þjálfi, at leggja þik meir fram, ef þú skalt vinna leikinn, en þó er þat satt, at ekki hafa hér komit þeir menn er mér þykkir fóthvatari en svá.' Þá taka þeir aptr annat skeið, ok þá er Hugi kemr til skeiðs enda ok hann snýsk aptr, þá var langt kólfskot til Þjálfa. Þá mælir Útgarðaloki: 'Vel þykki mér Þjálfi renna skeiðit, en eigi trúi ek honum nú at hann vinni leikinn. En nú mun reyna, er þeir renna it þriðja skeiðit.' Þá taka þeir enn skeið. En er Hugi er kominn til skeiðs enda ok snýsk aptr, ok er Þjálfi eigi þá kominn á mitt skeið. Þá segja allir at reynt er um þenna leik.

Þá spyrr Útgarðaloki Þór hvat þeira íþrótta mun vera er hann muni vilja birta fyrir þeim, svá miklar sögur sem menn hafa gört um stórvirki hans. Þá mælir Þórr at helzt vill hann þat taka til, at þreyta drykkju við einhvern mann. Útgarðaloki segir at þat má vel vera ok gengr inn í höllina ok kallar skutilsvein sinn, biðr at hann taki vítishorn þat er hirðmenn eru vanir at drekka af. Því næst kemr fram skutilsveinn með horninu ok fær Þór í hönd. Þá mælir Útgarðaloki: 'Af horni þessu þykkir þá vel drukkit ef í einum drykk gengr af, en sumir menn drekka af í tveim drykkjum, en engi er svá lítill drykkjumaðr at eigi gangi af í þrimr.'

Þórr lítr á hornit, ok sýnisk ekki mikit, ok er þó heldr langt, en hann er mjök þyrstr, tekr at drekka ok svelgr allstórum ok hyggr at eigi skal þurfa at lúta optar at sinni í hornit. En er hann þraut eyrindit ok hann laut ór horninu ok sér hvat leið drykkinum,[24] ok lízk honum svá sem alllítill munr mun vera at nú sé lægra í horninu en áðr. Þá mælti Útgarðaloki: 'Vel er drukkit, ok eigi til mikit. Eigi mundak trúa, ef mér væri sagt frá, at Ásaþórr mundi eigi meira drykk drekka. En þó veit ek at þú munt vilja drekka af í öðrum drykk.'

Þórr svarar engu, setr hornit á munn sér, ok hyggr nú at hann skal drekka meira drykk, ok þreytir á drykkjuna, sem honum vannsk til eyrindi, ok sér enn at stikillinn hornsins vill ekki upp svá mjök sem honum líkar. Ok er hann tók hornit af munni sér ok sér í, lízk honum nú svá sem minna hafi þorrit en í inu fyrra sinni. Er nú gott berandi borð á horninu.

Þá mælti Útgarðaloki: 'Hvat er nú, Þórr? Muntu nú eigi sparask til eins drykkjar meira en þér mun hagr á vera? Svá lízk mér, ef þú skalt nú drekka af horninu hinn þriðja drykkinn, sem þessi mun mestr ætlaðr. En ekki muntu mega hér með oss heita svá mikill maðr sem Æsir kalla þik, ef þú gerir eigi meira af þér um aðra leika en mér lízk sem um þenna mun vera.'

Þá varð Þórr reiðr, setr hornit á munn sér ok drekkr sem ákafligast má hann ok þreytir sem lengst at drykknum. En er hann sá í hornit, þá hafði nú helzt nökkut munr á fengizk. Ok þá býðr

---

[24] **leið**: *3sg past* of *líða*.

hann upp hornit ok vill eigi drekka meira. Þá mælir Útgarðaloki: 'Auðsét er nú at máttr þinn er ekki svá mikill sem vér hugðum. En viltu freista um fleiri leika? Sjá má nú at ekki nýtir þú hér af.'

Þórr svarar: 'Freista má ek enn ok nökkura leika. En undarliga mundi mér þykkja, þá er ek var heima með Ásum, ef þvílíkir drykkir væri svá litlir kallaðir. En hvat leik vilið þér nú bjóða mér?'

Þá mælir Útgarðaloki: 'Þat gera hér ungir sveinar, er lítit mark mun at þykkja, at hefja upp af jörðu kött minn. En eigi mundak kunna at mæla þvílíkt við Ásaþór, ef ek hefða eigi sét fyrr at þú ert miklu minni fyrir þér en ek hugða.' Því næst hljóp fram köttr einn grár á hallar gólfit, ok heldr mikill. En Þórr gekk til, ok tók hendi sinni niðr undir miðjan kviðinn ok lypti upp. En köttrinn beygði kenginn svá sem Þórr rétti upp höndina. En er Þórr seildisk svá langt upp sem hann mátti lengst, þá létti köttrinn einum fœti, ok fær Þórr eigi framit þenna leik. Þá mælir Útgarðaloki: 'Svá fór þessi leikr sem mik varði. Köttrinn er heldr mikill, en Þórr er lágr ok lítill hjá stórmenni því sem hér er með oss.'

Þá mælir Þórr: 'Svá lítinn sem þér kallið mik, þá gangi nú til einnhverr ok fáisk við mik! Nú em ek reiðr!'

Þá svarar Útgarðaloki ok litask um á bekkina ok mælti: 'Eigi sé ek þann mann hér inni er eigi mun lítilræði í þykkja at fásk við þik,' ok enn mælir hann, 'Sjám fyrst, kalli mér hingat kerlinguna, fóstru mína Elli, ok fáisk Þórr við hana, ef hann vill. Felt hefir hon þá menn er mér hafa litizk eigi ósterkligri en Þórr er.' Því næst gekk í höllina kerling ein gömul. Þá mælir Útgarðaloki at hon skal taka fang við Ásaþór. Ekki er langt um at gera. Svá fór fang þat, at því harðara er Þórr knúðisk at fanginu, því fastara stóð hon. Þá tók kerling at leita til bragða, ok var Þórr þá lauss á fótum, ok váru þær sviptingar allharðar, ok eigi lengi áðr en Þórr fell á kné öðrum fœti.

Þá gekk til Útgarðaloki, bað þau hætta fanginu ok sagði svá, at Þórr mundi eigi þurfa at bjóða fleirum mönnum fang í hans höll. Var þá ok liðit á nótt. Vísaði Útgarðaloki Þór ok þeim félögum til sætis, ok dveljask þar náttlangt í góðum fagnaði.

5.3 Utgarda-Loki Reveals the Truth (*Gylfaginning* 47)

En at morni[25] þegar dagaði, stendr Þórr upp ok þeir félagar, klæða sik, ok eru búnir braut at ganga. Þá kom þar Útgarðaloki ok lét setja þeim borð.[26] Skorti þá eigi góðan fagnað, mat ok drykk. En er þeir hafa matazk, þá snúask þeir til ferðar. Útgarðaloki fylgir þeim út, gengr með

---

[25] **morni**: *dat sg var* of *morgunn, morginn* (also *morgni*).

[26] Tables could be set and removed in the hall to make space for other activities. They were often stored hanging on the walls or in the overhead beams.

þeim braut ór borginni. En at skilnaði þá mælir Útgarðaloki til Þórs ok spyrr hvernig honum þykkir ferð sín orðin, eða hvárt hann hefir hitt ríkara mann nökkurn en sik. Þórr segir at eigi mun hann þat segja, at eigi hafi hann mikla ósœmð farit í þeira viðskiptum, 'en þó veit ek at þér munuð kalla mik lítinn mann fyrir mér, ok uni ek því illa.'

Þá mælir Útgarðaloki: 'Nú skal segja þér it sanna, er þú ert út kominn ór borginni, at ef ek lifi ok megak ráða, þá skaltu aldri optar í hana koma. Ok þat veit trúa mín,[27] at aldri hefðir þú í hana komit, ef ek hefða vitat áðr at þú hefðir svá mikinn krapt með þér, ok þú hafðir svá nær haft oss mikilli ófœru. En sjónhverfingar hefi ek gert þér, svá at fyrsta sinn er ek fann þik á skóginum kom ek til fundar við yðr, ok þá er þú skyldir leysa nestbaggann, þá hafðak bundit með gresjárni,[28] en þú fant eigi hvar upp skyldi lúka.

En því næst laust þú mik með hamrinum þrjú högg, ok var it fyrsta minzt, ok var þó svá mikit at mér mundi endask til bana, ef á hefði komit. En þar er þú sátt hjá höll minni setberg, ok þar sáttu ofan í þrjá dali ferskeytta ok einn djúpastan, þat váru hamarspor þín. Setberginu brá ek fyrir höggin, en eigi sátt þú þat. Svá var ok of leikana, er þér þreyttuð við hirðmenn mína.

Þá var þat it fyrsta er Loki gerði. Hann var mjök soltinn ok át títt, en sá er Logi heitir, þat var villieldr, ok brendi hann eigi seinna trogit en slátrit. En er Þjálfi þreytti rásina við þann er Hugi hét, þat var hugr minn, ok var Þjálfa eigi vænt at þreyta skjótfœri við hans. En er þú drakkt af horninu ok þótti þér seint líða—en þat veit trúa mín, at þá varð þat undr, er ek munda eigi trúa at vera mætti: annarr endir hornsins var út í hafi, en þat sáttu eigi. En nú, er þú kemr til sjávarins, þá muntu sjá mega hvern þurð þú hefir drukkit á sænum.' Þat eru nú fjörur kallaðar.

Ok enn mælir hann: 'Eigi þótti mér hitt minna vera vert, er þú lyptir upp kettinum, ok þér satt at segja, þá hræddusk allir þeir er sá, er þú lyptir af jörðu einum fœtinum. En sá köttr var eigi sem þér sýndisk: þat var Miðgarðsormr, er liggr um lönd öll, ok vannsk honum varliga lengðin til, at jörðina tœki sporðr ok höfuð. Ok svá langt seildisk þú upp at skammt var þá til himins.

En hitt var ok mikit undr um fangit, er þú stótt svá lengi við ok fell eigi meir en á kné öðrum fœti, er þú fekzk við Elli, fyrir því at engi hefir sá orðit, ok engi mun verða, ef svá gamall verðr at elli bíðr, at eigi komi ellin öllum til falls. Ok er nú þat satt at segja, at vér munum skiljask, ok mun þá betr hvárratveggju handar at þér komið eigi optar mik at hitta. Ek mun enn annat sinn verja borg mína með þvílíkum vælum eða öðrum, svá at ekki vald munuð þér á mér fá.'

En er Þórr heyrði þessa tölu, greip hann til hamarsins ok bregðr á lopt, en er hann skal fram

---

[27] **ok þat veit trúa mín**: 'and my faith knows it,' i.e., 'by my faith.'

[28] **Grésjarn** is some kind of iron fastening, perhaps magical. *Grés* may be a loan-word from Old Irish, meaning 'deception' and 'trickery.'

reiða, þá sér hann þar hvergi Útgarðaloka, ok þá snýsk hann aptr til borgarinnar, ok ætlask þá fyrir at brjóta borgina. Þá sér hann þar völlu víða ok fagra, en enga borg. Snýsk hann þá aptr ok ferr leið sína, til þess er hann kom aptr í Þrúðvanga.[29]

[29] **Þrúðvangar**: 'Plains' or 'Place of Strength,' Thor's domain.

– CHAPTER 6 –
OTTER'S RANSOM: THE DWARVES' GOLD AND THE RING

Opt eru flögð undir fögru skinni – Eyrbyggja saga
(*Witches often lurk under fair skin*)

Skáldskaparmál, the poetic diction section of *The Prose Edda,* contains a wealth of mythological stories. One is the ancient tale of the treasure and magic ring taken from the dwarf Andvari. Parts of this story are also told in *The Saga of the Volsungs* (*Völsunga saga*) and in eddic poems. The treasure and ring pass through the control of dwarves, giants, gods, and dragons, before coming to Sigurd the slayer of the dragon Fafnir.

Figure 6.1. A Medieval Carving on the Wooden Entrance-way Portal of the Hyllestad Stave Church in Norway. The carving is one of a series on the doorframe recounting episodes from the story of Sigurd the Volsung. It depicts young Sigurd roasting the heart of the dragon Fafnir over a fire. When hot blood burns Sigurd's thumb, he puts the finger in his mouth and understands the speech of the birds. The smith Regin, having already drunk the blood of his brother, the dragon, is dozing opposite Sigurd.

6.1 WHY IS GOLD CALLED OTTER´S RANSOM?

The tale of Otter's Ransom has a long history in Western culture. It inspired nineteen- and twentieth-century writers such as Richard Wagner and J. R. R. Tolkien, as well as twenty-first century fantasy, film, and gaming.

Like stories from *Gylfaginning*, stories in *Skáldskaparmál* are often structured as questions and answers. Unlike *Gylfaginning,* where Gangleri is warned that unless he proves himself he will not escape unharmed, *Skáldskaparmál* is not adversarial. The dialogue takes place at a magnificent feast with the Æsir. A man named Ægir[1] asks questions which are answered by Bragi, a god associated with poetry.[2],

[1] Ægir is described as a magician who lives on an island, but the name is also that of the god of the sea.

[2] Bragi may be based on a famous early poet named Bragi inn gamli Boddason ('Bragi Boddason the Old').

Bragi's answers are keys to understanding the language of poetry, including mythological imagery and the use of kennings.[3] The following passage responds to the question: 'Why is gold called Otter's Ransom?'

SKÁLDSKAPARMÁL (CH 46)

Hver sök er til þess, at gull er kallat otrgjöld? Svá er sagt, at þá er æsir fóru at kanna heim, Óðinn ok Loki ok Hœnir, þeir kómu at á nökkurri[4] ok gengu með ánni[5] til fors nökkurs, ok við forsinn var otr einn ok hann hafði tekit lax ór forsinum ok át blundandi.[6] Þá tók Loki upp stein ok kastaði at otrinum ok laust í höfuð honum. Þá hrósaði Loki veiði sinni, at hann hefði[7] veitt í einu höggvi otr ok lax;[8] tóku þeir þá laxinn ok otrinn ok báru eptir sér,[9] kómu þá at bœ nökkurum ok gengu inn; en sá búandi er nefndr Hreiðmarr, er þar bjó, hann var mikill fyrir sér ok mjök fjölkunnigr; beiddusk Æsir at hafa þar náttstað ok kváðusk hafa með sér vist œrna[10] ok sýndu búandanum veiði sína.

Translate: ____

____

____

____

____

____

____

____

____

____

____

En er Hreiðmarr sá otrinn, þá kallaði hann sonu sína, Fáfni ok Regin, ok segir, at Otr, bróðir þeira, var drepinn[11] ok svá, hverir þat höfðu gört. Nú ganga þeir feðgar at Ásunum ok taka þá höndum ok binda ok segja þá um otrinn, at hann var sonr Hreiðmars. Æsir bjóða fyrir sik

---

[3] Kennings are discussed in detail in later chapters on poetry.

[4] **þeir kómu at á nökkurri**: 'They came to a river.'

[5] **með ánni**: 'along the riverbank.'

[6] **hann hafði tekit lax ór forsinum ok át blundandi**: 'he had taken a salmon from the waterfall and was eating it with eyes half-closed.'

[7] **hefði**: *3sg past subjunct* of *hafa*; In indirect speech, the verb is often in the subjunctive.

[8] **Þá hrósaði Loki veiði sinni, at hann hefði veitt í einu höggvi otr ok lax**: 'Then Loki boasted of his catch, that he had caught an otter and salmon in one blow.'

[9] **báru eptir sér**: 'They carried [the otter and salmon] with themselves.'

[10] **kváðusk hafa með sér vist œrna**: 'They said they had abundant provisions with them.'

[11] **ok segir, at Otr, bróðir þeira, var drepinn**: An example of indirect speech with the verb in the indicative.

fjörlausn,[12] svá mikit fé, sem Hreiðmarr sjálfr vill á kveða, ok varð þat at sætt með þeim[13] ok bundit svardögum.[14] Þá var otrinn fleginn; tók Hreiðmarr otrbelginn ok mælti við þá, at þeir skulu fylla belginn af rauðu gulli ok svá hylja hann allan, ok skal þat vera at sætt þeira.

Þá sendi Óðinn Loka í Svartálfaheim, ok kom hann til dvergs þess, er heitir Andvari; hann var fiskr í vatni ok tók Loki hann höndum ok lagði á hann fjörlausn allt þat gull, er hann átti í steini sínum; ok er þeir koma í steininn, þá bar dvergrinn fram allt gull, þat er hann átti, ok var þat allmikit fé. Þá svipti dvergrinn undir hönd sér einum lítlum gullbaug; þat sá Loki ok bað hann fram láta bauginn. Dvergrinn bað hann eigi bauginn af sér taka[15] ok lézk mega œxla sér fé af bauginum, ef hann heldi.[16]

12 **bjóða fyrir sik fjörlausn**: 'offered a ransom for themselves,' meaning 'offered to ransom their lives.'
13 **ok varð þat at sætt með þeim**: 'and that became the [basis of the] agreement between them'.
14 **ok [varð] bundit svardögum**: 'and [it was] contracted with oaths.'
15 **eigi bauginn af sér taka**: 'not to take the ring from him.'
16 **lézk mega œxla sér fé af bauginum, ef hann heldi**: 'he said he could make wealth [money] for himself from the ring if he kept (**heldi**: *3sg past subjunct* of **halda**) it.'

Loki kvað hann eigi skyldu hafa einn penning eptir[17] ok tók bauginn af honum ok gekk út, en dvergrinn mælti, at sá baugr skyldi vera hverjum höfuðsbani, er ætti.[18] Loki segir, at honum þótti þat vel, ok sagði, at þat skyldi haldask mega[19] fyrir því, sá formáli, at hann skyldi flytja þeim til eyrna, er þá tœki við.[20] Fór hann í braut ok kom til Hreiðmars ok sýndi Óðni gullit; en er hann sá bauginn, þá sýndisk honum fagr ok tók hann af fénu, en greiddi Hreiðmari gullit.

Þá fyldi hann otrbelginn, sem mest mátti hann,[21] ok setti upp, er fullr var; gekk þá Óðinn til ok skyldi hylja belginn með gullinu,[22] ok þá mælti hann við Hreiðmar, at hann skal sjá, hvárt belgrinn er þá allr huldr; en Hreiðmarr leit á vandliga ok sá eitt granahár ok bað þat hylja, en at öðrum kosti væri lokit sætt þeira.[23] Þá dró Óðinn fram bauginn, ok hulði granahárit ok sagði, at þá váru þeir lausir frá otrgjöldunum. En er Óðinn hafði tekit geir sinn, en Loki skúa sína, ok þurftu þá ekki at óttask,[24] þá mælti Loki, at þat skyldi haldask, er Andvari hafði mælt, at sá baugr ok þat gull skyldi verða þess bani, er ætti, ok þat helzk síðan.[25] Nú er sagt, af hverju gull er otrgjöld kallat eða nauðgjald Ásanna eða rógmálmr.

17 **hann eigi skyldu hafa einn penning eptir**: 'he [the dwarf] should not have a penny left.' (**skyldu**: *past inf* of **skulu**)

18 **sá baugr skyldi vera hverjum höfuðsbani, er ætti**: 'That ring would (**skyldi**: *3sg past subjunct*) be the death to ['the killer of'] everyone who owned (**ætti**: *3sg past subjunct* of **eiga**) it.'

19 **þat skyldi haldask mega = þat skyldi mega haldask**. 'that should be allowed to happen,' (*lit* 'that should be able to last.')

20 **er þá tœki við**: 'who would receive (**tœki**: *3sg past subjunct* of **taka**) it.'

21 **sem mest mátti hann**: 'as much as he was able.'

22 **skyldi hylja belginn með gullinu**: 'He intended to cover the skin with gold.'

23 **en at öðrum kosti væri lokit sætt þeira**: 'otherwise their agreement would be ended.'

24 **en Loki skúa sína, ok þurftu þá ekki at óttask...**: 'and [when] Loki [had taken] his shoes, and they then had no need to fear...'

25 **ok þat helzk síðan**: 'and that has been so ever after' (that is, 'the curse is still upon the ring').

6.2 SIGURD THE VOLSUNG, THE DRAGON FAFNIR, AND THE RING

The story in *Skaldskaparmál* of why gold is called Otter's ransom continues. Possession of the gold and the ring passes from the gods, to the giants, and finally to humans before being lost in the waters of the Rhine.

Hvat er fleira at segja frá gullinu?[26] Hreiðmarr tók þá gullit at sonargjöldum,[27] en Fáfnir ok Reginn beiddusk af nökkurs í bróðurgjöld.[28] Hreiðmarr unni þeim enskis[29] pennings af gullinu.[30] Þat varð óráð þeira brœðra, at þeir drápu föður sinn til gullsins. Þá beiddisk Reginn, at Fáfnir skyldi skipta gullinu í helminga með þeim.[31] Fáfnir svarar svá, at lítil ván var,[32] at hann myndi miðla gullit við bróður sinn, er hann drap föður sinn til gullsins, ok bað Regin fara braut, en at öðrum kosti myndi hann fara sem Hreiðmarr.[33] Fáfnir hafði þá tekit hjálm, er Hreiðmarr hafði átt, ok setti á höfuð sér,[34] er kallaðr var œgishjálmr, [sá] er öll kvikvendi hræðask, er sjá,[35] ok sverð þat, er Hrotti heitir. Reginn hafði þat sverð, er Refill er kallaðr; flýði hann þá braut, en Fáfnir fór upp á Gnitaheiði ok gerði sér þar ból ok brásk í ormslíki ok lagðisk á gullit,[36] en Reginn fór þá til Hjálpreks konungs á Þjóði[37] ok gerðisk þar smiðr hans. Þá tók hann þar til fóstrs Sigurð,[38] son Sigmundar, sonar Völsungs, ok son Hjördísar, dóttur Eylima.

[26] **Hvat er fleira at segja frá gullinu**: 'What more is there to say about the gold?'

[27] **at sonargjöldum**: 'as ransom for [his] son.'

[28] **en Fáfnir ok Reginn beiddusk af nökkurs í bróðurgjöld**: 'and Fafnir and Regin requested something of it for themselves in ransom for their brother.'

[29] **Enskis**: = *einskis*.

[30] **Hreiðmarr unni þeim enskis pennings**: 'Hreidmar didn't grant them a penny.'

[31] **með þeim**: 'between them.'

[32] **lítil ván var**: 'there was little likelihood.'

[33] **myndi hann fara sem Hreiðmarr**: 'he would fare [the same] as Hreidmar,' (i.e., he would share the same fate as Hreidmar).

[34] **ok setti á höfuð sér**: 'and he placed [it] on his head.'

[35] **er kallaðr var œgishjálmr, [sá] er öll kvikvendi hræðask, er sjá**: 'which was called helmet- of-terror, [that one] which all living things feared, when they saw [it].'

[36] **lagðisk á gullit**: 'he laid himself upon the gold.'

[37] **á Þjóði**: the modern province of Thy in northern Jutland, Denmark.

[38] **Þá tók hann þar til fóstrs Sigurð**: 'He then took there [at that place] Sigurd as a foster child.'

Sigurðr var ágætastr allra herkonunga af ætt ok afli ok hug. Reginn sagði honum til, hvar Fáfnir lá á gullinu,[39] ok eggjaði hann at sœkja gullit. Þá gerði Reginn sverð þat, er Gramr heitir, er svá var hvast[40] at Sigurðr brá niðr í rennanda vatn, ok tók í sundr ullarlagð, er rak fyrir strauminum at sverðsegginni.[41] Því næst[42] klauf Sigurðr steðja Regins ofan í stokkinn með sverðinu.[43]

Eptir þat fóru þeir Sigurðr ok Reginn á Gnitaheiði; þá gróf Sigurðr gröf á veg Fáfnis ok settisk þar í.[44] En er Fáfnir skreið til vants ok hann kom yfir gröfina, þá lagði Sigurðr sverðinu í gögnum hann,[45] ok var þat hans bani. Kom þá Reginn at ok sagði, at hann hefði drepit bróður hans, ok bauð honum þat at sætt, at hann skyldi taka hjarta Fáfnis ok steikja við eld,[46] en Reginn lagðisk niðr ok drakk blóð Fáfnis ok lagðisk at sofa. En er Sigurðr steikði hjartat ok hann hugði, at

[39] **sagði honum til, hvar Fáfnir**: 'told him where Fafnir.'
[40] **Hvast**: *hvass*.
[41] **er svá var hvast ... at sverðsegginni**: 'which was so sharp that Sigurd thrust [it] down into running water and cut apart a tuft of wool, which drifted with the current against the sword's edge.'
[42] **Því næst**: 'Then' or 'Thereupon.'
[43] **ofan í stokkinn**: 'down to the wooden trunk [on which the anvil was sitting].
[44] **ok settisk þar í**: 'and he sat himself down in [it].'
[45] **þá lagði Sigurðr sverðinu í gögnum hann**: 'then Sigurd thrust the sword [laid with the sword] through him.
[46] **við eld**: 'by the fire,' or 'on the fire.'

fullsteikt myndi,[47] ok tók á fingrinum, hvé hart var;[48] en er frauðit rann ór hjartanu á fingrinn, þá brann hann ok drap fingrinum í munn sér; en er hjartablóðit kom á tunguna, þá kunni hann fuglsrödd ok skildi, hvat igðurnar sögðu, er sátu í viðnum.

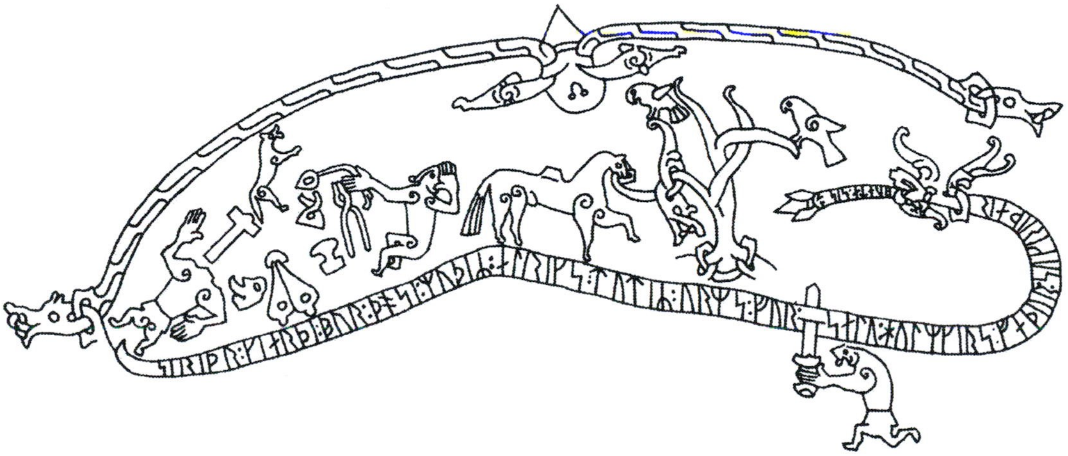

Figure 6.2. Sigurd Slays the Dragon Fafnir on the Ramsund runestone. The carving from Uppland, Sweden portrays the same story preserved in Iceland. On the bottom right, Sigurd thrusts his sword up into the serpentine monster. In the center, Sigurd's horse Grani is tied to a tree with the treasure on its back. The birds in the tree's branches watch Sigurd, who roasts Fafnir's heart. The carving shows Sigurd sucking his burned thumb. He looks to the birds, whose speech he now understands because the dragon's blood has come into his mouth. Sigurd learns from the birds that Regin, the smith, intends to kill him for the treasure. Instead, Sigurd kills Regin, shown on the left lying decapitated with his hammer, bellows, anvil, and tongs. For a reading of the Ramsund runes, see *Viking Language 1*.

þá mælti ein:[49]

---

[47] **hugði, at fullsteikt myndi**: 'thought, that it was [probably] fully roasted.'
[48] **ok tók á fingrinum, hvé hart var**: 'he touched [it] with [his] finger [to see] how hard it was.'
[49] **þá mælti ein**: 'Then one [nuthatch] said.'

Þar sitr Sigurðr
sveita stokkinn,
Fáfnis hjarta
við funa steikir;
spakr þœtti mér
spillir bauga,
ef fjörsega
fránan æti.

(6) **fjörsegi** *m* life-morsel, heart

Þar liggr Reginn – kvað önnur,
ræðr um við sik,
vill tæla mög,
þann es trúir honum;
berr af reiði,
röng orð saman,
vill bölvasmiðr,
bróður hefna.

(1) **önnur**: 'a second [nuthatch].' ***(3)*** **þann es (= er) trúir honum**: 'the one who trusts him.'
(4-5) **berr af reiði röng orð saman**: 'moved by anger, he counts unjust words.'

Þá gekk Sigurðr til Regins ok drap hann, en síðan til hests síns, er Grani heitir, ok reið, til þess er[50] hann kom til bóls Fáfnis, tók þá upp gullit ok batt í klyfjar ok lagði upp á bak Grana ok steig upp sjálfr ok reið þá leið sína. Nú er þat sagt, hver saga til er þess, at[51] gullit er kallat ból eða bygð Fáfnis eða málmr Gnitaheiðar eða byrðr Grana.

[50] **til þess er**: 'until.'
[51] **Nú er þat sagt, hver saga til er þess, at**: 'Now has been told each story...' 'Now has been told the story behind the events leading to...'

– Chapter 7 –

Settling The North Atlantic: Iceland

Þykkir maðr við þat fávíss verða,
ef hann kannar ekki víðara en hér Ísland –Laxdœla saga

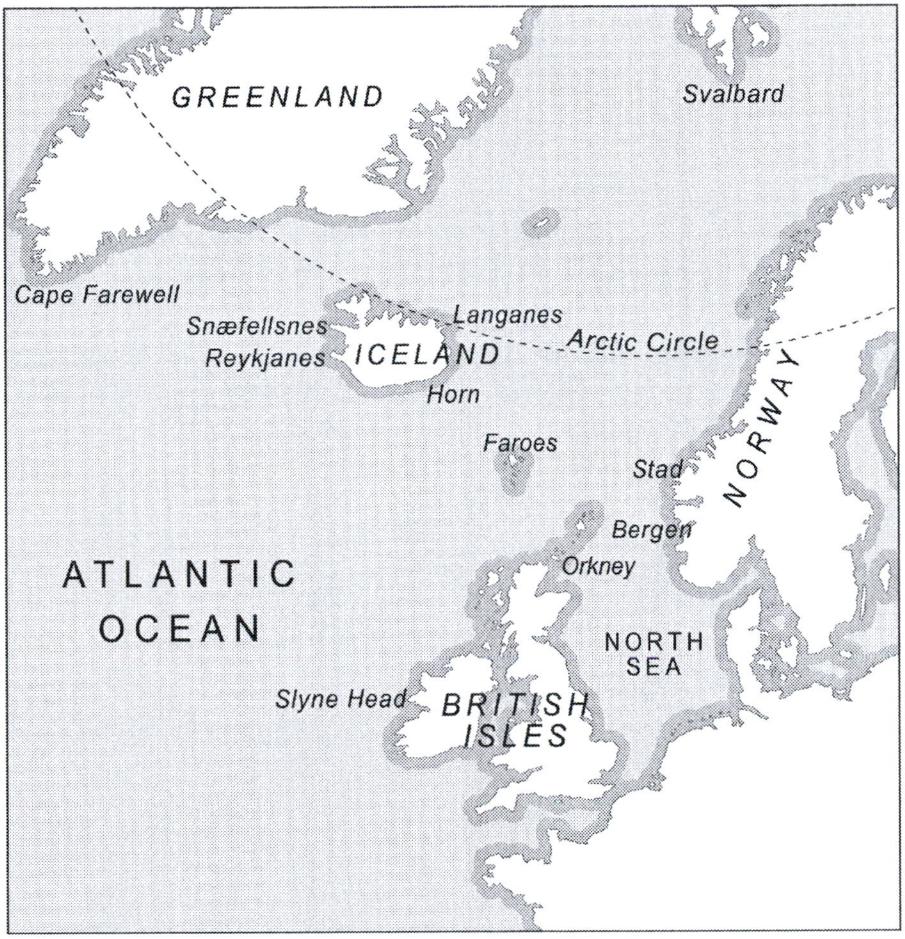

Figure 7.1. The North Atlantic World of the Medieval Icelanders with locations along the sailing routes described in *The Book of Settlements*.

West into the North Atlantic

Viking Age voyages into the far North Atlantic to Iceland, Greenland, and Vinland were part of an epoch of seaborne expansion that saw Scandinavian peoples settle in Shetland, Orkney, the

Hebrides, Scotland, Ireland, and the Faroe Islands.[1] Many *landnámsmenn* ('landtakers' or first settlers; the term includes women) came directly from Scandinavia, especially from Norway. Some also came from Viking encampments and Norse colonies in the Celtic lands, especially the Hebrides and Ireland. Norse settlers brought with them Gaelic wives, followers, and slaves. Some colonists were part or all Celt.[2]

7.1 SAILING ROUTES

The two reading passages below from *Landnámabók* describe sailing routes in the North Atlantic from Viking times through the thirteenth century. If all went well, the voyages were accomplished within the time frames given. If winds and storms proved contrary, as they often did, the voyages could be much longer and the seafarers might end up in places as distant as North America.

The manuscripts of *Landnámabók* have a complicated transmission history. The first versions are thought to have come from the twelfth century, but these earliest variants are lost. Versions from the thirteenth century and later often contain additional material added by scribes and owners.

The two passages below come from two closely connected *Landnámabók* manuscripts, *Hauksbók* and *Sturlubók*. The first passage is from *Sturlubók* and the second from *Hauksbók*. They provide examples of variations among different manuscripts with similar passages.

Landnámabók (*Sturlubók 2*)

Svá segja vitrir menn, at ór Nóregi frá Staði sé sjau dœgra sigling í vestr til Horns á Íslandi austanverðu, en frá Snæfellsnesi, þar er skemmst er, er fjögurra dœgra haf í vestr til Grœnlands. En svá er sagt, ef siglt er ór Björgyn[3] rétt í vestr til Hvarfsins[4] á Grœnlandi, at þá mun siglt vera tylft[5] fyrir sunnan Ísland. Frá Reykjanesi á sunnanverðu Íslandi[6] er fimm dœgra haf til Jölduhlaups[7] á Írlandi [í suðr; en frá Langanesi á norðanverðu Íslandi er] fjögurra dœgra haf norðr til Svalbarða í hafsbotn.

Landnámabók (*Hauksbók 2*)

Svá segja vitrir menn, at ór Nóregi frá Staði sé sjau dœgra sigling til Horns á austanverðu Íslandi, en frá Snjófjallsnesi[8] fjögurra dœgra sigling til Hvarfs á Grœnalandi. Af Hernum[9] af Nóregi skal

---

1 For more on the settlement of the North Atlantic, especially Iceland, see *Viking Age Iceland*, Penguin Books, 2001, Chapter 1, 'An Immigrant Society.'

2 In the sagas there are many Celtic names, such as Njáll and Kormákr (Old Irish, Níall [Neal or Neil] and Cormac).

3 Bergen in Norway.

4 Cape Farewell.

5 **tylft**: from the number twelve, i.e. twelve miles or leagues distant, the connotation is a 'half day's sail.'

6 The Reykjanes Penisula.

7 Probably Slyne Head.

8 Snæfellsnes.

9 **Hernar**, near Bergen (Björgvin) in Norway.

sigla jafnan í vestr til Hvarfs á Grœnlandi, ok er þá siglt fyrir norðan Hjaltland,[10] svá at því at eins sé þat, at allgóð sé sjóvar sýn, en fyrir sunnan Færeyjar,[11] svá at sjór er í miðjum hlíðum,[12] en svá fyrir sunnan Ísland, at þeir hafa af fugl ok hval. Frá Reykjanesi á sunnanverðu Íslandi er þriggja dœgra haf til Jölduhlaups á Írlandi í suðr; en frá Langanesi á norðanverðu Íslandi er fjögurra dœgra haf til Svalbarða norðr í hafsbotn, en dœgrsigling er til óbyggða á Grœnalandi ór Kolbeinsey norðr.

7.2 DIRECTIONS AND TIME

COMPASS DIRECTIONS. The Old Norse words for north, south, east, and west are *norðr*, *suðr*, *austr*, and *vestr*. Directions in the West Norse Atlantic region, including those found in the Icelandic sagas, were based on Norwegian geography. Using Norway as a point of reference, northwest was (*útnorðr*), southwest (*útsuðr*), northeast (*landnorðr*) and southeast (*landsuðr*).

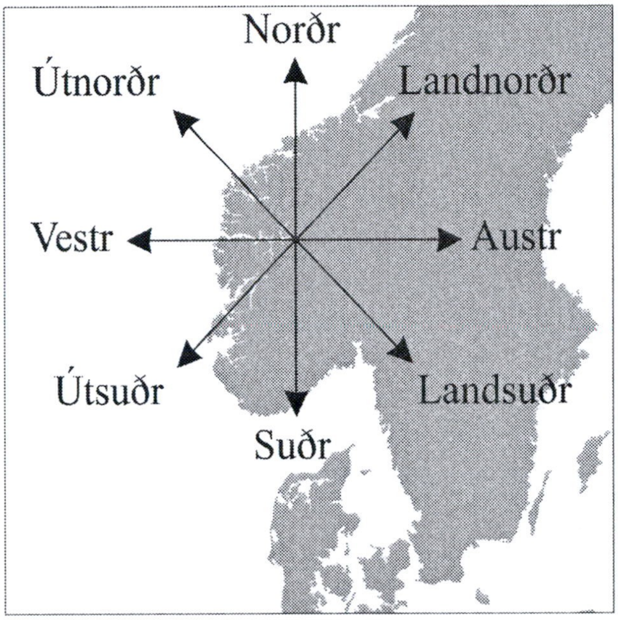

Figure 7.2. The Names of the Old Icelandic Compass Points are connected to directions of winds blowing in western Norway. For example, *útnyrðingr* was the name of a wind blowing from the northwest, out (*út*) from the sea toward land. The direction that the wind is coming from is called *útnorðr*. There was also *útsynningr*. In the Viking Age these terms were used in West Old Norse, and although they do not quite fit Iceland, they passed into Old Icelandic and are found in the sagas.

In Iceland, *útnorðr* meant going northwest, which is the direction one would take from Norway if going 'out' and 'north' over the ocean. *Landnorðr* meant northeast, as if going 'inland' and 'north' from the coast of Norway. *Vestr um haf* was a common phrase meaning 'west over the ocean' from Norway and referred to sailing to the British Isles west from Norway.

Some populations were named according to the location of their lands relative to Scandinavia. For example, *Suðrmenn* (south-men or southerners) referred particularly to Germans or Saxons. Icelanders called Norwegians *Austmenn*, referring to the location of Norway east of Iceland.

RELATIVE DIRECTIONS. A relative sense of geography applied to compass directions as well as to population names. Iceland was divided into four political quarters, each named after the

[10] The Shetlands.

[11] The Faroe Islands.

[12] 'So that the sea on the horizon stands halfway up the face of the cliffs.'

cardinal points. For example, the Western Quarter (*Vestfirðinga fjórðungr*, 'the quarter of the people of the West Fjords') and Northern Quarter (*Norðlendinga fjórðungr*). When traveling into a different quarter of Iceland, people were said to be traveling in the direction of that quarter even if this were not the strict compass direction. Hence, when someone from the Eastern Quarter (*Austfirðinga fjórðungr*) rode west to the Althing, which was in the Southern Quarter (*Sunnlendinga fjórðungr*), he was said to be riding south.

Relative directions were also applied to Europe, which in the Norse sense of geography was divided into cardinal quarters: *norðrlönd*, the 'northern lands,' included Scandinavia; *suðrlönd* included the regions of Germany; *vestrlönd* included the British Isles and France; and *austrlönd* encompassed eastern Europe, Russia, and the Orient. It was possible to travel 'east' from Norway and arrive at Constantinople, which was in *austrlönd*.

For Norse seamen and Icelandic writers, the system of relative geography did not conflict with their ability to orient themselves by true compass directions. Even today, if one travels within Iceland from Reykjavík to the town of Ísafjörður in the West Fjords, one is said to *fara vestur til Ísafjarðar frá Reykjavík* ('travel west to Ísafjörður from Reykjavík') even though the direction is straight north. Similarly, if one travels from eastern Iceland to Reykjavík, a twenty-first-century Icelander would say *fara suður til Reykjavíkur* ('travel south to Reykjavík') even though Reykjavík is to the west.

TELLING TIME (DAYMARKS)

Rather than employing hours, the Norse divided the day into day-marks (*dagsmörk*) which recorded the position of the sun over the horizon. Day marks were especially useful in seafaring. They coincided with the compass points and often corresponded with landmarks.

The time when the sun passed over a day-mark varied, depending on latitude and season. *Rismál* (rising time) might be 6:00 am in winter but 5:00 am in summer. *Dagmál* could vary seasonally between 8:30 am and 9:30 am, while *miðnætti* (midnight) and *hádegi* ('highnoon') varied less.

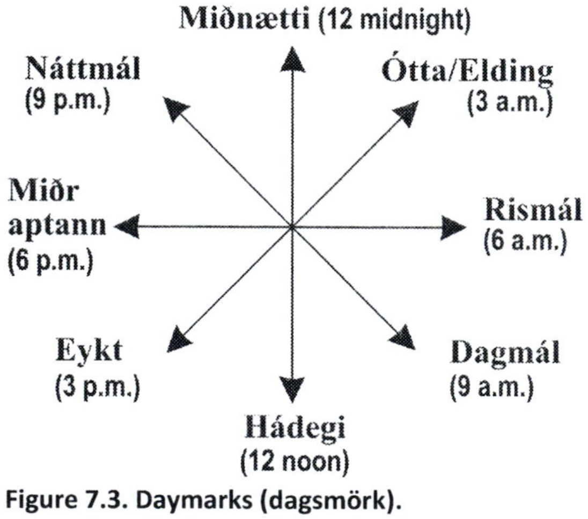

Figure 7.3. Daymarks (dagsmörk).

Some day-marks were known by multiple names, much like the words 'noon' and 'midday' in English. For example, *rismál* is also *miðrmorginn*, *hádegi* is also *miðrdagr* or *miðdegi*, and *eykt* is also *eyktarmörk* and *nón*.[13] *Miðnætti* is also *mið nótt*, and *ótta* is also *elding, aftrelding, or miðeykt*. *Eykt*, which is part of several daymarks, refers to 1/8, that is increments of three hours of the day.

---

[13] Noon in English usage is 12pm, whereas *nón* is 3pm.

Time was often told by noting the position of the sun over local landmarks. *Hrafnkel's Saga* notes the day-mark of early evening, *miðr aptann*, as seen from the *sel* (the shieling or summer dairy hut in the highlands) when the sun is over Einar's cairn: *ok er þaðan haldinn miðr aptann frá selinu*: 'and is thence [from there] considered to be middle-evening from the shieling,' meaning 'and [when the sun is directly above it], it is counted mid-evening (6 pm) at the shieling.'

7.3 EXPLORATION WEST OVER THE ATLANTIC

Icelandic sources memorialize the names and voyages out into the North Atlantic of the founding Viking Age explorers. The following entries from the *Sturlubók* version of *Landnámabók* tell of Naddoddr (Nadd-Oddr), a viking from Norway, the Swede Garðarr Svávarsson, and Flóki Vilgerðarson (*mikill víkingr*).

LANDNÁMABÓK (*STURLUBÓK* 3)

Svá er sagt, at menn skyldu fara ór Nóregi til Færeyja; nefna sumir til Naddodd víking; en þá rak vestr í haf ok fundu þar land mikit. Þeir gengu upp í Austfjörðum á fjall eitt hátt ok sásk um víða, ef þeir sæi reyki eða nökkur líkindi til þess, at landit væri byggt, ok sá þeir þat ekki. Þeir fóru aptr um haustit til Færeyja; ok er þeir sigldu af landinu, fell snær mikill á fjöll, ok fyrir þat kölluðu þeir landit Snæland. Þeir lofuðu mjök landit. Þar heitir nú Reyðarfjall í Austfjörðum, er þeir höfðu at komit. Svá sagði Sæmundr prestr enn fróði.

LANDNÁMABÓK (*STURLUBÓK* 4)

Maðr hét Garðarr Svávarsson, sœnskr at ætt; hann fór at leita Snælands at tilvísan móður sinnar framsýnnar. Hann kom at landi fyrir austan Horn et eystra; þar var þá höfn.

Garðarr sigldi umhverfis landit ok vissi, at þat var eyland. Hann var um vetrinn norðr í Húsavík á Skjálfanda ok gerði þar hús. Um várit, er hann var búinn til hafs, sleit frá honum mann á báti, er hét Náttfari, ok þræl ok ambátt. Hann byggði þar síðan, er heitir Náttfaravík. Garðarr fór þá til Nóregs ok lofaði mjök landit. Hann var faðir Una, föður Hróars Tungugoða. Eptir þat var landit kallat Garðarshólmr, ok var þá skógr milli fjalls ok fjöru.

LANDNÁMABÓK (*STURLUBÓK* 5)

Flóki Vilgerðarson hét maðr; hann var víkingr mikill; hann fór at leita Garðarshólms ok sigldi þar út er heitir Flókavarði; þar mœtisk Hörðaland ok Rogaland. Hann fór fyrst til Hjaltlands ok lá þar í Flókavági; þar týndisk Geirhildr dóttir hans í Geirhildarvatni. Með Flóka var á skipi bóndi sá, er Þórólfr hét, annarr Herjólfr. Faxi hét suðreyskr maðr, er þar var á skipi.

Flóki hafði hrafna þrjá með sér í haf, ok er hann lét lausan enn fyrsta, fló sá aptr um stafn; annarr fló í lopt upp ok aptr til skips; enn þriði fló fram um stafn í þá átt, sem þeir fundu landit.

Þeir kómu austan at Horni ok sigldu fyrir sunnan landit. En er þeir sigldu vestr um Reykjanes ok upp lauk firðinum, svá at þeir sá Snæfellsnes, þá rœddi Faxi um: 'Þetta mun vera mikit land, er vér höfum fundit; hér eru vatnföll stór.' Síðan er þat kallaðr Faxaóss.

Þeir Flóki sigldu vestr yfir Breiðafjörð ok tóku þar land, sem heitir Vatnsfjörðr við Barðaströnd. Þá var fjörðrinn fullr af veiðiskap, ok gáðu þeir eigi fyrir veiðum at fá heyjanna, ok dó allt kvikfé þeira um vetrinn. Vár var heldr kalt. Þá gekk Flóki upp á fjall eitt hátt ok sá norðr yfir fjöllin fjörð fullan af hafísum; því kölluðu þeir landit Ísland, sem þat hefir síðan heitit. Þeir Flóki ætluðu brutt[14] um sumarit ok urðu búnir litlu fyrir vetr. Þeim beit eigi fyrir Reykjanes, ok sleit frá þeim bátinn[15] ok þar á Herjólf; hann tók þar sem nú heitir Herjólfshöfn. Flóki var um vetrinn í Borgarfirði, ok fundu þeir Herjólf.

Þeir sigldu um sumarit eptir til Nóregs. Ok er menn spurðu af landinu, þá lét Flóki illa yfir, en Herjólfr sagði kost ok löst af landinu, en Þórólfr kvað drjúpa smjör af hverju strái á landinu, því er þeir höfðu fundit; því var hann kallaðr Þórólfr smjör.

7.4 ICELAND SETTLED

Memory of the settlement or *landnám* was a crucial part of the Icelanders' immigrant culture, and Icelandic medieval writings record events from the country's earliest history. The Icelandic interest in exploration and settlement extended to the founding periods of all the northern Atlantic lands as far distant as Vinland on the North American continent. The writings tell of geography, seafaring, the creation of new societies, establishment of laws, and the conversion to Christianity. A thousand years later, we have information about the *landnámsmenn* as well as the resources and the nature of land claims. The descriptions recount events within families and small-scale conflicts, the type of information that is rarely recorded in European medieval sources. Sagas and the Icelanders' historical writings, such as *Landnámabók* and *Íslendingabók* offer extraordinary insight into a past society. They tell of feasts, famines, rituals, folkloristic beliefs, and other aspects of life and migration in the North Atlantic five hundred years before Columbus crossed the Atlantic.

Ari Þorgilsson was one of Iceland's first historians. Known as Ari fróði ('Ari the Learned'), he wrote *The Book of the Icelanders* (*Íslendingabók*) between the years 1122 and 1133.[16] *Íslendingabók*, a short, dense book of approximately thirteen pages in a modern edition, provides a wealth of information. It tells about the ninth-century settlement of Iceland, the tenth-century settlement of Greenland, the establishment of the Icelandic Free State in ca. 930, and the conversion to Christianity in the year 1000.

---

[14] **ætluðu brutt**: = *ætluðu brott*, 'intended to sail away.'

[15] **sleit frá þeim bátinn**: 'the small boat broke loose.'

[16] Two versions, – 'the older' and 'the younger' – were extant in the medieval period, but only the younger has survived in two seventeenth-century copies.

SETTLERS FROM NORWAY (*ÍSLENDINGABÓK* CH 1)

Ísland byggðisk fyrst ýr[17] Norvegi á dögum Haralds ens hárfagra, Halfdanarsonar ens svarta,[18] í þann tíð – at ætlun ok tölu þeira Teits fóstra míns, þess manns es[19] ek kunna spakastan, sonar Ísleifs byskups, ok Þorkels föðurbróður míns Gellissonar, es langt munði fram, ok Þóríðar Snorradóttur goða, es bæði vas margspök ok óljúgfróð, – es Ívarr Ragnarssonr loðbrókar lét drepa Eadmund enn helga Englakonung; en þat vas sjau tegum [vetra] ens níunda hundraðs[20] eptir burð Krists, at því es ritit es í sögu hans.

Ingolfr hét maðr nórœnn, es sannliga es sagt at fœri fyrst þaðan til Íslands, þá es Haraldr enn hárfagri vas sextán vetra gamall, en í annat sinn fám vetrum síðarr; hann byggði suðr í Reykjarvík. Þar es Ingolfshöfði kallaðr fyr austan Minþakseyri,[21] sem hann kom fyrst á land, en þar Ingolfsfell fyr vestan Ölfossá, es hann lagði sína eigu á síðan.

Í þann tíð vas Ísland viði vaxit á miðli fjalls ok fjöru.[22] Þá váru hér menn kristnir, þeir es Norðmenn kalla papa, en þeir fóru síðan á braut, af því at þeir vildu eigi vesa hér við heiðna menn, ok létu eptir bœkr írskar ok bjöllur ok bagla; af því mátti skilja, at þeir váru menn írskir.[23]

TAXING THOSE WHO SAIL TO ICELAND (*ÍSLENDINGABÓK* CH 1)

En þá varð för manna mikil mjök út hingat ýr Norvegi, til þess unz konungrinn Haraldr bannaði, af því at hónum þótti landauðn nema. Þá sættusk þeir á þat, at hverr maðr skyldi gjalda konungi fimm aura, sá es eigi væri frá því skiliðr ok þaðan fœri hingat.[24] En svá es sagt, at Haraldr vaeri sjau tegu vetra konungr ok yrði áttrœðr. Þau hafa upphöf verit at gjaldi því es nú es kallat landaurar, en þar galzk stundum meira en stundum minna, unz Óláfr enn digri gørði skýrt, at hverr maðr skyldi gjalda konungi halfa mörk, sá es fœri á miðli Norvegs ok Íslands, nema konur eða þeir menn es hann næmi frá. Svá sagði Þorkell oss Gellissonr.

---

[17] *Íslendingabók* is one of the earliest Icelandic writings, and its passages are frequently normalized to an early spelling, hence **ýr** = **úr**.

[18] **Haralds ens hárfagra, Halfdanarsonar ens svarta**: 'Harald Fairhair, son of Halfdan the black.'

[19] **es** = **er**: **es** for the relative pronoun/conjunction as well as the *3sg pres* conjugation of **vera** (from the alternative infinitive **vesa**). This form is also seen in the *3sg past* **vas** (= **var**). **Vesa** fell out of use by the early 13th century in favor of **vera**. See also note 1.

[20] **sjau tegum [vetra] ens níunda hundraðs**: *lit* 'seven tens of winters of the ninth century,' i.e., AD 870

[21] **Minþakseyri**: this name likely comes from the Irish *menadach*, a dough reported in *Landnámabók* to have been used by Ingólf's thralls to quench their thirst at sea. It was thrown overboard and came to rest at Minþakseyri.

[22] **Í þann tíð vas Ísland viði vaxit á miðli fjalls ok fjöru**: At beginning of the settlement, Iceland was widely forested. The settlers, coming from a herding culture that valued grazing lands, quickly cleared large tracts of land. **Á miðli** is a variant of **á milli**.

[23] Irish monks had likely begun coming to Iceland at the turn of the ninth century.

[24] **sá es eigi væri frá því skiliðr ok þaðan fœri hingat**: *lit* 'that [one] who was not exempted from this and would travel from there [Norway] to here [Iceland].'

SETTLERS REMEMBERED (*ÍSLENDINGABÓK* CH 2)

Hrollaugr, sonr Rögnvalds jarls á Mœri, byggði austr á Síðu; þaðan eru Síðumenn komnir. Ketilbjörn Ketilssonr, maðr nórœnn, byggði suðr at Mosfelli enu øfra; þaðan eru Mosfellingar komnir. Auðr, dóttir Ketils flatnefs, hersis nórœns, byggði vestr í Breiðafirði; þaðan eru Breiðfirðingar komnir. Helgi enn magri, nórœnn, sonr Eyvindar austmanns, byggði norðr í Eyjafirði; þaðan eru Eyfirðingar komnir.

ESTABLISHING LAWS AND THE ALTHING, *THE BOOK OF THE ICELANDERS*

In the early tenth-century, an emissary named Úlfljótr went back to Norway. The immigrants to Iceland sought models in the mother country for the laws which they would fashion to regulate their new society. We can't be sure what Úlfljótr returned with, but soon afterwards the Icelanders created governmental institutions based on the yearly meeting of the Althing (Alþingi). This national assembly of freemen under the guidance of chieftains or *goðar* met for two weeks every June at Thingvellir (Þingvellir, ´The thing Plains´) in southwestern Iceland.

ÍSLENDINGABÓK (CH 2)

En þá es Ísland vas víða byggt orðit, þá hafði maðr austrœnn fyrst lög út hingat ýr Norvegi, sá es Ulfljótr hét; svá sagði Teitr oss; ok váru þá Ulfljótslög kölluð; – hann vas faðir Gunnars, es Djúpdœlir eru komnir frá í Eyjafirði; – en þau váru flest sett at því sem þá váru Golaþingslög eða ráð Þorleifs ens spaka Hörða-Kárasonar váru til, hvar við skyldi auka eða af nema eða annan veg setja. Ulfljótr vas austr í Lóni. En svá es sagt, at Grímr geitskör væri fóstbróðir hans, sá es kannaði Ísland allt at ráði hans, áðr alþingi væri átt. En hónum fekk hverr maðr penning til á landi hér, en hann gaf fé þat síðan til hofa.

7.5 THE CONVERSION OF ICELAND

KING OLAF TRYGGVASON SENDS A MISSIONARY FROM *THE BOOK OF THE ICELANDERS*

Iceland's acceptance of Christianity is traditionally ascribed to the year 1000.[25] Ari fróði was born in 1067, sixty-seven years after the conversion. He had the opportunity to hear first-hand accounts, and we know most about the events of the conversion from his *Íslendingabók*. Working as an historian, Ari names his major informants. He was brought up at Haukadalr in

---

[25] *Viking Age Iceland*, Chapter 16 'A Peaceful Conversion: The Viking Age Church.' Penguin books, 2001, pp. 292-301. Information about the conversion is contained in a number of overlapping, often late, and sometimes divergent sources. One is *Historia de antiquitate regum Norwagiensium*, written ca. 1180 by the Norwegian monk Theodoricus monachus. An Old Icelandic translation of the lost Latin *Saga of King Olaf Tryggvason* by the monk Odd Snorrason of Thingeyrar gives an account of the Christianization largely based on *Íslendingabók*. Another lost Latin *Saga of King Olaf Tryggvason* by the monk Gunnlaug Leifsson of Thingeyrar may have been credulous and unreliable. It formed the basis for the remaining sources on Iceland's Christianization, including *Kristni saga*, *Óláfs saga Tryggvasonar en mesta*, and the account of the conversion in *Njáls saga*, Chs. 100-105. Other family sagas such as *Laxdæla saga* contribute additional accounts.

Southwestern Iceland by Hall Thorarinsson, who lived to the age of ninety-four and who remembered being baptized as a child of three by the missionary Thangbrand. Ari was also the student of Teit Isleifsson. Teit was the son of Iceland's first bishop, Isleif, who was the son of Gizur the White, a participant in the events of the conversion.

Numerous Icelanders and foreigners had preached the new religion in the tenth century, but the conversion became more certain with the intervention of Norway's proselytizing warrior king Olaf Tryggvason (995-1000). Early in his reign, King Olaf sent from Norway an Icelander named Stefnir Thorgilsson to convert his countrymen. Stefnir is said to have used so much violence in destroying the sanctuaries and images of the old gods that he was outlawed from Iceland. Legislation called the 'kin shame' (*frændaskömm*) law was passed at the Althing. It called upon families to prosecute Christians within their ranks, if they blasphemed the old gods or committed other impious offenses.

King Olaf next sent to Iceland a German, or perhaps Flemish, priest named Thangbrand, (Njál's Saga claims he was the son of Count Willibald of Saxony). Þangbrand was an experienced missionary already known for his proselytizing work. His mission to Iceland (ca. 997-999) is mentioned in many sources. Thangbrand was a preacher and skilled in the use of weapons. He converted several prominent Icelanders but killed two or three men who had composed mocking verses about him. *Njal's Saga* gives a lively, perhaps exaggerated, account of Thangbrand's methods of conversion.

Thangbrand returned to Norway around 999 without having converted Iceland. In retaliation, King Olaf closed Norwegian ports to Icelandic traders. He took several Icelanders hostage and banned Icelanders free passage in his lands, as long as they remained pagan. the King threatened to maim or kill the captives, who were sons or relatives of prominent Icelandic pagans. The actions soon had the desired effect in Iceland. A tenet of the Icelandic Free State's otherwise limited foreign policy was to preserve good relations with Norway. Icelanders needed the trade that passed through Norway's ports. Iceland began dividing into two antagonistic groups.

Christian chieftains moved toward establishing separate courts and a government distinct from the pre-existing system, which was controlled by believers in the old faith. The issues raised by these developments presented a dilemma to thoughtful Icelanders, as the division of the country into separate camps raised the danger of civil war.

ÍSLENDINGABÓK (CH 7)

Óláfr rex Tryggvasonr, Óláfssonar, Haraldssonar ens hárfagra,[26] kom kristni í Norveg ok á Ísland. Hann sendi hingat til lands prest þann, es hét Þangbrandr ok hér kenndi mönnum kristni ok skírði þá alla, es við trú tóku. En Hallr á Síðu Þorsteinssonr lét skírask snimhendis ok Hjalti

---

[26] **Óláfr rex Tryggvasonr, Óláfssonar, Haraldssonar ens hárfagra**: 'King Olaf, son of Tryggvi, who was son of Olaf, who was son of Harald Fairhair.'

Skeggjasonr ýr Þjórsárdali ok Gizurr enn hvíti Teitsson, Ketilbjarnarsonar frá Mosfelli, ok margir höfðingjar aðrir; en þeir váru þó fleiri, es í gegn mæltu ok neittu. En þá es hann hafði hér verit einn vetr eða tvá, þá fór hann á braut ok hafði vegit hér tvá menn eða þrjá, þá es hann höfðu nítt.[27]

En hann sagði konunginum Óláfi, es hann kom austr, allt þat es hér hafði yfir hann gingit, ok lét ørvænt, at hér mundi kristni enn takask. En hann varð við þat reiðr mjök ok ætlaði at láta meiða eða drepa ossa landa fyrir, þá es þar váru austr. En þat sumar et sama kvómu útan[28] heðan þeir Gizurr ok Hjalti ok þágu þá undan við konunginn ok hétu hónum umbsýslu sinni til á nýjaleik, at hér yrði enn við kristninni tekit, ok létu sér eigi annars ván en þar mundi hlýða.

En et næsta sumar eptir fóru þeir austan ok prestr sá es Þormóðr hét, ok kvómu þá í Vestmannaeyjar, es tíu vikur váru af sumri, ok hafði allt farizk vel at. Svá kvað Teitr þann segja, es sjalfr vas þar. Þá vas þat mælt et næsta sumar áðr[29] í lögum, at menn skyldi svá koma til alþingis, es tíu vikur væri af sumri, en þangat til kvómu viku fyrr.[30] En þeir fóru þegar inn til meginlands ok síðan til alþingis ok gátu at Hjalta, at hann vas eptir í Laugardali með tolfta mann, af því at hann hafði áðr sekr orðit fjörbaugsmaðr[31] et næsta sumar á alþingi of goðgá.[32] En þat vas til þess haft, at hann kvað at lögbergi kviðling þenna:

Vil ek eigi goð geyja;
grey þykki mér Freyja.

En þeir Gizurr fóru, unz þeir kvómu í stað þann í hjá Ölfossvatni, es kallaðr es Vellankatla, ok gørðu orð þaðan til þings, at á mót þeim skyldi koma allir fulltingsmenn þeira, af því at þeir höfðu spurt, at andskotar þeira vildi verja þeim vígi[33] þingvöllinn. En fyrr en þeir fœri þaðan, þá kom þar ríðandi Hjalti ok þeir es eptir váru með hónum. En síðan riðu þeir á þingit, ok kvómu áðr á mót þeim frændr þeira ok vinir sem þeir höfðu æst.[34] En enir heiðnu menn hurfu saman með alvæpni, ok hafði svá nær, at þeir myndi berjask, at [eigi] of sá á miðli.

En annan dag eptir gingu þeir Gizurr ok Hjalti til lögbergs ok báru þar upp erendi sín. En svá

---

27 **nítt:** *n nom/acc ppart* of **níða**

28 **Koma útan**: 'come from Iceland,' **út** describes the journey to Iceland from Norway, **útan** the reverse.

29 **et næsta sumar áðr:** 'the previous summer' or 'the next summer before.'

30 **en þangat til kvómu viku fyrr**: this part of the text notes that people came to the Althing ten weeks into the summer when previously they came one week earlier. This was likely due to the calendar falling out of sync with the seasons.

31 **Fjörbaugsmaðr:** lesser outlaw usually with a sentence of three year´s banishment from Iceland.

32 Goðgá: 'blasphemy,' 'defamation of the gods.'

33 **verja þeim vígi**: 'refuse them entry by force.'

34 **æst**: from *æsta* 'to request.'

es sagt, at þat bæri frá, hvé vel þeir mæltu. En þat gørðisk af því, at þar nefndi annarr maðr at öðrum vátta, ok sögðusk hvárir ýr lögum við aðra, enir kristnu menn ok enir heiðnu, ok gingu síðan frá lögbergi. Þá báðu enir kristnu menn Hall á Síðu, at hann skyldi lög þeira upp segja, þau es kristninni skyldi fylgja.

LAWSPEAKER THORGEIR LAYS UNDER THE CLOAK AND COMPROMISE (*ÍSLENDINGABÓK* CH 7)

The choice of which religion the Icelanders would follow came before the Althing. The believers in the Norse gods and the Christians threatened each other. When a battle appeared imminent, a typical Icelandic scenario developed: mediators intervened, and the dispute, which was treated as a feud ripe for settlement, was submitted to arbitration. The law-speaker (*lögsögumaðr*), Thorgeir Thorkelsson, a goði from the farm of Ljósavatn in the Northern Quarter, was selected for the delicate job of settling the dispute.

Thorgeir, who as law-speaker had been constitutionally elected, was acceptable to both sides, and it may be that each side thought that they had him in their pocket as their advocate. This was because Thorgeir was a pagan yet seemed to have strong ties with members of the Christian camp. According to Ari's account in *Íslendingabók*, Thorgeir sequestered himself, lying under a cloak for part of a day and through the following night. Then, before announcing his decision, he received assurances that both sides would abide by his ruling since it 'will prove to be true that if we divide the law we also divide the peace.' Ari relates Thorgeir's decision and gives his source and dating:

ÍSLENDINGABÓK CH 7)

En hann leystisk því undan við þá, at hann keypti at Þorgeiri lögsögumanni, at hann skyldi upp segja, en hann vas enn þá heiðinn. En síðan es menn kvómu í búðir, þá lagðisk hann niðr Þorgeirr ok breiddi feld sinn á sik ok hvílði þann dag allan ok nóttina eptir ok kvað ekki orð. En of morguninn eptir settisk hann upp ok gørði orð, at menn skyldi ganga til lögbergis. En þá hóf hann tölu sína upp, es menn kvómu þar, ok sagði, at hónum þótti þá komit hag manna í ónýtt efni, ef menn skyldi eigi hafa allir lög ein á landi hér, ok talði fyrir mönnum á marga vega, at þat skyldi eigi láta verða, ok sagði, at þat mundi at því ósætti verða, es vísa ván vas, at þær barsmíðir gørðisk á miðli manna, es landit eyddisk af.

Hann sagði frá því, at konungar ýr Norvegi ok ýr Danmörku höfðu haft ófrið ok orrostur á miðli sín langa tíð, til þess unz landsmenn gørðu frið á miðli þeira, þótt þeir vildi eigi. En þat ráð gørðisk svá, at af stundu sendusk þeir gersemar á miðli, enda helt friðr sá, meðan þeir lifðu. 'En nú þykkir mér þat ráð,' kvað hann, 'at vér látim ok eigi þá ráða, es mest vilja í gegn gangask, ok miðlum[35] svá mál á miðli þeira, at hvárirtveggju[36] hafi nakkvat síns máls, ok höfum allir ein lög

---

[35] **miðlum:** from the verb **miðla** (*w acc*) 'to arrange a compromise.'

[36] **hvárirtveggju**: see **hvárrtveggi**.

ok einn sið. Þat mon verða satt, es vér slítum í sundr lögin, at vér monum slíta ok friðinn.'

En hann lauk svá máli sínu, at hvárirtveggju játtu því, at allir skyldi ein lög hafa, þau sem hann réði upp at segja. Þá vas þat mælt í lögum, at allir menn skyldi kristnir vesa ok skírn taka, þeir es áðr váru óskírðir á landi hér; en of barnaútburð skyldu standa en fornu lög ok of hrossakjötsát.[37] Skyldu menn blóta á laun, ef vildu, en varða fjörbaugsgarðr,[38] ef váttum of kvæmi við. En síðarr fám vetrum vas sú heiðni af numin sem önnur.

Þenna atburð sagði Teitr oss at því, es kristni kom á Ísland. En Óláfr Tryggvason fell et sama sumar at sögu Sæmundar prests. Þá barðisk hann við Svein Haraldsson Danakonung ok Óláf enn sœnska, Eiríksson at Uppsölum Svíakonungs, ok Eirík, es síðan vas jarl at Norvegi, Hákonarson. Þat vas þremr tegum vetra ens annars hundraðs eptir dráp Eadmundar, en þúsundi eptir burð Krists at alþýðu tali.

---

[37] Exposure of infants and the eating of horsemeat had strong pagan associations. Horsemeat was a staple food for the poor.

[38] **Fjörbaugsgarðr**: lesser outlawry, often a sentence of three years banishment from Iceland.

– CHAPTER 8 –
GREENLAND AND VINLAND

Þat sumar fór Eiríkr at byggja land þat, er hann hafði fundit ok hann kallaði Grœnland, því at hann kvað menn þat mjök mundu fýsa þangat, ef landit héti vel –*Eiríks saga rauða*

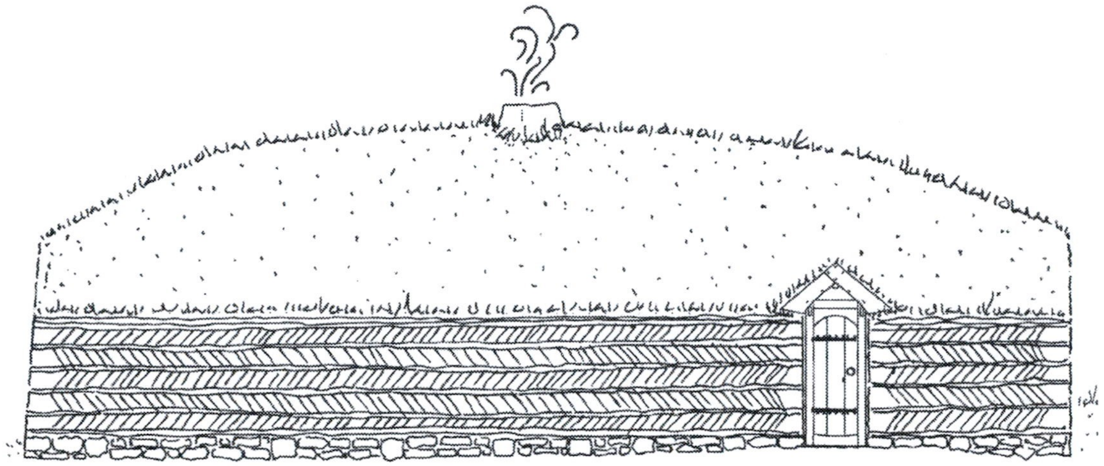

Figure 8.1. The Turf Longhouse at Eiríksstaðir (Eirik's Stead) in the Broad Fjord (Breiðafjörðr) region of western Iceland from the mid-tenth century. Eirik's Stead, which is a small longhouse or *eldaskáli* ('firehall'), is mentioned in *The Book of Settlements* and *The Saga of Eirik the Red*. Eirik the Red is said to have lived at Eirik's Stead in the 980s. The drawing is based on a reconstruction by the archaeologist Guðmundur Ólafsson and the architects Grétar Markússon and Stefán Örn Stefánsson.

8.1 Greenland Discovered and Settled (*The Saga of the Greenlanders*)

Eirik the Red (Eirikr rauði) and his family play central roles in the Icelandic writings that report the discovery of Greenland and Vinland. Their lives stretch across the North Atlantic from Norway to North America. Eirik Thorvaldsson (Þorvaldsson, d. ca. 1006) comes from Norway to Iceland as a young man because of troubles. In Iceland he is involved in killings and is said to have been outlawed from there in the year 985. Rather than sailing east to Norway, Eirik sails west into the unknown waters of the far North Atlantic where he discovers Greenland.

The Saga of the Greenlanders (*Grœnleninga saga*) recounts that Eirik returns to Iceland in the summer, spends the winter, and then leads a group of mostly Icelandic settlers back to the newly discovered land. The saga provides a dating for the expedition, ca. 985, and names prominent settlers. The saga also tells that the flotilla of ships which set out for Greenland encountered serious problems and many ships were lost or were forced to turn back. Eirik, himself, establishes a farm at Brattahlíð ('Steepside or 'steepslope').

Grœnlendinga saga **(Ch 1)**

Eftir um sumarit fór hann til Íslands ok kom skipi sínu í Breiðafjörð. Hann kallaði land þat, er hann hafði fundit, Grœnland, því at hann kvað þat mundu fýsa menn þangat, ef landit héti vel. Eiríkr var á Íslandi um vetrinn, en um sumarit eftir fór hann at byggja landit. Hann bjó í Brattahlíð í Eiríksfirði.

Svá segja fróðir menn, at á því sama sumri, er Eiríkr rauði fór at byggja Grœnland, þá fór hálfr þriði tøgr skipa ór Breiðafirði ok Borgarfirði, enn fjórtán kómusk út þangat. Sum rak aptr, en sum týndusk. Þat var fimmtán vetrum fyrr en kristni var lögtekin á Íslandi. Á því sama sumri fór útan Friðrekr byskup ok Þorvaldr Koðránsson.

Þessir menn námu land á Grœnlandi, er þá fóru út með Eiríki: Herjólfr Herjólfsfjörð, - hann bjó á Herjólfsnesi, - Ketill Ketilsfjörð, Hrafn Hrafnsfjörð, Sölvi Sölvadal, Helgi Þorbrandsson Álptafjörð, Hafgrímr Hafgrímsfjörð ok Vatnahverfi, Arnlaugr Arnlaugsfjörð. En sumir fóru til Vestribyggðar.

8.2 Greenland and Vinland Discovered (*The Book of the Icelanders*)

Íslendingabók (Ch 6)

Land þat, es kallat es Grœnland, fannsk ok byggðisk af Íslandi. Eiríkr enn rauði hét maðr breiðfirzkr, es fór út heðan þangat ok nam þar land, es síðan es kallaðr Eiríksfjörðr. Hann gaf nafn landinu ok kallaði Grœnland ok kvað menn þat myndu fýsa þangat farar, at landit ætti nafn gótt.[1] Þeir fundu þar manna vistir bæði austr ok vestr á landi ok keiplabrot[2] ok steinsmíði þat es af því má skilja, at þar hafði þess konar þjóð farit, es Vínland hefir byggt ok Grœnlendingar kalla Skrælinga. En þat vas, es hann tók byggva landit, fjórtán vetrum eða fimmtán fyrr en kristni kvæmi hér á Ísland, at því es sá talði fyrir Þorkeli Gellissyni á Grœnlandi, es sjalfr fylgði Eiríki enum rauða út.

Leif Eiriksson Leaves King Olaf and Discovers Vinland (*The Saga of Eirik the Red*)

Around the year 1000, Eirik's son Leif, returning from Norway to Greenland, chances upon land further to the west. This new land, the North American continent, becomes known as Vinland (Vínland).

Eiríks saga rauða (Ch 5)

Eiríkr átti þá konu er Þjóðhildr[3] hét, ok við henni tvá sonu. Hét annarr Þorsteinn, en annarr Leifr. Þeir váru báðir efnilegir menn. Var Þorsteinn heima með föður sínum, ok var eigi sá maðr

---

1 Compare this statement from *Íslendingabók* with the similar statement from *Eiriks saga rauða* at the beginning of this chapter.

2 **keiplabrot**: 'fragment of a boat.'

3 Some sources name her Thorhild (Þórhildr).

á Grœnlandi, er jafnmannvænn þótti sem hann. Leifr hafði siglt til Nóregs, ok var með Ólafi konungi Tryggvasyni. En er Leifr sigldi af Grœnlandi um sumarit, urðu þeir sæhafa[4] til Suðreyja.[5] Þaðan byrjaði þeim seint, ok dvölðusk þeir þar lengi um sumarit....[6]

Þeir Leifr sigldu brott ór Suðreyjum, ok tóku Nóreg um haustit. Fór Leifr til hirðar Óláfs konungs Tryggvasonar. Lagði konungr á hann góða virðing, ok þóttist sjá, at hann mundi vera vel menntr maðr. Eitt sinn kom konungr at máli við Leif ok sagði: 'Ætlar þú til Grœnlands í sumar?' 'Þat ætla ek,' sagði Leifr, 'ef þat er yðvarr vili.' Konungr svarar: 'Ek get at þat muni vel vera, ok skaltu þangat fara með ørendum mínum, at boða þar kristni.' Leifr kvað hann ráða skyldu, en kvezk hyggja, at þat ørendi myndi torflutt á Grœnlandi. Konungr kvezk eigi þann mann sjá, er betr væri til fallinn en hann, — 'ok muntu giptu til bera.' 'Þat mun því at eins,' segir Leifr, 'ef ek nýt yðvar við.'

Lætr Leifr í haf, ok er lengi úti ok hitti á lönd þau er hann vissi áðr enga ván til. Váru þar hveitiakrar sjálfsánir ok vínviðr vaxinn. Þar váru þau tré, er mösurr heita, ok höfðu þeir af þessu öllu nökkur merki, sum tré svá mikil, at í hús váru lögð. Leifr fann menn á skipflaki ok flutti heim með sér. Sýndi hann í því ina mestu stórmennsku ok drengskap, sem mörgu öðru, er hann kom kristni á landit, ok var jafnan síðan kallaðr Leifr inn heppni.

Leifr tók land í Eiríksfirði, ok fór heim síðan í Brattahlíð. Tóku þar allir menn vel við honum. Hann boðaði brátt kristni um landit ok almenniliga trú, ok sýndi mönnum orðsending Óláfs konungs Tryggvasonar ok sagði, hversu mörg ágæti ok mikil dýrð fylgði þessum sið. Eiríkr tók því máli seint, at láta sið sinn, en Þjóðhildr gekk skjótt undir ok lét gera kirkju eigi allnær húsunum. Þat hús var kallat Þjóðhildarkirkja. Hafði hon þar fram bœnir sínar, ok þeir menn, sem við kristni tóku. Þjóðhildr vildi ekki samræði við Eirík, síðan hon tók trú, en honum var þat mjök móti skapi.

8.3 SEAFARING IN THE NORTH ATLANTIC

Navigation across the North Atlantic was based on land sightings and simple astronomical observations. Sailors navigated by the stars (difficult during the long days of the summer), and it is possible that Norse mariners used a simple sun compass. Weather permitting, an east – west course running along a line of latitude could be fixed by noting the height of the sun at its midday zenith.

---

4 **sæhafa**: 'carried off course at sea.'

5 The Hebrides off the west coast of Scotland.

6 At this point, the text gives an account of Leif's stay in the Hebrides and his failed love affair with a woman named Thorgunna (Þórgunna). *Eyrbyggja saga* mentions a Thorgunna from the Hebrides, who may be the same woman.

Leaving Norway, seamen sailed due west to the Shetlands and then on to the Faroes. At this stage of the journey, the distances between land sightings were relatively short. Farther

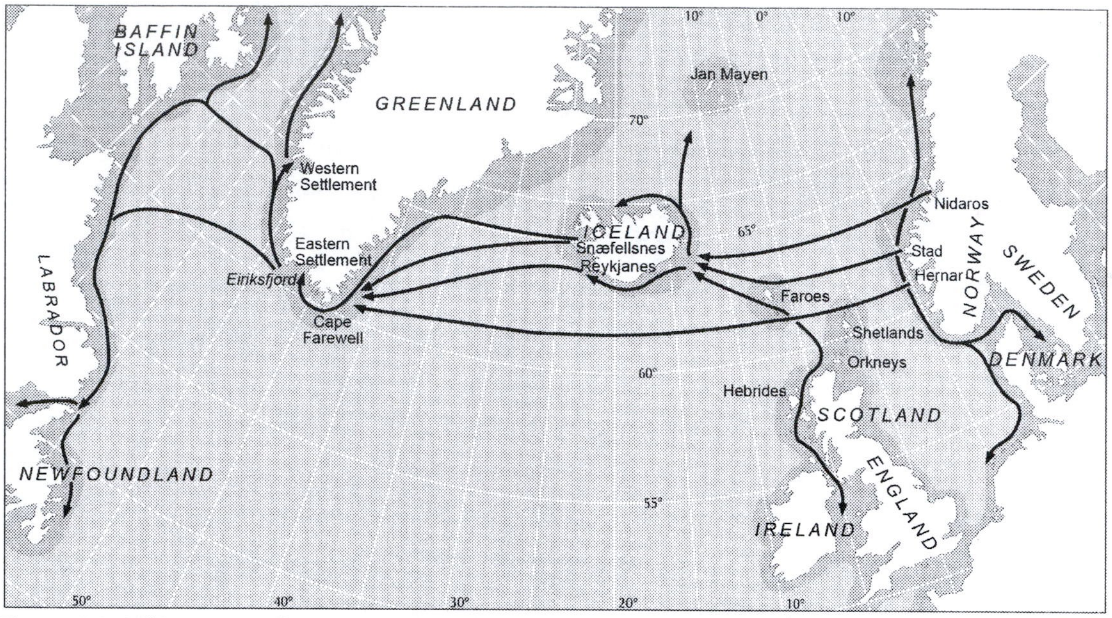

Figure 8.2. Viking Age sailing routes across the North Atlantic. The shaded areas on the map show distances out to sea from which land could regularly be seen in good weather.

out into the Atlantic, the stretches on the open sea were larger. Birds, marine life, cloud formations, changes in currents, the color of the water, and light reflected off the great icecaps aided sailors in locating Iceland and Greenland when these large landmasses lay over the horizon.

Sailing an east–west course was routine, but Atlantic crossings could be hazardous. Clouds and fogs made holding a course difficult. Storms, high seas, and drift ice could be deadly. The twelfth-century *Book of the Icelanders* (*Íslendingabók*) reports that of twenty-five ships that left Iceland in the year 988 to colonize Greenland only fourteen reached their destination. Close to land, the dangers of shipwreck increased. *Kristni saga (The Saga of the Christianization*) says that in 1118 a large merchant ship was driven ashore below the mountains of Eyjafjöll in southern Iceland; the ship 'spun in the air and landed bottom up.'

8.4 Greenlanders Sail to Vinland (*The Saga of Eirik the Red*)

Following Leif's discovery of a new land to the west, an expedition to settle was planned. Its leaders included Eirik's son Thorstein and a newly arrived merchant named Thorfin Karlsefni.

Eiríks saga rauða (Ch 8)

Í Brattahlíð hófusk miklar umrœður, at menn skyldi leita Vínlands ins góða, ok var sagt, at þangat myndi vera at vitja góðra landskosta; ok þar kom, at Karlsefni ok Snorri bjuggu skip sitt at leita landsins um várit. Til þeirar ferðar réðusk þeir Bjarni ok Þórhallr með skip[7] sitt ok þat föruneyti, er þeim hafði fylgt. Maðr hét Þorvarðr; hann átti Freydísi, dóttur Eiríks rauða laungetna; hann fór ok með þeim ok Þorvaldr, sonr Eiríks, ok Þórhallr, er kallaðr var veiðimaðr. Hann hafði lengi verit með Eiríki, veiðimaðr hans um sumrum, en bryti um vetrum. Hann var mikill maðr ok sterkr ok svartr ok þursligr, hljóðlyndr ok illorðr, þat er hann mælti, ok eggjaði jafnan Eirík ins verra. Hann var illa kristinn. Honum var víða kunnigt í óbyggðum.[8] Hann var á skipi með Þorvarði ok Þorvaldi. Þeir höfðu þat skip, er Þorbjörn[9] hafði út haft. Þeir höfðu alls fjóra tigu manna ok hundrað, er þeir sigldu til Vestri-byggðar ok þaðan til Bjarneyjar.[10]

Þaðan sigldu þeir tvau dœgr í suðr. Þá sá þeir land ok skutu báti ok könnuðu landit, fundu þar hellur stórar, ok margar tólf álna víðar. Fjölði var þar melrakka. Þeir gáfu þar nafn ok kölluðu Helluland. Þaðan sigldu þeir tvau dœgr, ok brá til landsuðrs ór suðri, ok fundu land skógvaxit ok mörg dýr á. Ey lá þar undan í landsuðr; þar drápu þeir einn björn ok kölluðu þar síðan Bjarney, en landit Markland. Þaðan sigldu þeir suðr með landinu langa stund ok kómu at nesi einu; lá landit á stjórn;[11] váru þar strandir langar ok sandar. Þeir reru til lands ok fundu þar á nesinu kjöl af skipi ok kölluðu þar Kjalarnes. Þeir kölluðu ok strandirnar Furðustrandir, því at langt var með at sigla. Þá gerðisk landit vágskorit. Þeir heldu skipunum í einn vág.

Óláfr konungr Tryggvason hafði gefit Leifi tvá menn skozka; hét karlmaðrinn Haki, en konan Hekja; þau váru dýrum skjótari. Þessir menn váru á skipi með Karlsefni. En er þeir höfðu siglt fyrir Furðustrandir, þá létu þeir ina skozku menn á land ok báðu þau hlaupa suðr á landit at leita landskosta ok koma aptr, áðr þrjú dœgr væri liðin. Þau höfðu þat klæði, er þau kölluðu kjafal;[12] þat var svá gört, at höttr var á upp ok opit at hliðunum ok engar ermar á ok kneppt saman milli fóta með knappi ok nezlu, en ber váru þau annars staðar.[13] Þeir biðuðu þar þá stund. En er þau kómu aptr, hafði annat í hendi vínberjaköngul, en annat hveitiax sjálfsáit.

Gengu þau á skip út, ok sigldu þeir síðan leiðar sinnar. Þeir sigldu inn á fjörð einn. Þar lá ein ey fyrir útan; þar um váru straumar miklir; því kölluðu þeir hana Straumey. Svá var mörg æðr

---

7 Earlier in the saga, we learn about the people who arrived in Greenland such as Karlsefni, Bjarni, and Thorhallr as well as their ships and crews. Eitt sumar býr Karlsefni skip sitt ok ætlar til Grænlands. Snorri Þorbrandsson ferr með honum, ór Álftafirði, ok váru fjórir tigir manna á skipi. Maðr hét Bjarni Grímólfsson, breiðfirzkr at ætt. Annarr hét Þórhallr Gamlason, austfirzkr maðr. Þeir bjuggu it sama sumar skip sitt ok ætluðu til Grænlands. Þeir váru ok fjórir tigir manna á skipi.

8 **Honum var víða kunnigt í óbyggðum**: 'He knew the wilderness well,' *lit* 'in the unsettled areas [it] was widely known to him.'

9 Þorbjörn Vífilsson was a friend of Eirik's. After Eirik sailed to Greenland, Thorbjorn sold his land in Iceland, bought a ship and joined Eirik in Greenland. This ship changes hands and sails widely across the Atlantic.

10 The name and location of Bjarney is given a few lines later.

11 **á stjórn**: 'to starboard'

12 **kjafall:** *m* possibly from the Irish *cabhal/cabhail,* a cloak described later in the passage.

13 **en ber váru þau annars staðar**: 'but they were otherwise bare.'

í eynni, at varla mátti ganga fyrir eggjum. Þeir kölluðu þar Straumfjörð. Þeir báru þar farm af skipum sínum ok bjuggusk þar um. Þeir höfðu með sér alls konar fénað. Þar var fagrt landsleg; þeir gáðu einskis, útan at kanna landit. Þeir váru þar um vetrinn, ok var ekki fyrir unnit um sumarit.[14] Tókusk af veiðarnar, ok gerðisk illt til matar. Þá hvarf brott Þórhallr veiðimaðr. Þeir höfðu áðr heitit á guð til matar, ok varð eigi við svá skjótt, sem þeir þóttusk þurfa. Þeir leituðu Þórhalls um þrjú dœgr ok fundu hann á hamargnípu einni; hann lá þar ok horfði í lopt upp ok gapði bæði munni ok nösum ok þulði nökkut.[15] Þeir spurðu, hví hann var þar kominn. Hann kvað þá engu þat varða. Þeir báðu hann fara heim með sér, ok hann gerði svá.

Litlu síðar kom þar hvalr, ok fóru þeir til ok skáru, ok kenndi engi maðr, hvat hvala var; ok er matsveinar suðu, þá átu þeir, ok varð öllum illt af. Þá mælti Þórhallr: 'Drjúgari varð inn rauðskeggjaði[16] nú en Kristr yðvarr? Hefi ek þetta nú fyrir skáldskap minn, er ek orta um Þór, fulltrúann; sjaldan hefir hann mér brugðizk.' Ok er menn vissu þetta, báru þeir hvalinn allan á kaf ok skutu sínu máli til guðs. Batnaði þá veðrátta, ok gaf þeim útróðra, ok skorti þá síðan eigi föng, því at þá var dýraveiðr á landinu, en eggver[17] í eynni, en fiskr ór sjónum.

KARLSEFNI IN VINLAND (*EIRÍKS SAGA RAUÐA* CH 8)

Nú er at segja af Karlsefni, at hann fór suðr fyrir landit ok Snorri ok Bjarni með sínu fólki. Þeir fóru lengi ok allt þar til, er þeir kómu at á einni, er fell af landi ofan ok í vatn eitt til sjóvar. Eyrar váru þar miklar, ok mátti eigi komask í ána, útan at háflœðum. Þeir Karlsefni sigldu í ósinn ok kölluðu í Hópi. Þeir fundu þar á landi sjálfsána hveitiakra, þar sem lægðir váru, en vínvið allt þar sem holta vissi.[18] Hverr lœkr var þar fullr af fiskum. Þeir gerðu grafar, þar sem mœttisk landit ok flóðit gekk ofast, ok þá er út fell sjórinn, váru helgir fiskar[19] í gröfunum. Þar var mikill fjölði dýra á skóginum, með öllu móti. Þeir váru þar hálfan mánuð ok skemmtuðu sér ok urðu við ekki varir. Fé sitt höfðu þeir með sér.

Ok einn morgin snimma, er þeir lituðusk um, sá þeir mikinn fjölða húðkeipa, ok var veift trjám á skipunum, ok lét því líkast sem í hálmþúst, ok var veift sólarsinnis. Þá mælti Karlsefni: 'Hvat mun þetta hafa at teikna?' Snorri Þorbrandsson svaraði honum: 'Vera kann, at þetta sé friðarmark, ok tökum skjöld hvítan ok berum at móti.'[20] Ok svá gerðu þeir. Þá reru þeir í mót

---

[14] **ok var ekki fyrir unnit um sumarit**: 'and had not prepared during the summer,' *lit* 'and [it] was not worked before during the summer.'

[15] He is invoking, praying, and/or making a charm.

[16] **inn rauðskeggjaði** is Thor, the redbearded one.

[17] **eggver**: **egg** + **ver** place to forage wild fowl eggs.

[18] **en vínvið allt þar sem holta vissi**: 'and vines everywhere that was wooded,' **vissi** is from **vita** in the sense 'to look' or 'to turn toward.'

[19] **helgir fiskar**: 'holy fish,' halibut or any other flat fish.

[20] **ok tökum skjöld hvítan**: 'and *let us* take a white shield.' The verbs **tökum** and **berum** are imperatives.

ok undruðusk þá, sem fyrir váru, ok gengu á land upp. Þeir váru svartir menn ok illiligir ok höfðu illt hár á höfði; þeir váru mjök eygðir ok breiðir í kinnum.[21] Dvölðusk þeir of stund ok undruðusk þá, sem fyrir váru, ok reru síðan í brott ok suðr fyrir nesit.

8.5 THE GREENLAND SEERESS (*THE SAGA OF EIRIK THE RED*)

Famine in Greenland involved rituals, and the passage below from *Eirik's Saga* describes a Norse seeress or prophetess called the little *völva.*[22] The account includes a rare report of spells and charms. It indicates the dependancy of the Norse Greenlanders on hunting and fishing rather than on agriculture. The term *veiðiferð* means both a 'fishing' and a 'hunting expedition,' and the word used for 'catch,' *fang* (neut from *veiðifang*) refers both to fishing and hunting.

EIRÍKS SAGA RAUÐA (CH 4)

Í þenna tíma var hallæri mikit á Grœnlandi; höfdu menn fengit lítit fang, þeir er í veiðiferðir höfðu farit, en sumir ekki aptr komnir. Sú kona var þar í byggð, er Þorbjörg hét; hon var spákona ok var kölluð lítil-völva. Hon hafði átt sér níu systr, ok váru allar spákonur, en hon ein var þá á lífi.

Þat var háttr Þorbjargar um vetrum, at hon fór at veizlum, ok buðu þeir menn henni mest heim, er forvitni var á[23] at vita forlög sín eða árferð; ok með því at Þorkell var þar mestr bóndi, þá þótti til hans koma at vita, hvé nær létta myndi óárani þessu,[24] sem yfir stóð. Býðr Þorkell spákonunni heim, ok er henni þar vel fagnat, sem siðr var til, þá er við þess háttar konum skyldi taka. Var henni búit hásæti ok lagt undir hana hœgindi; þar skyldi í vera hœnsafiðri.

En er hon kom um kveldit ok sá maðr, er móti henni var sendr, þá var hon svá búin, at hon hafði yfir sér tuglamöttul blán, ok var settr steinum allt í skaut ofan;[25] hon hafði á hálsi sér glertölur, lambskinnskofra[26] svartan á höfði ok við innan kattskinn hvít; ok hon hafði staf í hendi, ok var á knappr; hann var búinn með messingu ok settr steinum ofan um knappinn; hon hafði um sik hnjóskulinda, ok var þar á skjóðupungr mikill, ok varðveitti hon þar í töfr sín, þau er hon þurfti til fróðleiks at hafa. Hon hafði á fótum kálfskinnsskúa loðna ok í þvengi langa, ok á tinknappar miklir á endunum. Hon hafði á höndum sér kattskinnsglófa, ok váru hvítir innan ok loðnir.

En er hon kom inn, þótti öllum mönnum skylt[27] at velja henni sœmiligar kveðjur. Hon tók

---

[21] In other parts of the Vínland texts these people are called **skrælingar**. Ari fróði in *Íslendingabók* Ch. 6 speaks of them.

[22] Such women performed *seiðr*, 'a type of magic, ivolving incantations and spells.'

[23] **er forvitni var á**: 'were curious,' *lit* 'which curiosity was upon.'

[24] **hvé nær létta myndi óárani þessu**: 'how near [soon] would this bad season lift [end].'

[25] **allt í skaut ofan**: 'all the way down to the hem [edge].'

[26] **lambskinnskofir**: 'lamb-skin hood.'

[27] **skylt** from **skyldr**, an *adj* meaning 'obliged.'

því sem henni váru menn geðjaðir til. Tók Þorkell bóndi í hönd henni ok leiddi hana til þess sætis, sem henni var búit. Þorkell bað hana þá renna þar augum yfir hjú ok hjörð, ok svá hýbýli. Hon var fámálug um allt. Borð váru upp tekin um kveldit, ok er frá því at segja, hvat spákonunni var matbúit. Henni var görr grautr af kiðjamjólk, ok matbúin hjörtu ór öllum kykvendum, þeim er þar váru til. Hon hafði messingarspón ok kníf tannskeptan, tvíhólkaðan af eiri, ok var brotinn af oddrinn. En er borð váru upp tekin, þá gengr Þorkell bóndi fyrir Þorbjörgu ok spyrr, hversu henni þykki þar um at lítask, eða hversu skapfelld henni eru þar hýbýli eða hættir manna, eða hversu fljótliga hon mun vís verða þess, er hann hefir spurt hana ok mönnum er mest forvitni at vita.

Hon kallask ekki munu segja fyrr en um morgininn eptir, er hon hafði áðr sofit um nóttina. En um morgininn, at áliðnum degi,[28] var henni veittr sá umbúningr, sem hon þurfti at hafa til at fremja seiðinn.[29] Hon bað ok fá sér konur þær, er kynni frœði þat, sem til seiðsins þarf ok Varðlokur hétu. En þær konur fundusk eigi. Þá var leitat at um bœinn, ef nökkurr kynni. Þá segir Guðríðr: 'Hvárki em ek fjölkunnig né vísindakona, en þó kenndi Halldís, fóstra mín, mér á Íslandi þat kvæði, er hon kallaði Varðlokur.' Þorkell segir: 'Þá ertu happfróð.' Hon segir: 'Þetta er þat eitt atferli, er ek ætla í engum atbeina at vera, því at ek em kristin kona.' Þorbjörg segir: 'Svá mætti verða, at þú yrðir mönnum at liði hér um, en þú værir þá kona ekki verri en áðr; en við Þorkel mun ek meta at fá þá hluti til, er hafa þarf.'

Þorkell herðir nú at Guðríði, en hon kvezk gera mundu sem hann vildi. Slógu þá konur hring um hjallinn, en Þorbjörg sat á uppi. Kvað Guðríðr þá kvæðit svá fagrt ok vel, at engi þóttisk heyrt hafa með fegri rödd kvæði kveðit, sá er þar var hjá.[30] Spákonan þakkar henni kvæðit ok kvað margar þær náttúrur[31] nú til hafa sótt ok þykkja fagrt at heyra, er kvæðit var svá vel flutt, 'er áðr vildu við oss skiljask ok enga hlýðni oss veita. En mér eru nú margir þeir hlutir auðsýnir, er áðr var ek dulið, ok margir aðrir. En ek kann þér þat at segja, Þorkell, at hallæri þetta mun ekki haldask lengr en í vetr, ok mun batna árangr sem várar. Sóttarfar þat, sem á hefir legit, man ok batna vánu bráðara.[32] En þér, Guðríðr, skal ek launa í hönd liðsinni þat, er oss hefir af þér staðit, því at þín forlög eru mér nú allglöggsæ. Þú munt gjaforð fá hér á Grœnlandi, þat er sœmiligast er, þó at þér verði þat eigi til langæðar, því at vegar þínir liggja út til Íslands, ok man þar koma frá þér bæði mikil ætt ok góð, ok yfir þínum kynkvíslum skína bjartari geislar en ek hafa megin til at geta slíkt vandliga sét; enda far þú nú heil ok vel, dóttir.'

---

28 **at áliðnum degi**: 'late in the day.'

29 **seiðr**: sorcery associated with Odin and Freyja, including weather magic and prophecy.

30 **sá er þar var hjá**: 'that one who was present [near].'

31 **náttúrur** *pl* of **náttúra**:'spirits' or 'powers.'

32 **man**: *var* of **mun**; **ok batna vánu bráðara**, 'sooner than expected.'

Síðan gengu menn at vísindakonunni, ok frétti þá hverr þess, er mest forvitni var á at vita. Hon var ok góð af frásögnum; gekk þat ok lítt í tauma,[33] er hon sagði. Þessu næst var komit eptir henni af öðrum bœ; fór hon þá þangat. Þá var sent eptir Þorbirni, því at hann vildi eigi heima vera, meðan slík hindrvitni var framið.

Veðrátta batnaði skjótt, sem Þorbjörg hafði sagt. Býr Þorbjörn skip sitt ok ferr þar til er hann kemr í Brattahlíð. Eiríkr tekr vel við honum, með blíðu, ok kvað þat vel, er hann var þar kominn. Var Þorbjörn með honum um vetrinn ok skuldalið hans, en þeir vistuðu háseta með bóndum. Eptir um várit gaf Eiríkr Þorbirni land á Stokkanesi, ok var þar görr sœmiligr bœr, ok bjó hann þar síðan.

---

[33] **lítt í tauma**: 'unbridled' or 'easy at the reins,' from the idea that 'the horse stays in the tracks on its own,' meaning something easily comes to pass or happens without effort.

– CHAPTER 9 –
THE TALE OF AUDUN FROM THE WEST FJORDS, AUÐUNAR ÞÁTTR VESTFIRZKA

Er konungsgarðr rúmr inngangs, en þröngr brottfarar – Egils saga

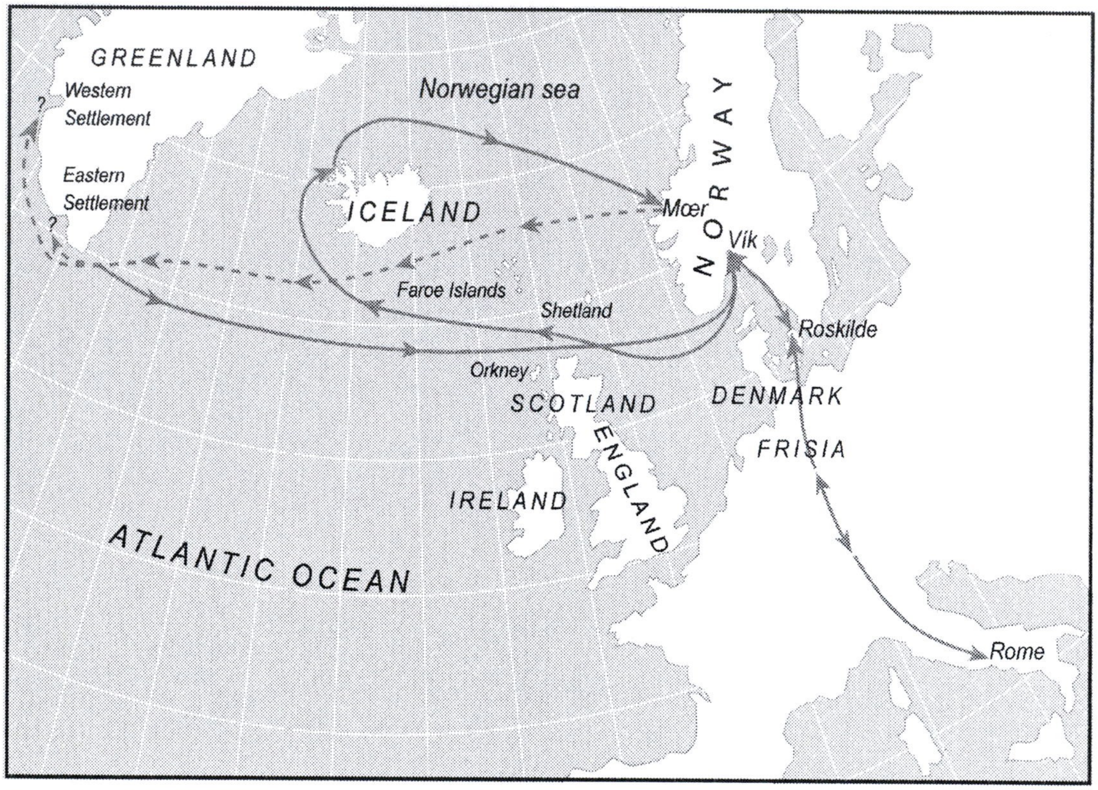

Figure 9.1. Travels of Audun from Iceland's West Fjords.

A TALE (*ÞÁTTR*) FROM THE WEST FJORDS. At the core of *Auðunar þáttr* lies the issue of luck, a concept which in Old Norse culture was termed *gæfa* or *gipta*. In the sagas, *gæfa* has little to do with blind chance, rather luck turns on how individuals successfully or unsuccessfully manage their opportunities. A person of good luck was called a *gæfumaðr*, a term which appears prominently in *Auðunar þáttr*. Audun, a poor boy from Iceland's West-Fjords, travels widely. As a young man, he finds himself in Greenland where he seizes the opportunity to purchase a great treasure, a white bear from the far north.

Set in the mid-eleventh century, *Auðunar þáttr* displays a detailed understanding of the history and geography of the Viking world. It relates the natures of two famous kings from the late Viking period. One, Harald Hardradi (Harðráði, 'hardruler') ruled Norway from 1046-1066. The other, Svein Estridsson or Ulfsson (Ástríðarson or Úlfsson) reigned in Denmark from 1047-

1076.[1] The *þáttr* is a study of character, and events turn on the differing treatment that Audun receives from the two kings. Forming a backdrop to Audun's Tale, these Viking Age sovereigns were sworn enemies involved in years of rivalry and warfare. The medieval audience would have quickly grasped the danger that Audun finds himself in when he refuses to give a gift to one king in order to give a gift to the other. Audun's personal qualities and the temperaments of the two kings are well drawn.

On the one hand, the *þáttr* has a folkloristic quality. It follows its hero's journey and assesses his ability to seize opportunity, pass safely through dangers, and then return home with wealth and renown. On the other, the tale is firmly anchored in Icelandic history and genealogy. The last line of the *þáttr* tells that Audun is the ancestor of Thorstein Gyduson (Þorsteinn Gyðuson). Thorstein lived on Flatey (Flat Island) in Breiðafjörðr ('Broadfjord' in western Iceland) and drowned in 1190. Thorstein is mentioned three times in *Sturlunga saga* as well as in *The Saga of Bishop Gudmund Arason* (*Guðmundar saga biskups Arasonar*). Some of the Icelandic annals note his death.[2]

Auðunar þáttr is found in medieval mansucript collections of both kings' sagas and family sagas. It is preserved in two large and important Icelandic skin books. One, *Flateyjarbók* (*The Book of Flatey*) contains many stories of the kings. The other, *Morkinskinna* ('moldy skin'), preserves the *þáttr* among a collection of kings' sagas set in the years from ca. 1025 to 1157.

The text given below is based on the *Íslenzk fornrit* edition in *Vestfirðinga sögur*, edited by Björn K. Þórólfsson and Guðni Jónsson (*Íslenzk fornrit* 6. Reykjavík: Hið íslenzka fornritafélag, 1943). The tale is also found in Ármann Jakobsson and Þórður Ingi Guðjónsson (eds.). *Morkinskinna I-II*. (*Íslenzk fornrit* 23–24. Reykjavík: Hið íslenzka fornritafélag, 2011).

9.1 *Auðunar þáttr vestfirzka*

1. kapítuli

Maðr hét Auðunn, vestfirzkr at kyni[3] ok félítill. Hann fór útan vestr þar í fjörðum með umbráði Þorsteins,[4] búanda góðs, ok Þóris stýrimanns, er þar hafði þegit vist of vetrinn með Þorsteini.[5] Auðunn var ok þar ok starfaði fyrir honum Þóri ok þá þessi laun af honum, útanferðina ok hans umsjá. Hann Auðunn lagði mestan hluta fjár þess, er var,[6] fyr móður sína, áðr hann stigi á skip, ok var kveðit á þriggja vetra björg.[7]

---

1 Svein was named after both his father Ulf (Úlfr) and his mother Estrid (Ástríðr). Unusual for a prominent man of the period, Svein often is known by the name of his mother Ástríðr, the daughter of the Danish King Svein Forkbeard (Sveinn tjúguskegg). Svein's father Jarl Úlfr was involved in unsuccessful intrigues, and Svein seems to have adopted his mother's name in order to emphasize that he was a member of the Danish royal line through his mother.

2 *Saga Guðmundar Arasonar, Hóla-biskups, hin elzta*, says that he drowned.

3 **vestfirzkr at kyni**: 'of West Fjord descent.'

4 **þar í fjörðum með umbráði Þorsteins**: 'from the fjords under the guidance of Thorstein.'

5 **er þar hafði þegit vist of vetrinn með Þorsteini**: 'who had accepted lodgings with Thorstein that winter.'

6 **Þess er var:** 'of that which there was', i.e., 'that he owned.'

7 **var kveðit á þriggja vetra björg**: 'this was agreed to be subsistence [food and lodging] for three winters [i.e., three years].'

Ok nú fara þeir út heðan, ok fersk þeim vel,[8] ok var Auðunn of vetrinn eptir með Þóri stýrimanni; hann átti bú á Mœri. Ok um sumarit eptir fara þeir út til Grœnlands ok eru þar of vetrinn.

Þess er við getit, at Auðunn kaupir þar bjarndýri[9] eitt, gersimi mikla, ok gaf þar fyrir alla eigu sína. Ok nú of sumarit eptir þá fara þeir aptr til Nóregs ok verða vel reiðfara;[10] hefir Auðunn dýr sitt með sér ok ætlar nú at fara suðr til Danmerkr á fund Sveins konungs[11] ok gefa honum dýrit. Ok er hann kom suðr í landit, þar sem konungr var fyrir,[12] þá gengr hann upp af skipi ok leiðir eptir sér dýrit[13] ok leigir sér herbergi.

[8] **fersk þeim vel**: 'their journey went well.'

[9] **bjarndýri:** compound word of **björn** and **dýri** ('bear' and 'animal'), probably a polar bear, which was highly valued in Europe in that time. **Dýri** is an unusual form for *dýr.*

[10] The *Flateyjarbók* version of *Auðunar þáttr* tells this about Audun´s trip back to Norway: *Þórir stýrimaðr fór þar til bús síns, en Auðunn fekk sér far austr til Víkr ok hafði dýr sitt með sér. En er hann kom til Ósló, gekk hann á land með dýr sitt.*

[11] **Sveinn konungr**: Svein Ulfsson, reigned over Denmark from 1047-1076.

[12] **var fyrir:** 'was to be found.'

[13] **leiðir eptir sér dýrit:** 'leads the bear behind him.'

Haraldi konungi var sagt brátt, at þar var komit bjarndýri, gersimi mikil, ok á[14] íslenzkr maðr. Konungr sendir þegar menn eptir honum, ok er Auðunn kom fyrir konung, kveðr hann konung vel. Konungr tók vel kveðju hans ok spurði síðan: "Áttu gersimi mikla í bjarndýri?" Hann svarar ok kvezk eiga dýrit eitthvert. Konungr mælti: "Villtu selja oss dýrit við slíku verði[15] sem þú keyptir?" Hann svarar: "Eigi vil ek þat, herra." "Villtu þá," segir konungr, "at ek gefa þér tvau verð slík,[16] ok mun þat réttara,[17] ef þú hefir þar við gefit alla þína eigu?" "Eigi vil ek þat, herra," segir hann. Konungr mælti: "Villtu gefa mér þá?' Hann svarar: 'Eigi herra.' Konungr mælti: 'Hvat villtu þá af gera?' Hann svarar: 'Fara,' segir hann, 'til Danmerkr ok gefa Sveini konungi.' Haraldr konungr segir: 'Hvárt er, at þú ert maðr svá óvitr, at þú hefir eigi heyrt ófrið þann, er í milli er landa þessa,[18] eða ætlar þú giptu þína svá mikla, at þú munir þar komask með gersimar, er aðrir fá eigi komizk klaklaust, þó at nauðsyn eigi til?[19] Auðunn svarar: 'Herra, þat er á yðru valdi, en engu játu vér öðru en þessu, er vér höfum áðr ætlat.'[20] Þá mælti konungr: 'Hví mun eigi þat til, at þú farir leið þína, sem þú vill, ok kom þá til mín, er þú ferr aptr, ok seg mér, hversu Sveinn konungr launar þér dýrit, ok kann þat vera, at þú sér gæfumaðr.''Því heit ek þér,' sagði Auðunn.

[14] **á**: present of **eiga**, past *átti*.
[15] **við slíku verði**: 'at the same price.'
[16] **tvau verð slík:** 'twice the price you gave.'
[17] **mun þat réttara:** 'that would be fairer.'
[18] A detailed depiction of this war is given in the *Saga of Harald Hardradi* (*Haralds saga harðráða*) in *Morkinskinna*, *Fagrskinna*, and *Heimskringla.*
[19] **þó at nauðsyn eigi til:** 'though they might have (**eigi** is *subjunc* of **eiga**) urgent business there.'
[20] **en engu játu ... áðr ætlat**: 'but I [we] will not agree to anything other than what I intended before.'

Hann ferr nú síðan suðr með landi ok í Vík austr ok þá til Danmerkr, ok er þá uppi hverr penningr fjárins,[21] ok verðr hann þá biðja matar bæði fyr sik ok fyr dýrit. Hann kømr á fund ármanns Sveins konungs, þess er Áki hét, ok bað hann vista nökkurra bæði fyr sik ok fyr dýrit, – 'ek ætla,' segir hann, 'at gefa Sveini konungi dýrit.' Áki lézk selja mundu honum vistir, ef hann vildi. Auðunn kvezk ekki til hafa fyrir at gefa, – 'en ek vilda þó,' segir hann, 'at þetta kœmisk til leiðar, at ek mætta dýrit fœra konungi.' 'Ek mun fá þér vistir, sem it þurfuð til konungs fundar, en þar í móti vil ek eiga hálft dýrit, ok máttu á þat líta, at dýrit mun deyja fyrir þér, þars[22] it þurfuð vistir miklar, en fé sé farit, ok er búit við, at þú hafir þá ekki dýrsins.'

Ok er hann lítr á þetta, sýnisk honum nökkut eptir sem[23] ármaðrinn mælti fyrir honum, ok sættask þeir á þetta,[24] at hann selr Áka hálft dýrit, ok skal konungr síðan meta allt saman. Skulu þeir fara báðir nú á fund konungs, ok svá gera þeir, fara nú báðir á fund konungs ok stóðu fyr borðinu. Konungr íhugaði, hverr þessi maðr myndi vera, er hann kenndi eigi, ok mælti síðan til Auðunar: 'Hverr ertu?' segir hann. Hann svarar: 'Ek em íslenzkr maðr, herra,' segir hann, 'ok kominn nú útan af Grœnlandi ok nú[25] af Nóregi, ok ætlaðak at fœra yðr bjarndýr þetta; keyptak þat með allri eigu minni, ok nú er þó á orðit mikit fyrir mér,[26] ek á nú hálft eitt dýrit'[27] ok segir konungi síðan, hversu farit hafði með þeim Áka, ármanni hans. Konungr mælti: 'Er þat satt, Áki, er hann segir?' 'Satt er þat,' segir hann. Konungr mælti: 'Ok þótti þér þat til liggja, þar sem ek

[21] **er þá uppi hverr penningr fjárins:** 'by then every penny was spent.'
[22] **þars**: from **þar es**; **es** is the slightly older form of **er**.
[23] **eptir sem:** according to, in accordance with what.
[24] **ok sættask þeir á þetta:** 'and they agreed on this,' or 'they came to this agreement.'
[25] **nú ... nú:** 'lately ... just now.'
[26] **er þó á orðit mikit fyrir mér**: 'although much has happened to me.'
[27] **hálft eitt dýrit**: 'only half of the animal.'

settak þik mikinn mann, at hepta þat eða tálma, er maðr gerðisk til at fœra mér gersimi ok gaf fyrir alla eign, ok sá þat Haraldr konungr at ráði at láta hann fara í friði, ok er hann várr óvinr? Hygg þú at þá, hvé sannligt þat var þinnar handar,[28] ok þat væri makligt, at þú værir drepinn. En ek mun nú eigi þat gera, en braut[29] skaltu fara þegar ór landinu ok koma aldrigi aptr síðan mér í augsýn. En þér, Auðunn, kann ek slíka þökk sem þú gefir mér allt dýrit, ok ver hér með mér.' Þat þekkisk hann ok er með Sveini konungi um hríð.

2. kapítuli

Ok er liðu nökkurar stundir, þá mælti Auðunn við konung: 'Braut fýsir mik nú, herra.'[30] Konungr svarar heldr seint: 'Hvat villtu þá,' segir hann, 'ef þú vill eigi með oss vera?' Hann segir: 'Suðr vil ek ganga.' 'Ef þú vildir eigi svá gott ráð taka,' segir konungr, 'þá mundi mér fyr þykkja í, er þú fýsisk í brott.'[31] Ok nú gaf konungr honum silfr mjök mikit, ok fór hann suðr síðan með Rúmferlum,[32] ok skipaði konungr til um ferð hans, bað hann koma til sín, er hann kœmi aptr.

[28] **þinnar handar**: 'on your be half [from your side].'

[29] **Braut**: *brott*

[30] **Braut fýsir mik nú, herra:** 'I would like to leave now, my lord.'

[31] **Ef þú vildir ... í braut:** 'If you had not had such worthy plans ... It would have displeased me that you desire to leave.'

[32] **Rúmferlum***: dat plur. Rúmferill or Rómferill means a person heading for Rome, a pilgrim.'*

Nú fór hann ferðar sinnar, unz hann kømr suðr í Rómaborg. Ok er hann hefir þar dvalizk, sem hann tíðir, þá ferr hann aptr; tekr þá sótt mikla, gerir hann þá ákafliga magran. Gengr þá upp allt féit, þat er konungr hafði gefit honum til ferðarinnar, tekr síðan upp stafkarls stíg[33] ok biðr sér matar; hann er þá kollóttr ok heldr ósælligr.

Hann kømr aptr í Danmörk at páskum, þangat sem konungr er þá staddr, en eigi þorði hann at láta sjá sik ok var í kirkjuskoti ok ætlaði þá til fundar við konung er hann gengi til kirkju um kveldit. Ok nú er hann sá konunginn ok hirðina fagrliga búna, þá þorði hann eigi at láta sjá sik. Ok er konungr gekk til drykkju í höllina, þá mataðisk Auðunn úti, sem siðr er til Rúmferla, meðan þeir hafa eigi kastat staf ok skreppu.

Ok nú of aptaninn, er konungr gekk til kveldsöngs, ætlaði Auðunn at hitta hann, ok svá

[33] **tekr síðan upp stafkarls stíg:** 'he then took up the beggar´s path' (i.e., 'he was reduced to vagrancy').

mikit sem honum þótti fyrr fyr,[34] jók nú miklu á, er þeir váru drukknir hirðmenninir. Ok er þeir gengu inn aptr, þá þekkði konungr mann ok þóttisk finna, at eigi hafði frama til at ganga fram at hitta hann. Ok nú er hirðin gekk inn, þá veik konungr út ok mælti: 'Gangi sá nú fram, er mik vill finna; mik grunar, at sá muni vera maðrinn.'[35] Þá gekk Auðunn fram ok fell til fóta konungi, ok varla kenndi konungr hann. Ok þegar er konungr veit, hverr hann er, tók konungr í hönd honum Auðuni ok bað hann vel kominn, – 'ok hefir þú mikit skipazk,'[36] segir hann, 'síðan vit sámsk,'[37]– leiðir hann eptir sér inn. Ok er hirðin sá hann, hlógu þeir at honum, en konungr sagði: 'Eigi þurfu þér at honum at hlæja, því at betr hefir hann sét fyrir sinni sál heldr en ér.' Þá lét konungr gera honum laug ok gaf honum síðan klæði, ok er hann nú með honum.

3. kapítuli

Þat er nú sagt einhverju sinni of várit, at konungr býðr Auðuni at vera með sér álengdar ok kvezk mundu gera hann skutilsvein[38] sinn ok leggja til hans góða virðing.[39] Auðunn segir: 'Guð þakki yðr, herra, sóma þann allan, er þér vilið til mín leggja, en hitt er mér í skapi, at fara út til Íslands.' Konungr segir: 'Þetta sýnisk mér undarliga kosit.'[40] Auðun mælti: 'Eigi má ek þat vita, herra,' segir hann, 'at ek hafa hér mikinn sóma með yðr, en móðir mín troði stafkarls stíg út á Íslandi, því at nú er lokit björg þeiri, er ek lagða til, áðr ek fœra af Íslandi.' Konungr svarar: 'Vel

[34] **þótti fyrr fyr**: 'it was difficult before, now it is much worse.' *þykkja fyrr, þykja fyrir*, 'to be sorry.'

[35] **at sá muni:** 'that such a man (i.e., 'one who desires to see me') is there.'

[36] **Skipazk**: 'changed.'

[37] **sámsk**: = *sáumsk* = *sáumst*.

[38] **skutilsvein:** a rank of high honor, originally one who served at the king's table (**skutill** 'plate' or 'trencher' + **sveinn** 'boy').

[39] **ok leggja til hans góða virðing:** 'and honor him highly.'

[40] **Kosit**: from *kjósa*.

er mælt,' segir hann, 'ok mannliga, ok muntu verða giptumaðr; sjá einn var svá hlutrinn, at mér myndi eigi mislíka, at þú fœrir í braut heðan,[41] ok ver nú með mér, þar til er skip búask.' Hann gerir svá.

Einn dag, er á leið várit, gekk Sveinn konungr ofan á bryggjur, ok váru menn þá at at búa skip til ýmissa landa, í Austrveg eða Saxland, til Svíþjóðar eða Nóregs. Þá koma þeir Auðunn at einu skipi fögru, ok váru menn at at búa skipit. Þá spurði konungr: 'Hversu lízk þér, Auðunn, á þetta skip?' Hann svarar: 'Vel, herra.' Konungr mælti: 'Þetta skip vil ek þér gefa ok launa bjarndýrit.' Hann þakkaði gjöfina eptir sinni kunnustu.

Ok er leið stund ok skipit var albúit, þá mælti Sveinn konungr við Auðun: 'Þó villtu nú á braut,[42] þá mun ek nú ekki letja þik, en þat hefi ek spurt, at illt er til hafna fyrir landi yðru,[43] ok eru víða ørœfi ok hætt skipum. Nú brýtr þú ok týnir skipinu ok fénu; lítt sér þat þá á, at þú hafir

---

[41] **sjá einn ... heðan:** 'this was the only reason for your leaving that would not displease me.'
[42] **Í braut**: *í brott*.
[43] **illt er til hafna fyrir landi yðru:** 'the harbor situation can be difficult in your country.'

fundit Svein konung ok gefit honum gersimi.' Síðan seldi konungr honum leðrhosu fulla af silfri, – 'ok ertu þá enn eigi félauss með öllu, þótt þú brjótir skipit, ef þú fær haldit þessu. Verða má svá enn,' segir konungr, 'at þú týnir þessu fé; lítt nýtr þú þá þess, er þú fannt Svein konung ok gaft honum gersimi.' Síðan dró konungr hring af hendi sér ok gaf Auðuni ok mælti: 'Þó at svá illa verði, at þú brjótir skipit ok týnir fénu, eigi ertu félauss, ef þú kømsk á land, því at margir menn hafa gull á sér í skipsbrotum, ok sér þá, at þú hefir fundit Svein konung, ef þú heldr hringinum. En þat vil ek ráða þér,' segir hann, 'at þú gefir eigi hringinn, nema þú þykkisk eiga svá mikit gott at launa nökkurum göfgum manni, þá gef þeim hringinn, því at tígnum mönnum sómir at þiggja. Ok far nú heill.'

4. kapítuli

Síðan lætr hann í haf ok kømr í Nóreg ok lætr flytja upp varnað sinn, ok þurfti nú meira við þat en fyrr, er hann var í Nóregi.[44] Hann ferr nú síðan á fund Haralds konungs ok vill efna þat, er hann hét honum, áðr hann fór til Danmerkr, ok kveðr konung vel. Haraldr konungr tók vel kveðju hans, – 'ok sezk niðr,' segir hann, 'ok drekk hér með oss,' ok svá gerir hann.

[44] **ok þurfti nú meira við þat en fyrr:** 'he needed to make more arrangements than previously.' *Hafa* (*mikið*) *við* means 'to make extensive arrangements, take troubles to prepare.'

Þá spurði Haraldr konungr: 'Hverju launaði Sveinn konungr þér dýrit?' Auðunn svarar: 'Því, herra, at hann þá at mér.' Konungr sagði: 'Launat myndi ek þér því hafa. Hverju launaði hann enn?' Auðunn svarar: 'Gaf hann mér silfr til suðrgöngu.' Þá segir Haraldr konungr: 'Mörgum manni gefr Sveinn konungr silfr til suðurgöngu eða annarra hluta, þótt ekki fœri honum gersimar. Hvat er enn fleira?' 'Hann bauð mér,' segir Auðunn, 'at gerask skutilsveinn[45] hans ok mikinn sóma til mín at leggja.' 'Vel var þat mælt,' segir konungur, 'ok launa myndi hann enn fleira.'

Auðun segir: 'Gaf hann mér knörr með farmi þeim, er hingat er bezt varit í Nóreg.' 'Þat var stórmannligt,' segir konungr, 'en launat myndi ek þér því hafa. Launaði hann því fleira?'[46] Auðunn segir: 'Gaf hann mér leðrhosu fulla af silfri ok kvað mik þá eigi félausan, ef ek heldi því, þó at skip mitt bryti[47] við Ísland.'[48] Konungr segir: 'Þat var ágætliga gört, ok þat mynda ek ekki gört hafa; lauss myndi ek þykkjask, ef ek gæfa þér skipit. Hvárt launaði hann fleira?' 'Svá var víst, herra,' segir Auðunn, 'at hann launaði; hann gaf mér hring þenna, er ek hefi á hendi, ok kvað svá mega at berask, at ek týnda fénu öllu, ok sagði mik þá eigi félausan, ef ek ætta hringinn, ok bað mik eigi lóga, nema ek ætti nökkurum tígnum manni svá gott at launa, at ek vilda gefa. En nú hefi ek þann fundit, því at þú áttir kost at taka hvárttveggja frá mér, dýrit ok svá líf mitt, en þú lézt mik fara þangat í friði, sem aðrir náðu eigi.'

---

[45] **skutilsveinn**: 'page or cup bearer.' Given the honor of being close to the king´s table.
[46] **því fleira:** 'with more than this.'
[47] **bryti:** from *brjóta*.
[48] The southern coast of Iceland has no harbors ('*øræfi*') and is dangerous for ships coming to Iceland.

Konungr tók við gjöfinni með blíði ok gaf Auðuni í móti góðar gjafar, áðr en þeir skilðisk. Auðunn varði fénu til Íslandsferðar ok fór út þegar um sumarit til Íslands ok þótti vera inn mesti gæfumaðr. Frá þessum manni, Auðuni, var kominn Þorsteinn Gyðuson.[49]

[49] **Þorsteinn Gyðuson**: see the introduction.

– Chapter 10 –
Hrafnkel's Saga,
Hrafnkels saga Freysgoða

Skömm er óhófs ævi – Hrafnkels saga

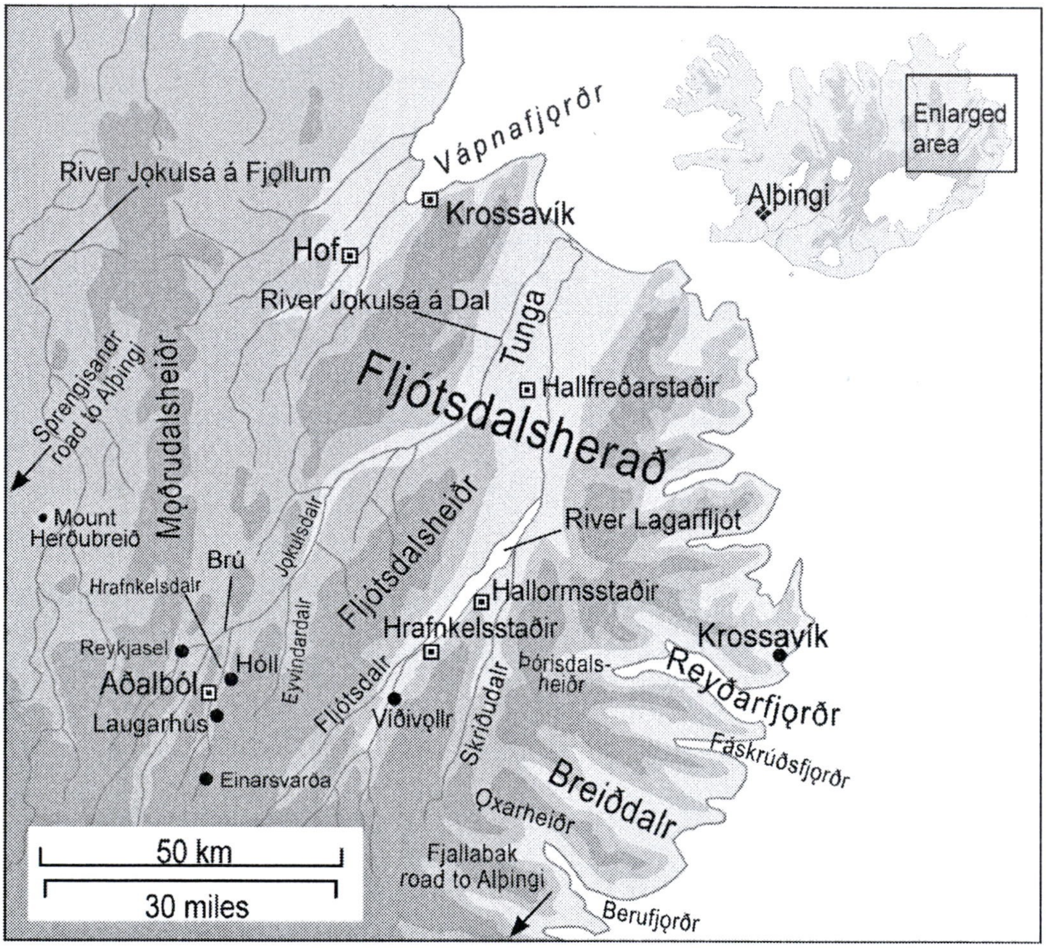

Figure 10.1. The Region of *Hrafnkel's Saga* in Iceland's East Fjords. Hrafnkel lived first at Aðalból (Main Farm) in Hrafnkelsdalr (Hrafnkel's Valley) and later at Hrafnkelsstaðir (Hrafnkel's Steads) in Fljótsdalr (River Valley) in Fljótsdalsherað (River Valley District).

A Saga of Feud

Hrafnkel's Saga is a story of ambition, vengeance, and honor in the mountainous Fljótsdalr region of Iceland's East Fjords. Hrafnkel arrives in Iceland as a boy of fifteen during the settlement or *landnám period*. Enterprising and successful, Hrafnkel acquires valuable land at a young age, and becomes a chieftain, a *goði* (pl *goðar*).

The saga, set in the tenth century before the coming of Christianity, tells that Hrafnkel 'loved no god more than Frey.' Hrafnkel builds a temple to worship his god, and people call him Freysgoði, 'the chieftain or priest of Frey'. Hrafnkel is so committed to his god that he gives to Frey half ownership of his best possessions. He names his favorite horse Freyfaxi (Frey's Mane) in honor of the god and swears to kill anyone who rides him. When the young son of a poor neighbor rides Freyfaxi, Hrafnkel kills the boy. The resulting conflict evolves into a feud that becomes a deadly struggle for control over a chieftaincy, a *goðorð*. *Hrafnkel's Saga* is a example of the patterns of feud that run throughout the family sagas.

Life in early Iceland displays the dense and often complex personal and political ties that lead to feud.[1] *Hrafnkel's Saga* focuses on the actions of an *ójafnaðarmaðr,* an 'unjust, inequitable, and overbearing man,'[2] whose actions lead to cycles of animosity, insult, vengeance, reprisal, disrespect, and injury. These components of feud were held in relative check in Iceland due to the following:

- extensive processes of private and public mediation and dispute settlement
- common judicial structures that extend across regions and chieftaincies
- bilateral kinship and marriage arrangements that moderated the vengeance cycle
- a leader's fear of loss of support from thingmen, kinsmen, and allied chieftains

These features merged to maintain a fragile peace in an island society that identified itself as a single country.

Early Icelanders lived a settled, pastoral life with no towns. They were livestock farmers rather than nomadic herders. Socially Iceland was a large, spread-out, 'great village' environment that shared common judicial and legislative institutions governed by a yearly national assembly, the Althing. Without a monarch, peer pressure, demanding moderation and consensus, emerged as a potent force. The different quarters of Iceland were meshed together and united by strong ties of interdependence. Within regions the subsistence of independent households depended upon economic cooperation.

Years ago the Scottish medievalist William P. Ker noticed the island's distinctive unity. His description fits well with *Hrafnkel's Saga*:

> Iceland, though the country is large, has always been like a city-state in many of its ways; the small population though widely scattered was not broken up, and the four quarters of Iceland took as much interest in one another's gossip as the quarters of Florence. In the sagas, where nothing is of much importance except individual men, and where all the chief men are known to one another, a journey from Borg [in the

---

[1] For more on Icelandic feud and conflict management, see *Viking Age Iceland*, London: Penguin Books, 2001, pp. 207-250; Chapter 12, *Feud and Vendetta in a "Great Village" Community,* pp. 219-232; and Jesse Byock, *Feud in the Icelandic Saga*. Berkeley: University of California Press, 1988.

[2] An example of another *ójafnaðarmaðr* is Brodd-Helgi in *Vápnfirðinga saga*.

> south-west] to Eyjafjord [in the north] is no more than going past a few houses. The distant corners of the island are near each other. There is no sense of those impersonal forces, those nameless multitudes that make history a different thing from biography in other lands.[3]

Hrafnkel's Saga is relatively short. Unlike longer family sagas, which mention many people, it names relatively few characters. For example, the much longer *Njal's Saga* names almost six hundred people, while *Hrafnkel's Saga* names twenty-four and has only eight main characters. Except for one vellum leaf from an early fifteenth century manuscript, *Hrafnkel´s Saga* survives in only late paper manuscripts. The following text of the saga is drawn from, *Austfirðinga sögur*, ed. Jón Jóhannesson, *Íslenzk fornrit 11.* Reykjavík: Hið íslenzka fornritafélag, 1950.

12.1 HRAFNKELS SAGA FREYSGOÐA

1. kapítuli

Þat var á dögum Haralds konungs ins hárfagra, Hálfdanar sonar ins svarta, Guðrøðar sonar veiðikonungs, Hálfdanar sonar ins milda ok ins matarilla, Eysteins sonar freys, Óláfs sonar trételgju Svíakonungs, at sá maðr kom skipi sínu til Íslands í Breiðdal, er Hallfreðr hét. Þat er fyrir neðan Fljótsdalsherað. Þar var á skipi kona hans ok sonr, er Hrafnkell hét. Hann var fimmtán vetra gamall, mannvænn ok gørviligr. Hallfreðr setti bú saman. Um vetrinn andaðisk útlend ambátt, er Arnþrúðr hét, ok því heitir þat síðan á Arnþrúðarstöðum.[4]

En um várit fœrði Hallfreðr bú sitt norðr yfir heiði ok gerði bú þar, sem heitir í Geitdal. Ok eina nótt dreymði hann, at maðr kom at honum ok mælti: 'Þar liggr þú, Hallfreðr, ok heldr óvarliga. Fœr þú á brott bú þitt ok vestr yfir Lagarfljót. Þar er heill þín öll.' Eptir þat vaknar hann ok fœrir bú sitt út yfir Rangá í Tungu, þar sem síðan heitir á allfreðarstöðum, ok bjó þar til elli. En honum varð þar eptir geit ok hafr. Ok inn sama dag, sem Hallfreðr var í brott, hljóp skriða á húsin, ok týndusk þar þessir gripir, ok því heitir þat síðan í Geitdal.

2. kapítuli

Hrafnkell lagði þat í vanða sinn[5] at ríða yfir á heiðar á sumarit. Þá var Jökulsdalr albyggðr upp at brúm. Hrafnkell reið upp eptir Fljótsdalsheiði ok sá, hvar eyðidalr gekk af Jökulsdal. Sá dalr sýndisk Hrafnkatli byggiligri en aðrir dalir, þeir sem hann hafði áðr sét. En er Hrafnkell kom heim, beiddi hann föður sinn fjárskiptis, ok sagðisk hann bústað vilja reisa sér. Þetta veitir faðir

---

3 W. P. Ker, *The Dark Ages*. New York: Mentor Books, 1958: 200-201.

4 **heitir þat síðan á Arnþrúðarstöðum**: 'later it was called [at] Arnthrudarstadir.' A common feature of Old Icelandic place names is to treat the preposition (here *á*) as part of the name and for the place to be in the dative case. For example, *á Hóli*, '(at) Hol.'

5 **lagði þat í vanða sinn**: 'made it his custom.'

hans honum, ok hann gerir sér bœ í dal þeim ok kallar á Aðalbóli. Hrafnkell fekk Oddbjargar Skjöldólfsdóttur ór Laxárdal. Þau áttu tvá sonu. Hét inn ellri Þórir, en inn yngri Ásbjörn.

En þá er Hrafnkell hafði land numit á Aðalbóli, þá efldi hann blót mikil.[6] Hrafnkell lét gera hof mikit. Hrafnkell elskaði eigi annat goð meir en Frey, ok honum gaf hann alla ina beztu gripi sína hálfa við sik.[7] Hrafnkell byggði allan dalinn ok gaf mönnum land, en vildi þó vera yfirmaðr þeira ok tók goðorð[8] yfir þeim. Við þetta var lengt[9] nafn hans ok kallaðr Freysgoði, ok var ójafnaðarmaðr[10] mikill, en menntr[11] vel. Hann þrøngði undir sik Jökulsdalsmönnum til þingmanna hans,[12] var linr ok blíðr við sína menn, en stríðr ok stirðlyndr við Jökulsdalsmenn, ok fengu af honum engan jafnað. Hrafnkell stóð mjök í einvígjum[13] ok bœtti engan mann fé,[14] því at engi fekk af honum neinar bœtr, hvat sem hann gerði.

Fljótsdalsheiðr er yfirferðarill, grýtt mjök ok blaut, en þó riðu þeir feðgar jafnan hvárír til annarra, því at gott var í frændsemi þeira. Hallfreði þótti sú leið torsótt ok leitaði sér leiðar fyrir ofan fell þau, er standa í Fljótsdalsheiði. Fekk hann þar þurrari leið ok lengri, ok heitir þar Hallfreðargata. Þessa leið fara þeir einir, er kunnugastir eru um Fljótsdalsheiði.

3. kapítuli

Bjarni hét maðr, er bjó at þeim bœ, er at Laugarhúsum heitir. Þat er í Hrafnkelsdal. Hann var kvángaðr ok átti tvá sonu við konu sinni, ok hét annarr Sámr, en annarr Eyvindr, vænir menn ok efniligir. Eyvindr var heima með feðr sínum, en Sámr var kvángaðr ok bjó í norðanverðum dalnum á þeim bœ, er heitir á Leikskálum, ok átti hann margt fé. Sámr var uppivözlumaðr mikill ok lögkœnn, en Eyvindr gerðisk farmaðr ok fór útan til Nóregs ok var þar um vetrinn. Þaðan fór hann ok út í lönd ok nam staðar[15] í Miklagarði ok fekk þar góðar virðingar af Grikkjakonungi ok var þar um hríð.

---

6 **efldi hann blót mikil**: 'he performed great sacrifices,' possibly as much worship as sacrifice.

7 **honum gaf hann alla ina beztu gripi sína hálfa við sik**: 'to him [Frey], he [Hrafnkel] gave half of all the best possesions he had.' Rather than divide or cut everything in half in order to sacrifice half to the god, Hrafnkel is declaring a form of joint property ownership or partnership with Frey. Later in the saga, Hrafnkel 'gave half the horse to Frey.' The horse remained whole, and Hrafnkel shares his possession with Frey as his *félagi*. In *Vápnfirðinga saga*, Thorleif the Christian (Þorleifr Kristni) calls Christ his *félagi*.

8 **tók goðorð**: 'took the chieftaincy.'

9 **lengt**: from *lengja* 'lengthened.'

10 **ójafnaðarmaðr**: 'unjust, overbearing man.'

11 **menntr**: 'accomplished.'

12 **þrøngði undir sik Jökulsdalsmönnum til þingmanna hans**: 'forced the men of Jokulsdalr to be his thingmen.' Both pronouns *sik* and *hans* in **þrøngdi undir sik** and **þingmanna hans** refer to Hrafnkel.

13 **stóð mjök í einvígjum**: 'was involved in many duels'

14 **bœtti engan mann fé**: 'never paid anyone compensation,' (*lit*, 'compensated no man with payment [money]').

15 **nam staðar**: 'stopped.'

Hrafnkell átti þann grip í eigu sinni,[16] er honum þótti betri en annarr. Þat var hestr brúnmóálóttr at lit,[17] er hann kallaði Freyfaxa sinn. Hann gaf Frey, vin sínum, þann hest hálfan.[18] Á þessum hesti hafði hann svá mikla elsku, at hann strengði þess heit,[19] at hann skyldi þeim manni at bana verða, sem honum riði án hans vilja.[20]

Þorbjörn hét maðr. Hann var bróðir Bjarna ok bjó á þeim bœ í Hrafnkelsdal, er á Hóli hét, gegnt Aðalbóli fyrir austan. Þorbjörn átti fé lítit, en ómegð mikla. Sonr hans hét Einarr, inn elzti.[21] Hann var mikill ok vel mannaðr. Þat var á einu vári, at Þorbjörn mælti til Einars, at hann mundi leita sér vistar nökkurar, -- 'því at ek þarf eigi meira forvirki en þetta lið orkar, er hér er, en þér mun verða gott til vista,[22] því at þú ert mannaðr vel. Eigi veldr ástleysi þessari brottkvaðning við þik, því at þú ert mér þarfastr barna minna. Meira veldr því efnaleysi mitt ok fátœkð. En önnur börn mín gerask verkmenn. Mun þér þó verða betra til vistar[23] en þeim.'

Einarr svarar: 'Of síð hefir þú sagt mér til þessa, því at nú hafa allir ráðit sér vistir, þær er beztar eru, en mér þykkir þó illt at hafa órval af.'[24]

Einn dag tók Einarr hest sinn ok reið á Aðalból. Hrafnkell sat í stofu. Hann heilsar honum vel ok glaðliga. Einarr leitar til vistar við Hrafnkel.

Hann svaraði: 'Hví leitaðir þú þessa svá síð, því at ek munda við þér fyrstum tekit hafa?[25] En nú hefi ek ráðit öllum hjónum nema til þeirar einnar iðju, er þú munt ekki hafa vilja.'

Einarr spurði, hver sú væri.

Hrafnkell kvazk eigi mann hafa ráðit til smalaferðar, en lézk mikils við þurfa.[26]

Einarr kvazk eigi hirða, hvat hann ynni, hvárt sem þat væri[27] þetta eða annat, en lézk tveggja missera björg hafa vilja.

'Ek geri þér skjótan kost,' sagði Hrafnkell. 'Þú skalt reka heim fimm tigu ásauðar[28] í seli ok

---

[16] **í eigu sinni**: 'in his possession.'

[17] **at lit**: 'in color.'

[18] **Hann gaf Frey, vin sínum, þann hest hálfan**: 'He gave his friend Frey, half that horse.'

[19] **hann strengði þess heit**: 'he made this solemn vow.'

[20] **sem honum riði án hans vilja**: 'who would ride (*subjunct*) him without his [Hrafnkel's] permission.'

[21] **Sonr hans hét Einarr, inn elzti**: 'His eldest son was named Einar.'

[22] **þér mun verða gott til vista**: 'you will find it easy to find employment.'

[23] **til vistar**: *vist* means 'stay, dwelling.' The word is related to *vesa* or *vera*.

[24] **nú hafa allir ráðit sér vistir, þær er beztar eru, en mér þykkir þó illt at hafa órval af**: 'now everyone [will] have found themselves situations [places to stay], those which are best, and it ill suits me to have [to make do with] what is left of [them].' **órval** does not mean a selection, but what is left over when others have picked or chosen.

[25] **því at ek munda við þér fyrstum tekit hafa**: 'otherwise you would have been the first I would have engaged.'

[26] **Hrafnkell kvazk eigi mann hafa ráðit til smalaferðar, en lézk mikils við þurfa**: 'Hrafnkel said he had not hired a shepherd but let it be known that he was in great need of one.'

[27] **hvárt sem þat væri**: 'whatever there might be.'

[28] **fimm tigu ásauðar**: 'fifty ewes.'

viða heim öllum sumarviði.[29] Þetta skaltu vinna til tveggja missera vistar. En þó vil ek skilja á við þik einn hlut sem aðra smalamenn mína. Freyfaxi gengr í dalnum fram með liði sínu. Honum skaltu umsjá veita vetr ok sumar. En varnað býð ek þér á einum hlut: Ek vil, at þú komir aldri á bak honum, hversu mikil nauðsyn sem þér er á, því ek hefi hér allmikit um mælt, at þeim manni skylda ek at bana verða, sem honum riði. Honum fylgja tólf hross. Hvert, sem þú vilt af þeim hafa á nótt eða degi, skulu þér til reiðu.[30] Ger nú sem ek mæli, því at þat er forn orðskviðr, at eigi veldr sá, er varar annan.[31] Nú veiztu, hvat ek hefi um mælt.'

Einarr kvað sér eigi mundu svá meingefit at ríða þeim hesti, er honum var bannat, ef þó væri mörg önnur til.

Einarr ferr nú heim eptir klæðum sínum ok flytr heim á Aðalból. Síðan var fœrt í sel fram í Hrafnkelsdal, þar sem heitir á Grjótteigsseli. Einari ferr allvel at um sumarit, svá at aldri verðr sauðvant fram allt til miðsumars, en þá var vant nær þremr tigum ásauðar eina nótt. Leitar Einarr um alla haga ok finnr eigi. Honum var vant nær viku.

Þat var einn morgin, at Einarr gekk út snimma, ok er þá létt af allri sunnanþokunni ok úrinu. Hann tekr staf í hönd sér, beizl ok þófa. Gengr hann þá fram yfir ána Grjótteigsá. Hon fell fyrir framan selit. En þar á eyrunum lá fé þat, er heima hafði verit um kveldit. Hann støkkði því heim at selinu, en ferr at leita hins, er vant var áðr. Hann sér nú stóðhrossin fram á eyrunum ok hugsar at höndla sér hross nökkurt til reiðar ok þóttisk vita, at hann mundi fljótara yfir bera, ef hann riði heldr en gengi. Ok er hann kom til hrossanna, þá elti hann þau, ok váru þau nú skjörr, er aldri váru vön at ganga undan manni,[32] nema Freyfaxi einn. Hann var svá kyrr sem hann væri grafinn niðr.[33]

Einarr veit, at líðr morgunninn, ok hyggr, at Hrafnkell mundi eigi vita, þótt hann riði hestinum. Nú tekr hann hestinn ok slær við beizli, lætr þófa á bak hestinum undir sik ok ríðr upp hjá Grjótárgili, svá upp til jökla ok vestr með jöklunum, þar sem Jökulsá fellr undir þeim, svá ofan með ánni til Reykjasels. Hann spurði alla sauðarmenn at seljum, ef nökkurr hefði sét þetta fé, ok kvazk engi sét hafa. Einarr reið Freyfaxa allt frá eldingu ok til miðs aptans. Hestrinn bar hann skjótt yfir ok víða, því at hestrinn var góðr af sér. Einari kom þat í hug,[34] at honum mundi mál heim ok reka þat fyrst heim, sem heima var, þótt hann fyndi hitt eigi. Reið hann þá

---

[29] **viða heim öllum sumarviði**: means to bring in the lambs (*ungviði*). Possibly the meaning is to gather wood.

[30] **til reiðu**: 'at your disposal.'

[31] **eigi veldr sá, er varar annan**: 'he is not at fault who warns the other.'

[32] **váru þau nú skjörr, er aldri váru vön at ganga undan manni**: 'now they were skittish, who never usually [were never wont] to run away from [any]one.'

[33] **sem hann væri grafinn niðr**: (*lit*, 'as if he were buried,' i.e 'as if he were rooted to the spot.')

[34] **Einari kom þat í hug**: 'It occurred to Einar that.'

austr yfir hálsa[35] í Hrafnkelsdal. En er hann kemr ofan at Grjótteigi, heyrir hann sauðarjarm fram með gilinu, þangat sem hann hafði fram riðit áðr. Snýr hann þangat til ok sér renna í móti sér þrjá tigu ásauðar, þat sama sem hann vantat hafði áðr viku, ok støkkði hann því heim með fénu.

Hestrinn var vátr allr af sveita, svá at draup ór hverju hári hans, var mjök leirstokkinn ok móðr mjök ákafliga. Hann veltisk nökkurum tólf sinnum, ok eptir þat setr hann upp hnegg mikit. Síðan tekr hann á mikilli rás ofan eptir götunurn. Einarr snýr eptir honum ok vill komask fyrir hestinn ok vildi höndla hann ok fœra hann aptr til hrossa, en hann var svá styggr, at Einarr komsk hvergi í nándir honum. Hestrinn hleypr ofan eptir dalnum ok nemr eigi stað, fyrr en hann kemr á Aðalból. Þá sat Hrafnkell yfir borðum. Ok er hestrinn kemr fyrir dyrr, hneggjaði hann þá hátt. Hrafnkell mælti við eina konu, þá sem þjónaði fyrir borðinu, at hon skyldi fara til duranna, því at hross hneggjaði, – 'ok þótti mér líkt vera gnegg Freyfaxa.' Hon gengr fram í dyrrnar ok sér Freyfaxa mjök ókræsiligan. Hon sagði Hrafnkeli, at Freyfaxi var fyrir durum úti, mjök óþokkuligr.

'Hvat mun garprinn vilja, er hann er heim kominn?' segir Hrafnkell. 'Eigi mun þat góðu gegna.'

Síðan gekk hann út ok sér Freyfaxa ok mælti við hann: 'Illa þykkir mér, at þú ert þann veg til görr, fóstri minn, en heima hafðir þú vit þitt, er þú sagðir mér til,[36] ok skal þessa hefnt verða. Far þú til liðs þíns.'

En hann gekk þegar upp eptir dalnum til stóðs síns.

Hrafnkell ferr í rekkju sína um kveldit ok svaf af um nóttina. En um morguninn lét hann taka sér hest ok leggja á söðul ok ríðr upp til sels. Hann ríðr í blám klæðum. Øxi hafði hann í hendi, en ekki fleira vápna. Þá hafði Einarr nýrekit fé í kvíar. Hann lá á kvíagarðinum ok talði fé, en konur váru at mjólka.

Þau heilsuðu honum.

Hann spurði, hversu þeim fœri at.

Einarr svarar: 'Illa hefir mér at farit,[37] því at vant varð þriggja tiga ásauðar nær viku, en nú er fundinn.'

Hann kvazk ekki at slíku telja.[38] 'Eða hefir ekki verr at farit? Hefir þat ok ekki svá opt til borit sem ván hefir at verit, at fjárins hafi vant verit. En hefir þú ekki nökkut riðit Freyfaxa mínum

---

35 **austr yfir hálsa**: 'east over the low ridge.' **Háls** is a low, often broad ridge. If crossing low mountains you would choose a *háls*.

36 **hafðir þú vit þitt, er þú sagðir mér til**: 'you had all your wits [about you] when you told me this.'

37 **Illa hefir mér at farit**: 'It has gone badly for me.'

38 **Hann kvazk ekki at slíku telja**: 'He said he did not object to such [happenings].'

hinn fyrra dag?"

Hann kvezk eigi þræta þess mega

Hrafnkell svarar: 'Fyrir hví reiztu þessu hrossi, er þér var bannat, þar er hin váru nóg til, er þér var lofat? Þar munda ek hafa gefit þér upp eina sök, ef ek hefða eigi svá mikit um mælt, en þó hefir þú vel við gengit.'

En við þann átrúnað, at ekki verði at þeim mönnum, er heitstrengingar fella á sik, þá hljóp hann af baki til hans ok hjó hann banahögg.

Eptir þat ríðr hann heim við svá búit á Aðalból ok segir þessi tíðendi. Síðan lét hann fara annan mann til smala í selit. En hann lét fœra Einar vestr á hallinn frá selinu ok reisti vörðu hjá dysinni. Þetta er kölluð Einarsvarða, ok er þaðan haldinn miðr aptann frá selinu.[39]

Þorbjörn spyrr yfir á Hól víg Einars, sonar síns. Hann kunni illa tíðendum þessum. Nú tekr hann hest sinn ok ríðr yfir á Aðalból ok beiðir Hrafnkel bóta fyrir víg sonar síns.

Hann kvazk fleiri menn hafa drepit en þenna einn. 'Er þér þat eigi ókunnigt, at ek vil engan mann fé bœta, ok verða menn þat þó svá gört at hafa. En þó læt ek svá sem mér þykki þetta verk mitt í verra lagi víga þeira, er ek hefi unnit. Hefir þú verit nábúi minn langa stund, ok hefir mér líkat vel til þín ok hvárum okkar til annars.[40] Mundi okkr Einari ekki hafa annat smátt til orðit, ef hann hefði eigi riðit hestinum.[41] En vit munum opt þess iðrask, er vit erum of málgir, ok sjaldnar mundum vit þessa iðrask, þó at vit mæltim færa en fleira. Mun ek þat nú sýna, at mér þykkir þetta verk mitt verra en önnur þau, er ek hefi unnit.[42] Ek vil birgja bú þitt með málnytu í sumar, en slátrum í haust. Svá vil ek gera við þik hvert misseri, meðan þú vilt búa. Sonu þína ok dœtr skulum vit í brott leysa með minni forsjá ok efla þau svá, at þau mætti fá góða kosti af því. Ok allt, er þú veizt í mínum hirzlum vera ok þú þarft at hafa heðan af, þá skaltu mér til segja ok eigi fyrir skart sitja heðan af um þá hluti, sem þú þarft at hafa. Skaltu búa, meðan þér þykkir gaman at, en fara þá hingat, er þér leiðisk. Mun ek þá annask þik til dauðadags. Skulum vit þá vera sáttir. Vil ek þess vænta, at þat mæli fleiri, at sjá maðr sé vel dýrr.'

'Ek vil eigi þennan kost,' segir Þorbjörn.

'Hvern viltu þá?' segir Hrafnkell.

---

[39] **ok er þaðan haldinn miðr aptann frá selinu**: (*lit*, 'and is thence [from there] held middle-evening from the shieling,' i.e. 'and [when the sun is directly above it], it is counted mid-evening at the shieling.')

[40] **hefir mér líkat vel til þín ok hvárum okkar til annars**: 'I have had a good liking for you, and each of us [has had high regard] for the other.'

[41] **Mundi okkr Einari ekki hafa annat smátt til orðit, ef hann hefði eigi riðit hestinum**: 'Things would not have come to a bad pass between me and Einar, if he would not have ridden the horse.'

[42] **En þó læt ek svá sem mér þykki þetta verk mitt í verra lagi víga þeira, er ek hefi unnit**: 'And yet I shall show that I consider this deed of mine to be among the worst of the slayings that I have done.'

Þá segir Þorbjörn: 'Ek vil, at vit takim menn til gørðar með okkr.'[43]

Hrafnkell svarar: 'Þá þykkisk þú jafnmenntr mér, ok munum vit ekki at því sættask.'

Þá reið Þorbjörn í brott ok ofan eptir Hrafnkelsdal. Hann kom til Laugarhúsa ok hittir Bjarna, bróður sinn, ok segir honum þessi tíðendi, biðr, at hann muni nökkurn hlut í eiga um þessi mál.[44]

Bjarni kvað eigi sitt jafnmenni við at eiga, þar er Hrafnkell er. 'En þó at vér stýrim penningum miklum, þá megum vér ekki deila af kappi við Hrafnkel, ok er þat satt, at sá er svinnr, er sik kann. Hefir hann þá marga málaferlum vafit, er meira bein hafa í hendi haft en vér.[45] Sýnisk mér þú vitlítill við hafa orðit, er þú hefir svá góðum kostum neitat. Vil ek mér hér engu af skipta.'[46]

Þorbjörn mælti þá mörg herfilig orð til bróður síns ok segir því síðr dáð í honum sem meira lægi við.[47]

Hann ríðr nú í brott, ok skiljask þeir með lítilli blíðu.

Hann léttir eigi, fyrr en hann kemr ofan til Leikskála, drepr þar á dyrr. Var þar til dura gengit. Þorbjörn biðr Sám út ganga. Sámr heilsaðí vel frænda sínum ok bauð honum þar at vera. Þorbjörn tók því öllu seint. Sámr sér ógleði á Þorbirni ok spyrr tíðenda, en hann sagði víg Einars, sonar síns.

'Þat eru eigi mikil tíðendi,' segir Sámr, 'þótt Hrafnkell drepi menn.'

Þorbjörn spyrr, ef Sámr vildi nökkura liðveizlu veita sér. 'Er þetta mál þann veg, þótt mér sé nánastr maðrinn, at þó er yðr eigi fjarri höggvit.'

'Hefir þú nökkut eptir sœmðum leitat við Hrafnkel?'

Þorbjörn sagði allt it sanna, hversu farit hafði með þeim Hrafnkeli.

'Eigi hefi ek varr orðit fyrr,' segir Sámr, 'at Hrafnkell hafi svá boðit nökkurum sem þér. Nú vil ek ríða með þér upp á Aðalból, ok förum vit lítillátliga at við Hrafnkel, ok vita, ef hann vill halda in sömu boð. Mun honum nökkurn veg vel fara.'

'Þat er bæði,' segir Þorbjörn, 'at Hrafnkell mun nú eigi vilja, enda er mér þat nú eigi heldr

---

[43] **at vit takim menn til gørðar með okkr**: 'that we engage men to arbitrate a settlement between us.' *Gørð* is usually arbitration.

[44] **biðr, at hann muni nökkurn hlut í eiga um þessi mál**: 'requests that he might take up some part of this matter,' i.e. 'lend a hand in the matter.'

[45] **er meira bein hafa í hendi haft en vér**: 'who has more bone in his hand than we,' i.e. 'who is more powerful than we.'

[46] **Vil ek mér hér engu af skipta**: 'I wish to have nothing to do with it.'

[47] **því síðr dáð í honum sem meira lægi við**: 'there was less courage in him the more he was to be depended upon,' i.e. 'the more he was looked to for support.'

í hug en þá, er ek reið þaðan.'[48]

Sámr segir: 'Þungt get ek at deila kappi við Hrafnkel um málaferli.'[49]

Þorbjörn svarar: 'Því verðr engi uppreist yðar ungra manna, at yðr vex allt í augu. Hygg ek, at engi maðr muni eiga jafnmikil auvirði at frændum sem ek. Sýnisk mér slíkum mönnum illa farit sem þér, er þykkisk lögkœnn vera ok ert gjarn á smásakar, en vilt eigi taka við þessu máli, er svá er brýnt. Mun þér verða ámælissamt, sem makligt er, fyrir því at þú ert hávaðamestr ór ætt várri. Sé ek nú, hvat sök horfir.'

Sámr svarar: 'Hverju góðu ertu þá nær en áðr, þótt ek taka við þessu máli ok sém vit þá báðir hrakðir?'

Þorbjörn svarar: 'Þó er mér þat mikil hugarbót, at þú takir við málinu. Verðr at því, sem má.'

Sámr svarar: 'Ófúss geng ek at þessu. Meir geri ek þat fyrir frændsemi sakar við þik. En vita skaltu, at mér þykkir þar heimskum manni at duga, sem þú ert.'

Þá rétti Sámr fram höndina ok tók við málinu af Þorbirni. Sámr lætr taka sér hest ok ríðr upp eptir dal ok ríðr á bœ einn ok lýsir víginu – fær sér menn – á hendr Hrafnkeli. Hrafnkell spyrr þetta ok þótti hlœgiligt, er Sámr hefir tekit mál á hendr honum.

Leið nú á vetrinn. En at vári, þá er komit var at stefnudögum, ríðr Sámr heiman upp á Aðalból ok stefnir Hrafnkeli um víg Einars. Eptir þat ríðr Sámr ofan eptir dalnum ok kvaddi búa[50] til þingreiðar, ok sitr hann um kyrrt, þar til er menn búask til þingreiðar. Hrafnkell sendi þá menn ofan eptir dalnum ok kvaddi upp menn. Hann fær ór þinghá sinni sjau tigu manna. Með þenna flokk ríðr hann austr yfir Fljótsdalsheiði ok svá fyrir vatnsbotninn ok um þveran háls til Skriðudals ok upp eptir Skriðudal ok suðr á Øxarheiði til Berufjarðar ok rétta þingmannaleið á Síðu. Suðr ór Fljótsdal eru sjautján dagleiðir á Þingvöll.

En eptir þat er hann var á brott riðinn ór heraði, þá safnar Sámr at sér mönnum. Fær hann mest til reiðar með sér einhleypinga ok þá, er hann hafði saman kvatt. Ferr Sámr ok fær þessum mönnum vápn ok klæði ok vistir. Sámr snýr aðra leið ór dalnum. Hann ferr norðr til brúa ok svá yfir brú ok þaðan yfir Möðrudalsheiði, ok váru í Möðrudal um nótt. Þaðan riðu þeir til Herðibreiðstungu ok svá fyrir ofan Bláfjöll ok þaðan í Króksdal ok svá suðr á Sand ok kómu ofan í Sandafell ok þaðan á Þingvöll, ok var þar Hrafnkell eigi kominn. Ok fórsk honum því

---

48 **Hrafnkell mun nú eigi vilja, enda er mér þat nú eigi heldr í hug en þá, er ek reið þaðan**: 'Hrafnkel will now not want to [make the same offer]: moreover, I am not of a mind now to do this [to accept] anymore than when I rode from there.'

49 **Þungt get ek at deila kappi við Hrafnkel um málaferli**: 'I think it will be heavy[-going] to contend with Hrafnkel in lawsuits.'

50 **kvaddi búa**: 'summoned his neighbors.'

seinna, at hann átti lengri leið.

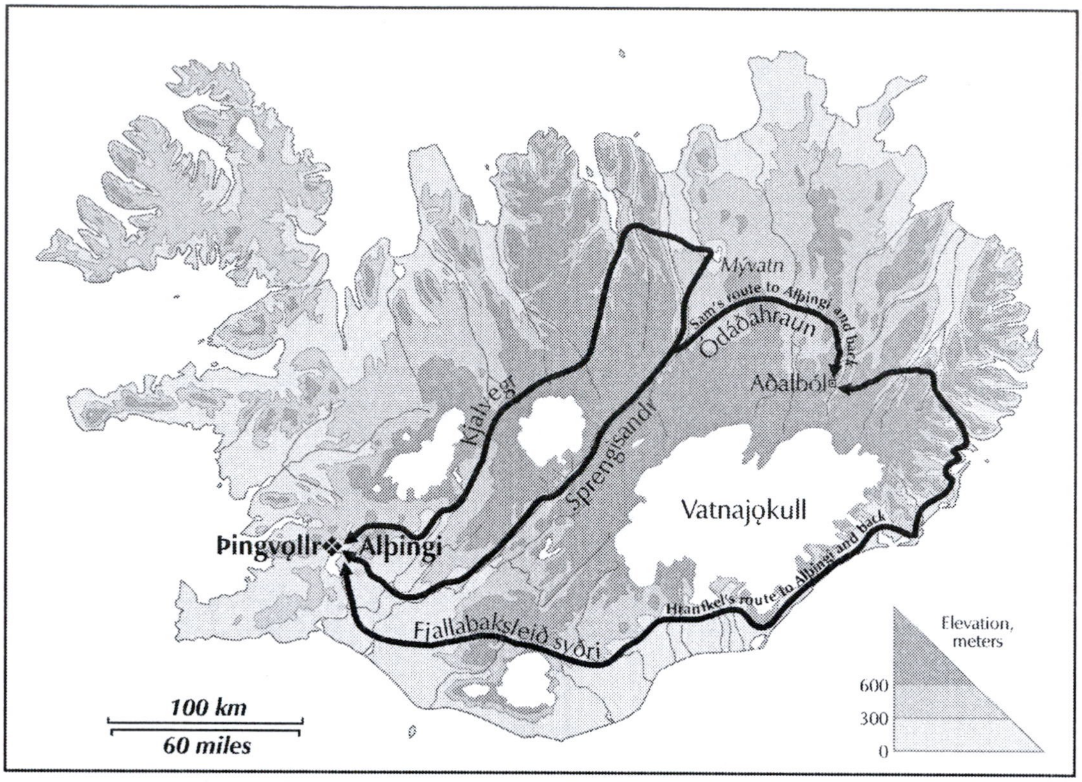

Figure 10.2. Hrafnkel and Sam Take Different Routes to the Althing (Alþingi). Hrafnkel rides south through the East Fjords and then west along the southern coast between the sea and the great glacier (Vatnajökull). Leaving the glacier behind, he continues west across the broad alluvial plains of southern Iceland to the Althing located at Thingvöllr (modern Thingvellir). Hrafnkel takes the surer but longer route with farms for hospitality along the way. Sam, who seeks to avoid meeting Hrafnkel and wants to arrive at the Althing before his opponent, crosses Iceland´s uninhabited desolate interior. These journeys took two to three weeks each way, while the Althing itself lasted for approximately two weeks each June.

Sámr tjaldar búð yfir sínum mönnum hvergi nær því, sem Austfirðingar eru vanir at tjalda, en nökkuru síðar kom Hrafnkell á þing. Hann tjaldar búð sína, svá sem hann var vanr, ok spurði, at Sámr var á þinginu. Honum þótti þat hlœgiligt.

Þetta þing var harðla fjölmennt. Váru þar flestir höfðingjar, þeir er váru á Íslandi. Sámr finnr alla höfðingja ok bað sér trausts ok liðsinnis, en einn veg svöruðu allir, at engi kvazk eiga svá gott Sámi upp at gjalda, at ganga vildi í deild við Hrafnkel goða ok hætta svá sinni virðingu, segja ok þat einn veg flestum farit hafa, þeim er þingdeilur við Hrafnkel hafa haft, at hann hafi alla menn hrakit af málaferlum þeim, er við hann hafa haft.

Sámr gengr heim til búðar sinnar, ok var þeim frændum þungt í skapi ok uggðu, at þeira mál mundi svá niðr falla, at þeir mundi ekki fyrir hafa nema skömm ok svívirðing. Ok svá mikla áhyggju hafa þeir frændr, at þeir njóta hvárki svefns né matar, því at allir höfðingjar skárusk undan liðsinni við þá frændr, jafnvel þeir, sem þeir væntu, at þeim mundi lið veita.

4. kapítuli

Þat var einn morgin snimma, at Þorbjörn karl vaknar. Hann vekr Sám ok bað hann upp standa. 'Má ek ekki sofa.'

Sámr stendr upp ok ferr í klæði sín. Þeir ganga út ok ofan at Øxará, fyrir neðan brúna. Þar þvá þeir sér.

Þorbjörn mælti við Sám: 'Þat er ráð mitt, at þú látir reka at hesta vára, ok búumsk heim. Er nú sét, at oss vill ekki annat en svívirðing.'

Sámr svarar: 'Þat er vel, af því at þú vildir ekki annat en deila við Hrafnkel ok vildir eigi þá kosti þiggja, er margr mundi gjarna þegit hafa, sá er eptir sinn náunga átti at sjá. Frýðir þú oss mjök hugar ok öllum þeim, er í þetta mál vildu eigi ganga með þér. Skal ek nú ok aldri fyrr af láta en mér þykkir fyrir ván komit, at ek geta nökkut at gert.'[51]

Þá fær Þorbirni svá mjök, at hann grætr.

Þá sjá þeir vestan at ánni, hóti neðar en þeir sátu, hvar fimm menn gengu saman frá einni búð. Sá var hár maðr ok ekki þrekligr, er fyrstr gekk, í laufgrœnum kyrtli ok hafði búit sverð í hendi, réttleitr maðr ok rauðlitaðr ok vel í yfirbragði, ljósjarpr á hár ok mjök hærðr. Sjá maðr var auðkenniligr, því at hann hafði ljósan lepp í hári sínu inum vinstra megin.[52]

Sámr mælti: 'Stöndum upp ok göngum vestr yfir ána til móts við þessa menn.'

Þeir ganga nú ofan með ánni, ok sá maðr, sem fyrir gekk, heilsar þeim fyrri ok spyrr, hverir þeir væri.

Þeir sögðu til sín.

Sámr spurði þenna mann at nafni, en hann nefndisk Þorkell ok kvazk vera Þjóstarsson.

Sámr spurði, hvar hann væri ættaðr[53] eða hvar hann ætti heima.

Hann kvazk vera vestfirzkr at kyni ok uppruna, en eiga heima í Þorskafirði.

Sámr mælti: 'Hvárt ertu goðorðsmaðr?'[54]

Hann kvað þat fjarri fara.

'Ertu þá bóndi?' sagði Sámr.

Hann kvazk eigi þat vera.

---

[51] **Skal ek nú ok aldri fyrr af láta en mér þykkir fyrir ván komit, at ek geta nökkut at gert**: 'And now I shall never give up before I think it past hope that I will get something done about it.'

[52] **inum vinstra megin**: 'on the left side.'

[53] **hvar hann væri ættaðr**: 'what was his ancestry [*ætt*].' He is asked after his region and family.

[54] **Hvárt ertu goðorðsmaðr**: '[I wonder] whether you are a chieftain [holder of a *goðorð*]?'

Sámr mælti: 'Hvat manna ertu þá?'

Hann svarar: 'Ek em einn einhleypingr. Kom ek út í fyrra vetr. Hefi ek verit útan sjau vetr ok farit út í Miklagarð, en em handgenginn Garðskonunginum. En nú em ek á vist með bróður mínum, þeim er Þorgeirr heitir.'

'Er hann goðorðsmaðr?' segir Sámr.

Þorkell svarar: 'Goðorðsmaðr er hann víst um Þorskafjörð ok víðara um Vestfjörðu.'

'Er hann hér á þinginu?' segir Sámr.

'Hér er hann víst.'

'Hversu margmennr er hann?'

'Hann er við sjau tigu manna,' segir Þorkell.

'Eru þér fleiri brœðrnir?' segir Sámr.

'Inn þriði,' segir Þorkell.

'Hverr er sá?' segir Sámr.

'Hann heitir Þormóðr,' segir Þorkell, 'ok býr í Görðum á Álptanesi. Hann á Þórdísi, dóttur Þórólfs Skalla-Grímssonar frá Borg.'

'Viltu nökkut liðsinni okkr veita?' segir Sámr.

'Hvers þurfu þit við?'[55] segir Þorkell.

'Liðsinnis ok afla höfðingja,' segir Sámr, 'því at vit eigum málum at skipta við Hrafnkel goða um víg Einars Þorbjarnarsonar, en vit megum vel hlíta okkrum flutningi með þínu fulltingi.'

Þorkell svarar: 'Svá er sem ek sagða, at ek em engi goðorðsmaðr.'

'Hví ertu svá afskipta görr, þar sem þú ert höfðingjasonr sem aðrir brœðr þínir?'

Þorkell sagði: 'Eigi sagða ek þér þat, at ek ætta þat eigi, en ek selda þat í hendr Þorgeiri, bróður mínum, mannaforráð mitt, áðr en ek fór útan. Síðan hefi ek eigi við tekit, fyrir því at mér þykkir vel komit, meðan hann varðveitir. Gangi þit á fund hans. Biðið hann ásjá. Hann er skörungr í skapi ok drengr góðr ok í alla staði vel menntr, ungr maðr ok metnaðargjarn. Eru slíkir menn vænstir til at veita ykkr liðsinni.'

Sámr segir: 'Af honum munum vit ekki fá, nema þú sér í flutningi með okkr.'

Þorkell segir: 'Því mun ek heita at vera heldr með ykkr en móti, með því at mér þykkir œrin nauðsyn til at mæla eptir náskyldan mann. Fari þit nú fyrir til búðarinnar ok gangið inn í búðina. Er mannfólk í svefni. Þit munuð sjá, hvar standa innar um þvera búðina tvau húðföt, ok reis ek upp ór öðru, en í öðru hvílir Þorgeirr, bróðir minn. Hann hefir haft kveisu mikla í fœtinum, síðan hann kom á þingit, ok því hefir hann lítit sofit um nœtr. En nú sprakk fótrinn í nótt, ok er ór

[55] **Hvers þurfu þit við**: 'What is it you need?'

kveisunaglinn. En nú hefir hann sofnat síðan ok hefir réttan fótinn út undan fötunum fram á fótafjölina sakar ofrhita,[56] er á er fœtinum. Gangi sá inn gamli maðr fyrir ok svá innar eptir búðinni. Mér sýnisk hann mjök hrymðr bæði at sýn ok elli. Þá er þú, maðr,' segir Þorkell, 'kemr at húðfatinu, skaltu rasa mjök ok fall á fótafjölina ok tak í tána þá, er um er bundit, ok hnykk at þér ok vit, hversu hann verðr við.'[57]

Sámr mælti: 'Heilráðr muntu okkr vera, en eigi sýnisk mér þetta

Þorkell svarar: 'Annat hvárt verði þit at gera, at hafa þat, sem ek legg til, eða leita ekki ráða til mín.'[58]

Sámr mælti ok segir: 'Svá skal gera sem hann gefr ráð til.'

Þorkell kvazk mundu ganga síðar, – 'því at ek bíð manna minna.'

Ok nú gengu þeir Sámr ok Þorbjörn ok koma í búðina. Sváfu þar menn allir. Þeir sjá brátt, hvar Þorgeirr lá. Þorbjörn karl gekk fyrir ok fór mjök rasandi. En er hann kom at húðfatinu, þá fell hann á fótafjölina ok þrífr í tána, þá er vanmátta var, ok hnykkir at sér. En Þorgeirr vaknar við ok hljóp upp í húðfatinu ok spurði, hverr þar fœri svá hrapalliga, at hlypi á fœtr mönnum, er áðr váru vanmátta.

En þeim Sámi varð ekki at orði.

Þá snaraði Þorkell inn í búðina ok mælti til Þorgeirs, bróður síns: 'Ver eigi svá bráðr né óðr, frændi, um þetta, því at þik mun ekki saka. En mörgum teksk verr en vill, ok verðr þat mörgum, at þá fá eigi alls gætt jafnvel, er honum er mikit í skapi. En þat er várkunn, frændi, at þér sé sárr fótr þinn, er mikit mein hefir í verit. Muntu þess mest á þér kenna.[59] Nú má ok þat vera, at gömlum manni sé eigi ósárari sonardauði sinn, en fá engar bœtr, ok skorti hvetvetna sjálfr. Mun hann þess gørst kenna á sér, ok er þat at vánum, at sá maðr gæti eigi alls vel, er mikit býr í skapi.'

Þorgeirr segir: 'Ekki hugða ek, at hann mætti mik þessa kunna, því at eigi drap ek son hans, ok má hann af því eigi á mér þessu hefna.'

'Eigi vildi hann á þér þessu hefna,' segir Þorkell, 'en fór hann at þér harðara en hann vildi, ok galt hann óskygnleika síns, en vænti sér af þér nökkurs trausts. Er þat nú drengskapr at veita gömlum manni ok þurftigum. Er honum þetta nauðsyn, en eigi seiling, þó at hann mæli eptir son sinn, en nú ganga allir höfðingjar undan liðveizlu við þessa menn ok sýna í því mikinn

---

[56] **sakar ofrhita**: 'for the sake of the excessive heat [inflammation].'

[57] **skaltu rasa mjök ok fall á fótafjölina ok tak í tána þá, er um er bundit, ok hnykk at þér ok vit, hversu hann verðr við**: 'you shall rush [at him] and fall to the foot-board and take hold of that toe which is bound up and pull it violently towards you, and see (*lit* 'know') just how he reacts.'

[58] **Annat hvárt verði þit at gera, at hafa þat, sem ek legg til, eða leita ekki ráða til mín**: 'You will have to either [one or the other] do as I propose, or do not seek my counsel at all.'

[59] **Muntu þess mest á þér kenna**: 'You will feel this [pain] most [keenly].'

ódrengskap.'

Þorgeirr mælti: 'Við hvern eigu þessir menn at kæra?'

Þorkell svaraði: 'Hrafnkell goði hefir vegit son hans Þorbjarnar saklausan. Vinnr hann hvert óverk at öðru, en vill engum manni sóma vinna fyrir.'

Þorgeirr mælti: 'Svá mun mér fara sem öðrum, at ek veit eigi mik þessum mönnum svá gott upp at inna, at ek vilja ganga í deilur við Hrafnkel. Þykki mér hann einn veg fara hvert sumar við þá menn, sem málum eigu at skipta við hann, at flestir menn fá litla virðing eða enga, áðr lúki, ok sé ek þar fara einn veg öllum. Get ek af því flesta menn ófúsa til, þá sem engi nauðsyn dregr til.'

Þorkell segir: 'Þat má vera, at svá fœri mér at, ef ek væri höfðingi, at mér þœtti illt at deila við Hrafnkel, en eigi sýnisk mér svá, fyrir því at mér þœtti við þann bezt at eiga, er allir hrekjask fyrir áðr. Ok þœtti mér mikit vaxa mín virðing eða þess höfðingja, er á Hrafnkel gæti nökkura vík róit, en minnkask ekki, þó at mér fœri sem öðrum, fyrir því at má mér þat, sem yfir margan gengr. Hefir sá ok jafnan, er hættir.'

'Sé ek,' segir Þorgeirr, 'hversu þér er gefit, at þú vilt veita þessum mönnum. Nú mun ek selja þér í hendr goðorð mitt ok mannaforráð, ok haf þú þat, sem ek hefi haft áðr, en þaðan af höfum vit jöfnuð af báðir, ok veittu þá þeim, er þú vilt.'

'Svá sýnisk mér,' segir Þorkell, 'sem þá muni goðorð várt bezt komit, er þú hafir sem lengst. Ann ek engum svá vel sem þér at hafa, því at þú hefir marga hluti til menntar um fram alla oss brœðr, en ek óráðinn, hvat er ek vil af mér gera at bragði. En þú veizt, frændi, at ek hefi til fás hlutazk, síðan ek kom til Íslands. Má ek nú sjá, hvat mín ráð eru. Nú hefi ek flutt sem ek mun at sinni. Kann vera, at Þorkell leppr komi þar, at hans orð verði meir metin.'

Þorgeirr segir: 'Sé ek nú, hversu horfir, frændi, at þér mislíkar, en ek má þat eigi vita, ok munum vit fylgja þessum mönnum, hversu sem ferr, ef þú vilt.'

Þorkell mælti: 'Þessa eins bið ek, at mér þykkir betr, at veit sé.'

'Til hvers þykkjask þessir menn fœrir,' segir Þorgeirr, 'svá at framkvæmð verði at þeira máli?'

'Svá er sem ek sagða í dag, at styrk þurfum vit af höfðingjum, en málaflutning á ek undir mér.'

Þorgeirr kvað honum þá gott at duga, – 'ok er nú þat til, at búa mál til sem réttligast. En mér þykkir sem Þorkell vili, at þit vitið hans, áðr dómar fara út. Munu þit þá hafa annat hvárt fyrir ykkart þrá, nökkura huggan eða læging enn meir en áðr ok hrelling ok skapraun. Gangið nú heim ok verið kátir, af því at þess munu þit við þurfa, ef þit skuluð deila við Hrafnkel, at þit berið ykkr vel upp um hríð, en segi þit engum manni, at vit höfum liðveizlu heitit ykkr.'

Þá gengu þeir heim til búðar sinnar, váru þá ölteitir. Menn undruðusk þetta allir, hví þeir hefði svá skjótt skapskipti tekit, þar sem þeir váru óglaðir, er þeir fóru heiman.

Nú sitja þeir, þar til er dómar fara út. Þá kveðr Sámr upp menn sína ok gengr til lögbergs. Var þar þá dómr settr. Sámr gekk djarfliga at dóminum. Hann hefr þegar upp váttnefnu ok sótti mál sitt at réttum landslögum á hendr Hrafnkeli goða, miskviðalaust með sköruligum flutningi. Þessu næst koma þeir Þjóstarssynir með mikla sveit manna. Allir menn vestan af landi veittu þeim lið, ok sýndisk þat, at Þjóstarssynir váru menn vinsælir. Sámr sótti málit í dóm, þangat til er Hrafnkeli var boðit til varnar, nema sá maðr væri þar við staddr, er lögvörn vildi frammi hafa fyrir hann at réttu lögmáli. Rómr varð mikill at máli Sáms. Kvazk engi vilja lögvörn fram bera fyrir Hrafnkel.

Menn hlupu til búðar Hrafnkels ok sögðu honum, hvat um var at vera.

Hann veiksk við skjótt ok kvaddi upp menn sína ok gekk til dóma, hugði, at þar myndi lítil vörn fyrir landi. Hafði hann þat í hug sér at leiða smámönnum at sœkja mál á hendr honum. Ætlaði hann at hleypa upp dóminum fyrir Sámi ok hrekja hann af málinu. En þess var nú eigi kostr. Þar var fyrir sá mannfjölði, at Hrafnkell komsk hvergi nær. Var honum þrøngt frá í brottu með miklu ofríki, svá at hann náði eigi at heyra mál þeira, er hann sóttu. Var honum því óhægt at fœra lögvörn fram fyrir sik. En Sámr sótti málit til fullra laga, til þess er Hrafnkell var alsekr á þessu þingi.

Hrafnkell gengr þegar til búðar ok lætr taka hesta sína ok ríðr á brott af þingi ok unði illa við sínar málalykðir, því at hann átti aldri fyrr slíkar. Ríðr hann þá austr Lyngdalsheiði ok svá austr á Síðu, ok eigi léttir hann fyrr en heima í Hrafnkelsdal ok sezk á Aðalból ok lét sem ekki hefði í orðit.[60]

En Sámr var á þingi ok gekk mjök uppstertr.

Mörgum mönnum þykkir vel, þó at þann veg hafi at borizk, at Hrafnkell hafi hneykju farit, ok minnask nú, at hann hefir mörgum ójafnað sýnt.

Sámr bíðr til þess, at slitit er þinginu. Búask menn þá heim. Þakkar hann þeim brœðrum sína liðveizlu, en Þorgeirr spurði Sám hlæjandi, hversu honum þœtti at fara. Hann lét vel yfir því.

Þorgeirr mælti: 'Þykkisk þú nú nökkuru nær en áðr?'

Sámr mælti: 'Beðit þykki mér Hrafnkell hafa sneypu, er lengi mun uppi vera, þessi hans sneypa, ok er þetta við mikla fémuni.'[61]

---

[60] **lét sem ekki hefði í orðit**: 'behaved as if nothing had happened.'

[61] **Beðit þykki mér Hrafnkell hafa sneypu, er lengi mun uppi vera**: 'It seems to me that Hrafnkel asked for this shame, which will long be remembered.' *Beðit* from *biðja* meaning something like 'he asked for it.'

'Eigi er maðrinn alsekr, meðan eigi er háðr féránsdómr, ok hlýtr þat at hans heimili at gera. Þat skal vera fjórtán notum eptir vápnatak.'

En þat heitir vápnatak er alþýða ríðr af þingi.

'En ek get,' segir Þorgeirr, 'at Hrafnkell mun heim kominn ok ætli at sitja á Aðalbóli. Get ek, at hann mun halda mannaforráð fyrir yðr. En þú munt ætla at ríða heim ok setjask í bú þitt, ef þú náir, at bezta kosti. Get ek, at þú hafir þat svá þinna mála, at þú kallar hann skógarmann. En slíkan œgishjálm, get ek, at hann beri yfir flestum sem áðr, nema þú hljótir at fara nökkuru lægra.'

'Aldri hirði ek þat,' segir Sámr.

'Hraustr maðr ertu,' segir Þorgeirr, 'ok þykki mér sem Þorkell frændi vili eigi gera endamjótt við þik. Hann vill nú fylgja þér, þar til er ór slítr með ykkr Hrafnkeli, ok megir þú þá sitja um kyrrt. Mun yðr þykkja nú vit skyldastir at fylgja þér um sinnsakar í Austfjörðu. Eða kanntu nökkura þá leið til Austfjarða, at eigi sé almannavegr?'

Sámr svaraði: 'Fara mun ek ina sömu leið, sem ek fór austan.'

Sámr varð þessu feginn.

5. kapítuli

Þorgeirr valði lið sitt ok lét sér fylgja fjóra tigu manna. Sámr hafði ok fjóra tigu manna. Var þat lið vel búit at vápnum ok hestum. Eptir þat ríða þeir alla ina sömu leið, þar til er þeir koma í nætrelding í Jökulsdal, fara yfir brú á ánni, ok var þetta þann morgin, er féránsdóm átti at heyja. Þá spyrr Þorgeirr, hversu mætti helzt á óvart koma.[62] Sámr kvazk mundu kunna ráð til þess. Hann snýr þegar af leiðinni ok upp á múlann ok svá eptir hálsinum milli Hrafnkelsdals ok Jökulsdals, þar til er þeir koma útan undir fjallit, er bœrinn stendr undir niðri á Aðalbóli. Þar gengu grasgeilar í heiðina upp, en þar var brekka brött ofan í dalinn, ok stóð þar bœrinn undir niðri.

Þar stígr Sámr af baki ok mælti: 'Látum lausa hesta vára, ok geymi tuttugu menn, en vér sex tigir saman hlaupum at bœnum, ok get ek, at fátt muni manna á fótum.'[63]

Þeir gerðu nú svá, ok heita þar síðan Hrossageilar. Þá bar skjótt at bœnum. Váru þá liðin rismál. Eigi var fólk upp staðit. Þeir skutu stokki á hurð ok hlupu inn. Hrafnkell hvíldi í rekkju sinni. Taka þeir hann þaðan ok alla hans heimamenn, þá er vápnfœrir váru. Konur ok börn var rekit í eitt hús. Í túninu stóð útibúr. Af því ok heim á skálavegginn var skotit váðási einum. Þeir leiða Hrafnkel þar til ok hans menn. Hann bauð mörg boð fyrir sik ok sína menn. En er þat tjáði

---

[62] **hversu mætti helzt á óvart koma**: 'how they could best come there unexpected [by surprise].'

[63] **ok get ek, at fátt muni manna á fótum**: 'and I think that few men [few of men] would be on their feet.'

eigi, þá bað hann mönnum sínum lífs, -- 'því at þeir hafa ekki til sakar gört við yðr, en þat er mér engi ósœmð, þótt þér drepið mik. Mun ek ekki undan því mælask.[64] Undan hrakningum mælumk ek. Er yðr engi sœmð í því.'

Þorkell mælti: 'Þat höfum vér heyrt, at þú hafir lítt verit leiðitamr þínum óvinum, ok er vel nú, at þú kennir þess í dag á þér.'

Þá taka þeir Hrafnkel ok hans menn ok bundu hendr þeira bak aptr. Eptir þat brutu þeir upp útibúrit ok tóku reip ofan ór krókum, taka síðan knífa sína ok stinga raufar á hásinum þeira ok draga þar í reipin ok kasta þeim svá upp yfir ásinn ok binda þá svá átta saman.

Þá mælti Þorgeirr: 'Svá er komit nú kosti yðrum, Hrafnkell, sem makligt er, ok mundi þér þykkja þetta ólíkligt, at þú mundir slíka skömm fá af nökkurum manni, sem nú er orðit. Eða hvárt viltu, Þorkell, nú gera: at sitja hér hjá Hrafnkeli ok gæta þeira, eða viltu fara með Sámi ór garði á brott í örskotshelgi við bœinn ok heyja féránsdóm á grjóthól nökkurum, þar sem hvárki er akr né eng?'

Þetta skyldi í þann tíma gera, er sól væri í fullu suðri.

Þorkell sagði: 'Ek vil hér sitja hjá Hrafnkeli. Sýnisk mér þetta starfaminna.'

Þeir Þorgeirr ok Sámr fóru þá ok háðu féránsdóm, ganga heim eptir þat ok tóku Hrafnkel ofan ok hans menn ok settu þá niðr í túninu, ok var sigit blóð fyrir augu þeim.

Þá mælti Þorgeirr til Sáms, at hann skyldi gera við Hrafnkel slíkt, sem hann vildi, – 'því at mér sýnisk nú óvandleikit við hann.'

Sámr svarar: 'Tvá kosti geri ek þér, Hrafnkell. Sá annarr, at þik skal leiða ór garði brott ok þá menn, sem mér líkar, ok vera drepinn. En með því at þú átt ómegð mikla fyrir at sjá, þá vil ek þess unna þér, at þú sjáir þar fyrir. Ok ef þú vilt líf þiggja, þá far þú af Aðalbóli með allt lið þitt ok haf þá eina fémuni, er ek skef þér, ok mun þat harðla lítit, en ek skal taka staðfestu þína ok mannaforráð allt. Skaltu aldri tilkall veita né þínir erfingjar. Hvergi skaltu nær vera en fyrir austan Fljótsdalsheiði, ok máttu nú eiga handsöl við mik, ef þú vilt þenna upp taka.'

Hrafnkell mælti: 'Mörgum mundi betr þykkja skjótr dauði en slíkar hrakningar, en mér mun fara sem mörgum öðrum, at lífit mun ek kjósa, ef kostr er. Geri ek þat mest sökum sona minna, því at lítil mun vera uppreist þeira, ef ek dey frá.'

Þá er Hrafnkell leystr, ok seldi hann Sámi sjálfdœmi.

Sámr skipti Hrafnkeli af fé slíkt, er hann vildi, ok var þat raunarlítit. Spjót sitt hafði Hrafnkell með sér, en ekki fleira vápna. Þenna dag fœrði Hrafnkell sik brott af Aðalbóli ok allt sitt fólk.

Þorgeirr mælti þá við Sám: 'Eigi veit ek, hví þú gerir þetta. Muntu þessa mest iðrask sjálfr,

---

[64] **Mun ek ekki undan því mælask**: 'I will not beg for myself to be excused from this.'

er þú gefr honum líf.'

Sámr kvað þá svá vera verða.

Hrafnkell fœrði nú bú sitt austr yfir Fljótsdalsheiði ok um þveran Fljótsdal fyrir austan Lagarfljót. Við vatnsbotninn stóð einn lítill bœr, sem hét at Lokhillu. Þetta land keypti Hrafnkell í skuld, því at eigi var kostrinn meiri en þurfti til búshluta at hafa. Á þetta lögðu menn mikla umrœðu, hversu hans ofsi hafði niðr fallit, ok minnisk nú margr á fornan orðskvið, at skömm er óhófs ævi.[65] Þetta var skógland mikit ok mikit merkjum, vánt at húsum, ok fyrir þat efni keypti hann landit litlu verði. En Hrafnkell sá ekki mjök í kostnað ok felldi mörkina, því at hon var stór, ok reisti þar reisiligan bœ, þann er síðan hét á Hrafnkelsstöðum. Hefir þat síðan verit kallaðr jafnan góðr bœr. Bjó Hrafnkell þar við mikil óhœgindi in fyrstu misseri. Hann hafði mikinn atdrátt af fiskinum. Hrafnkell gekk mjök at verknaði, meðan bœr var í smíði. Hrafnkell dró á vetr kálf ok kið in fyrstu misseri, ok hann hélt vel, svá at nær lifði hvatvetna þat, er til ábyrgðar var. Mátti svá at kveða, at náliga væri tvau höfuð á hverju kvikindi.[66] Á því sama sumri lagðisk veiðr mikil í Lagarfljót. Af slíku gerðisk mönnum búshœgindi í heraðinu, ok þat helzk vel hvert sumar.

6. kapítuli

Sámr setti bú á Aðalbóli eptir Hrafnkel, ok síðan efnir hann veizlu virðuliga ok býðr til öllum þeim, sem verit höfðu þingmenn hans. Sámr býzk til at vera yfirmaðr þeira í stað Hrafnkels, Menn játuðusk undir þat ok hugðu þó enn misjafnt til.

Þjóstarssynir réðu honum þat, at hann skyldi vera blíðr ok góðr fjárins ok gagnsamr sínum mönnum, styrktarmaðr hvers, sem hans þurfu við. 'Þá eru þeir eigi menn, ef þeir fylgja þér eigi vel, hvers sem þú þarft við. En því ráðum vit þér þetta, at vit vildim, at þér tœkisk allt vel,[67] því at þú virðisk okkr vaskr maðr. Gættu nú vel til, ok vertu varr um þik, af því at vant er við vándum at sjá.'[68]

Þjóstarssynir létu senda eptir Freyfaxa ok liði hans ok kváðusk vilja sjá gripi þessa, er svá gengu miklar sögur af. Þá váru hrossin heim leidd. Þeir brœðr líta á hrossin.

Þorgeirr mælti: 'Þessi hross lítask mér þörf búinu. Er þat mitt ráð, at þau vinni slíkt, er þau

---

[65] **skömm er óhófs ævi**: 'Short is immoderate [excessive] life,' noting the fate of arrogance or lack of moderation. *Skömm* is from *skammr*.

[66] **náliga væri tvau höfuð á hverju kvikindi**: (*lit* 'there were nearly two heads on each beast,' i.e., 'each beast yielded as much as two animals would have done.')

[67] **at þér tœkisk allt vel**: 'that all will turn out well for you.'

[68] **vant er við vándum at sjá**: *vant* = *vandasamt* ('difficult'). 'It is difficult to take precautions against a bad man.' The expression 'to take precautions against somebody' is *að sjá við e-m*.

megu, til gagnsmuna, þangat til er þau megu eigi lifa fyrir aldrs sökum.[69] En hestr þessi sýnisk mér eigi betri en aðrir hestar, heldr því verri, at margt illt hefir af honum hlotizk. Vil ek eigi, at fleiri víg hljótisk af honum en áðr hafa af honum orðit. Mun þat nú makligt, at sá taki við honum, er hann á.'[70]

Þeir leiða nú hestinn ofan eptir vellinum. Einn hamarr stendr niðr við ána, en fyrir framan hylr djúpr. Þar leiða þeir nú hestinn fram á hamarinn. Þjóstarssynir drógu fat eitt á höfuð hestinum, taka síðan hávar stengr ok hrinda hestinum af fram, binda stein við hálsinn ok týndu honum svá.[71] Heitir þar síðan Freyfaxahamarr. Þar ofan frá standa goðahús þau, er Hrafnkell hafði átt. Þorkell vildi koma þar. Lét hann fletta goðin öll. Eptir þat lætr hann leggja eld í goðahúsit ok brenna allt saman.

Síðan búask boðsmenn í brottu. Velr Sámr þeim ágæta gripi báðum brœðrum, ok mæla til fullkominnar vináttu með sér ok skiljask allgóðir vinir. Ríða nú rétta leið vestr í fjörðu ok koma heim í Þorskafjörð með virðingu. En Sámr setti Þorbjörn niðr at Leikskálum. Skyldi hann þar búa. En kona Sáms fór til bús með honum á Aðalból ok býr Sámr þar um hríð.

7. kapítuli

Hrafnkell spurði austr í Fljótsdal, at Þjóstarssynir höfðu týnt Freyfaxa ok brennt hofit.

Þá svarar Hrafnkell: 'Ek hygg þat hégóma at trúa á goð,' – ok sagðisk hann þaðan af aldri skyldu á goð trúa, ok þat efndi hann síðan, at hann blótaði aldri.

Hrafnkell sat á Hrafnkelsstöðum ok rakaði fé saman. Hann fekk brátt miklar virðingar í heraðinu. Vildi svá hverr sitja ok standa sem hann vildi.

Í þenna tíma kómu sem mest skip af Nóregi til Íslands.[72] Námu menn þá sem mest land í heraðinu um Hrafnkels daga. Engi náði með frjálsu at sitja, nema Hrafnkel bæði orlofs. Þá urðu ok allir honum at heita sínu liðsinni. Hann hét ok sínu trausti. Lagði hann land undir sik allt fyrir austan Lagarfljót. Þessi þinghá varð brátt miklu meiri ok fjölmennari en sú, er hann hafði áðr haft. Hon gekk upp um Skriðudal ok upp allt með Lagarfljóti. Var nú skipan á komin á lund hans.[73] Maðrinn var miklu vinsælli en áðr. Hafði hann ina sömu skapsmuni um gagnsemð ok risnu, en miklu var maðrinn nú vinsælli ok gæfari ok hœgri en fyrr at öllu.

Opt fundusk þeir Sámr ok Hrafnkell á mannamótum, ok minntusk þeir aldri á sín viðskipti.

---

[69] **fyrir aldrs sökum**: 'because of [old] age.'

[70] **Mun þat nú makligt, at sá taki við honum, er hann á**: 'It will now be fitting that he [Frey] who owns him [Freyfaxi] may receive him.'

[71] **ok týndu honum svá**: 'and thus destroyed him.'

[72] **kómu sem mest skip af Noregi**: 'A great number of ships arrived from Norway.'

[73] **Var nú skipan á komin á lund hans**: 'He now became composed.'

Leið svá fram sex vetr.

Sámr var vinsæll af sínum þingmönnum, því at hann var hœgr ok kyrr ok góðr órlausna ok minntisk á þat, er þeir brœðr höfðu ráðit honum. Sámr var skartsmaðr mikill.

8. kapítuli

Þess er getit, at skip kom af hafi í Reyðarfjörð, ok var stýrimaðr Eyvindr Bjarnason. Hann hafði útan verit sjau vetr. Eyvindr hafði míkit við gengizk um menntir ok var orðinn inn vaskasti maðr. Eru honum sögð brátt þau tíðendi, er görzk höfðu, ok lét hann sér um þat fátt finnask.[74] Hann var fáskiptinn maðr.

Ok þegar Sámr spyrr þetta, þá ríðr hann til skips. Verðr nú mikill fagnafundr með þeim brœðrum. Sámr býðr honum vestr þangat. En Eyvindr tekr því vel ok biðr Sám ríða heim fyrir, en senda hesta á móti varningi hans. Hann setr upp skip sitt ok býr um. Sámr gerir svá, ferr heim ok lætr reka hesta á móti Eyvindi. Ok er hann hefir búit um varnað sinn, býr hann ferð sína til Hrafnkelsdals, ferr upp eptir Reyðarfirði. Þeir váru fimm saman. Inn sétti var skósveinn Eyvindar. Sá var íslenzkr at kyni, skyldr honum. Þenna svein hafði Eyvindr tekit af válaði ok flutt útan með sér ok haldit sem sjálfan sik.[75] Þetta bragð Eyvindar var uppi haft, ok var þat alþýðu rómr, at færi væri hans líkar.[76]

Þeir ríða upp Þórisdalsheiði ok ráku fyrir sér sextán klyfjaða hesta. Váru þar húskarlar Sáms tveir, en þrír farmenn. Váru þeir ok allir í litklæðum ok riðu við fagra skjöldu. Þeír riðu um þveran Skriðudal ok yfir háls yfir til Fljótsdals, þar sem heita Bulungarvellir, ok ofan á Gilsáreyri. Hon gengr austr at fljótinu milli Hallormsstaða ok Hrafnkelsstaða. Ríða þeir upp með Lagarfljóti fyrir neðan völl á Hrafnkelsstöðum ok svá fyrir vatnsbotninn ok yfir Jökulsá at Skálavaði. Þá var jafnnær rismálum ok dagmálum.

Kona ein var við vatnit ok þó lérept sín. Hon sér ferð manna. Griðkona sjá sópar saman léreptunum ok hleypr heim. Hon kastar þeim niðr úti hjá viðarkesti, en hleypr inn. Hrafnkell var þá eigi upp staðinn,[77] ok nökkurir vilðarmenn lágu í skálanum, en verkmenn váru til iðnar farnir. Þetta var um heyjaannir.

Konan tók til orða, er hon kom inn: 'Satt er flest þat, er fornkveðit er, at svá ergisk hverr sem eldisk.[78] Verðr sú lítil virðing, sem snimma leggsk á, ef maðr lætr síðan sjálfr af með ósóma

---

[74] **lét hann sér um þat fátt finnask**: 'he behaved as if he took little heed of this.'

[75] **ok haldit sem sjálfan sik**: 'and had done to him as to himself.'

[76] **Þetta bragð Eyvindar var uppi haft, ok var þat alþýðu rómr, at færi væri hans líkar**: 'This good deed of Eyvind was praised, and it was the common people's talk that there were few to match him.'

[77] **Hrafnkell var þá eigi upp staðinn**: 'Hrafnkel had not yet got up.'

[78] **Satt er flest þat, er fornkveðit er, at svá ergisk hverr sem eldisk**: 'It is mostly true, that which is said of old, that one grows cowardly [faint-hearted] as one ages.'

ok hefir eigi traust til at reka þess réttar nökkurt sinni, ok eru slík mikil undr um þann mann, sem hraustr hefir verit. Nú er annan veg þeira lífi, er upp vaxa með föður sínum, ok þykkja yðr einskis háttar hjá yðr, en þá er þeir eru frumvaxta, fara land af landi ok þykkja þar mestháttar, sem þá koma þeir, koma við þat út ok þykkjask þá höfðingjum meiri.[79] Eyvindr Bjarnason reið hér yfir á á Skálavaði með svá fagran skjöld, at ljómaði af. Er hann svá menntr, at hefnd væri í honum.' Lætr griðkonan ganga af kappi.

Hrafnkell ríss upp ok svarar henni, 'Kann vera, at þú hjalir helzti margt satt – eigi fyrir því, at þér gangi gott til.[80] Er nú vel, at þér aukisk erfiði. Far þú hart suðr á Víðivöllu eptir Hallsteinssonum, Sighvati ok Snorra. Bið þá skjótt til mín koma með þá menn, sem þar eru vápnfœrir.'

Aðra griðkonu sendir hann út á Hrólfsstaði eptir þeim Hrólfssonum, Þórði ok Halla, ok þeim, sem þar váru vápnfœrir.

Þessir hvárirtveggju váru gildir menn ok allvel menntir. Hrafnkell sendi ok eptir húskörlum sínum. Þeir urðu alls átján saman. Þeir vápnuðust harðfengiliga, ríða þar yfir á, sem hinir fyrri.

Þá váru þeir Eyvindr komnir upp á heiðina. Þar heita Bersagötur. Þar er svarðlaus mýrr, ok er sem ríði í efju eina fram, ok tók jafnan í kné eða í miðjan legg, stundum í kvið, þá er undir svá hart sem hölkn.[81] Þá er hraun stórt fyrir vestan, ok er þeir koma á hraunit, þá lítr sveinninn aptr ok mælti til Eyvindar: 'Menn ríða þar eptir oss,' segir hann, 'eigi færi en átján. Er þar mikill maðr á baki í blám klæðum, ok sýnisk mér líkt Hrafnkeli goða. Þó hefi ek nú lengi eigi sét hann.'

Eyvindr svarar: 'Hvat mun oss skipta? Veit ek mér einskis ótta vánir af reið Hrafnkels. Ek hefi honum eigi í mótí gört.[82] Mun hann eiga ørendi vestr til dals at hitta vini sína.'

Sveinninn svarar: 'Þat býðr mér í hug,[83] at hann muni þik hitta vilja.'

'Ekki veit ek,' segír Eyvindr, 'til hafa orðit með þeim Sámi, bróður mínum, síðan þeir sættusk.'

Sveinninn svarar: 'Þat vilda ek, at þú riðir undan vestr til dals. Muntu þá geymðr. Ek kann skapi Hrafnkels, at hann mun ekki gera oss, ef hann náir þér eigi.[84] Er þá alls gætt, ef þín er, en

---

[79] **þykkjask þá höfðingjum meiri**: 'consider themselves better than chieftains.'

[80] **at þér gangi gott til**: 'that you mean any good by it.'

[81] **er sem ríði í efju eina fram, ok tók jafnan í kné eða í miðjan legg, stundum í kvið, þá er undir svá hart sem hölkn**: 'it is like a slough to ride through, and it always came up to the knee or the haunch, sometimes up to the belly [of the horses], and yet underneath it is as hard as rock.'

[82] **Veit ek mér einskis ótta vánir af reið Hrafnkels**: 'I do not expect that I have anything to fear from Hrafnkel's riding.'

[83] **Þat býðr mér í hug**: 'It comes to my mind.'

[84] **hann mun ekki gera oss, ef hann náir þér eigi**: 'he will not do [anything to harm] us if he does not catch you.'

þá er eigi dýr í festi, ok er vel, hvat sem af oss verðr.'[85]

Eyvindr sagðisk eigi mundu brátt undan ríða, – 'því at ek veit eigi, hverir þessir eru. Mundi þat mörgum manni hlœgiligt þykkja, ef ek renn at öllu óreyndu.'

Þeir ríða nú vestr af hrauninu. Þá er fyrir þeim önnur mýrr, er heitir Oxamýrr. Hon er grösug mjök. Þar eru bleytur, svá at náliga er ófœrt yfir. Af því lagði Hallfreðr karl inar efri götur, þó at þær væri lengri.[86]

Eyvindr ríðr vestr á mýrina. Lá þá drjúgum í fyrir þeim. Dvalðisk þá mjök fyrir þeim.[87] Hina bar skjótt eptir, er lausir riðu. Ríða þeir Hrafnkell nú leið sína á mýrina. Þeir Eyvindr eru þá komnir af mýrinni. Sjá þeir þá Hrafnkel ok sonu hans báða. Þeir báðu Eyvind þá undan at ríða. 'Eru nú af allar torfœrur. Muntu ná til Aðalbóls, meðan mýrrin er á millum.'

Eyvindr svarar: 'Eigi mun ek flýja undan þeim mönnum, er ek hefi ekki til miska gört.'

Þeir ríða þá upp á hálsinn. Þar standa fjöll lítil á hálsinum. Útan í fjallinu er meltorfa ein, blásin mjök. Bakkar hávir váru umhverfis. Eyvindr ríðr at torfunni. Þar stígr hann af baki ok bíðr þeira.

Eyvindr segir: 'Nú munum vér skjótt vita þeira ørendi.'

Eptir þat gengu þeir upp á torfuna ok brjóta þar upp grjót nökkurt. Hrafnkell snýr þá af götunni ok suðr at torfunni. Hann hafði engi orð við Eyvind ok veitti þegar atgöngu. Eyvindr varðisk vel ok drengiliga. Skósveinn Eyvindar þóttisk ekki kröptugr til orrostu ok tók hest sinn ok ríðr vestr yfir háls[88] til Aðalbóls ok segir Sámi, hvat leika er.[89]

Sámr brá skjótt við ok sendi eptir mönnum. Urðu þeir saman tuttugu. Var þetta lið vel búit. Ríðr Sámr austr á heiðina ok at þar, er vættfangit hafði verit.

Þá er umskipti á orðit með þeim. Reið Hrafnkell þá austr frá verkunum.

---

[85] **þá er eigi dýr í festi, ok er vel, hvat sem af oss verðr**: (*lit*, 'then there is no beast in fetters, and [that] is well, whatever becomes of us,' i.e. 'then we are not bringing the target or prize with us' [so making ourselves a target].)

[86] Hallfred looked for and found a better route and made (*lagði*) a path. This would be the Hallfreðargata, mentioned in Chapter 2.

[87] **Dvalðisk þá mjök fyrir þeim**: (*impers*) 'They were much delayed.'

[88] **yfir háls**: 'over the ridge.'

[89] **hvat leika er**: 'what is going on.'

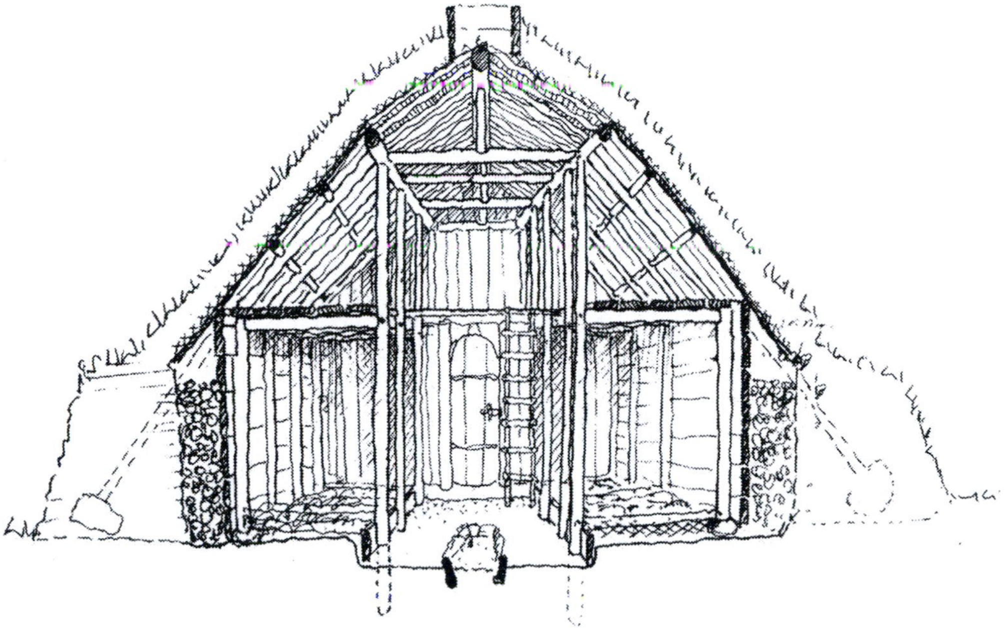

Figure 10.3. Looking West through the Central Hall of the Hrísbrú Longhouse. This long house of the Mosfell chieftains is representative of the type of building that *goðar* and prominent farmers lived in during the tenth century. The room, an *eldskáli*, was heated by the long fire fireplace extending down the center of the floor. The building's inhabitants slept, worked, and ate on the benches on either side of the sunken floor. Excavations by the Mosfell Archaeological Project found post holes dug into the earth for the two internal rows of large posts supporting the upper roof. Another two rows of outer posts embedded in the wooden paneling of the outside walls rested on flat support stones, which were found in place. The inner wooden frame provided strength while the outer turf provided insulation. Such buildings traditionally had an air space between the wooden walls and the exterior turf walls in order to prevent wood rot from moisture trapped between the two layers. Unusual for Icelandic buildings of this period, the Hrísbrú longhouse had a layer of small stones with air spaces separating the outside turfs and the interior wooden walls. At a later phase, foundation stones, which supported angled wooden posts, were added to the western half of the house to strengthen the building. They probably also supported a second story loft, shown in the drawing. In the background of the drawing, the ladder to the right of the door leads to the loft. (Jesse byock and Grétar Markússon, Mosfell Archaeological Project)

Eyvindr var þá fallinn ok allir hans menn.

Sámr gerði þat fyrst, at hann leitaði lífs með bróður sínum. Var þat trúliga gört: þeir váru allir líflátnir, fimm saman. Þar váru ok fallnir af Hrafnkeli tólf menn, en sex riðu brott.

Sámr átti þar litla dvöl, bað menn ríða þegar eptir. Ríða þeir nú eptir þeim ok hafa þó mœdda hesta.

Þá mælti Sámr: 'Ná megum vér þeim,[90] því at þeir hafa mœdda hesta, en vér höfum alla hraða, ok mun nálægt verða, hvárt vér nám þeim eða eigi, áðr en þeir komask af heiðinni.'

Þá var Hrafnkell kominn austr yfir Oxamýri.

Ríða nú hvárirtveggju allt til þess, at Sámr kemr á heiðarbrúnina. Sá hann þá, at Hrafnkell var kominn lengra ofan í brekkurnar. Sér Sámr, at hann mun undan taka ofan í heraðit.

Hann mælti þá: 'Hér munum vér aptr snúa, því at Hrafnkeli mun gott til manna verða.'

Snýr Sámr þá aptr við svá búit, kemr þar til, er Eyvindr lá, tekr til ok verpr haug eptir hann ok félaga hans. Er þar ok kölluð Eyvindartorfa ok Eyvindarfjöll ok Eyvindardalr.

Sámr ferr þá með allan varnaðinn heim á Aðalból. Ok er hann kemr heim, sendir Sámr eptir þingmönnum sínum, at þeir skyldi koma þar um morguninn fyrir dagmál. Ætlar hann þá austr yfir heiði. 'Verðr ferð vár slík, sem má.'

Um kveldit ferr Sámr í hvílu, ok var þar drjúgt komit manna.

9. kapítuli

Hrafnkell reið heim ok sagði tíðendi þessi. Hann etr mat, ok eptir þat safnar hann mönnum at sér, svá at hann fær sjau tigu manna, ok ríðr við þetta vestr yfir heiði ok kemr á óvart til Aðalbóls, tekr Sám í rekkju ok leiðir hann út.

Hrafnkell mælti þá: 'Nú er svá komit kosti þínum, Sámr, at þér mundi ólíkligt þykkja fyrir stundu,[91] at ek á nú vald á lífi þínu. Skal ek nú eigi vera þér verri drengr en þú vart mér. Mun ek bjóða þér tvá kosti: at vera drepinn-hinn er annarr, at ek skal einn skera ok skapa okkar í milli.'

Sámr kvazk heldr kjósa at lifa, en kvazk þó hyggja, at hvárrtveggi mundi harðr.

Hrafnkell kvað hann þat ætla mega, – 'því at vér eigum þér þat at launa, ok skylda ek hálfu betr við þik gera, ef þess væri vert. Þú skalt fara brott af Aðalbóli ofan til Leikskála, ok sezk þar í bú þitt. Skaltu hafa með þér auðœfi þau, sem Eyvindr hafði átt. Þú skalt ekki heðan fleira hafa í fémunum útan þat, er þú hefir hingat haft. Þat skaltu allt í brottu hafa. Ek vil taka við goðorði mínu, svá ok við búi ok staðfestu. Sé ek, at mikill ávöxtr hefir á orðit á gózi mínu, ok skaltu ekki þess njóta. Fyrir Eyvind, bróður þinn, skulu engar bœtr koma, fyrir því at þú mæltir herfiliga eptir inn fyrra frænda þinn, ok hafi þér œrnar bœtr þó eptir Einar, frænda yðvarn, þar er þú hefir haft ríki ok fé sex vetr. En eigi þykki mér meira vert dráp Eyvindar ok manna hans en meizl við mik ok minna manna. Þú gerðir mik sveitarrækan, en ek læt mér líka,[92] at þú sitir á

---

[90] **Ná megum vér þeim**: 'We will be able to catch them.'

[91] **at þér mundi ólíkligt þykkja fyrir stundu**: 'which but a short time ago would have seemed to you unlikely.'

[92] **ek læt mér líka**: 'I am content.'

Leikskálum, ok mun þat duga, ef þú ofsar þér eigi til vansa. Minn undirmaðr skaltu vera, meðan vit lifum báðir. Máttu ok til þess ætla, at þú munt því verr fara, sem vit eigumsk fleira illt við.'

Sámr ferr nú brott með lið sitt ofan til Leikskála ok sezk þar í bú sitt.

10. kapítuli

Nú skipar Hrafnkell á Aðalbóli búi sínum mönnum. Þóri, son sinn, setr hann á Hrafnkelsstaði. Hefir nú goðorð yfir öllum sveitum. Ásbjörn var með föður sínum, því at hann var yngri.

Sámr sat á Leikskálum þenna vetr. Hann var hljóðr ok fáskiptinn. Fundu margir þat, at hann unði lítt við sinn hlut.

En um vetrinn, er daga lengði, fór Sámr við annan mann – ok hafði þrjá hesta – yfir brú ok þaðan yfir Möðrudalsheiði ok svá yfir Jökulsá uppi á fjalli, svá til Mývatns, þaðan yfir Fljótsheiði ok Ljósavatnsskarð ok létti eigi fyrr en hann kom vestr í Þorskafjörð. Er þar tekit vel við honum.[93] Þá var Þorkell nýkominn út ór för. Hann hafði verit útan fjóra vetr.

Sámr var þar viku ok hvíldi sik. Síðan segir hann þeim viðskipti þeira Hrafnkels ok beiðir þá brœðr ásjá ok liðsinnis enn sem fyrr.

Þorgeirr hafði meir svör fyrir þeim brœðrum í þat sinni, kvazk fjarri sitja, – 'er langt á milli vár. Þóttumsk vér allvel í hendr þér búa, áðr vér gengum frá, svá at þér hefði hœgt verit at halda.[94] Hefir þat farit eptir því, sem ek ætlaða, þá er þú gaft Hrafnkeli líf, at þess mundir þú mest iðrask. Fýstum vit þik, at þú skyldir Hrafnkel af lífi taka, en þú vildir ráða. Er þat nú auðsét, hverr vizkumunr ykkarr hefir orðit, er hann lét þik sitja í friði ok leitaði þar fyrst á, er hann gat þann af ráðit, er honum þótti þér vera meiri maðr. Megum vit ekki hafa at þessu gæfuleysi þitt. Er okkr ok ekki svá mikil fýst at deila við Hrafnkel, at vit nennim at leggja þar við virðing okkra optar. En bjóða viljum vit þér hingat með skuldalið þitt allt undir okkarn áraburð, ef þér þykkir hér skapraunarminna en í nánd Hrafnkeli.'

Sámr kvezk ekki því nenna, segisk vilja heim aptr ok bað þá skipta hestum við sik. Var þat þegar til reiðu.[95] Þeir brœðr vildu gefa Sámi góðar gjafar, en hann vildi engar þiggja ok sagði þá vera litla í skapi.[96]

Reið Sámr heim við svá búit ok bjó þar til elli. Fekk hann aldri uppreist móti Hrafnkeli, meðan hann lifði.

En Hrafnkell sat í búi sínu ok helt virðingu sinni. Hann varð sóttdauðr, ok er haugr hans í

---

[93] **Er þar tekit vel við honum**: 'He was received well there.'

[94] **at halda**: *at halda* means 'keep,' or 'preserve.' They had arranged for him a secure position.

[95] **Var þat þegar til reiðu**: 'It was immediately ready at hand.'

[96] **sagði þá vera litla í skapi**: 'called them petty minded.'

Hrafnkelsdal út frá Aðalbóli. Var lagit í haug hjá honum mikit fé, herklæði hans öll ok spjót hans it góða.

Synir hans tóku við mannaforráði. Þórir bjó á Hrafnkelsstöðum, en Ásbjörn á Aðalbóli. Báðir áttu þeir goðorðit saman ok þóttu miklir menn fyrir sér.[97]

Ok lýkr þar frá Hrafnkeli at segja.

[97] **þóttu miklir menn fyrir sér**: 'were deemed great men.'

– CHAPTER 11 –
RUNES IN VIKING AND MEDIEVAL TIMES

ᚢᛁᛚᛒᚢᚱᚴ : ᛅᛘᛁᚴ[1]

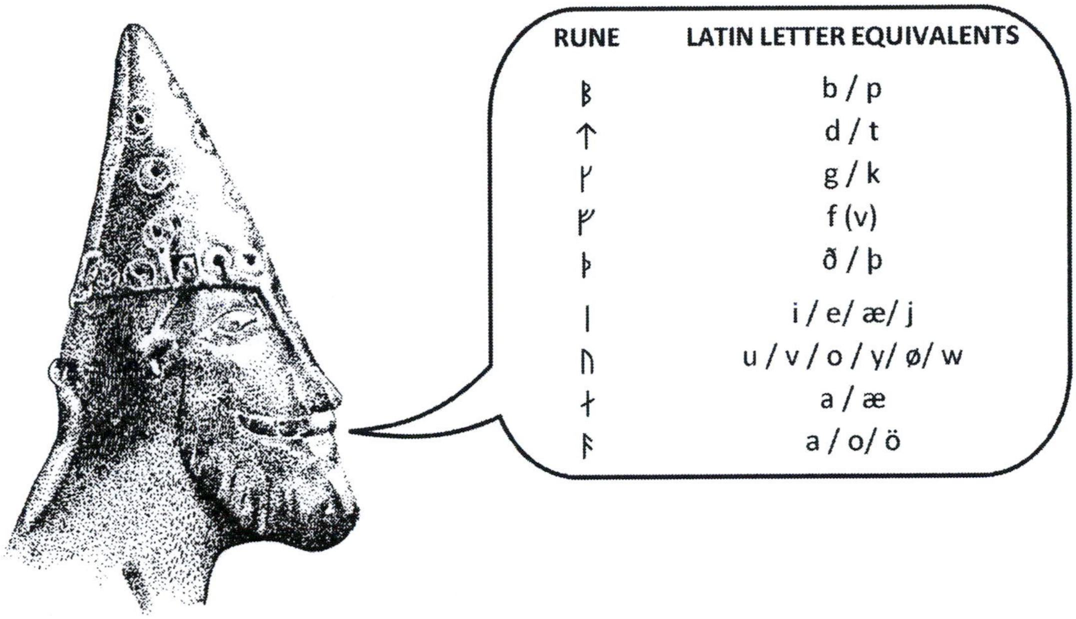
RUNE LATIN LETTER EQUIVALENTS
ᛒ b / p
ᛏ d / t
ᚴ g / k
ᚠ f (v)
ᚦ ð / þ
ᛁ i / e/ æ/ j
ᚢ u / v / o / y/ ø/ w
ᛅ a / æ
ᚬ a / o/ ö

Figure 11.1. Runic Letters of the Younger Futhark often represented multiple sounds or phonemes. Here are some examples.

THE YOUNGER FUTHARK

Runes are often overlooked because of the variety, quality, and volume of Old Norse / Icelandic sources. Yet runic writing was an integral part of Old Norse language and culture. During the Viking Age and in the following medieval centuries, people of all social classes wrote in runes. They called their runic script the 'futhark' after the first six runic letters ᚠᚢᚦᚬᚱᚴ. Runes were carved on wood, bark, stone, bone, antler, and metal, and inscriptions were employed for identification, messaging, magic, and commemoration. Runes are found on weapons, jewelry, runestones, and everyday items as far afield from mainland Scandinavia as Greenland, Iceland,

---

1 An Icelandic inscription from ca. 900 in the younger futhark. The runes were carved on a spindle whorl found in the oldest part of Reykjavík by the archaeologist Vala Garðarsdóttir in 2009. The whorl is made from red sandstone thought to be from Mount Esja across Faxaflói Bay from Reykjavík. The stone shows considerable wear, and the whorl, which was a useful everyday item, may have been in use for decades. It was owned by a woman named Vilborg.

the British Isles, the Baltic regions, Central Europe, Russia, and the Mediterranean.

Runes were in use in Scandinavia for more than thirteen centuries. They first appear toward the end of the first century AD and continue in active use into the fourteenth century, when they are mostly replaced by writing in Latin.[2] Several related futharks evolved. The earliest was called the elder futhark, divided into three groups.

THE ELDER FUTHARK

ᚠ ᚢ ᚦ ᚨ ᚱ ᚲ ᚷ ᚹ	ᚺ ᚾ ᛁ ᛃ ᛇ ᛈ ᛉ ᛊ	ᛏ ᛒ ᛖ ᛗ ᛚ ᛜ ᛟ ᛞ
f u þ a r k g w	**h n i j E p R s**	**t b e m l ng o d**

The elder futhark had twenty-four symbols representing an almost one-to-one agreement between each rune and each sound in the language. As an alphabet, the elder futhark was highy serviceable. With variations, it remained in use into the eighth century, or toward the beginning of the Viking Age, when the elder futhark was replaced by the younger futhark. This new, shortened futhark reduced the number of runes to sixteen, dropping the earlier one-to-one correspondence between runic letter and the sounds in the language. Like the elder futhark, the younger futhark was divided into three groups. In the Viking Age these groups were called *ættir* ('families').

THE YOUNGER FUTHARK[3]

ᚠ ᚢ ᚦ ᚬ ᚱ ᚴ	ᚼ ᚾ ᛁ ᛅ ᛋ	ᛏ ᛒ ᛘ ᛙ ᛚ ᛦ
f u þ ą,o r k	**h n i a s**	**t b m l R**

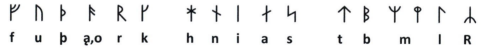

Individual runes in the younger futhark now represented more than one sound. The younger futhark was easier to learn but inscriptions were harder to read. Some of the sounds in the language from before the Viking Age, for example, /e/, /o/, /w/, /p/, /d/, /g/, are not clearly distinguished in the younger futhark. During the Viking Age, the sounds in the language increased, and vowels that were introduced or became prominent at the start of the Viking Age, such as /æ/, /ø/, /y/, /ǫ/ are not clearly represented in the younger futhark.

Why available letters were dropped from the writing system when the sounds of the language were increasing is a mystery. The opposite took place in the Old English use of runes, where rune carvers added new runes to reflect the new sounds in their Anglo-Saxon language.

As time passed, several variations of the younger futhark evolved, adding new runic letters to compensate for the limitations of the original sixteen runes. Some variations also reduced the number of strokes or cuts needed to form individual runes. These shortened runes are known as short-twig runes. They were faster and easier to carve than the long-stem characters

---

2 In some places in Scandinavia the use of runes continues into early modern times. This later tradition often shows significant changes from the earlier futharks.

3 This listing of the younger futhark contains seventeen runes with two variants of the *m*-rune: ᛘ and ᛙ.

of the younger futhark. Here is a sampling of an intermediate futhark with some short twig runes.

THE BEGINNING OF SHORT-TWIG RUNES

ᚠ	ᚢ	ᚦ	ᚬ	ᚱ	ᚴ	ᚽ	ᚿ	ᛁ	ᛆ	ᛌ	ᛐ	ᛓ	ᛙ	ᛚ	ᛧ
f	**u**	**þ**	**ą,o**	**r**	**k**	**h**	**n**	**i**	**a**	**s**	**t**	**b**	**m**	**l**	**R**

ADDITIONAL VARIANTS AND DOTTED RUNES

Toward the end of the Viking Age and continuing into the medieval centuries, additional variants of the younger futhark came into use. These employed short-twig runes as well as what are known as dotted-runes. The latter added new letters, for example ᛂ/e/, ᚵ/g/, and ᚤ/y/. Short-twig and dotted runes were frequently combined.

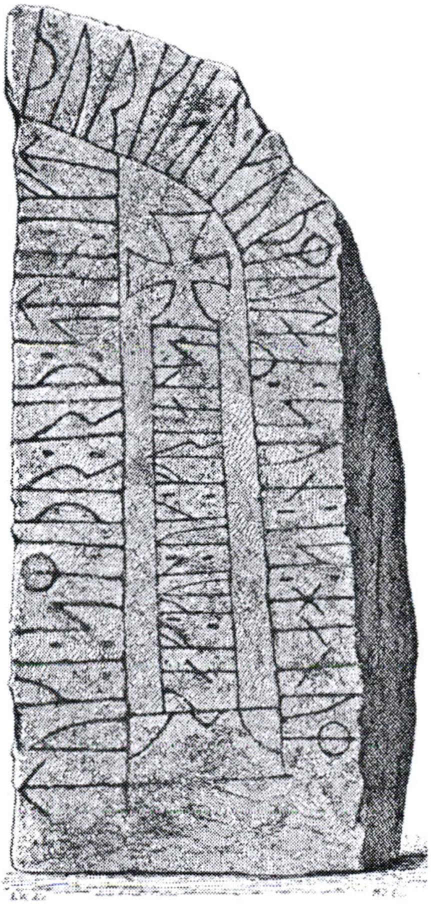

Figure 11.2. The Hørning Runestone in the younger futhark with long-branch runes.

RUNIC SPELLING

Spelling varies among runic inscriptions due to differences in pronunciation, the presence of regional dialects, the skill and education of rune carvers, and the lack of a recognized spelling standard. For example, *gerði*, the past tense of *gera*, is spelled ᚴᛅᚱᚦᛁ (*karþi/gærði*) on the Danish Jelling stone and ᚴᛁᛅᚱᚦᛁ (*kiarþi/gjærði*) in the Swedish Ramsund inscription.[4] Similar spelling variations exist in vellum manuscripts. For example, the verb *gera* ('do' or 'make') is spelled *gøra, göra, görva, görwa, giörva, giora*, and *gjöra* in different manuscripts.

To overcome the problem of variation and to make possible the production of dictionaries, scholars standardize Old Norse spelling when reproducing the contents of manuscripts and runic inscriptions. Most standardizations are based principally on Old Icelandic, the dialect that we know best because of a large number of surviving manuscripts.

The following examples and exercises in this chapter present runic inscriptions in three ways: 1) the original runes; 2) a transliteration of the runes into their Latin equivalents; and 3) a transcription of the runes into standardized Old Norse.

---

4 Both inscriptions are given in *Viking Language 1*.

11.1 The Hørning Runestone from Jutland in Denmark, The Gratitude of a Freed Man

The Hørning Runestone probably dates from the late tenth or early eleventh century.[5] The stone was first recorded at the top of a bank close to a bridge across the Århus River at Bering in the parish of Hørning in Jutland. A commemorative stone, it declares the status of Tóki the smith, the man who commissioned it, as a newly freed man. The inscription acknowledges the patronage of Þorgísl Guðmundarson,[6] the man who freed Tóki. It is of especial interest that Tóki is identified by his profession as a smith, but we do not know his range of skills. As well as giving an example of social emancipation, this inscription is evidence that skilled craftsmen could have unfree status even at the end of the Viking period.

The inscription is in three lines on one face of the stone. It starts at the bottom on the left-hand side and reads upwards. Then it continues down the right-hand side from the apex of this pointed stone. Finally it goes back up a central line to end in an incised Christian cross. The name of Þorgísl, the man honoured, stands very prominently at the top of the stone. The text is constructed using a common formula: X raised this stone after Y, followed by an extension which tells us something about the individual commemorated (Y), or the circumstances in which the inscribed stone was erected.

The runes used are characteristic of the younger futhark, and particularly of the slightly conservative variant of that script which was maintained in Denmark. There are no dotted runes, and the original form of t, ᛏ, appears. A curiosity is the preservation of the archaic palatal *R*-rune ᛦ at the end of the genitive Guðmundar while the simple *r*, ᚱ, appears in the nominative singular ᛋᛘᛁᚦᚱ (*smiþr*) The spelling conventions of the younger futhark render the word *kul* ambiguous: it could represent either *kol* ('coal') or *gull* ('gold'). Even in the case of a smith, the latter seems more likely in a commemorative inscription of this kind.

Tóki the smith also sponsored another runestone, raised 30km from the site of the Hørning stone. This second stone commemorates a man called Refli, whose father and grandfather are also named through patronymic formulae. That inscription ends with the Christian prayer, *Guð hjálp þeira sálu*, 'God help their souls.'

The Hørning Runes

ᛏᚢᚴᛁ:ᛋᛘᛁᚦᚱ:ᚱᛁᚦ:ᛋᛏᛁᚾ:ᛁᚠᛏ
ᚦᚢᚱᚴᛁᛋᛚ:ᚴᚢᚦᛘᚢᛏᛅᛦ:ᛋᚢᚾ:ᛁᛋ:ᚼᛅᚾᚢᛘ
ᚴᛅᚠ:ᚴᚢᛚ:ᚢᚴ:ᚠᚱᛁᛅᛚᛋᛁ+

---

5 The following discussion of the Hørning, Tu, and Klepp 1 runestones was prepared by John Hines, professor of Archaeology at the University of Cardiff, Wales. John (Professor Yr Athro) is an expert on runes and Vikings.

6 Þorgísl (ᚦᚢᚱᚴᛁᛋᛚ) may be a misspelling for the common name Þorgils. In some sources Þorgísli is given as the dative of Þorgils.

TRANSLITERATION OF THE HØRNING RUNES

tuki : smiþr : riþ : stin : ift
þurkisl : kuþmutaR : sun : is : hanum
kaf : kul : uk : frialsi

STANDARDIZATION

Tóki smiðr reisti stein eptir
Þorgísl Guðmundarson, er honum
gaf gull ok frjálsi.

11.1-A. TRANSLATE THE HØRNING RUNES

____
____
____
____
____
____

VOCABULARY FOR THE HØRNING RUNESTONE

eptir *prep* after
er (es) *rel particle* who, which, that
frjálsi *n* freedom
gefa <gefr, gaf, gáfu, gefinn > *vb* give
Guðmundarson *m* Gudmundarson (*personal name, patronymic*)
gull *n* gold
hann <*dat* honum> *pron* him
ok *conj* and
reisa vb <-ti, tr> *vb* raised
smiðr *m* smith
steinn <*acc* stein> *m* stone
Þorgísl m Thorgisl (Personal name), possibly Þorgils
Þorgils *m* Thorgils (*personal name*)
Tóki *m* Toki (*personal name*)

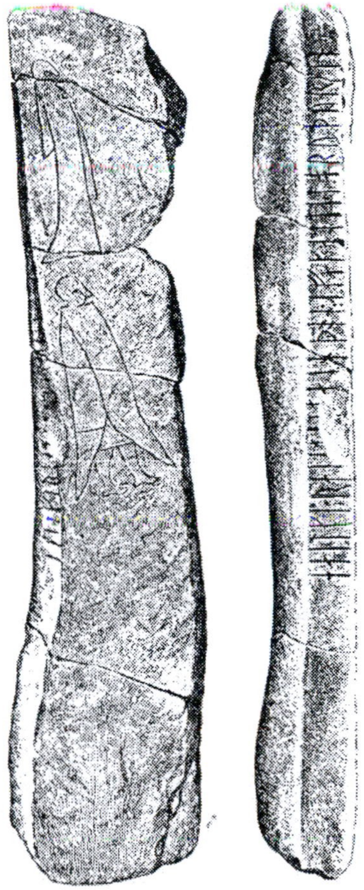

Figure 11.3. The Tu Runestone. The larger flat surface shows two figures, a man and a woman. The drawing, which shows the rune carving from two different angles, also shows where the stones is slightly damaged.

11.2 TWO RUNESTONES FROM THE PARISH OF KLEPP IN JÆREN, ROGALAND, NORWAY

The parish of Klepp lies in the Jæren region of Rogaland, south of Stavanger. From this parish, we have a pair of runestones, one from the farm of Tu and the other from the Klepp church (ON *kleppr* 'rocky knoll, raised rock outcrop'). The runes are thought to be from the end of the tenth century. The two stones are connected to one another through a shared reference to a local individual of high standing, a man called Helgi. In the nineteenth century, the stones were moved to the Bergen Historical Museum.

THE TU RUNESTONE, THE FIRST STONE

Known today as the Tu Stone, this runestone was first recorded in 1745, when it was found at Tu lying beside a wall of a farm building. The Tu Stone is a narrow slab with runes inscribed on one edge. Two stylized human figures, a man and a woman, are incised in profile on one of the broader sides. The stone must originally have stood upright with the two figures in a natural standing position (see figure 11.3).

Folk traditions recorded in the nineteenth century remembered the practice of carrying ploughsoil from the fields to the stone at harvest time, a process that was called in the local Norwegian dialect, *te bæra mol te han Njåra* ('carrying soil to Njörðr'). This custom is likely to have been a later medieval, or more recent, imaginative appropriation of ancient mythology in folk life rather than a genuine survival of pre-Christian ritual.

The text on the edge of the Tu Stone reads from the bottom upward and is as simple an expression of the memorial formula as can find: X raised this stone after Y, his kinsman.

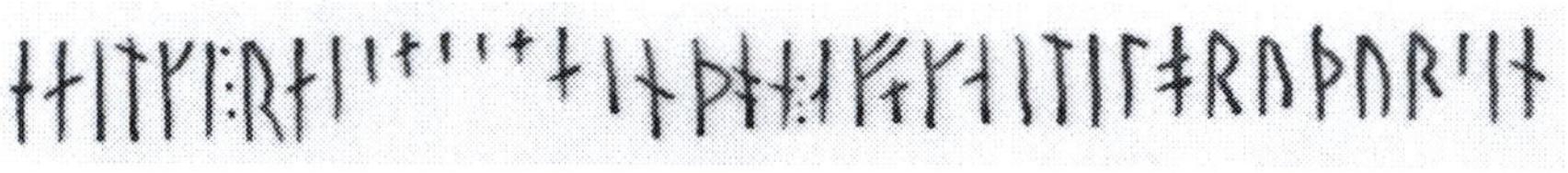

Figure 11.4. A Tracing of the Inscription from the Side of the Tu Stone. The stone seems to have been carved while laying on its side, similar to the position in this tracing. The stone is missing a piece in the first half of the runic inscription.

The sentence on the stone is divided by double dots into three grammatical units: the subject and commissioner of the memorial; the main verb and direct object, 'raised this stone'; and an adverbial expansion – 'after Y.' An unusual aspect of the spelling in this case is the use of *-ai-* to represent stressed *-e-* in the names of the two men **H**elgi and **K**etill. It is in fact only because of the formulaic nature of the text that we can distinguish *-i-* and *-s-* in the word ***raisti***, as the *-i-* is cut as short as an *-s-* over a hollow in the stone. It is interesting also to see that the rune-carver apparently missed the *-t* after *-f-* in *aft*, and filled it in after as a small insertion to rectify his mistake.

Figure 11.5. The Tu Runes. Note the presence of the short twig rune ᛌ for the long-branch ᛋ when carving the sound /s/ in the second and third words (*reisti stein*). Sometimes the carver divided the words with dots and sometimes not.

TRANSLITERATION OF THE TU RUNES

hailki : raististainþan : aftkaitilbruþursin

STANDARDIZATION

Helgi reisti stein þann eft Ketil bróður sinn.

11.2-A. Translate the Tu Runes

____

____

____

Vocabulary in the Tu and Klepp 1 Runic Inscriptions

á *prep* at
Ásgerðr <*dat* Ásgerði> Asgerd (*personal name*)
bróðir <*acc/dat* bróður> *m* brother
dóttir <*dat* dóttur> *f* daughter
eft *prep* after
Gunnarr <*gen* Gunnars> *m* Gunnar (*personal name*)
Harðarsonr *m* (*personal name, patronymic*)
Helgi *m* (*personal name*) *gen* Helga
Ketill *m* (*personal name*) *acc* Ketil
Kleppr Klepp (*place name*) *dat* Kleppi
kván *f* wife
reisa <-ti, -tr> *vb* raise
sinn <*f acc sg* sína; *m acc sg* sinn> *pron reflexive, possessive* his, her, its, their own
steinn <*acc* stein> *m* stone
þann <*m nom sg* sá> *dem art* that
þenna <*m nom sg* sjá> *dem art* this
Þórir *m* Thorir (*personal name*)

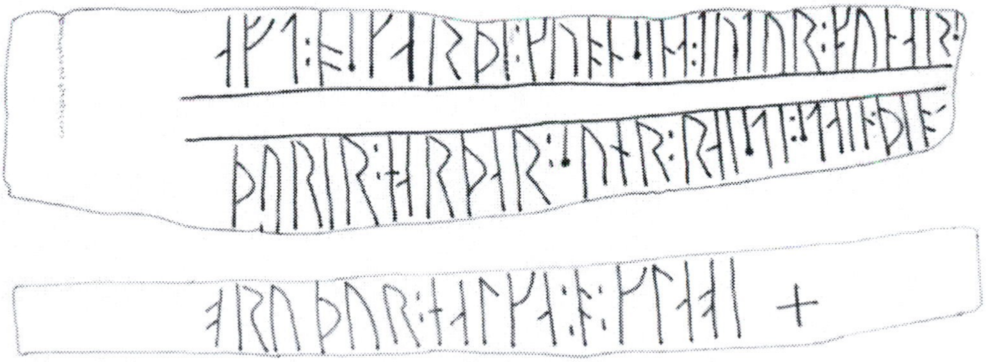

Figure 11.6. A Tracing of the Klepp 1 Inscription. The runes are carved on two faces of the stone. Old Norse *kleppr* means 'rocky hill,' a name carved in the dative, ᚴᛚᛆᛓᛁ (Kleppi), as the last word of the inscription.

The Klepp 1 Runestone

The Klepp 1 stone comes from the Klepp farmstead 3km northwest of Tu. It is called Klepp 1, because it is one of two runestones found at the old farm of Kleppe. The farm name is old and found carved on the runestone in the dative (ᚴᛚᛆᛓᛁ, klabi/kleppi). The Klepp 1 stone was raised in memory of a dead woman named Ásgerðr. The stone was first recorded in 1639 as standing outside the church at Kleppe. Like the Tu Stone, it must also have originally stood as a column. The runes of Klepp 1 are typically short twig. Along with the more usual short twig ᛅ (*a*), ᚿ (*n*), ᛐ (*t*), the Klepp 1 stone also has ᚽ (*h*), ᚬ (*ą*), and ᛓ (*b*).

The first two lines are on the broadest side, with line 2 above line 1. Line 3 is on the edge adjacent to line 1. This inscription ends with a small incised cross. It has dividers between every word in the text except for one sequence, *kuąnsina*, which should be analysed as two words, *kuąn sina* (*kván sína*).

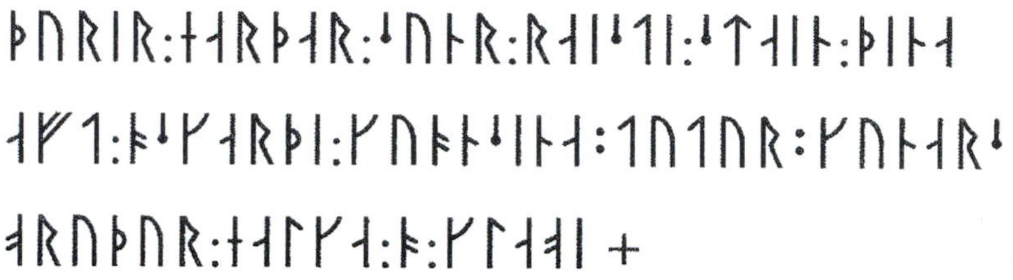

Figure 11.7. Klepp 1 Runes. This carver separated his words.

TRANSLITERATION OF THE KLEPP 1 RUNES

þurir : harþar : sunr : raisti : stain : þina
aft : ąskarþi : kuąnsina : tutur : kunars
bruþur : halka : ą : klabi +

STANDARDIZATION OF THE KLEPP 1 RUNES

Þórir Harðarsonr reisti stein þenna
eft Ásgerði kván sína dóttur Gunnars
bróður Helga á Kleppi.

11.2-B. TRANSLATE THE KLEPP 1 RUNES

CONNECTIONS BETWEEN THE TU AND THE KLEPP 1 STONES

The style in which the runes have been formed is sufficiently different between the Tu and the Klepp I inscriptions that they cannot be by the same hand. As well as geographical proximity, and similarity in date, the stones are also linked by reference to someone called Helgi. While it cannot be certain, it seems highly likely that this was the same man in both cases. The Tu stone was commissioned by him (Helgi) in memory of his brother Ketill – quite plausibly because Helgi had succeeded to an inheritance in place of that deceased elder brother. The later Klepp stone was raised by his niece's husband, Þórir Harðarson, at the site which became the parish church of Klepp. The stone identifies Helgi (*bróður Helga*, dat sing 'brother of Helgi') as Helgi of Klepp.

From the information of these two runic texts, we can put together a Viking Age family of three brothers (Helgi and his two brothers), as well as Ásgerðr, the daughter of one of those brothers, and her husband Þórir. Together, the two runestones offer us a striking insight into how important lateral relationships and kinship created through marriage were to these people. Note that on neither stone is there reference to the direct lines of father-son descent we might otherwise have expected to be determinative of inherited social status.

11.3 RUNES IN THE FAMILY SAGAS

The question is often asked: 'Who among the medieval population read runes?' The sagas contain many mentions of runic writing and offer clues. The following passages portray runes used in various situations by both men and women.

RUNES IN ICELAND'S EAST FJORDS (*THE TALE OF THORSTEIN OX-FOOT*)

The late fourteenth-century Icelandic manuscript, *Flateyjarbók,*[7] preserves *The Tale of Thorstein Ox-Foot* (*Þorsteins þáttr uxafóts*), a short saga (*þáttr*) which describes the use of runes in Iceland's East Fjords. The *þáttr* portrays a series of conversations between a young woman named Oddny (Oddný)[8] and her brother Thorkel Geitisson (Þorkell Geitisson).[9] Oddny has a speech impediment and cannot speak. She communicates in runes with her brother Thorkel. The story describes a disagreement between brother and sister, when a well-born Norwegian merchant named Ivar (Ívarr) takes lodging for the winter with Thorkel, who is ambitious to the point of using his sister.[10]

ÞORSTEINS ÞÁTTR UXAFÓTS (*FLATEYJARBÓK* CH 202, 203)

Þorkell hét maðr, er bjó í Krossavík. Hann var Geitisson. Hann var it mesta afarmenni ok harðfengr ok kallaðr ofrhugi. Hann var þá ókvæntr, er þessi saga gerðisk.[11] Systir hans óx upp með honum, er Oddný hét, allra kvenna vænst, hverri konu hagari.[12] Þó var mikill mállaki á ráði

---

7 *Flateyjarbók* is Iceland's largest medieval manuscript. Its 225 vellum leaves are sometimes illustrated and contain several texts found nowhere else. The manuscript is known as GKS 1005 fol. and *Codex Flateyensis*. This passage is based on the edition of Þorsteins þáttr uxafóts found in *Harðar Saga, Íslenzk fornrit* XIII. Eds. Þórhallur Vilmundarson and Bjarni Vilhjálmsson. Reykjavík: Hið íslenzka fornritafélag, 1991.

8 This name can be spelled several ways. Fourteenth-century manuscripts spell the name Orný, based on the pronunciation of the time. Earlier the pronunciation was Oddný.

9 Þorkell Geitisson from Krossavík in Vápnafjörðr is well known from the sagas of the East Fjords.

10 At a later point in his life, Thorkel Geitisson is one of the principal feuding parties in *Vápnfirðinga saga* (*The Saga of Weapon's Fjord*).

11 **er þessi saga gerðisk**: 'when this saga took place.'

12 **allra kvenna vænst, hverri konu hagari**: 'the fairest of all women, more skillful than every woman.' The dative is used to express comparison: hverri konu hagari.'

hennar; hon hafði ekki mál[13] ok var með því alin.[14] Þau unnusk mikit, systkin.... Erlingr [var] ríkr hersir af Hörðalandi. Erlingr átti þann son, [er] Ívarr hét, allra manna vænstr, þeirra [er] upp óxu á Hörðalandi.[15] Því[16] var hann kallaðr Ívarr ljómi. Hann var hverjum manni betr[17] at íþróttum búinn, ofmetnaðarmaðr svá mikill, at náliga máttu engir menn mæla né gera til jafna við hann.[18] Hann var ókvæntr langa tíma ok því, at honum þótti sér nær hvergi fullkosta.[19] Hann sat löngum hjá Styrkári, frænda sínum, á Gimsum í Þrándheimi.[20] Þessi Styrkárr var faðir Einars þambarskelfis....[21]

Ívarr hafðisk löngum við í kaupferðum, bæði til Englands ok Danmerkr. Eitt sumar fór hann til Íslands kaupferð. Hann kom skipi sínu í Gautavík í Austfjörðum. Þorkell Geitisson reið til skips ok bauð stýrimanni heim til sín[22] við svá marga menn sem hann vildi með sér hafa. Ívarr þakkaði bónda ok kveðsk þat þiggja mundu.[23] Ívarr fór heim í Krossavík við fimmta mann[24] ok sat þar um vetrinn. Ívarr [var] gleðimaðr mikill ok örr af fé.

Þat var einn dag, at Þorkell gekk til tals við Oddnýju systur sína ok sagði henni, at stýrimaðrinn var heim kominn. 'Vilda ek, frændi,' segir hann, 'at þú þjónaðir[25] honum í vetr því at hér eru flestir aðrir menn í starfi.' Oddný reist rúnar á kefli,[26] því at hon mátti eigi mæla, en Þorkell tók við[27] ok leit á. Keflit sagði svá: 'Ekki er mér um[28] at leggja mik til þjónustu við stýrimann, því at mér segir svá hugr um,[29] ef ek geri þat, at þjóna Ívari, at þar muni mikit vánt af standa.'[30]

11.4 RUNES IN EGIL'S SAGA

EGIL SKALLAGRIMSSON CURSES KING EIRIK BLOODAXE WITH RUNES ON A *NÍÐSTÖNG* (*EGIL'S SAGA*)

The warrior-poet Egil Skallagrimsson traveled widely in the northern lands. He was a man with

---

13 **Hon hafði ekki mál**: 'She did not have speech.'
14 **ok var með því alin**: 'and [she] was brought up with this.'
15 **þeirra er upp óxu á Hörðalandi**: 'of those who grew up in Hörðaland [in Norway].'
16 **því**: 'and for this [reason].'
17 **hverjum manni betr**: 'better than every man,' cf. note above, 'hverri konu hagari.'
18 **jafna við hann**: 'match him.' From **jafni** *m* equal, match.
19 **at honum þótti sér nær hvergi fullkosta**: 'that no [woman] seemed near a full match for him.'
20 **í Þrándheimi**: Throndheim in Norway.
21 Einar Paunchshaker was a leader of the farmers in the Trondelag region. He plays a role in the sagas of Olaf Tryggvason and Harald Hardradi.
22 **bauð stýrimanni heim til sín**: 'he invited the captain to his home.'
23 **ok kveðsk þat þiggja mundu**: 'and he said he would accept it (i.e., his invitation).'
24 **við fimmta mann**: 'as a fifth man,' i.e., as a party of five (with four others).
25 **þjónaðir**: Here the subjunctive is used to express a wish.
26 **á kefli**: 'on a stick.'
27 **en Þorkell tók við og leit á**: 'and Thorkel took it and looked at it.'
28 **Ekki er mér um:** 'I am not inclined.'
29 **því at mér segir svá hugr um, ef...**: 'because [my] heart speaks thus to me, (that) if....'
30 **muni mikit vánt af standa**: 'a great ill would be caused by this.'

both friends and enemies. One powerful enemy was King Eirik Blood-Axe (Eiríkr blóðøx) of Norway. The king makes Egil an outlaw. Egil, before he escapes from Norway, erects a *níðstöng* (scorn pole) against King Eirik and his queen Gunnhild. To curse the royal couple, he cuts runes into the hazel pole and mounts a horse's head on top.

EGILS SAGA SKALLAGRÍMSSONAR (CH 57)

Gekk Egill upp í eyna. Hann tók í hönd sér heslistöng ok gekk á bergsnös nökkura, þá er vissi[31] til lands inn; þá tók hann hrosshöfuð ok setti upp á stöngina. Síðan veitti hann formála[32] ok mælti svá: 'Hér set ek upp níðstöng, ok sný[33] ek þessu níði á hönd[34] Eiríki konungi ok Gunnhildi dróttningu,' — hann sneri hrosshöfðinu inn á land, — 'sný ek þessu níði á landvættir þær, er land þetta byggva, svá at allar fari þær villar vega,[35] engi hendi né hitti sitt inni,[36] fyrr en þær reka Eirík konung ok Gunnhildi ór landi.' Síðan skýtr hann stönginni niðr í bjargrifu ok lét þar standa; hann sneri ok höfðinu inn á land, en hann reist[37] rúnar á stönginni, ok segja þar formála þenna allan. Eptir þat gekk Egill á skip.

Figure 11.8. A Female Figure Carrying What Appears to be a Drinking Horn. From a Gotland picture stone (Sweden).

11.5 RUNES IN THE LEGENDARY SAGAS

SIGURD THE DRAGON-SLAYER LEARNS RUNES FROM A VALKYRIE (*THE SAGA OF THE VOLSUNGS*)

Sigurd the Volsung was the most famous dragon slayer in the northern lands. Heir to the Volsung legacy of heroism and struggle, Sigurd is closely connected with Odin from whom the Volsungs are descended. After Sigurd kills the dragon Fafnir, he rides his horse Grani, descended from Odin's eight-legged steed Sleipnir, to Hindarfell, a mountain whose top is lit by fire. There within the circle of fire, he finds a valkyrie named Brynhild who had been stuck with a sleep thorn by Odin as a punishment. Sigurd frees

---

31 **vissi**: was turned toward (*3sg past*).
32 **formáli**: 'formal words, incantation.'
33 **snýr**: from **snúa** [*w dat*] 'to turn.'
34 **á hönd**: [*w dat*] 'against.'
35 **svá at ... vega**: 'such that all these [spirits] should go astray.'
36 **engi ... inni**: 'that not one should reach nor find its home'; **hendi** from **henda** 'to catch or reach.'
37 **reist**: from **rísta** 'to carve.'

Brynhild from the curse and asks the valkyrie to teach him mighty things (*stórir hlutir*). She brings the young hero *bjórr magni blandinn* ('beer mixed with power') and in a series of eddic verses instructs him in runes.[38]

BRYNHILD TELLS HER TALE AND TEACHES RUNES, VÖLSUNGA SAGA (CH 21)

Brynhildr segir, at tveir konungar börðusk. Hét annarr Hjálmgunnar. Hann var gamall ok inn mesti hermaðr, ok hafði Óðinn honum sigri heitit, en annarr Agnarr eða Auðabróðir. 'Ek fellda Hjálmgunnar í orrustu, en Óðinn stakk mik svefnþorni í hefnd þess ok kvað mik aldri síðan skyldu sigr hafa ok kvað mik giptask skulu. En ek strengda þess heit þar í mót at giptask engum þeim, er hræðast kynni.' Sigurðr mælti: 'Kenn oss ráð til stórra hluta.' Hon svarar: 'Þér munuð betr kunna, en með þökkum vil ek kenna yðr, ef þat er nökkut, er vér kunnum, þat er yðr mætti líka, í rúnum eða öðrum hlutum, er liggja til hvers hlutar, ok drekkum bæði saman, ok gefi goðin okkr góðan dag, at þér verði nyt ok frægð at mínum vitrleik ok þú munir eptir, þat er vit ræðum.' Brynhildr fylldi eitt ker ok fœrði Sigurði ok mælti:

Bjór fœri ek þér,	Translate:________________
brynþinga valdr,	________________
magni blandinn	________________
ok megintíri;	________________
fullr er ljóða	________________
ok líknstafa,	________________
góðra galdra	________________
ok gamanrœðna.	________________

(2) **brynþinga valdr**: kenning for warrior; ***(8)*** The eddic poem *Sigrdrífumál* has **gaman rúna** ('runes of joy' or 'pleasure') in place of **gaman rœðna**.

Sigrúnar skaltu kunna,	________________
ef þú vill snotr vera,	________________
ok rísta á hjalti hjörs,	________________
á vettrimum	________________
ok á valböstum	________________
ok nefna tysvar Tý.	________________

(6) The rune with the phonetic value /t/ was named after the god Týr.

---

[38] These verses correspond to stanzas from the eddic poem *Sigrdrífumál* beginning with that poem´s fifth stanza.

Brimrúnar skaltu gera, ______
ef þú vill borgit hafa ______
á sundi seglmörum. ______
Á stafni skal þær rísta ______
ok á stjórnar blaði ______
ok leggja eld í ár. ______
Fellrat svá brattr breki ______
né blár unnir, ______
þó kemsk heill af hafi. ______

***(3)* seglmörum** 'sail-steeds,' a kenning for ships; ***(9)* komask af** escape (*2sg pres mid*); the subject (**þú**) is omitted.

Málrúnar skaltu kunna, ______
ef þú vill, at manngi þér ______
heiptum gjaldi harm. ______
Þær um vindr, ______
þær um vefr, ______
þær um setr allar saman ______
á því þingi, ______
er þjóðir skulu ______
í fulla dóma fara. ______

***(2)* vill** = **vilt**

Ölrúnar skaltu kunna, ______
ef þú vilt, at annars kván ______
véli þik í tryggð, ef þú trúir. ______
Á horni skal þær rísta ______
ok á handarbaki ______
ok merkja á nagli nauð. ______

***(3)* véli** = **velit**; ***(6)* Nauð** is the name of one of the runic letters.

Full skaltu signa
ok við fári sjá
ok verpa lauk í lög.
Þá ek þat veit,
at þér verðr aldri
meinblandinn mjöðr.

Bjargrúnar skaltu nema,
ef þú vill borgit fá
ok leysa kind frá konu.
á lófa skal þær rísta
ok um liðu spenna
ok biðja dísir duga.

11.6 MEDIEVAL RUNES

Elements of Old Norse language and culture continued in usage after the end of the historical and social characteristics that traditionally date the Viking Age. Runic writing is an example. In different variants, the younger futhark of the Viking Age remained in use in the northern lands for centuries during the medieval period which followed Viking times after ca. 1100. In particular, an expanded medieval futhark came into use in Norway and other areas of Scandinavia around the year 1200. Sometimes called the futhork, ᚠᚢᚦᚮᚱᚴ, this fuller runic alphabet incorporated long-branch runes, short-twig runes, and dotted runes. The combination created a successful writing system. It offered the sounds of the language in a format that was especially handy for carving on wood, the most readily available medium.

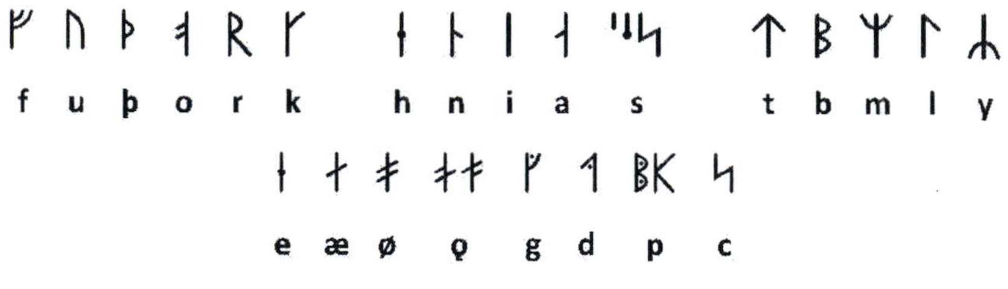

The medieval futhork had twenty-three runes providing an almost full one-to-one correspondence between sound and letter. The original sixteen characters of the Viking Age younger futhark, however, remained more firmly established than the new medieval characters. In essence, the original runes of the younger futhark became primary characters, while the new seven letters of the futhork were seen as secondary and were not always used.[39]

11.7 MEDIEVAL RUNES FROM BERGEN

The Bryggen runes from the Norwegian trading town of Bergen are archaeological finds which illustrate the medieval use of runes and developments in Old Norse language.[40] Bryggen, the Norwegian rendering of ON *bryggja* ('bridge,' wharf, or 'quay') was the old port-area of Bergen reaching as far back as the late Viking Age. In the thirteenth century, Bergen became a Hanseatic trading hub with shipping and commerce centered in the Bryggen area. In 1955, a fire destroyed a number of old wooden gabled buildings, exposing a considerable area of ground. Archaeologists, led by Asbjørn Herteig, set to work. The excavations lasted for more than thirteen years, unearthing remains of structures, paths, properties, and artifacts.

The ground under the buildings was composed to a large degree of landfill overlaying old wharfs, jetties, and warehouses. From medieval to modern times, landfill (often containing artifacts) was transported from other parts of Bergen and dumped at the edge of the water in order to extend the harbor further into the bay. The soil under the burned buildings had been accumulating artifacts for centuries when the archaeologists began their work.

Several factors aided the archaeologists in revealing aspects of harbor life reaching back to late Viking times. Because of the marshy nature of the coastal soil, the buildings had no cellars. This left the water-logged strata under the buildings undisturbed, limiting the destructive effects of oxygen, and, together with the chemicals in the water, providing an unusually secure medium for wood preservation.

Textual research also came into play. The Bryggen site had burned earlier in 1702, but older written sources – including kings' sagas, Icelandic annals, diplomas, and Hanse chronicles – record seven or eight large fires. The earliest was from 1170-71, or close to the end of the Viking period, meaning the site was at least this old. Each time the buildings burned, a new layer of ash and debris was deposited into the soil. This provided archaeologists with the ability to date many of the finds under or immediately above an identifiable burn level.

Small pieces of wood, some with markings, were found in the soil. Examples were sent to Prof. Aslak Liestøl at the University Oldsakssamling (the historical archaeological museum) in Oslo. Liestøl immediately recognized runes, and eventually over 650 pieces of wood with runic inscriptions were found. They record a wide range of human activity, including commerce, love, and inscriptions in Latin.

The Bryggen inscriptions give the impression that many medieval men and women were literate in runes. The majority of the inscriptions are on sticks that were used in commerce. Often the wood, as in the examples below, was shaped with points or barbs for use as

---

39 Terje Spurkland. *Norwegian Runes and Runic Inscriptions*. Trans. Betsy van der Hoek. Woodbridge, UK: Boydell Press, 2005, p. 153.

40 For Bryggen and medieval runes see Norsk Historisk Kjeldeskrift-Institutt's *Norges innskrifter med de yngre runer*, volume 7, part 2, by Ingrid Sanness Johnsen, Oslo: 1990 and Terje Spurkland, *Norwegian Runes and Runic Inscriptions*. Images of the Bryggen rune sticks in this chapter are N743, N684, and N669 in the Kjeldeskrift-Institutt's catalogue.

identification tags. These were stuck into goods including meat, fish, and sacks of cargo. The identity tags were probably reused.

11.8 MEDIEVAL RUNES IN COMMERCE

1. BRYGGEN RUNES IN COMMERCE – RUNIC INDENTITY TAGS

The following three pine sticks were carved with runes. They were used as identity tags to indicate ownership of goods. These carvings have no word divisions. They all use the 3rd person present form of the verb *eiga*.

11.8-1A. RUNE STICK

Figure 11.10. A Rune Stick with Medieval Runes from Bergen, Norway. The owner is a woman and the stick has an unusual double cross at one end. Length is 116mm, width 15mm, and thickness 6mm. It was found under or around a burn layer from 1198. The runes are wide and easily read. They were cut with double strokes.

WRITE THE RUNES ______________________________

TRANSLITERATE ______________________________

TRANSLATE ______________________________

11.8-1B. RUNE STICK

Here the rune ᚼ indicates /e/.

Figure 11.11. A Second Pine Strip with Medieval Runes from Bergen. This stick was found broken in four pieces in burn fill lying on top of the 1248 burn layer. The stick has two shaped ends. Length is 122mm, width 20mm, and thickness 8mm. The runes were carefully cut with double strokes.

WRITE THE RUNES ______________________________

TRANSLITERATE ______________________________

TRANSLATE ______________________________

11.8-1C. RUNE STICK

Figure 11.12. A Rune Stick from Bergen. Both ends of the stick are broken, and the inscription is on the middle section. It was found in fill soil dumped into the harbor basin and lay above the fire layer from 1248. Length is 62mm, width 18mm, and thickness 6mm.

WRITE THE RUNES ______________________________

TRANSLITERATE ______________________________

TRANSLATE ______________________________

11.9 BRYGGEN LOVE RUNES

Some of the Bryggen carvers had matters other than commerce on their minds.

11.9-2A. RUNE STICK INSCRIPTION

ᚭᛌᛐ:ᛘᛁᚿ:ᚴᛁᛌ:ᛘᛁᚴ

TRANSLITERATE ______________________________

STANDARDIZE ______________________________

TRANSLATE ______________________________

11.9-2B. A RUNE STICK INSCRIPTION

Love and sex are frequent subjects in the Bryggen carvings. In the inscription below, a love-sick rune carver uses the runic letter ᚭ to represent the sound /á/, and ᛦ to represent a /y/ sound. The rune ᚾ is used for /e/ sounds, ᛆ for /á/, and ᚭ for both /o/ and /u/. As one might expect from a message containing emotion, the language is rich, illustrating the versatility of runic writing.

ᚾᛂᚴ ᛌᚢᛆ : ᚴᚭᚽᚭ ᛘᛆᚽᛌ ᛆᛐ ᛘᛂᚱ:
ᚦᛦᚴᛁ ᚴᛆᛚᛘᚱ ᚾᛚᛘᚱ:
ᛂᚽ ᛂᚴ ᛂᛘ ᚢᛁᚽᚱ : ᚢᛁᚴᛌ ᚦᚾᛌᚨ

The Bryggen inscription (B644) given above includes *bind runes*. Bind runes combine two runes into a single character by using a shared vertical stave. The first rune combines the runes ᚿ and ᛆ. The final rune combines ᚢ and ᛆ.

TRANSLITERATE ____

____

____

STANDARDIZE ____

____

____

TRANSLATE ____

____

____

11.10 RUNIC INSCRIPTIONS IN LATIN

In the medieval centuries, runic writing was increasingly influenced by Latin. These two inscriptions reflect both runic and Latin usage. The first inscription is *Ave Maria* and the second is a line from Virgil. Runic inscriptions in Latin are found in Bryggen, but the first of these two inscriptions comes from elsewhere in Norway. Runic carvings on wood have survived in many locations throughout the Scandinavian cultural areas.

11.10-1A. AVE MARIA CARVED IN RUNES ON A WOODEN PEG FROM TØNSBERG.

A fourteenth-century wooden peg found in Tønsberg, Norway offers a rendering of *Ave Maria*. There are no breaks between words.

ᛆᚢᛂᛘᛆᚱᛁᛆᚵᚱᛆᛋᛁᛆᛕᛚᛂᚿᛆᛑᚮᛘᛁᚿᚢ'ᛐᛂᚴᚢᛘᛒᛂᚿᛂᛑᛁᛋᛐᛆᛐᚢᛁᚿᛘᚢᛚᛁᛂᚱᛁᛒᚢ'

Write the Runic Inscription adding breaks between the Words:

____

____

TRANSLITERATE ____

____

TRANSLATE ____

____

11.10-1B. A LINE FROM VIRGIL'S AENEID

The following inscription from Bergen is from Virgil. The line is repeated in several runic carvings.

ᚮᛘᚿᛆ:ᚢᛁᚿᚴᛁᛐ. ᚮᛘᚮᚱ.ᛆᛐ.ᚿᚮ'.ᛋᛂᛑᛆᛘᚢ'.ᚮᛘᚮᚱᛁ

TRANSLITERATE ____

____

TRANSLATE ____

____

11.11 KEY TO THE RUNE EXERCISES

THE RUNES OF THE OPENING CHAPTER QUOTATION.

Write the Runes: ______________________________

Transcription: uilburk : amik

Standarization: Vilborg á mig

11.1-A. HØRNING RUNES TRANSLATION

Tóki the smith raised this stone after Thorgisl/Thorgils Gudmundarson, who gave him gold and freedom.

11.2-A. TU RUNES TRANSLATION

Helgi raised the stone after Ketil, his brother.

11. 2-B. KLEPP 1 RUNES TRANSLATION

Thorir Hardarson raised this stone, after Asgerd his wife, the daughter of Gunnar, the brother of Helgi at Klepp.

BRYGGEN RUNES IN COMMERCE – RUNIC INDENTITY TAGS

11.8-1A. Runes ᛒᛁᛆᚿᛁ ᛆ

Transcription: Bja(r)ni á.

Translation: Bjarni owns [me].

11.8-1B. Runes ᛆᛁᚱᛁᚴᚱ ᛆ

Transcription: Eiríkr á.

Translation: Eirik owns [me].

11.8-1C. Runes ᚦᚢᚱᛆ ᛆ ᛘᛁᚴ

Transcription: Þúra á mik.

Translation: Þóra owns me.

BRYGGEN LOVE RUNES

11.9-2A. Transliteration: ost:min:kis:mik
Standardization: Ást mín kyss mik.
Translation: My love, kiss me.

11.9-2b. Transliteration: an ek sua: kono mans at mer: þyki kaltr æltr: en ek em unir: uifs þæsua
Standardization: Ann ek svá konu manns, at mér þykkir kaldr eldr. En ek em vinr vífs þessa.
Translation: I love so much that mans wife that to me fire seems cold. And I am this woman's lover.

LATIN INSCRIPTIONS IN RUNES

11.10-1A. Transliteration: aue : maria : gracia : plena : dominus : tecum : benedicta : tu : in : mulieribus
Latin Transcription: Ave Maria gratia plena, dominus tecum, benedicta tu in mulieribus
English Translation: Hail Mary, full of grace, the lord be with you, blessed are you among women.

11.10-1B. VIRGIL IN RUNES
Transliteration: omnia:uinciþ:amor:æþ:nos:cedamus:amori
Latin Transcription: Omnia vincit amor et nos cedamus amori
English Translation: Love conquers all, and let us give in to love.

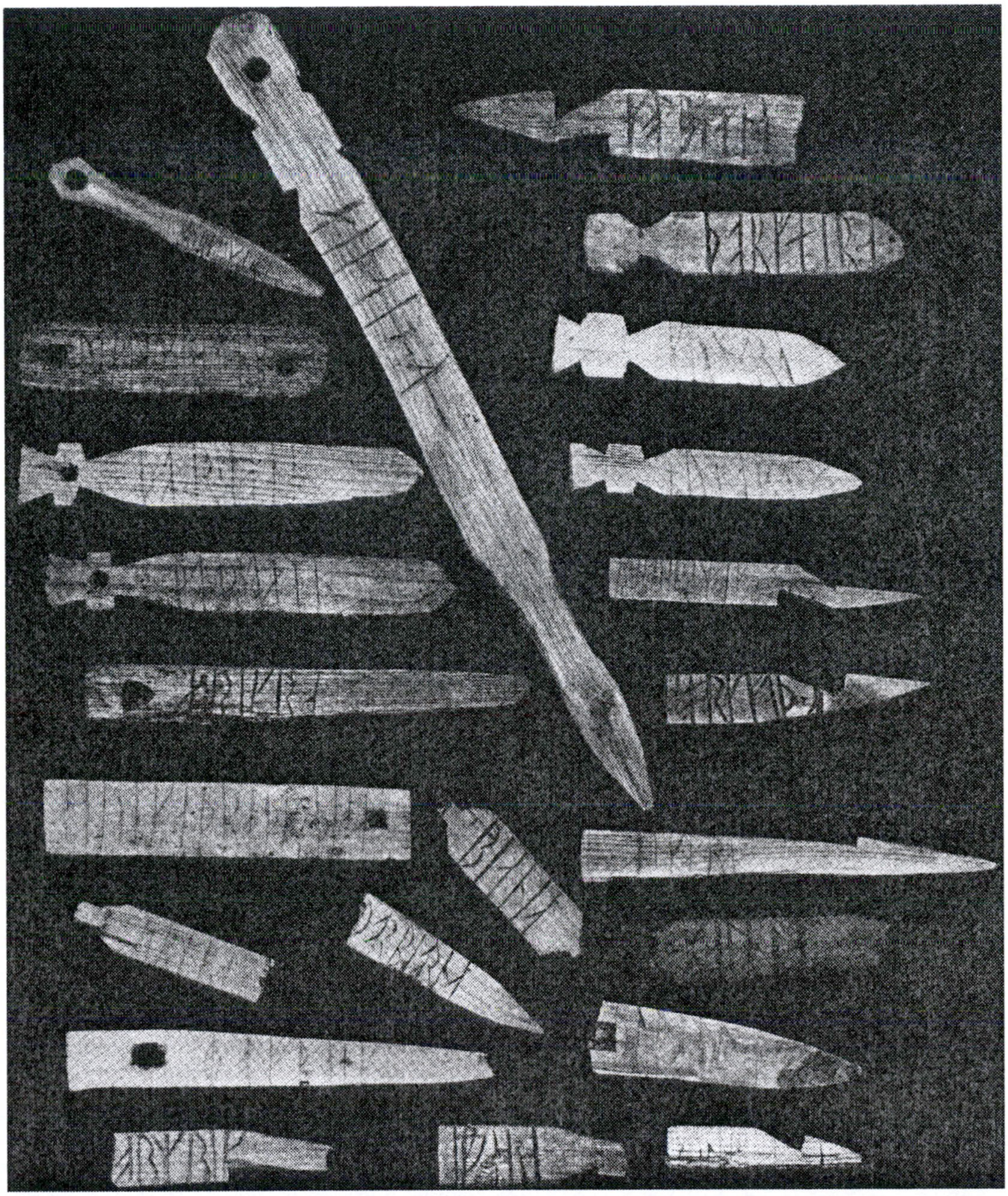

Figure 11.17. A Selection of Rune Sticks from the Bryggen Excavations in Bergen. Used in commerce and messaging, runes sticks were common objects. Some were shaped with points or barbs in order to be stuck into piles of trade goods or sacks and used as identity tags. After the discovery of rune sticks in Bergen, more were found at other trading sites. Some are carved with quickly with single strokes and some more carefully with double strokes (*Norges innskrifter med de yngre runer*, vol. 7).

– CHAPTER 12 –
EDDIC POETRY

Mjök erum tregt tungu at hræra
– Egill Skallgrímsson, *Sonatorrek*

A SHORT INTRODUCTION TO OLD NORSE POETRY

In the Viking Age, poetry was considered a gift from Odin. Those who excelled at verse-making were prized by their contemporaries and valued by their descendants. Poetry, whether eddic or skaldic, was also a sign of learning, not least about the gods, myths, and heroic history. A considerable part of the Viking Age population, both men and women, participated in making, recounting, and listening to poetry.

Norse poetry was part of a long tradition of oral composition that can be traced at least to the fourth century AD through runic inscriptions carved on stones and objects. Examples of Old Norse verse in the Younger Futhark of the Viking Age are considered in the following descriptions of eddic and skaldic poetry.

Figure 12.1. Sword from Vendel in Uppland, Sweden. The intricacy of Old Norse poetry is often compared to the interwoven design of early Scandinavian ornamentation, an aspect of culture inherited from the pre-Viking Age. This sword, with its richly ornamented hilt, was found in a 7th- and 8th-century grave field. Vendel style decoration is similar to 7th-century Sutton Hoo ornamentation in England.

Even after the Latin alphabet and the practice of writing on parchment arrived with Christianity around the year 1000, Old Norse culture remained largely oral. Poetry served as a primary vehicle for conveying mythological and legendary, knowledge as well as the memory of historical events. Verse also was a central mode for praise as well as defamation of individuals. People turned to poetry for personal expression, humor, and community entertainment.

The two main types of Old Norse poetry are eddic and skaldic verse. Both are preserved chiefly in Old Icelandic writings. Eddic and skaldic verse are closely related, and these two forms of the same poetic tradition were delivered to audiences by poets called skalds (*skáld* sg and pl). Skalds came from all ranks of society, and skill at poetry was a means of advancement and fame. Both eddic and skaldic poetry contain references to mythological subjects. A considerable number of eddic and skaldic poems have survived. Icelandic written texts preserve approximately four thousand lines of eddic verse and sixteen thousand lines of skaldic verse. Runestones, found especially in mainland Scandinavia, offer additional examples of each type of verse.

Eddic and skaldic poetry share many similarities, but they are also distinct in several ways. Skaldic verse is formed according to complex metrical rules, whereas eddic poetry is composed in a few relatively simple meters. Eddic poems are for the most part traditional stories of gods and heroes. They come to us as anonymous poetry, since skalds did not take credit for eddic composition. Eddic poetry belongs to the collective memory of Old Norse speakers. Myths and legends recounted in eddic poetry are found throughout the Viking world carved on runestones, pictorial stones, and wooden remnants, including stave church portals. Such representations show how widely the stories were known in the oral culture before and while the stories were written down in Iceland.

Skaldic poems, to the contrary, are usually attributed to specific skalds. They were regarded as individual creations. Often they memorialize historical events and praise or describe individuals, such as kings, chieftains, queens, warriors, and ancestors. Sometimes the stanzas depict objects such as the ornamentation of a host's hall.

In the Norse Christian Middle Ages following the end of the Viking Age, eddic and skaldic poetry lived on, with secular people and churchmen continuing to compose in these meters. In many instances, skaldic poetry became an art practiced by individuals with clerical ordination, who composed on subjects of historical and religious interest.

The following chapters turn first to eddic verse and then to skaldic.

12.1 EDDIC VERSE AND ITS SOURCES

If eddic poetry is preserved mainly in thirteenth- and fourteenth-century Icelandic writings, its subject matter and its often archaic language are older. They originate in pre-Christian Viking Age Scandinavia. In some instances, the subject matter of eddic poems can be traced to earlier times, especially to the Migration Period in Northern Europe in the fifth and sixth centuries AD. At this time, clans and tribes were on the move as the Roman Empire collapsed.

Poems in the eddic collection fall into two basic subject areas, which sometimes overlap. The first group is mythic tales recounting the creation of the world and its early history. The mythic poems offer lore and arcane information on origins, creatures, and supernatural worlds. They relate the struggles of the Æsir and Vanir (the two groups of gods) with their enemies, such as the giant Thrym (Þrymr) and monsters such as the Midgard Serpent (Miðgarðsormr) and the Fenris Wolf (Fenrisúlfr).

Heroic poems form the second category of eddic verse. While their heroes sometimes have attachments to the world of the gods, these poems focus on the struggles of legendary men and women. They recount the deeds of famous individuals and their families, loves, wars, ambitions, and treacheries. The heroic poems include the semi-mythic and the legendary accounts of heroic figures such as Sigurd Fafnisbani and Helgi Hundingsbani.[1] The poems are mostly tragedies and women play important roles. Guðrún Gjúkadóttir, for example, the wife of Sigurd Fafnisbani, receives considerable attention, and there are a series of poems about her. Some heroic poems reach back to quasi-historical events during the Migration Period, recounting tales of conflict among Goths, Huns, and Burgundians.[2]

The Poetic Edda and *The Prose Edda* are the central sources for eddic poetry. Geographical and political circumstances help to explain why medieval Icelanders preserved these sources. Theirs was an immigrant society formed by colonists from different parts of the Viking world, especially from Norway and the Norse colonies in the British Isles. On the far northern edge of the habitable world, medieval Icelanders held fast to the cultural memories brought to Iceland by the Viking Age settlers. Traditions from the Scandinavian homelands provided the early Icelanders and their descendants with a sense of common origin. It assured them a place within the larger Viking and later medieval northern world. Memorializing their mythology, legends, and history in a dynamic poetic tradition provided the island society with a sense of social and cultural cohesion.

THE POETIC EDDA (*THE CODEX REGIUS*).

Almost the entire body of surviving eddic poetry is preserved in one slim thirteenth-century Icelandic manuscript. This manuscript is called the *Codex Regius* in Latin and *Konungsbók* in Icelandic. The name in both languages means *The King's Book,* designating that it had become a royal manuscript owned by the Danish Crown.

The *Codex Regius* contains most of the individual poems in the eddic corpus. Collectively the eddic poems are known in English as *The Poetic Edda* or *The Elder Edda*.[3] In Iceland, the *Codex Regius* was first called *Sæmundar Edda* (*Sæmund's Edda*), but today it is referred to by the Icelandic translation of *Codex Regius* which is *Konungsbók*. The unknown thirteenth-century editor or scribe of the manuscript collected ten poems about the gods and nineteen about legendary heroes. Many of the poems appear to be of oral origin. Other poems may have been composed closer to the time in the second half of the thirteenth century when the *Codex Regius* was written down.

We can only guess about the history of the manuscript before 1643 when it came into the possession of Brynjólfur Sveinsson, the Bishop of Skálholt in southern Iceland. Bishop Brynjólfur thought the book had been written by Sæmundr the Learned (Sæmundr fróði Sigfússon). Sæmundr was a famous Icelandic priest and scholar who lived from 1056 to 1133.

---

[1]Helgi Hundingsbani is 'the bane' or 'slayer of Hunding,' king of the Saxons. As with Sigurd the 'Slayer' or 'Bane of Fafnir,' there is a cycle of poems about Helgi.

[2]Many of these same tales are told in Völsunga saga. See the Introduction to *The Saga of the Volsungs: The Norse Epic of Sigurd the Dragon Slayer*. Penguin Classics, London and New York, 1999.

[3]Current usage tends toward *The Poetic Edda* with *The Elder Edda* having become a more archaic term.

Brynjólfur named the manuscript *Sæmundar Edda* and the name, although certainly wrong, stuck for many years.

It was fortunate that Bishop Brynjólfur was interested in old books. In seventeenth-century Iceland, the value of old parchment (skin) manuscripts had diminished. The contents of the manuscripts remained highly valued, but the medieval manuscripts themselves had in many instances become dirty and withered. Some were damaged and unreadable in places. In the seventeenth century, inexpensive manufactured blank paper books from northern Europe became available for copying. People almost rushed to copy the older texts onto the new, clean format.

Those who wanted to read the sagas and the old poems – and there were many who did – had little use for the older manuscripts. They chose instead to read them in more recent paper copies. Medieval manuscripts, that had survived for centuries, were now lost. Sometimes the tough old skin pages were recycled for other purposes, and pieces of older books were cut or dismembered. Often they were used for stuffing the bindings of new books. Sometimes the old pages were cut into patterns for tailoring clothes. Scholars from this period, however, saw the value in the old manuscripts and collected them. Many of the collected manuscripts were sent abroad to Denmark, or to a lesser extent, to Sweden. Without such interest, most of the eddic poems might have been lost.

A King´s Book. Why there was a strong connection with Denmark is a question that is often asked. The answer is that Denmark, through a complicated arrangement, exercised varying control over Iceland from the late-fourteenth to the mid-twentieth century. The Norwegian crown had taken control of Iceland at the end of the Old Icelandic Free State in the years 1262 to 1264. A century later, Margrete Valdemarsdatter, the queen of Denmark, also became the sovereign of Norway and Sweden through marriage. Known as the Kalmar Union, the personal relationships of the Scandinavian monarchs united the three kingdoms from 1397 to 1523, when Sweden took a new king. Norway and Denmark continued to be united until the nineteenth century. Iceland, a possession of the Norwegian crown, came under Danish control and remained there even after Norway was no longer part of the Danish Kingdom. Over these centuries, Iceland was governed under the authority of Danish sovereigns sometimes through councils of the king's nobles.

In the summer of 1662, Bishop Brynjólfur understood that the old skin book in his possession was special. Here was a single manuscript containing the majority of the eddic poems. He presented the manuscript as a gift to the Danish King, Frederick III. Once given to the king, the manuscript was deposited into the Royal Library in Copenhagen, hence the name *Codex Regius*. In 1971, by vote of the Danish parliament, Denmark returned the *Codex Regius* to Iceland. Today, it is in the collection of the Árni Magnússon Institute (Stofnun Árna Magnússonar í íslenskum fræðum) in Reykjavík.

The *Codex Regius* is a treasure of Norse myth, legend, and poetry. Stefán Einarsson in his *A History of Old Icelandic Literature* captures the essence of this old vellum manuscript:

> It was not a particularly impressive volume, neither in size, workmanship, nor state

of preservation; a whole quire of eight leaves was missing from it. Yet, this inconspicuous book was one of the most important ever to come out of Iceland – in some respects, the most important. For in it was to be found most of the mythological, didactic, and heroic poetry of Old Iceland. Without it our idea of this poetry would have been very scant... Of all Icelandic books, it has been the most edited, translated, and commented on.

ADDITIONAL EDDIC VERSE AND THE TWO EDDAS

A small number of additional eddic poems have survived, some just a stanza or two, but others larger. Some of these stanzas and pieces are found in the different manuscripts of *The Prose Edda* (the thirteenth-century Icelandic treatise on eddic and skaldic composition attributed to Snorri Sturluson, d. 1241). In Iceland today, the poems are know as the *Snorra Edda* (*Snorri's Edda*). With its mythic and heroic poems and prose stories, *The Prose Edda* is Scandinavia's best-known work of medieval literature. Together *The Prose Edda* and *The Poetic Edda* are our most extensive source for Norse mythology, heroic legend, and Old Norse Poetry.

The two medieval writings are different. *The Poetic Edda* is a collection of eddic poems, while *The Prose Edda* is a treatise. It is a handbook on the art of composing traditional Old Norse poetry – both eddic and skaldic. In order to compose the metrical units of Old Norse poetry, such as kennings, one needs to know the traditional mythic and legendary stories. *The Prose Edda* gives these stories with eddic stanzas frequently interspersed among the prose accounts. In addition, some other manuscripts, such as *Hauksbók,* contain copies of eddic poems. Eddic verse is also preserved in the *fornaldarsögur* ('sagas of antiquity,' a mythic/legendary genre) and in other medieval Icelandic writings. Additional poems with eddic characteristics include:

Baldrs draumar (*Balder's Dreams*)
Rígsþula (*The Lay of Rig*, a name for the god Heimdall)
Hyndluljóð (*The Lay of Hyndla*)
Gróttasöngr (*The Song of Grótti*)
Grógaldr (*The Spell of Gró*)

12.2 EDDIC TITLES

Titles of eddic poems usually include the name of a supernatural being, hero, or heroine along with a descriptive word indicating the main activity or format of the poem. For example, *Völu**spá*** means *The Sybil's **Prophecy**, Þryms**kviða** is The **Lay** of Thrym, Guðrúnar**hvöt*** is *Guðrún's **Urging*** and *Loka**senna*** translates as *Loki's **Flyting*** or ***Quarrel***. Eddic titles employ a range of words denoting activity or format and these offer insight into the nature of the poetry:

galdr	magic spell or song	***mál***	speech, dialogue, or lay
grátr	lament	***söngr***	song

hvöt	urging or egging on	***senna***	quarrel, dispute, or flyting
kviða	lay or poem	***spá***	prophecy or vision
ljóð	song, poem, or lay	***þula***	list, poem, or lay

Because eddic titles have developed over centuries, descriptive labels are not always a sure guide. For example, poems that contain the descriptive term ***kviða*** (from the verb ***kveða*** to '**sing**,' '**chant**,' or '**recite**') do not always resemble one another.[4]

12.3 EDDIC TRADITION – LONG LINES AND HALF LINES

Eddic meter is based on the Old Germanic alliterative long line, consisting of two half lines split by a caesura or break. The two halves of the long line are linked by alliteration, which is a rhythmic patterning of repeated, similar sounds, whether consonants or vowels (see discussion of alliteration in the later *Þrymskviða* chapter). Old Norse eddic poetry, with its reliance on the long-line structure and similarities in lexicon and diction, is closely related to Old English, Old Saxon, and Old High German verse. A significant difference is that the Old English *Beowulf* and the Old Saxon *Heliand* tend to group the lines into a type of long paragraph, while Old Norse/Old Icelandic verse, whether eddic or skaldic, employs stanzas.

STANZA PRESENTATION: TWO METHODS OF PRINTING OLD NORSE/ICELANDIC VERSE

In the medieval manuscripts, poetic lines are written as continuous text without breaks or punctuation. This practice preserved space, and space on the page is still of concern today. The following example of the first stanza from *Völuspá* shows the two modern ways of printing eddic stanzas.

The first way is to print the line as a long line, that is two half lines with a break between them. This first way, as in the stanza below, shows the long-line structure most clearly. The alliterated sounds, which bind the two half lines together into one long line, are bolded.

The First Way:

Hljóðs bið ek allar **h**elgar kindir,
meiri ok **m**inni **m**ögu Heimdallar.
Vildu at ek, **V**alföðr, **v**el fyr telja
forn spjöll **f**ira, þau er **f**remst um man.

The second way of printing the same stanza from *Völuspá* divides the long line into half lines. The half lines are then arranged one on top of the other. This presentation allows space on the printed page for explanatory notes alongside the stanza. (The bold numbers in the notes to the right of the stanzas reference the line number.)

---

[4] *Ljóð* and *kviða* are still used in modern Icelandic to describe poetry, while *þula* refers to children's verse.

The Second Way:

Hljóðs bið ek allar
helgar kindir,
meiri ok minni
mögu Heimdallar.
Vildu at ek, Valföðr,
vel fyr telja
forn spjöll fira,
þau er fremst um man.

***(2)** helgar kindir*: 'holy beings,' or 'gods.' ***(3-4)** meiri ok minni mögu Heimdallar* (*mögu* see *mögr*, pl *megir*, 'sons'): referring to the various classes of men, see *Rígsþula*, in which Heimdall/Rig plays an important role. ***(5)** vildu:* 'vilt þú.' ***(5)** Valföðr*, another name for Odin. ***(6)** fyr telja*: 'tell,' 'give an account of.' ***(7)** forn spjöll:* 'tales of ancient events.'

Each way has its advantages, given the specific goals of presenting the stanzas.

VÖLUSPÁ (*THE SYBIL´S PROPHECY*) STANZAS 1-13

Völuspá, the first poem in the *Codex Regius,* is a major source for Old Norse myth. Its early stanzas are also a good introduction to eddic poetry. The opening stanzas depict a vision or *spá* narrated by a mysterious *völva*, a 'seeress,' 'prophetess,' or 'sybil.' Odin, it seems, awakens the dead *völva*, who then recounts ancient lore reaching back to the earliest times. The word *völu* in the poem's title is the genitive case of *völva*, hence *Völuspá*, is often translated as *The **Sybil's** Prophecy*.

The *völva* speaks to Odin, (*Valfaðir* or *Valföðr,* 'Father of the Slain'). She recounts her memory of the world before its creation, remembering the nine worlds of the cosmos and the yawning emptiness where the giant Ymir lived. Her prophecy looks ahead to the apocalyptic ending at Ragnarok, where the world will be destroyed before the dawn of a new age.

Völuspá was well known in medieval Iceland. Beside being preserved in the *Codex Regius*, the *Hauksbók* manuscript from the early fourteenth century preserves a copy. The two manuscript versions differ as to the order and number of the stanzas, and sometimes also the content. Numerous stanzas of the poem are found in *Gylfaginning* in *The Prose Edda*.

***Völuspá*: Stanzas 1-13**	**Translate**
1. Hljóðs bið ek allar	____________________
helgar kindir,	____________________
meiri ok minni	____________________
mögu Heimdallar.	____________________
Vildu at ek, Valföðr,	____________________
vel fyr telja	____________________
forn spjöll fira,	____________________
þau er fremst um man.	________________

(2)** helgar kindir*: 'holy beings' or 'the gods.' ***(3-4)** meiri ok minni mögu Heimdallar*: refers to the origins of the various classes of men as described in *Rígsþula*, in which Heimdall/Rig plays an important role. ***(5) *vildu:* 'vilt þú.' **(5)** Valföðr: Odin. ***(6)*** *fyr telja*: 'tell'; 'give an account of.' ***(7)*** *forn spjöll:* 'tales of ancient events.'

2. Ek man jötna ______________________________
ár um borna, ______________________________
þá er forðum mik ______________________________
fœdda höfðu. ______________________________
Níu man ek heima ______________________________
- níu íviðjur, ______________________________
Mjötvið mæran - ______________________________
fyr mold neðan. ________________________

(2) *ár um borna:* 'born [early] in the beginning of the world.' ***(5)*** *níu man ek heima* from the poem alone it is unclear which worlds these are. Information may be deduced from other sources, such as *The Prose Edda*. ***(6)*** *níu íviðjur*: can be interpreted in different ways but often is understood to mean 'giantesses' or 'troll women.' ***(7)*** *Mjötviðr*: World Tree.

3. Ár var alda, ______________________________
þar er Ýmir byggði: ______________________________
var-a sandr né sær, ______________________________
né svalar unnir, ______________________________
jörð fannsk æva ______________________________
né upphiminn, ______________________________
gap var ginnunga ______________________________
en gras hvergi. ________________________

(1) *ár var alda*: 'in the beginning of the world.' ***(2)*** *þar er Ýmir byggði*: this line appears in *Konungsbók* and *Hauksbók* (but is different in *The Prose Edda*). Ýmir can also be spelled Ymir. ***(7)*** *gap var ginnunga*: 'the great gap' or 'void,' also written as Ginnungagap.

4. Áðr Burs synir ______________________________
bjöðum um yppðu, ______________________________
þeir er Miðgarð ______________________________
mæran skópu. ______________________________
Sól skein sunnan ______________________________
á salar steina, ______________________________
þá var grund gróin ______________________________
grœnum lauki. ________________________

(1) *Burs synir*: The sons of Bur: 'Odin and his brothers.' ***(2)*** *bjöðum um yppðu*: 'raised up land(s).' ***(6)*** *salar steina*: 'earth.' ***(8)*** *grœnum lauki*: 'with green vegetation' or 'fertile growth.'

5. Sól varp sunnan ____________________
sinni mána ____________________
hendi inni hœgri ____________________
um himinjöður. ____________________
Sól þat né vissi ____________________
hvar hon sali átti, ____________________
stjörnur þat né vissu ____________________
hvar þær staði áttu, ____________________
máni þat né vissi ____________________
hvat hann megins átti. ________________

(1-4) *Sól ... himinjöður*: 'the sun reached its right hand around the earth [meaning 'on the horizon'] as it shone from the south.' ***(2)*** *sinni mána*: 'companion of the moon,' meaning the sun. ***(5-6)*** *Sól ... sali átti*: describes how the sun finds no resting or dwelling place.

6. Þá gengu regin öll ____________________
á rökstóla, ____________________
ginnheilög goð ____________________
ok um þat gættusk: ____________________
Nótt ok niðjum ____________________
nöfn um gáfu, ____________________
morgin hétu ____________________
ok miðjan dag, ____________________
undorn ok aptan, ____________________
árum at telja. ________________

(1) *regin*: 'gods.' ***(2)*** *rökstóla*: 'judgment seats.' ***(3)*** *ginnheilög*: 'most holy.' ***(4)*** *gættusk*: 'take counsel among themselves,' 'deliberate.' ***(5)*** *nótt ok niðjum*: 'night and darkness' or 'night and her kin' – night and various times of day. ***(10)*** *árum at telja*: 'to count for the years to come.'

7. Hittusk Æsir ____________________
á Iðavelli, ____________________

þeir er hörg ok hof ____________________
hátimbruðu; ____________________
afla lögðu, ____________________
auð smíðuðu, ____________________
tangir skópu ____________________
ok tól gerðu. ________________

(3-4) *þeir ... hátimbruðu*: 'they who built high the altar and the temple.' ['They hightimbered'] ***(5)*** *afla*: acc pl of *afl* 'forge.'

8. Teflðu í túni ____________________
teitir voru, ____________________
var þeim vettergis ____________________
vant ór gulli ____________________
unz þrjár kvámu ____________________
þursa meyjar ____________________
ámáttkar mjök ____________________
úr Jötunheimum. ________________

(1) *teflðu í túni*: 'they played at board games in the yard.' ***(3-4)*** *var þeim ... gulli*: 'they were in no way in want of gold.' ***(6)*** *þursa meyjar*: the identities of the three *þursa meyjar* are unclear. These may be three giant's daughters sent to the Æsir to bring destruction. Possibly they are norns who number three.

9. Þá gengu regin öll ____________________
á rökstóla, ____________________
ginnheilög goð ____________________
ok um þat gættusk, ____________________
hverr skyldi dverga ____________________
dróttir skepja ____________________
ór Brimis blóði ____________________
ok ór blám leggjum. ________________

(7) *ór Brimis blóði*: Brimir is probably another name for Ymir. The sea (*brim*) was made from Ymir's blood. ***(8)*** *ok ór blám leggjum*: 'and out of blue limbs.' Possibly *ok ór Bláins leggjum*. Bláinn may be another name for Ymir.

10. Þar var Mótsognir ____________________
mæztr um orðinn ____________________

dverga allra, ____
en Durinn annarr. ____
Þeir mannlíkun ____
mörg um gørðu ____
dvergar ór jörðu, ____
sem Durinn sagði. ____

(5-7) *Þeir ... jörðu*: 'those dwarves created many human forms out of the earth.'

The following verses, known collectively with as the *Dvergatal* (*The Reckoning of Dwarves*), contain many names that appear throughout other poems and Old Norse texts. Some, but not all, of the names are translatable or have clear meanings. Some of the names may also be familiar to readers of Tolkien. See which ones you can translate or breakdown into their component words.

11. Nýi ok Niði, ____
Norðri, Suðri, ____
Austri, Vestri, ____
Alþjófr, Dvalinn, ____
Bívurr, Bávurr, ____
Bömburr, Nóri, ____
Ánn ok Ánarr, ____
Ái, Mjöðvitnir. ____

12. Veigr ok Gandalfr, ____
Vindalfr, Þráinn, ____
Þekkr ok Þorinn, ____
Þrór, Vitr, ok Litr, ____
Nár ok Nýráðr, ____
nú hefk dverga, ____
Reginn ok Ráðsviðr, ____
rétt of talða. ____

13. Fíli, Kíli, ____
Fundinn, Náli, ____

Heptifíli, ____________________

Hannarr, Svíurr, ____________________

Frár, Hornbori, ____________________

Frægr ok Lóni, ____________________

Aurvangr, Jari, ____________________

Eikinskjaldi. ____________________

– CHAPTER 13 –
EDDIC METERS

JESSE BYOCK AND RUSSELL POOLE

Við eld skal öl drekka –Hávamál

Figure 13. 1. Different Sizes of Early Icelandic Manuscripts. From largest to smallest: folio, quarto, octavo, duodecimo. The sizes are named to indicate the number of written pages that can be produced from a single folded sheet of parchment. A folio (Lat. 'leaf') produces two pages, a quarto four, octavo eight, and duodecimo twelve. Photo by Jóhanna Ólafsdóttir, courtesy of Árni Magnusson Institute, Reykjavik.

Eddic Poetry has four closely related meters:

The two principal meters are:

- *Fornyrðislag* (old lore or epic meter)
- *Ljóðaháttr* (chant meter)

The two remaining meters are variants of the first two:

- *Málaháttr* (speech meter), a variant of *fornyrðislag*
- *Galdralag* (magic meter), a variant of *ljóðaháttr*

Alliteration, the repetition of initial sounds in two or more words, is a distinctive feature of Old Norse / Icelandic poetry, and alliteration plays a crucial role in constructing Old Norse verse. The alliterated sounds are often single consonants or single vowels. An example of alliteration in English is '**b**abbling **b**rook,' where two words share a similar *b-* sound. Alliteration differs from rhyme, which usually involves both vowels and consonants, hence f**arm** and al**arm**, and alliteration is sometimes referred to as consonant or vowel harmony.

Alliteration (marked by bold in the line below) binds together the half lines of Old Norse meter into cohesive long lines. For instance, stanza 15 from *Þrymskviða* has the line,

*vissi hann **v**el fram – sem **V**anir aðrir.*[1]

In this line, alliteration binds the two half lines on either side of the caesura into a cohesive long line. The initial ***v***- of both the verb ***v**issi* and the adverb ***v**el* alliterates with the ***v***- of the noun ***V**anir* in the second half line. *Þrymskviða* is given in its entirely in the following chapter. The poem offers a wealth of alliteration examples, and alliteration is considered in greater detail.

A Note of Caution. Despite the clarity of the distinctions between major eddic meters, many aspects of eddic and skaldic versification remain obscure. One difficulty is that examples of skaldic lines in *The Prose Edda*, our major medieval handbook for distinguishing the different verse forms, look suspiciously tidy when set against the irregular metrics of skaldic and eddic poems. Even eddic poems which are relatively straightforward, such as *Þrymskviða*, show considerable variance from the standards of *The Prose Edda*. In treating the eddic corpus, it is not possible to formulate a few compact rules for scanning an entire eddic poem in the way that one might scan Alexander Pope's *The Rape of the Lock*.

13.1 THE FOUR PRINCIPAL EDDIC METERS

FORNYRÐISLAG (OLD LORE OR EPIC METER)

Fornyrðislag is the main or basic eddic meter. Most heroic poems and some mythic ones are composed in it, and most discussions of Old Norse verse use *fornyrðislag* as the core example. Modern Icelandic poets continue to employ this meter. *Fornyrðislag* is composed in stanzas with four long lines. Each long line divides at the break into two half lines. Each half line is called a *vísuorð* (sg and pl). It has two stresses or lifts, which are often separated by one or more stressed subordinate syllables. Along with breaks between the halves of long lines, *fornyrðislag* stanzas divide into two separate parts. The break in the stanza occurs after the second long line, and each half of the stanza has a different meaning.

The Icelandic tradition is to call each half stanza a *helmingr* ('half'), with each helming composed of two long lines. In the first helming, the two long lines are distinct from each other, so that each forms a free-standing sentence or clause. In the second helming, the two long lines are syntactically combined and tend to form one long sentence.

The two halves of each long line are united across the break (caesura) by alliteration. Only stressed syllables can carry alliteration, but not all do. In the first *vísuorð* of the long line, one or both of the stressed syllables can alliterate. Such an alliterating syllable is called a *stuðull* ('pillar,' 'stud,' or 'stave;' pl *stuðlar*). In the second half line, the first stress to carry alliteration is called the 'head stave,' (*höfuðstafur*, pl *höfuðstafir*),[2] because it comes at the head of the

---

[1] 'Saw [knew] he well the future [forward] – as other Vanir.' Normally Heimdall is not counted a Vanir.

[2] *Höfuðstafur* is a modern Icelandic term ending in *-ur* instead of Old Icelandic *-r*.

verse or *vísuorð*.

For example, the following lines from stanza 5 of *Völuspá* are bound together by ***s***- and ***h***-alliteration (consonance). The *stuðlar* are formed by the ***s***- in ***sól*** and ***sunnan** in the first half line, and the höfuðstafur* ***s***- in *sinni* in the second half line.

Sól varp **s**unnan   **s**inni mána,
Sun shined from the south   moon's companion

A second example of *stuðlar* is the ***h***- in ***hendi*** and ***hœgri*** and the *höfuðstafur* **h**- in ***h**iminjódyr* in the second *vísuorð* or half line of stanza 5.

hendi inni **h**œgri   um **h**iminjódyr
the right hand   around the rim of heaven

With vowel alliteration (assonance), any vowel can alliterate with any other vowel. An example from *Lokasenna* (*Loki's Flyting*) is *hefi ek erfiði — ok erindi* (also spelled *örindi*), where the ***e-*** in ***erfiði*** is a *stuðull* and the ***e***- in *erindi* is the *höfuðstafur* of the second half line.

Because alliteration links the first half line in each long line with the second half line, it is considered structural. For example, in the line *ok **síns** hamars – um **saknaði*** from *Þrymskviða*, the initial ***s***- in ***síns*** and ***saknaði*** supplies continuity between half lines. Alliteration serves this structural purpose when it falls on prominent syllables, as in the long line pair *reiðr var þá **Ving**-Þórr – er hann **vaknaði*** from *Þrymskviða*. Here *Ving*- and *vak*- are prominent in that they carry distinct meaning and are preceded by the subordinate syllables *var þá* and *er hann*. By contrast, the ***v***- of ***var*** does not carry structural alliteration, since *var* is part of the verb 'to be' and therefore carries little semantic or metrical weight.

The poem or lay *Þrymskviða* is composed in *fornyrðislag*. It describes one of Thor´s giant slayings, and such a poem composed in *fornyrðislag* is often called *kviða*, hence *Þrymskviða*. The following two examples of *fornyrðislag* stanzas are the first and the thirtieth stanzas from *Þrymskviða*. (Note, that in addition to these two stanzas, the entire poem is given in the next chapter).

These two sample stanzas from *Þrymskiða* show the typical *fornyrðislag* four long line structure divided by breaks into eight half lines or *vísuorð*. Alliteration is marked in bold type. As is frequently the case in eddic stanzas, the alliteration in some lines is not distinctly clear. For example, the alliteration across the caesura in the fourth line is from ***ja***- in ***Ja**rðar* in the first half line with the ***u-*** in the word ***um*** at the start of the second half of the long line.[3]

---

[3]The letter *j*- has vowel characteristics. The expletive *um* emphasizes the following verb *saknaði* while carrying no real meaning of its own. The use of *um* in poetry often achieves the correct metrical configuration of a line.

1. Reiðr var þá **V**ing-Þórr — er hann **v**aknaði
ok **s**íns hamars — um **s**aknaði.
Skegg nam at hrista, — **sk**ör nam at dýja
réð **Ja**rðar burr — **um** at þreifask.

Angered was then Ving-Thor — when he awoke
and his hammer — he missed.
His beard took to shaking, — his hair to swaying;
Earth's son began — groping around.

30. **Þ**á kvað þat **Þ**rymr, — **þ**ursa dróttinn:
berið inn hamar — **br**úði at vígja.
Leggið **M**jöllni — í **m**eyjar kné,
vígið okkr saman — **V**árar hendi.

Then said Þrymr, — the lord of the giants:
bring in the hammer — to consecrate the bride.
Lay Mjollnir — into the maiden's lap;
consecrate us together — through the hand of Var.

LJÓÐAHÁTTR (CHANT METER)

Each half stanza in *ljóðaháttr*, the second of the two principal eddic meters, begins with a standard long line divided into two half lines and separated by a caesura. Characteristic of *ljóðaháttr,* and the main difference distinguishing it from *fornyrðislag*, is that the second line of each helming or half stanza is a single line, that is a full line without a caesura. Within each *ljóðaháttr* helming, the initial long line – composed of two *vísuorð* or half lines – typically contains two stressed alliterating syllables, one on each side of the break, as in *fornyrðislag*.

The second long line of the *ljóðaháttr* helming is different from the second long line of the *fornyrðislag* helming by being uninterrupted by a caesura. Without a caesura, the ´fuller' *ljóðaháttr* second helming line typically contains three stressed syllables with internal alliteration. For example, consider the structure of the following verse from *Hávamál* (*The Sayings of the High One*). Each half stanza contains three *vísuorð* (the third a 'full line' longer than the initial two) instead of the four *vísuorð* found in *fornyrðislag*.

Deyr fé, — deyja frændr,
deyr sjálfr it sama,
ek veit einn — es aldri deyr,
dómr of dauðan hvern

Cattle die, kinsmen die,
You yourself likewise die.
I know one thing which never dies,
the reputation of a dead man.

Ljóðaháttr is often found in mythic poems such as *Grímnismál* (*The Lay of Grim*) and *Vafþrúðnismál* (*The Lay of Vafthrudnir*). These, like *Hávamál*, seem designed to instruct. *Ljóðaháttr* is also frequent in poems composed in dialogue, such as *Lokasenna* and *Skírnismál* (*The Lay of Skirnir*). Composing in *ljóðaháttr* lends a lyrical effect, making poems in this meter especially suitable for dramatic performance. The following stanza from *Lokasenna,* where Thor threatens in anger to strike Loki´s head or 'cliff of the shoulders' with his hammer Mjöllnir, was perhaps performed.

Þegi þú, rög vættr, þér skal minn þrúðhamarr,
Mjöllnir, mál fyrnema.
Herða klett drep ek þér hálsi af,
ok verðr þá þínu fjörvi um farit.

Shut up, perverse creature, for you my strong hammer,
Mjollnir, will forbid talk.
The cliff of shoulders [head] will I strike from your neck,
and your life will then be gone.

MÁLAHÁTTR (SPEECH METER)

Málaháttr is a variant of *fornyrðislag,* and the two closely related meters employ stanzas of four long lines. *Málaháttr* occurs in the *Codex Regius* in the two lays of Atli (Attila the Hun): *Atlakviða in grænlenzka (The Greenlandic Lay of Atli,* which tells of Attila and his enemy Gunnar, king of the Burgundians) and *Atlamál in grænlenzku (The Greenlandic Poem of Atli*). The major difference between *fornyrðislag* and *málaháttr* is the number of syllables in each half line. *Fornyrðislag* tends toward four stressed syllables per half line, while *málaháttr*, more in keeping with the longer lines of Old West Germanic poetry, has five and sometimes six syllables. The following stanza in *málaháttr* is from *Atlakviða*.

Atli mik hingat sendi ríða örindi
mar inum melgreypa Myrkvið inn ókunna,
at biðja yðr, Gunnarr, at it á bekk kœmið
með hjálmum aringreypum at sœkja heim Atla.

Atli [Attila] sent me here riding his errand
on my steed, bit-chomping, through Mirkwood the unknown,

to ask you, Gunnar, that you come to his benches,
with helmets round the hearth, to visit Atli's home.

GALDRALAG (MAGIC METER)

Galdralag is essentially a *ljóðaháttr* stanza but lengthened by an additional three-stress full line (without caesura) at the end of each helming. The final line of the *galdralag* stanza repeats the preceding line with only slight modification. Repetitions of interchangeable words are sometimes employed. From the name of the meter and other indications, such as the expression *gala galdr* ('to sing a spell or magic song'), we can guess that poems in this meter were sung.

The poem *Skírnismál* shows a *galdralag* half line used as a curse. The repetitions of similar words – giants, frost giants, and Suttungs' sons – lend the verse an aspect of sorcery and incantation, and this is what Skirnir, Freyr´s page, is trying to do. Skirnir intends his words to scare the maiden Gerd (Gerðr) into the arms of Freyr, and he curses her when she refuses to marry the god. Such lines, offering a curse and the surrounding story, are rare in the surviving poetry.

Heyri jötnar heyri hrímþursar,
synir Suttunga,
sjálfir ásliðar:
hvé ek fyrir býð hvé ek fyrir banna
manna glaum mani
manna nyt mani.

Listen giants, listen frost-monsters,
sons of Suttung,
the Æsir themselves,
how I forbid how I ban
men's merriment with the maid,
men's joy with the maid.

13.2 EDDIC EXAMPLES FROM MYTHIC POEMS

The following stanzas are drawn from different eddic poems. The lines are presented in long line format. The stanzas give an idea of the variety of expression available to eddic poets working with a limited range of meters.

VÖLUSPÁ: STANZA 19. Yggdrasill and Urðarbrunnr.

Ask veit ek standa,   heitir Yggdrasill,
hár baðmr,   ausinn hvíta auri;
þaðan koma döggvar   þærs í dala falla,
stendr æ yfir   grœnn Urðarbrunni.

döggvar þærs = *döggvar þær es*: 'those dew-drops which'; *sæ*: 'the waters of.' *Urðarbrunnr*: 'The Well of Urðr,' 'The Well of fate.'

VÖLUSPÁ: STANZA 20. Three Wise Maidens

Þaðan koma meyjar   margs vitandi
þrjár ór þeim sæ,   er und þolli stendr;
Urð hétu eina,   aðra Verðandi,
skáru á skíði,   Skuld ina þriðju.
Þær lög lögðu,   þær líf kuru
alda börnum,   örlög seggja.

Verðandi could be 'becoming,' and *Skuld* is possibly 'debt.' *alda börnum*: 'for the children of men.' See *öld* in the Vocabulary. The maidens are perhaps norns (sg *norn,* pl *nornir*) who live at the Well.

THOR EPISODE FROM *LOKASENNA* (Stanzas: 57-63)

Lokasenna is a mythological poem in the *Codex Regius* composed in *ljóðaháttr*. The title means 'Loki's *senna*;' a *senna* (pl *sennur*) is a poetic contest of verbal abuse and an *orðsenna* is a 'word battle' or 'argument.' Such contests are characterized by vicious and clever insults. *Sennur* are also found in the sagas, where the exchange of insults amused saga characters and audiences. *Lokasenna* is often translated as *Loki's Flyting*. *Flyting* is an archaic Scottish word for a poetic exchange of insults and accusations.

In *Lokasenna*, Loki lambasts each of the gods in succession and receives their scathing retorts. The gods, however, are unable to get the best of Loki until Thor arrives. The insults that Thor and Loki trade indicate that the two were not always the close allies portrayed in *Þrymskviða*. In his efforts to discredit Thor, Loki alludes to various combats between Thor and his rivals, among them the giants Hrungnir and Skrýmir. In *Lokasenna*, as in other eddic poems, the manuscript often indicates who is speaking, and this information is given in italics preceding the stanzas.

Translate the stanzas. The first stanza was translated earlier as an example of *ljóðaháttr*.

***Lokasenna*: Stanzas 57-63   The Thor Episode**

Þá kom Þórr at ok kvað:

57. Þegi þú, rög vættr,
þér skal minn þrúðhamarr,
Mjöllnir, mál fyrnema:
herða klett
drep ek þér hálsi af,
ok verðr þá þínu fjörvi um farit.

(2) *þrúðhamarr*: *þrúðugr hamarr*, 'powerful hammer.' ***(4)*** *herða klett*: 'the cliff of shoulders' ['head']. ***(5)*** *drepa:* 'to hit.' ***(6)*** *verðr ... farit*: 'that will be the undoing of your life.'

Loki kvað:

58. Jarðar burr
er hér nú inn kominn;
hví þrasir þú svá, Þórr?
en þá þorir þú ekki
er þú skalt við úlfinn vega,
ok svelgr hann allan Sigföður.

(1) *Jarðar burr*: 'son of [the goddess] Earth' (Jörð). ***(6)*** *svelgr ... Sigföður*: 'he swallows Victory-father (Odin) whole.'

Þórr kvað:

59. Þegi þú, rög vættr,
þér skal minn þrúðhamarr,
Mjöllnir, mál fyrnema:
upp ek þér verp
ok á austrvega,
síðan þik mangi sér.

(5) *á austrvega*: 'away to the east.' *mangi*: *mann-gi*, 'no man.'

Loki kvað:

60. Austrförum þínum
skaltu aldregi
segja seggjum frá,
sízt í hanska þumlungi
hnúkðir þú, einheri,

ok þóttiska þú þá Þórr vera.

(1) *Austrförum þínum*: 'your journeys to the east.' ***(3)*** *segja frá*: 'tell about.' ***(6)*** *þóttisk-a*: 'did not act like' or 'seemed not.'

Þórr kvað:
61. Þegi þú, rög vættr,
þér skal minn þrúðhamarr,
Mjöllnir, mál fyrnema:
hendi inni hœgri
drep ek þik Hrungnis bana,
svá at þér brotnar beina hvat.

(4) *hendi inni hœgri*: 'with my right hand.' ***(5)*** *Hrungnis bana:* 'with Hrungnir's bane.' Kenning referring to Thor's hammer. ***(6)*** *beina hvat*: 'every bone.'

Loki kvað:
62. Lifa ætla ek mér
langan aldr,
þóttu hœtir hamri mér;
skarpar álar
þóttu þér Skrýmis vera,
ok máttira þú þá nesti ná,
ok svaltz þú þá hungri heill.

(1-2) *Lifa ... aldr*: 'I plan to live to a ripe old age.' ***(3)*** *þóttu*: *þó at þú*. ***(4-5)*** *skarpar ... vera*: 'you found Skrymir's straps chafing.' ***(6)*** *máttir-a*: 'you could not' (2nd sg past of *mega* with neg particle *-a-*). ***(7)*** *svaltz*: variant of *svalzt*, 2nd sg past of *svelta*.

Þórr kvað:
63. Þegi þú, rög vættr,
þér skal minn þrúðhamarr,
Mjöllnir, mál fyrnema:
Hrungnis bani
mun þér í hel koma
fyr nágrindr neðan.

(5-6) *mun ... neðan*: 'will bring you to hell beneath the gate of the dead.'

– CHAPTER 14 –
THE LAY OF THRYM (ÞRYMSKVIÐA): A COMPLETE EDDIC POEM AND POETIC DEVICES

JESSE BYOCK AND RUSSELL POOLE

Þat mun fram koma, sem auðit verðr
– Gísla saga Súrssonar

Figure 14.1. A Thor's Hammer Pendant from Östergötland, Sweden. Similar pendants have been found throughout the Viking world, including in Lolland, Denmark, where one was inscribed with runes saying *'hamarr es,'* establishing what the pendants are meant to symbolize. Thor's hammer Mjollnir is stolen from him in *The Lay of Thrym*.

Þrymskviða is composed in *fornyrðislag* meter. Mythological scenes rush by with incremental repetition as the stanzas recount Thor's struggle with the giant Thrym. The poem begins in Ásgarðr,[1] but the action soon leads to the world of the giants. *Þrymskviða* displays a variety of poetic devices, the most important of which are described below. The poem also displays varying sentence lengths. Sometimes a sentence spreads over both halves of a long line, but sometimes one sentence fills a whole helming or half stanza. On occasion, a whole stanza is a single sentence.

14.1 POETIC DEVICES

KENNINGS AND *HEITI*, A FIRST LOOK

Kennings (*kenning*, pl *kenningar*), and *heiti* (sg and pl) are among the most colorful features of Old Norse poetry. They appear in eddic poems such as *Þrymskviða*, but they are found most frequently in skaldic poetry. The following discussion of kennings and *heiti* is a short introduction. These poetic devices are discussed more thoroughly at the beginning of the chapter on skaldic poetry.

Kennings, an English word derived from the ON feminine noun *kenning*, can be described as circumlocutions. A kenning consists of at least two elements: a basic word and a determinant, the latter usually in the genitive or possessive case.

[1]The poet takes it for granted that the audience knows that Odin is Thor's father and that Thor's mother is the goddess Earth (Jörð).

For example, battle can be referred to as *söngr sverða* ('the song of swords'). *Söngr* is the basic word and *sverða* (gen pl) is the determinant. Kennings are found in many languages. An English kenning is 'ship of the desert,' meaning camel. 'Ship' is the base word and 'of the desert' is the determinant or qualifier in the possessive.

A *heiti* can be understood as a poetic name or a synonym. For example, instead of naming Odin as Odin, it is common to disguise him with one of his many other names, such as Yggr. *Heiti* are also words used in poetry that are seldom used in common speech. For example, *svani* is a poetic word for 'woman' that was rarely used in daily speech. Another example of a *heiti* is the noun *drasill*. It is used for 'horse' and can be translated as 'steed.' Often a *heiti* is used within a kenning. In such situations, the meaning becomes more riddle-like, as in *leikr Yggjar* ('the game of Yggr'). Knowing that Yggr is Odin and that Odin is the god of war helps to decipher this kenning as 'battle,' the 'game' or *leikr* of the war god.

ALLITERATION

As mentioned in the earlier chapter on eddic meter, alliteration is the repetition of initial sounds in two or more words. This repetition across half lines binds them into cohesive long lines. Alliteration, along with syllable stress, forms the basic structure of the verse. Alliterating sounds are often single consonants or single vowels.

For example, the initial sound in the accented syllable can be a ***þ***- in ***Þ****rymr sat á haugi* – ***þ****ursa dróttinn*. The consonant ***s***- is a special case. ***Sk***- can alliterate only with ***sk***-, as in ***sk****egg nam at hrista* – ***sk****ör nam at dýja*. Similarly ***st***- with ***st***-, as in ***St****andið upp, jötnar* – *ok* ***st****ráið bekki*, and ***sp***- with ***sp***-. Single ***s***- can alliterate both with another single ***s***-, as in *opt* ***s****itjanda* – ***s****ögur um fallask*, and with other consonant clusters beginning with ***s***-, such as ***sn***- and ***sl***-.

Any vowel can alliterate with any other vowel or with itself across half lines as in *né* ***u****pphimins* followed by ***á****ss er stolinn hamri*, where ***u***- alliterates with ***á***-. Also , the letter ***j***- (always pronounced like the *y* in *'yes'*) counts as a vowel. For example, stanza 2 of *Þrymskviða* has the long line: *er* ***ei****gi veit* – ***Ja****rðar hvergi*. In this line, ***ja***- from **ja**rðar in the second half line alliterates with ***ei***- from **ei**gi in the preceding half line.

In second half lines, the structural alliteration is most frequently carried by the first prominently accented syllable. This rule means that some alliterating syllables are not structural but 'extras' to the essential pattern. In *ef ek* ***minn*** *hamar* – ***mættak*** *hitta,* it is *minn* and *mættak* that carry the structural alliteration. The alliteration between *hamar* and *hitta* is secondary, perhaps decorative or merely accidental.

AGAIN SOME CAUTION

Despite these rules, a great deal of liberty prevailed. For example, a significant number of lines in *Þrymskviða* cannot be explained according to these rules. The poetic text appears to reflect varying metrical practices that have built up over a long tradition of verse-making. To cite one example among many, in *ok þó* ***s****elja* – *at væri ór* ***s****ilfri*, the alliterating consonant can only be ***s***-. Regularly, therefore, *silfri* should be the first prominent word in the line; *væri* (as part of the verb 'to be') is a weak candidate for this slot. The line could be amended as follows to gain regularity: *ok þó **sel**ja – at ór **sil**fri væri*. That would give us the same pattern as we see in the immediately preceding line pair: *Þó mynda ek **ge**fa þér – þótt ór **gu**lli væri*.

SYLLABLE STRESS: PROMINENT AND SUBORDINATE

Old Norse poetry was accentual. Each half line in a long line contains two comparatively prominent syllables accompanied by a less definite number of subordinate syllables. The terms 'prominent' and 'subordinate' cannot be rigidly quantified in terms of linguistic stress values (stressed and unstressed). Instead, they are assessed from the verse context. If a syllable is at the start of a noun or adjective, it can safely be classed as 'prominent,' because the great majority of Old Icelandic nouns and adjectives had stress on the first syllable. Subsequent syllables classed as 'subordinate' include inflections, such as case endings, as well as conjunctions, prepositions, and definite articles. Verbs, adverbs, and pronouns come somewhere in between, depending on how much meaning they carry. They can be classified as 'intermediate', discussed below.

The line *brúðar líni* ('linen of the bride') from *Þrymskviða* consists of two nouns. The two prominent syllables are *brúð-* and *lín-* and the two subordinates are *-ar* and *-i*. Similarly, in *miðra garða*, which consists of an adjective and a noun, the two prominent syllables are *mið-* and *gar-*, and the two subordinates are *-ra* and *-ða*. In *um kné falla*, which consists of a noun and a verb, the two prominent syllables are *kné-* and *fall-*, and the two subordinates are *-um* and *-a*. Here the verb assumes prominence because there is no second noun or adjective to eclipse it. But in *reið varð þá Freyja*, where an adjective, a verb, an adverb, and a noun are in competition for prominence, the verb (*varð*) and the adverb (*þá*) are relegated to subordinate status along with the *-ja* in Freyja. *Reið* and *Frey-* are the prominent syllables.

INTERMEDIATE SYLLABLE STRESS. Some syllables are at an intermediate point between prominent and subordinate, often employing the second part of a compound word. Examples are the element *-ing-* (as in *geld**ing**r*), the superlative suffix *-ast-* (*göfg**ast**r*), the adverbial or adjectival element *-lig-* (*einkan**lig**a*), and the *-að-/-uð-* preterite element in weak verbs (*smíð**uð**u*). These syllables are of intermediate stress value. In some cases, they can substitute for a prominent syllable.

If a syllable with intermediate stress is not substituting for a prominent syllable, it may still accompany two prominent syllables. Thus *björg brotnuðu* shows two prominent syllables followed by an intermediate stress *-uð-*, which in turn is followed by the subordinate *-u*. A similar situation is found in *hvítastr ása* and *Laufeyjar sonr*.

Whether a syllable is of prominent or intermediate stress is not always apparent. For instance, in *brann jörð loga*, the alliteration of *b-* from the previous half line makes *brann* (a verb) the first prominent syllable and *jörð* as the second prominent syllable, leaving *log-* as an intermediate stress. Assignations like these are somewhat arbitrary. The poets enjoyed a great deal of freedom in the exact weighing of stresses within a line. In the line *ók Óðins sonr*, for example, if we take our cue from the alliteration, *ók* and *Óð-* are the prominent stresses, and *sonr* is an intermediate stress. On the other hand, if *ók* is considered subordinate because it is a verb, then *Óð-* and *son-* are the prominent syllables.

14.2 Poetic Grammar

The following is a series of grammatical rules and guidelines useful for the reading of *Þrymskviða* in particular and Old Norse poetry in general. The explanations concentrate on those instances where the poetic grammar differs from that of Old Norse prose.

Definite Article. In Old Norse poetry, the definite article ('the') is normally omitted. In translating, one needs to decide when and where to add it. Here are some examples:

> ***áss*** [not ***áss-inn***] *er stolinn hamri*: '**the god** has been robbed of his hammer.'
> ***fjaðrhamr*** *dunði*: '**the feather-cloak** whirred.' Not ***fjaðrhamr-inn***.
> *allr* ***ása salr***: '**the entire hall** of **the Æsir**.' Not ***ásanna*** or ***salr-inn***.

Occasionally the article appears to provide emphasis. In such instances, it often is accompanied by an adjective as in the following example:

> *þat* ***it mikla men*** *Brísinga*: 'that, **the great necklace** of the Brísings:' '**that great necklace**...'

Periphrastic (Circumlocutory) Preterites. In poetry the simple preterite (past tense) is frequently replaced by a periphrastic or circumlocutory formation. This occurs when verbs such as *nema* ('take') and *ráða* ('manage to') function as auxiliary verbs. In these constructions, the underlying meaning of these verbs is largely lost. For example, *nam hrista* ('took to shake') means little more than *hristi* ('shook') and *réð þreifask* ('resolved to fumble') means little more than *þreifaðisk* ('fumbled'). The reason for the circumlocution may be partly to maintain the meter.

Expletive *um* Preceding Verbs. In some poems, the expletive *um* adds the idea of completion to the verb that it precedes. Thus *um saknaði*, strictly construed, might equate to 'missed *totally*.' Similarly *Ek hefi ... hamar um fólginn* might be translated as 'I have the hammer *completely* hidden.' With other verbs, the idea of completion is lacking, as in *alls fyrst um kvað* ('said first of all'). Perhaps it is best to understand the expletive *um* as an element that emphasizes the verb while carrying no real meaning of its own. The chief use of *um* in poetry may be to achieve the correct metrical configuration of a line. Systematic use of *um*, such as in *Þrymskviða*, often correlates with an early date of composition, even though many scholars regard *Þrymskviða* as a late poem.

Idiomatic Uses of the Genitive Case. In poetry, the genitive case is occasionally used to indicate 'place where' or 'place toward which.' An example of 'place where' is in the following long line: *mœtti hann Þór – miðra garða* ('met he Thor – midways in the courtyard'). An example of 'place toward which' is *gengu þeir fagra – Freyju túna* ('go they to fair – Freya's dwellings').

Word Order. Poetic word order often conforms to an archaic or purposefully poetic system with the verb at the start of the sentence. The verb is often followed by particles such as *þá* and then by the subject, object, or other major components of the sentence: *Fló þá Loki* ('flew then Loki') and *hefi ek erfiði* ('have I difficulty'). An example of word order in a long line, with the break between the two half lines is *ganga þeir fagra – Freyju at hitta* ('went they fair – Freyja to meet').

ENCLITIC (ATTACHED) PRONOUNS. Relevant pronouns in poetry are often attached to the end of first- and second-person verb forms. The pronoun becomes *enclitic* to the verb, meaning that it is tacked onto the end of a verb where it attracts minimal stress. With *þú*, we have *ertu*, *muntu*, and *veiztu* rather than *ert þú*, *munt þú*, etc. Originally these were *ertú*, *muntú*, and *veiztú* but long *-ú* early changed to short *-u*. The initial consonant is assimilated, sometimes to the point of vanishing, and vowel length is reduced, so that *þú* becomes (*t*)*u*. In *heyrðu* (*heyr þú,* from *heyra*) and *segðu* (*seg þú,* from *segja*) the *þú* changes to *-ðu*.With the pronoun *ek*, the initial vowel may be lost as part of the same process of elision, hence *mætta**k*** instead of *mætta **ek**.*

This sort of change does not only happen to the pronouns. Sometimes the final consonants of the verb may be assimilated as well. For example, *bittu* is the second person present imperative from *binda* ('bind [you]'). Following normal rules of construction, the expected form would be *bind þú.* Instead, the pronoun *þú* (reduced to *tu*) influences the ***-d*** of *bin**d***, and creating '*bint*.' But following other rules of assimilation, the nasal *-n-* cannot remain next to the *-t*, so it too is assimilated, creating ***-tt*** and *bi**tt***. Thus, *bind þú* becomes *bittu*. This is the same rule of assimilation that makes the first and third person past forms of *binda* into *batt* (see *Viking Language 1, section 8.8*).

NEGATIVE PARTICLES *-A* AND *-GI*. Another example of an enclitic particle, comparable to the affixed forms of the first- and second-person pronouns, is the negative *-a*, *-at* or *-t*. In *Þrymskviða* we have *sák**a** ek* ('I did not see/have not seen'), which equals *sá ek **-a** ek*, literally 'saw-I-not I,' the *ek* is repeated either for emphasis or because the enclitic *ek (-k)* is no longer understood to be present. Compare these examples from *Lokasenna* stanzas given previously:

> *þóttiska þú* = *þóttisk -a þú*, 'you did not believe.'
> *máttira þú* = *máttir -a þú*, 'you could not.'

Skaldic verse uses similar enclitics. The following examples come from the discussion of skaldic verse in the next chapters: ***Hlífðit** Kristr* = *Hlífði **-t** Kristr*, 'Christ did not protect,' with the enclitic *-t* as 'not.' For words that are not verbs, a different negative particle, *-gi* (*-ki* after *s-* or *t-*), is used. In *Lokasenna* the pronoun *mann**gi*** is formed from the stem of *maðr* (*mann*) and ***-gi***, meaning 'no man.'

FIRST PERSON PLURAL BEFORE THE PRONOUN. In the first person plural, a pronoun following a verb will not become enclitic, but still has an effect on the preceding verb. In this case, the final ***-m*** of the first person plural present ending is sometimes omitted in advance of the pronoun *vit* or *vér*. This results in forms like *bindu vér* ('bind we') instead of *bindu**m** vér*.

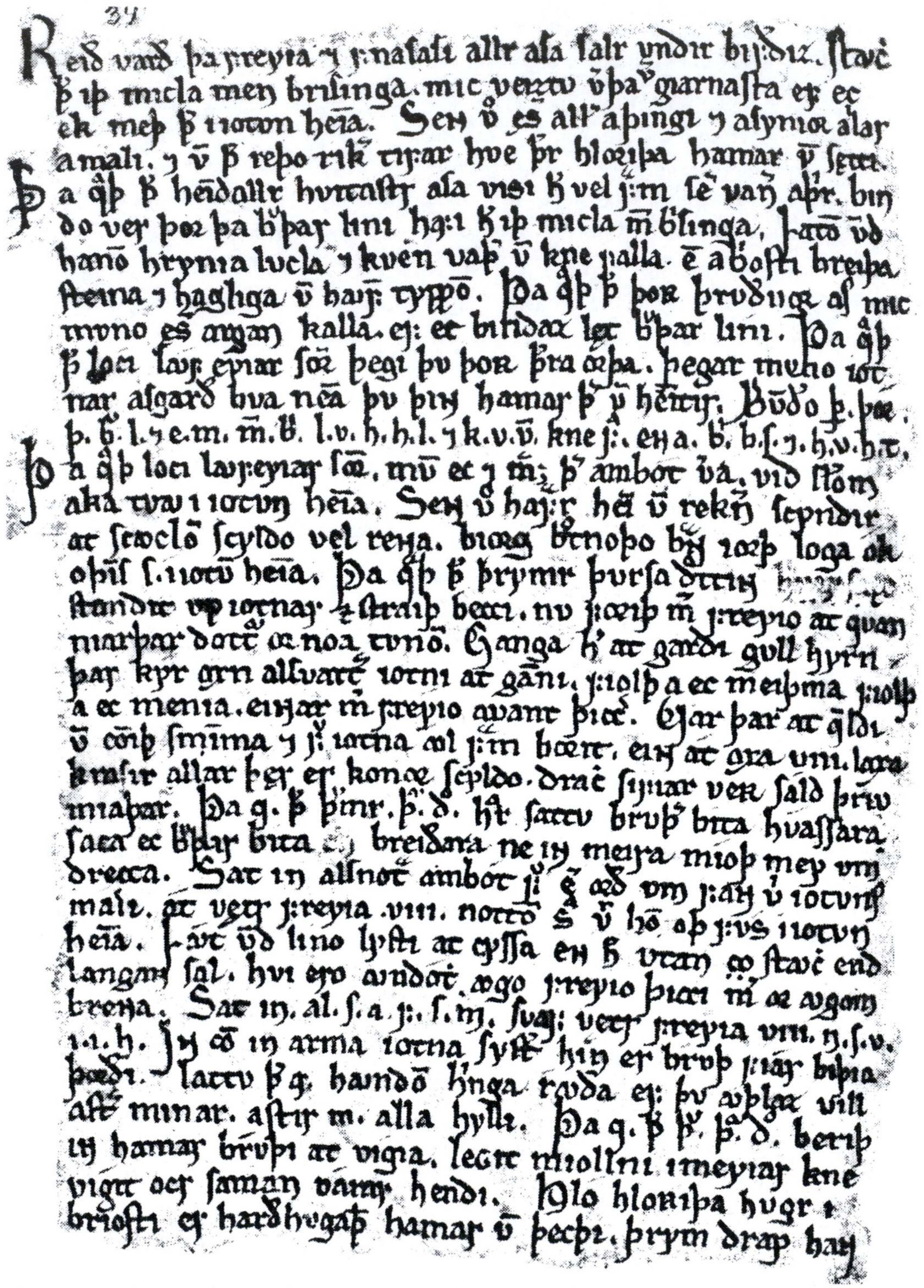

Figure 14.2. *The Lay of Thrym* from the *Codex Regius* (GKS 2365 4to). This single page contains half of the poem, begining with *'reið var þá Freyja'* (stanza 13) and ending with *'Hló Hlórriða hugr í brjósti...Þrym drap hann'* (stanza 31). Scribes used abbreviations to conserve space on vellum. The end of line 11 from *'Bundu'* ('Būd'o') and line 12 almost condenses stanza 19 into a single line. Courtesy of Árni Magnússon Institute, Reykjavik.

14.3 *ÞRYMSKVIÐA* (*THE LAY OF THRYM*)

THE MYTHOLOGICAL BACKGROUND

Þrymskviða portrays Thor in his capacity as god of strength and combat, and the *kviða* shows Thor relying on his hammer, Mjöllnir, to defend the gods against the giants. Thor was a popular god, a patron of farmers and warriors. His exuberant behavior, as in *Þrymskviða*, warmed the hearts of his devotees, and his antics were often amusing. *Þrymskviða* displays rough humor as Thor disguises himself as an anxious bride preparing to marry a giant. Some scholars believe the poem is old, composed as far back as the tenth century with the verse reflecting heathen tradition, including the playful way the poem treats Thor. Others regard the poem as a Christian mockery of Thor composed in the twelfth or early thirteenth century by a poet who accumulated allusions to older narratives. The inherent question is whether or not pagans could laugh at their gods.

In the poem, Thrym, a lord among the giants, steals Mjöllnir. The loss of Thor's hammer is a blow to the gods, leaving them unprotected against their foes. The theft becomes even more serious when Thrym demands Freyja, the goddess of fertility, as ransom for the hammer. Heimdall, the watchman of the gods, counsels Thor to disguise himself as Freyja in order to gain entry into Thrym's hall. Loki, the mercurial trickster of Norse myth, agrees to accompany Thor on his journey to Jotunheim. Loki often causes trouble, but in this instance he helps Thor. The story mentions Freyja's most valued possession, her magic shape-changing 'feather-shape' (*fjaðrhamr*). *Þrymskviða* also speaks of Freyja's prized necklace, the *Brísingamen*,[2] a treasure crafted by four dwarves. *Beowulf* speaks of a similar mysterious piece of jewelry called in Old English the *Brosinga mene* ('the necklace of the Brosings').

Þrymskviða

1. Reiðr var þá Ving-Þórr ____________________
er hann vaknaði ____________________
ok síns hamars ____________________
um saknaði. ____________________
Skegg nam at hrista, ____________________
skör nam at dýja; ____________________
réð Jarðar burr ____________________
um at þreifask. ________________

(1) *Ving-Þórr*: 'brandishing-Thor,' describes his use of his hammer. ***(2-3)*** *síns ... saknaði*: 'missed his hammer.' *Sakna* takes the genitive case. ***(5)*** *nam ...hrista*: 'his beard took to shaking.' ***(6)*** *skör ... dýja* 'his hair to shaking.' ***(8)*** *um at þreifask*: 'Jörð's son groped around (*um*)' [trying to locate his hammer].

---

[2]**Brísingamen** (*men Brísinga*, 'necklace of the Brisings').

2. Ok hann þat orða
alls fyrst um kvað:
'Heyrðu nú, Loki,
hvat ek nú mæli,
er eigi veit
jarðar hvergi
né upphimins:
áss er stolinn hamri!'

(1-2) *hann ... kvað*: 'that of words first of all he said,' ['the first thing he said was']. ***(3)*** *heyrðu*: 'hear you!' *-ðu* is the pronoun *þú* affixed to the verb. ***(5)*** *eigi veit*: 'no one has heard,' ***(6-7)*** *jarðar ... upphimins*: 'nowhere of earth nor of heaven' ['anywhere on earth or in heaven']. ***(8)*** *áss ... hamri*: 'the god has been robbed of his hammer.'

3. Gengu þeir fagra
Freyju túna,
ok hann þat orða
alls fyrst um kvað:
'Muntu mér, Freyja,
fjaðrhams ljá,
ef ek minn hamar
mættak hitta?'

(1-2) *fagra Freyju túna*: *túna* (gen pl), 'to the beautiful dwellings of Freyja.' ***(5)*** *muntu*: 'will you.' -(*t*)*u* in *muntu* is the pronoun *þú* affixed to the verb. ***(6)*** *ljá*: takes a genitive object as here (*fjaðrhams*). ***(7)*** *ef*: normally 'if,' but here means 'in case/in the hope that/so that.' ***(7-8)*** *ek ... mættak*: 'I could,' with *-k* (*mætta+k*) repeating *ek*.

4. *Freyja kvað*:
Þó mynda ek gefa þér,
þótt ór gulli væri,
ok þó selja,
at væri ór silfri.'

(1) *þó*: 'even so/though.' ***(2)*** *gefa þér*: 'give [it] to you.' *væri*: past subjunct, indicating a supposed condition. ***(3)*** *selja*: 'hand [it] over.'

5. Fló þá Loki –
fjaðrhamr dunði –
uns fyr útan kom

ása garða, ____________________
ok fyr innan kom ____________________
jötna heima. __________________

(2) *dunði*: 'whirred, whizzed. '***(2)*** *fyr útan*: 'outside' goes with *garða*, 'until he came outside [in front of] the dwellings of the gods.' *garða* and -*heima*: acc pl after *í*, denoting motion toward. The *í* is missing but understood. ***(6)*** *jötna heima*: gen pl of *jötunn* 'of giants'; acc pl of *heimr* 'home,' often written as one word *jötunheimar* (nom pl).

6. Þrymr sat á haugi, ____________________
þursa dróttinn, ____________________
greyjum sínum ____________________
gullbönd snøri ____________________
ok mörum sínum ____________________
mön jafnaði. __________________

(2) *þursa dróttinn*: in apposition to *Þrymr*. ***(3-4)*** *greyjum ... snøri*: 'twisted gold collars for his dogs.' ***(5-6)*** *mörum sínum mön jafnaði*: 'trimmed evenly [the] manes of his horses.'

7. *Þrymr kvað:* ____________________
'Hvat er með ásum? ____________________
Hvat er með álfum? ____________________
Hví ertu einn kominn ____________________
í jötunheima?' __________________

(1) hvat ... ásum: 'what is with the gods?' ['how are things with the gods?']. ***(3)*** *ertu*: *ert þú*.

Loki kvað: ____________________
'Illt er með ásum! ____________________
illt er með álfum! ____________________
Hefir þú Hlórriða ____________________
hamar um fólginn?' __________________

(1) *illt ... ásum*: 'Ill it is with the gods.' ***(3)*** *Hlórriði*: a poetic name for Thor.

8. *Þrymr kvað:* ____________________
'Ek hefi Hlórriða ____________________
hamar um fólginn ____________________
átta röstum ____________________

fyr jörð neðan; ____________________________
hann engi maðr ____________________________
aptr um heimtir, ____________________________
nema fœri mér ____________________________
Freyju at kván.' _______________________

(3) *átta röstum*: loosely translated 'eight miles.' *röst* is a distance between one 'resting place' and the next, similar to English 'stage or leg of a journey.' ***(4)*** *fyr jörð neðan*: equivalent to *fyr neðan jörð*, 'beneath the earth.' ***(5)*** *hann*: 'the hammer.' ***(7)*** *nema fœri*: 'unless he [man or god].' *fœri* 'brings' (pres subjunct of *fœra*). ***(8)*** *at kván*: 'as a wife.'

9. Fló þá Loki – ____________________________
fjaðrhamr dunði – ____________________________
uns fyr útan kom ____________________________
jötna heima ____________________________
ok fyr innan kom ____________________________
ása garða; ____________________________
mœtti hann Þór ____________________________
miðra garða, ____________________________
ok hann þat orða ____________________________
alls fyrst um kvað: ______________________

(7) *mœtti hann Þór*: 'he met Thor.' ***(8)*** *miðra garða*: gen of place.

10. 'Hefir þú erendi ____________________________
sem erfiði? ____________________________
Segðu á lopti ____________________________
löng tíðindi: ____________________________
opt sitjanda ____________________________
sögur um fallask ____________________________
ok liggjandi ____________________________
lygi um bellir.' ____________________________

(1) *hefir ... erfiði*: 'have you [fulfilled your] mission as well as [having gone to the] trouble?' ['do you have a result to show for your efforts?']. ***(3)*** *á lopti*: 'still in the air' ['before you land']. ***(4)*** *löng tíðindi*: 'the long news' ['the full story']. ***(5-6)*** *opt ... fallask*: 'often tales elude a man sitting down' [he has had time to forget the details]. **(7-8)** ok liggjandi lygi um bellir: 'and a man lying down dares to tell lies.'

11. *Loki kvað:*
'Hefi ek erfiði
ok erindi;
Þrymr hefir þinn hamar,
þursa dróttinn;
hann engi maðr
aptr um heimtir,
nema honum fœri
Freyju at kván.'

(7) *nema honum fœri*: 'unless he were to bring to him [Thrym].'

12. Ganga þeir fagra
Freyju at hitta,
ok hann þat orða
alls fyrst um kvað:
'Bittu þik, Freyja,
brúðar líni!
vit skulum aka tvau
í jötunheima.'

(1-2) *Ganga fagra Freyju*: 'beautiful Freyja' (acc). Here, in contrast to stanza 3, 'beautiful' modifies 'Freyja.' ***(5)*** *bittu*: contracted from *bind þú*, 'bind you.' ***(6)*** *brúðar líni*: 'with bride's linen.' The prep 'with' is supplied by *líni* in the dat. ***(7)*** *vit*: 'we two' (*dual*). ***(7)*** *tvau*: 'two' (the neuter form is logical, because the speaker is masculine and the addressee is feminine).

13. Reið varð þá Freyja
ok fnasaði,
allr ása salr
undir bifðisk,
stökk þat it mikla
men Brísinga:
'Mik veiztu verða
vergjarnasta,
ef ek ek með þér
í jötunheima.'

(2) *fnasaði*: 'snorted.' ***(4)*** *undir*: 'under [the snorting],' ['with the impact of snorting']. ***(5)*** *stökk*: 'sprang off' from *støkkva*, 'to jump, spring.' ***(6)*** *men Brísinga*: 'necklace of the

Brisings,' Freyja's necklace. ***(7)*** *veiztu*: 'you know,' ['you will know']. ***(9)*** *ek ek*: 'I drive,' from *aka*.

14. Senn váru Æsir
allir á þingi
ok ásynjur
allar á máli,
ok um þat réðu
ríkir tívar,
hvé þeir Hlórriða
hamar um sœtti.

(5-7) *um þat ... hvé*: 'about this ... how,' a correlative construction. ***(8)*** *sœtti*: 'should seek, search for,' past subjunct of *sækja*, 'to seek.'

15. Þá kvað þat Heimdallr,
hvítastr ása,
vissi hann vel fram
sem Vanir aðrir:
'Bindu vér Þór þá
brúðar líni!
hafi hann it mikla
men Brísinga!

(2) *hvítastr ása*: 'whitest of the Æsir' (superl). ***(3)*** *vissi ... fram*: 'knew the future' (past of *vita*). ***(4)*** *sem Vanir aðrir*: 'like the other Vanir' or possibly 'even like the Vanir.' Heimdall, the watchmen of the gods, seems to be connected in some way with the Vanir. ***(5)*** *bindu vér:* 'let us bind.' *hafi*: 'let him have' (subjunct).

16. Látum und honum
hrynja lukla
ok kvennváðir
um kné falla,
en á brjósti
breiða steina,
ok hagliga
um höfuð typpum.'

(1-2) *lukla*: 'keys,' acc pl of *lykill*. *látum ... lukla*: 'let keys jingle beneath him.' Women carried keys at their sides on a belt. ***(4)*** *um kné falla*: 'fall around his knees.' ***(6)*** *breiða* *steina*: 'broad stones,' [or as a verb to 'display or spread precious stones']. ***(7-8)*** *hagliga ... typpum*: 'skillfully around his head let us wrap [a headdress].'

17. Þá kvað þat Þórr, ________________
þrúðugr áss: ________________
'Mik munu Æsir ________________
argan kalla ________________
ef ek bindask læt ________________
brúðar líni!' ________________

(4) *argan*: from *argr*, which combines the ideas of 'cowardly' and 'effeminate.' The word carried a strong stigma in the culture. ***(5)*** *bindask læt*: 'let myself be bound,' an instance of the reflexive form of the verb.

18. Þá kvað þat Loki, ________________
Laufeyjar sonr: ________________
'Þegi þú, Þórr, ________________
þeira orða! ________________
Þegar munu jötnar ________________
Ásgarð búa, ________________
nema þú þinn hamar ________________
þér um heimtir.' ________________

(2) *Laufeyjar sonr*: 'son of Laufey,' Loki's mother Laufey is an obscure goddess. ***(3-4)*** *Þegi ... orða*: 'be silent of those words,' ['Don't say such things']. ***(5)*** *þegar*: 'straightaway.'

19. Bundu þeir Þór þá ________________
brúðar líni ________________
ok inu mikla ________________
meni Brísinga, ________________
létu und honum ________________
hrynja lukla ________________
ok kvennváðir ________________
um kné falla, ________________
en á brjósti ________________
breiða steina, ________________
ok hagliga ________________
um höfuð typðu. ________________

(3-4) *inu ... Brísinga*: 'with that great necklace of the Brisings.' ***(5)*** *und honum*: see stanza 16, 'from his belt.' ***(12)*** *typðu*: from *typpa, typptu*.

20. Þá kvað Loki,
Laufeyjar sonr:
'Mun ek ok með þér
ambótt vera,
vit skulum aka tvau
í jötunheima.'

(3) *ok*: 'also.' ***(5)*** *vit ... tvau*: 'we two,' *n.* As both gods are masquerading as women, the feminine form could be used. Perhaps the poet or copyist is repeating stanza 12.

21. Senn váru hafrar
heim um reknir,
skyndir at sköklum,
skyldu vel renna.
Björg brotnuðu,
brann jörð loga,
ók Óðins sonr
í jötunheima.

(1) *hafrar*: Thor uses he-goats to pull his wagon. ***(3)*** *skyndir*: hurried' (ppart of *skynda*). ***(4)*** *skyldu*: ´they need to run fast.' ***(6)*** *loga*: 'with flame,' 'lightning.' ***(7)*** *ók*: 'drove,' past of *aka*.

22. Þá kvað þat Þrymr,
þursa dróttinn:
'Standið upp, jötnar,
ok stráið bekki!
Nú fœrið mér
Freyju at kván,
Njarðar dóttur
ór Nóatúnum.

(4) *stráið bekki*: 'strew the benches,' ['put straw on the benches']. ***(5)*** *fœrið*: 'bring' (2pl imperative), presumably a command to his people to conduct Freyja into his presence.

23. Ganga hér at garði
gullhyrndar kýr,
øxn alsvartir
jötni at gamni;
fjölð á ek meiðma,
fjölð á ek menja,
einnar mér Freyju
ávant þykkir.'

(2) *gullhyrndar kýr*: 'cows with golden horns.' ***(3)*** *øxn*: 'oxen,' nom pl of *uxi*. ***(4)*** *jötni at gamni*: 'to the giant's delight,' [to the delight of the speaker, Thrym]. ***(5)*** *fjölð*: 'plenty of,' takes gen pl. ***(7-8)*** *einnar ... þykkir*: 'to me there seems lacking of Freyja only,' ['the only possession I lack is Freyja']. ***(8)*** *ávant*: takes the gen.

24. Var þar at kveldi
um komit snimma
ok fyr jötna
öl fram borit.
Einn át oxa,
átta laxa,
krásir allar,
þær er konur skyldu,
drakk Sifjar verr
sáld þrjú mjaðar.

(1-2) *var ... snimma*: an impersonal construction, 'it was come there early in the evening,' ['people assembled early in the evening']. ***(5)*** *Einn át*: 'All alone [he] ate.' Thor eats a surprisingly large amount for a bride. ***(5)*** *oxa*: acc sg of *oxi*. ***(8)*** *konur skyldu*: 'and all the food for the women.' ***(9)*** *Sifjar verr*: 'the husband of Sif.' ***(10)*** *sáld þrjú mjaðar*: 'three vats of mead.'

25. Þá kvað þat Þrymr,
þursa dróttinn:
'Hvar sáttu brúðir
bíta hvassara?
Sáka ek brúðir
bíta breiðara,
né inn meira mjöð
mey um drekka!'

(3) *sáttu brúðir*: 'did you see brides/wives.' ***(4)*** *hvassara*: 'more voraciously' (comparative adverb). ***(5)*** *sáka ek*: 'I have not seen,' where *-k* (*ek*) is appended to the verb *sá* and followed by the negative particle *-a*. Then *ek* is repeated [*Sá ek-a ek*]. ***(6)*** *breiðara*: 'more broadly.' ***(7)*** *inn meira mjöð*: 'the more mead.'

26. Sat in alsnotra
ambótt fyrir,
er orð um fann
við jötuns máli:
'Át vætr Freyja
átta nóttum,
svá var hon óðfús
í jötunheima.'

(5) *vætr*: 'nothing.' ***(6)*** *átta nóttum*: 'for eight nights.' ***(7-8)*** *svá ... jötunheima*: 'so eager was she [to arrive] in Giantland.'

27. Laut und línu,
lysti at kyssa,
en hann útan stökk
endlangan sal:
'Hví eru öndótt
augu Freyju?
þikki mér ór augum
eldr um brenna!'

(1) *Laut und lína*: '[Thrym] bowed under the veil' ['lifted up the veil/looked under the veil']. ***(2)*** *lysti*: past of *lysta* 'wish,' 'intend.' ***(3)*** *útan*: 'from without/outside,' meaning that starting near the outermost part of the hall (by the door) the giant sprang (*stökk*) back all the way to the innermost part [furthest from the door]. ***(5)*** *öndótt*: 'terrifying.' ***(7)*** *þikki mér*: 'it would seem to me' (subjunct of *þykkja*).

28. Sat in alsnotra
ambótt fyrir,
er orð um fann
við jötuns máli:
'Svaf vætr Freyja

átta nóttum,
svá var hon óðfús
í jötunheima.

***(5-6)** svaf ... nóttum*: alliteration fails in this line-pair.

29. Inn kom in arma
jötna systir,
hin er brúðfjár
biðja þorði:
'Láttu þér af höndum
hringa rauða,
ef þú öðlask vill
ástir mínar,
ástir mínar,
alla hylli.'

***(1-2)** in arma jötna systir*: 'the miserable sister of the giants,' the choice of adjective presumably dictated by the turn of the plot to follow. ***(3-4)** brúðfjár biðja*: 'ask for a bridal gift.' The verb *biðja* takes the gen of the thing requested. ***(5)** láttu ... höndum*: 'release from your hands/arms,' ['hand over']. ***(7)** öðlask*: 'receive.'

30. Þá kvað þat Þrymr,
þursa dróttinn:
'Berið inn hamar
brúði at vígja,
leggið Mjöllni
í meyjar kné,
vígið okkr saman
Várar hendi!'

***(3-5)** berið ... hamar*: *berið, vígja* and *leggið* take *hamar, brúði* and *Mjöllni* respectively as objects in the acc ***(7)** okkr*: 'the two of us' (dual number). ***(8)** Várar hendi*: 'by the hand of Var,' Var here is possibly the goddess of pledges.

31. Hló Hlórriða
hugr í brjósti,
er harðhugaðr
hamar um þekði;

Þrym drap hann fyrstan,
þursa dróttin,
ok ætt jötuns
alla lamði.

(1-2) *Hlórriða hugr í brjósti*: 'Courage rose in Thor's breast [heart].' ***(8)*** *lamði*: from *lemja* 'maim.'

32. Drap hann ina öldnu
jötna systur,
hin er brúðfjár
um beðið hafði;
hon skell um hlaut
fyr skillinga,
en högg hamars
fyr hringa fjölð.

Svá kom Óðins sonr
endr at hamri.

(2) *systur*: acc sg. ***(4)*** *beðið*: from *biðja*. ***(6)*** *fyr skillinga*: 'instead of shillings.' ***(9-10)*** *kom ... endr at*: 'regained.'

– Chapter 15 –
Runes and Eddic Meter from Sweden

Margt leynisk lengi – Hávarðar saga Ísfirðings

Eddic Verse in the Younger Futhark

Runic inscriptions are our closest source to the language of the Viking Age and both eddic and skaldic poetry is preserved in runes. Among the inscriptions are runestones in the younger futhark or ᚠᚢᚦᚬᚱᚴ, such as the those from Bällsta in Vallentuna Parish, Sweden. When compared with Icelandic manuscript sources, the Bällsta inscriptions illustrate the similarity of Old Norse language and poetry throughout the Scandinavian cultural area. Regional speech accents varied, but Swedes, Icelanders, and other Norse speakers easily understood each other and composed similar poetry.

The runic inscriptions in this chapter are carved in the standard younger futhark used throughout the Viking World. This futhark is given below. The top line in the listing gives the runes, and the bottom line the Latin letter equivalents.[1]

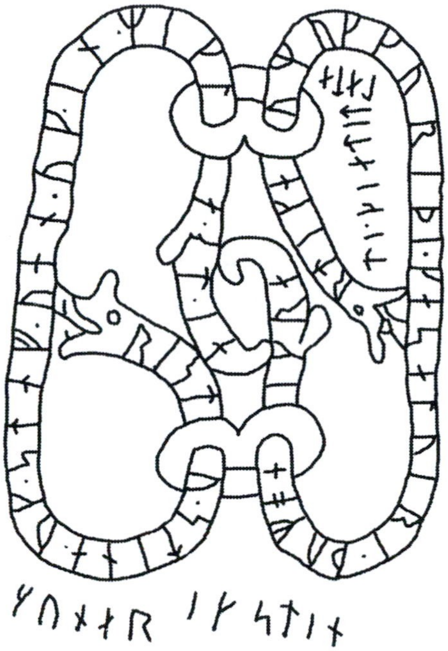

Figure 15. 1. The Second Bällsta Runestone from Vallentuna, Sweden, with an inscription in eddic meter.

Younger Futhark of the Viking Age (16 Letters)

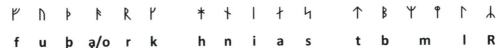

ᚠ	ᚢ	ᚦ	ᚬ	ᚱ	ᚴ	ᚼ	ᚾ	ᛁ	ᛅ	ᛋ	ᛏ	ᛒ	ᛘ	ᛙ	ᛚ	ᛦ
f	**u**	**þ**	**ą/o**	**r**	**k**	**h**	**n**	**i**	**a**	**s**	**t**	**b**	**m**		**l**	**R**

Although there was some standardization of spelling, rune carvers with their varying regional pronunciations were mostly on their own in sounding out and spelling words. The carvers worked within the limitations of the younger futhark whose letters were too few to

[1] This listing of the younger futhark contains seventeen runes, giving two variants of the *m*-rune: ᛘ and ᛙ. For more information on runes, see the earlier chapter on runes in this book and the longer discussion in lessons 3, 4, and 5 of *Viking Language 1*.

represent the full vowel and consonant sounds of the language.

15.1 Two Bällsta Runestones

Runestones were raised by both men and women. They are attributed to members of different social groups from nobles to commoners. Many runic carvings honor the dead or indicate the wealth and authority of those who erected these monuments. Commissioners of these monuments were often heirs, family members, and friends. As with the Bällsta inscription, runes had a social function. They proclaimed family relationships and inheritance rights. They specified authority and property claims or simply indicated that an individual had been there, as in the manner of modern 'tagging.'

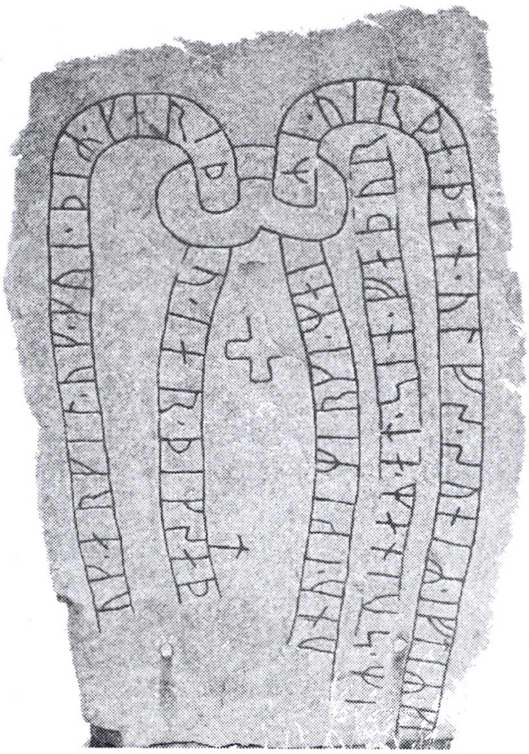

Figure 15. 2. The First of the Two Bällsta Runestones. The first stone is somewhat damaged toward the bottom. Both stones use the same serpentine pattern. Photo by Paul Almer.

A poetic inscription is found on the second Bällsta stone. The inscription is a stanza in eddic *fornyrðislag* meter. Like eddic poetry and unlike skaldic poetry, the verse does not rely on internal rhyme. This eddic verse does, however, share aspects with skaldic poetry. The most obvious is that the lines are about historical people and events. The Bällsta stones tell who commissioned the stones, who carved them, and why they were carved. The runes offer a hint of a wife's feelings for her husband, as well as the concept of family authority. They also shed light on Viking Age funeral practices. The Bällsta stones do not mention Christianity.

The first stone, which is somewhat damaged, appears to have a poetic inscription. It speaks of the raising of the stones and tells of the establishment of a thing place, that is, an assembly site. The runes of the first stone name three sons of a man called Ulf (Úlfr). The inscription on the second stone commemorates Ulf's memory and recounts his wife's grief over her husband´s death. The inscription tells the passerby that Ulf's sons erected the stones and raised a memorial staff (*stafr*) or wooden pillar to commemorate their father.

The runic inscription on the Bällsta stone agrees with the account of the Arab traveler Ahmad Ibn Fadlan, who describes the raising of a memorial staff as a Viking Age mortuary custom. Ibn Fadlan, an Arab diplomat from the Caliphate of Baghdad, journeyed to northern Russia during the years 921 and 922 in order to meet with the king of the Volga Bulgars. As discussed in the introduction to *Viking Language 1*, Ibn Fadlan wrote a report of his journey, including a detailed description of Norse Rus' traders. These merchants and slavers were probably Swedish Vikings or Varangians whom he encountered as they camped near their boats on the shore of the Volga.

Ibn Fadlan witnessed the funeral of a Norse leader and gives an account of the man's cremation. The ceremony involved the burning of the man's ship, the distribution of his riches, and the killing of a young slave woman, who was sacrificed to accompany him. After the trader and his boat were burned, the man's companions built an earthen mound topped by a wooden pillar. This staff was carved with letters, and we might guess that the letters were runes. The passage describing the memorial staff from Ibn Fadlan´s report reads:

> Next, at the place where the boat had been drawn out of the river, they built something like a round hill. In the middle they set up a great post of *khadank* wood, inscribed with the name of the man and that of the king of the Rus. Then they departed.[2]

RUNIC POEM ON THE SECOND BÄLLSTA RUNESTONE

ᚱᛁᛋᛏᚢ·ᛋᛏᛁᚾᛆ·ᚢᚴ·ᛋᛏᛆᚠ·ᚢᛆᚾ·ᚢᚴ·ᛁᚾ·ᛘᛁᚴᛚᛆ·ᛆᛏ
·ᛁᛆᚱᛏᛁᚴᚾᚢᛘ ᚢᚴ ᚴᚢᚱᛁᚦᛁ·ᚴᛆᛋ ᛆᛏ·ᚢᛁᚱᛁ·ᚦᚢ ᛘᚬᚾ ᛁ ᚴᚱᛆᛏᛁ
·ᚴᛁᛆᛏᛁᛏ ᛚᛆᛏᛆ ᚴᚢᚾᛆᚱ ᛁᚴ ᛋᛏᛁᚾ

TRANSLITERATION OF THE RUNES (Some words in the original carving are divided by dots):
ristu · stina · uk · staf · uan · uk · in · mikla · at · iartiknum uk kuriþi · kas at · uiri · þu mon i krati · kiatit lata kunar ik stin

THE RUNES TRANSCRIBED IN STANDARDIZED OLD NORSE

Ristu steina ok staf vann [unnu] ______________________
ok inn mikla at jartegnum. ______________________
Ok Gýríði gazk at veri. ______________________
Því man í gráti getit láta. ______________________
Gunnarr hjó stein. ______________________

Once you have translated the stanza, see a suggested translation at the end of this section.

VOCABULARY

gazk = gat + sk, *3sg past* of **geta**

❖**geta** <getr, gat, gátu, getinn> *vb* get; *impers* [*w dat sub*] **getask at [e-m/e-u]** like, love [sb/sth]

---

[2]*Ibn Fadlan and the Land of Darkness: Arab Travellers in the Far North*. Transl. Paul Lunde and Caroline Stone. London: Penguin Classics, 2012, p. 54.

getit *ppart of* **geta** mentioned; **[hon] man láta getit** [she] will have it told

grátr <*acc* grát, *dat* gráti, *gen* -s> *m* weeping

Gunnarr <-s> *m* Gunnar (*personal name*)

Gýríðr <*acc/dat* Gýríði, *gen* Gýríðar> *f* Gyrid (*personal name*)

höggva <høggr, hjó, hjoggu, högg(v)inn> *vb* strike, carve, cut with a blow

jartegn (*also* **jartei[g]n**) *n* token, evidence, proof (of a thing)

❖**munu** <mun~man, mundi, *past inf* mundu> *pret-pres vb* will, shall

rísta <rístr, reist, ristu, ristinn> *vb* carve, cut

stafr <*gen* -s, *pl* stafar~stafir> *m* wooden staff, stick; pole, pillar

unnu see *vinna*

vann see *vinna*

vinna <vinnr, vann, unnu, unninn> *vb* work, make, build, perform, accomplish

verr <-s, -ar> *m* [*poet*] husband, man

því *n dat sg* of **sá**, *as adv* thus, therefore

15.2 THE CARVER AND THE CARVING

In the line under the inscription at the bottom left of the Second Bällsta stone, Gunnar (ᚴᚢᚿᛆᚱ) names himself as carver. We know a few things about Gunnar's practices, including his spelling and grammar. Sometimes he divides his words with dots. In his credit line, Gunnar uses the verb *höggva* ('to cut by striking,' that is, 'to carve'), making it clear that even if others commissioned the stones and erected the great staff, he cut the runes (ᛁᚴ = *ik* = *hjogg* or *hjó*, the initial 'h' being dropped from *hik*).

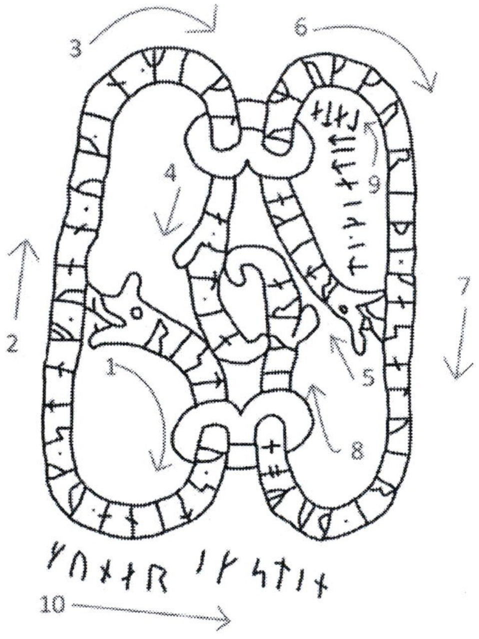

Figure 15. 3. The Second Bällsta Runestone. Numbered arrows show the progression of the inscription, which begins just behind the head of the serpent on the left.

Gunnar almost surely sketched the artwork before chiseling. The artwork consists of two serpents, one on the left and the other on the right. The bodies of the snakes or monsters serve as bands for the inscription. The intertwined tails give a dynamic effect, as do the open mouths facing different directions. Two clasps or fetters lock together the bodies of the serpents.

The runes are not presented in a strictly linear way but follow the artwork, curving within the bodies of the serpents. When the carver Gunnar ran out of space within the bands, he continued the inscription outside. The inscription begins in the band behind the head of the monster to the left (follow the numbered arrows on the accompanying figure). He continued to the tail of the first serpent, ending with the letters ᛁᛆ from the word (ᛁᛆ)+ᚱᛏᛁᚴᚿᚢᛘ ([*ia*]*rtiknum* or *jarteknum*). From the tail of the first serpent, he then continued behind the head of the second serpent with ᚱᛏᛁᚴᚾᚢᛘ (*-rtegnum*, a part of the complete word). Reaching the end of the tail of the second serpent, Gunnar completed the poem in the open space on the top right. He squeezed in the last word ᛚᛅᛏᛅ (*láta*, arrow 9).

The Bällsta runic inscriptions show typical Old Norse use of alliteration, poetic elements, and language. In the following discussion, the alliterative sounds are marked in bold. In the first half stanza, the poet alliterated the consonants ***st***- in the words ***st**eina* (ᛋᛏᛁᚾᛅ)and ***st**aff* (ᛋᛏᛅᚠ). In the second line of the first half stanza, the poet alliterates the vowels ***o***- and ***ja***- in the words ***o**k* (ᚢᚴ) and ***ja**rtegnum* (ᛁᛅᚱᛏᛁᚴᚾᚢᛘ).

In Old Norse poetry, word order is commonly adjusted to fit the meter. For example, in the first half stanza,

> Ristu **st**eina   ok **st**af vann [unnu]
> **o**k **i**nn mikla   at **ja**rtegnum

The definite article and adjective *mikla* (ᛁᚾ·ᛘᛁᚴᛚᛅ *= inn mikla*) modify the noun *stafr* in the accusative (*staf*). In prose word order, the two long lines of the stanza read: [*Þeir*, 'the brothers'] *ristu steina ok* [he, someone] *vann ok inn mikla staf at jartegnum*. The ***i***- (*inn*) and the **j**- (*jartegnum*) alliterate.

In the first long line the carver uses the plural past ᚱᛁᛋᛏᚢ (*ristu*, 'they carved'), but the verb ᚢᛅᚾ (*uan = vann*) in the second half of the long line is singular. At this point in the inscription, there is a grammatical question. *Vann* is the 3rd singular past of *vinna* ('to work,' 'make,' or 'build'), and *reistu* and *vann* seem to share the same subject: 'They carved the stones and worked the great staff.' So the question is why *vann* and not *unnu*, the 3rd plural past of *vinna*: [*þeir unnu*, 'they worked']? The answer is not clear. This sort of grammatical variance occurs frequently in runic inscriptions, and there are numerous explanations. Perhaps *vann* is connected to a singular subject. Possibly the carver´s Old Norse dialect employed the singular verb instead of the plural. Maybe the carver's grammar was bad, or he slipped up when carving. Perhaps there is another reason. In any event, this transcription notes that *vann* could be *unnu* and that this amendment is a guess.

In the second half stanza, the verb *gazk* is from *getask at* (see *geta* in the Vocabulary above). *gazk* is a contraction of the past reflexive *gatsk* (*gat* + *sk*: *gazk*). *Getask at* takes its subject in the dative, and Gýríði (ᚴᚢᚱᛁᚦᛁ) is dative of the woman's name Gýríðr. The dative includes the meaning of the preposition 'for,' hence ᚴᚢᚱᛁᚦᛁ means 'for Gyrid.' *Getask at* also takes its object in the dative, hence ᚢᛁᚱᛁ (*veri*, dative of *verr*, a word for 'husband' or 'man' found mostly in poetic usage).

The line *Því man í **g**ráti – **g**etit láta* is also in eddic meter. It reveals Gyrid´s affection for, or her sense of duty to, her departed husband, and the line is difficult to translate. In logical order, the line reads *Því í **g**ráti, man* [*hon*] *láta **g**etit.* There are at least two possible translations: 'Because in her sorrow, she had the work done' or 'Because in her tears [grief], she will have it told.'

15.3 A Suggested Translation

[They] carved stones and [he or they] worked
the great staff as proof.
And Gyrid loved her husband.
Thus in weeping, she will have it told.

Gunnar cut [carved] the stone.

– CHAPTER 16 –
SKALDIC POETRY

Ekki er undir, hvat um er talat – Gísla saga Súrssonar

Skaldic poems build on eddic composition but are more complex. Skalds such as Thjodolf of Hvin (Þjóðólfr ór Hvini), Rognvald Kali (Rögnvaldr kali), Egil Skallagrimsson (Egill Skallagrímsson), and Thormod Kolbrunarskald (Þormóðr Kolbrúnarskáld) are known for the originality and complexity of their verses. In eddic composition, the lines are easily comprehended, because they are arranged in a quasi-prose order. In skaldic diction (*skáldskaparmál*), word order is very different from prose and much harder to comprehend. Skaldic stanzas are frequently semantic puzzles. Audiences listening to skaldic poetry participated in the word games, and teasing out meaning from difficult constructions was a sign of intelligence.

Skalds most often composed their works in *dróttkvæðr háttr* ('court-poetry meter'), which *The Prose Edda* calls *dróttkvætt* ('court verse'). *The Prose Edda* offers compositional rules, which skalds ideally were supposed to follow but often did not. The basic rule of skaldic poetry is that stanzas are arranged into four long lines (or eight short lines) with each short line containing six syllables. In general, the last two syllables of each six-syllable short line form a trochee, that is, a prominent stress followed by a subordinate stress in disyllabic words.

16.1 SKALDIC COMPOSITION

Ideally, though not always, skaldic composition conforms to alliterative patterns, rhythm, and rhyme. As in eddic verse, alliteration occurs in pairs of connected half lines with the odd or first line followed by a second even line. While eddic poetry has four main meters and relatively uncomplicated construction, skaldic composition employs numerous meters and devices, including intense use of poetic names and circumlocutions. Knowledge of myth and legend was a requirement for composing in eddic and skaldic poetry. Even in Christian times, skalds continued to employ allusions and references to the Norse gods.

Whereas the major corpus of *The Poetic Edda* is found in the *Codex Regius*, skaldic poetry comes to us mostly as *lausavísur* ('loose stanzas,' sg *lausavísa*) embedded in Old Icelandic prose texts, especially in the family and kings'sagas. In *Heimskringla*, skaldic stanzas often serve as eye-witness accounts transmitting historical and social memory. Modern scholars have assembled much of the skaldic corpus from *lausavísur*.

Skaldic poetry was employed for a variety of purposes, including praise, insult, and love. Instances of insult were called *níð* (sg and pl). Love poems were called *mansöngvar* (sg *mansöngr*). They were often dishonorable. Most *níð* and *mansöngr* are preserved as *lausavísur*. In the later medieval period, *mansöngvar* also appear in *rímur* (pl; rhymed poetry influenced by ballads that became popular in the later Middle Ages).

The majority of extant skaldic poetry are praise poems. Such verses often focus on the individual praised and include descriptions of accomplishments and historical events. Praise poems fall into two groups: *drápa* (pl *drápur*)and *flokkr* (pl *flokkar*). The *drápa* was the more complex and more honored of the two. Its stanzas are grouped into a three-part arrangement of introduction (*upphaf*), middle (*stefjabálkr*), and conclusion (*slœmr*). The middle of a *drápa* was expected to contain one or more refrains. The repeated section was called a *stef*. The warrior poet Egil Skallagrimsson employed the *drápa* in *Höfuðlausn,* a poem that Egil composed in honor of his enemy, Eirik Bloodaxe, the Viking king of York. Eirik held Egil captive and intended to kill him. Egil, in his *drápa* of twenty stanzas, employed two *stef*. Because of the excellence of the praise poem, Eirik spared Egil's life.

Flokkar did not employ *stef* and were less complex than *drápur*. Whereas the *drápa* has a distinctive three-part structure, a *flokkr* has a less-structured sequence with fewer stanzas than a *drápa*. *Flokkar* were considered unsuitable for praising people of high status, such as kings. High praise was the realm of the *drápa*.

16.2 HEITI AND KENNINGS

To a considerable extant, the art of skaldic poetry turns on the use of *heiti* (sg and pl) and kennings (*kenning*, pl *kenningar*). The intricate language shuns realistic depiction, and its intertwined images are a challenge to unravel.

HEITI are synonyms. The term *heiti* means 'name' and derives from the verb *at heita*, 'to name.' *Heiti* are used more frequently than kennings. They allowed skalds to replace a common word such as 'horse' with a poetic word such as 'steed.' Most *heiti* are more obscure than this example and rely on an audience's familiarity with Scandinavian myth and legend. *Heiti* were largely drawn from a fixed list and did not have the same flexibility as kennings.

Because of *heiti*, Norse poetry has its own vocabulary or lexicon, including ancient words used only in poetry. An example is the word *gumi*, meaning 'man,' which is only used in poetry. In prose, however, *gumi* is found in compound words such as *brúðgumi* (bridegroom). Sometimes two *heiti* are combined, as in the name Yggdrasil (Yggdrasill, Odin's steed, meaning 'World Tree'). Yggdrasil is formed from *Yggr*, a *heiti* for Odin meaning 'terrible one,' and the poetic word *drasill*, a *heiti* for 'horse.' Some *heiti* have different meanings in prose and poetry. In prose, the word *brúðr* means 'bride,' but in poetic diction, *brúðr* has the broader meaning of 'woman.'

By placing *heiti* within kennings, skalds increased their word choice. For instance, skalds referred to Odin as *Yggr* and could use this *heiti* to elaborate the known kenning for Thor, 'Odin's son,' by calling Thor 'Ygg's son.' The gods are known by many *heiti*. Besides *Yggr*, *Gylfaginning* gives 48 other names for Odin.

Skalds employed *heiti* and kennings as parts of a larger system creating variations of kennings by substituting one *heiti* for another. The poetic system was sufficiently supple that one could vary kennings without employing a specific *heiti*. For example, the following kennings refer to Thor: 'Sif's husband,' 'Modi's father,' 'friend of men,' 'lord of he-goats,' 'kinsman of

Odin,' 'slayer of the serpent,' 'killer of giants,' and 'grief-maker of giantesses.' *The Prose Edda* recounts tales explaining these allusions.

KENNINGS are descriptive phrases, circumlocutions similar to metaphors. Skalds frequently named people and things by employing kennings to identify somebody or something without using his/her/its name. The word probably derives from the verb *at kenna*, which has several meanings, including 'to name' and 'to call.' At their simplest, kennings are phrases composed of a base noun qualified by a possessive noun, called a determinant. An example is 'swan of battle' (*gunnar svanr*) for the raven, a battlefield scavenger. Other examples are 'otter of the sea' (*hafs otr*) for ship and 'moons of the forehead' (*ennitungl*) for eyes.

Myth serves as the base of many kennings, even when describing historical events. An example is 'Svafnir's hall shingles' in a stanza from *Haraldskvæði* (also known as *Hrafnsmál*). The stanza is preserved both in *Gylfaginning* and in *Heimskringla*. It is attributed to the tenth-century Norwegian skald Thorbjorn Hornklofi (Þórbjörn hornklofi). Svafnir is a name for Odin.

Á baki létu blíkja	On their backs they let blink,
barðir váru grjóti,	bombarded with stones,
Sváfnis salnæfrar	**Svafnir's hall shingles**,
seggir hyggjandi.	men resourcefully thinking.

The kenning 'Svafnir's hall shingles' means 'shield.' It plays on the understanding that Valhalla, Odin's hall, was roofed with shields overlying each other in the manner of wooden shingles. In the thirteenth-century Icelandic sources, and particularly in *Heimskringla*, the stanza serves as an eye-witness account. It commemorates a famous late ninth-century battle, a victory by Norway's King Harald Fairhair. The mythological allusion to Odin and Valhalla's shields/shingles mocks Harald's enemies. They flee while resourcefully covering or roofing their backs with their shields blinking in the sun.

Kennings are also based on aspects of Norse society. For example, a chieftain is referred to as 'breaker or distresser of rings' (*menstríðir*). This usage reflects leaders rewarding followers by breaking off pieces of their gold or silver arm rings to give gifts or rewards. Kennings allowed for creativity, and new and different kennings could be constructed for most objects. The *Skáldskaparmál* section of *The Prose Edda* offers many examples of kennings, instructing aspiring skalds in the use and diversity of these circumlocutions.

At times, several kennings are strung together into one complex kenning. Such complex kennings are open to varying interpretations. For example, someone could be called the 'spurner of the bonfire of the sea' (*úlfs bága verr Ægis*), a kenning discussed later in this chapter. Here we can say that 'bonfire of the sea' is a kenning for gold, and 'spurner of gold' like the 'breaker or distresser of rings,' is a kenning for a prominent person. 'Bonfire of the sea' refers to Ægir, a god or lord of the sea. Ægir's home fires beneath the sea burn red like gold.

Skalds learned, as part of the compositional art of employing kennings, to substitute different metaphors or circumlocutions for the common words. For example, 'Otter's ransom,' (*Otrgjöld*) is a kenning for gold, an allusion to the payment in gold that Odin was forced to pay as compensation for killing the shape-changer Otr.

The use of kennings was based on shared cultural understanding. For example, the kenning *Gylfa hreinn* ('reindeer of Gylfi') transposes the image of a ship into a migratory animal roaming the sea. At times kennings are based on an image that the listener could understand intuitively. In the kenning *herða klettr* ('cliff of shoulders') from *Lokasenna* and *Egil's Saga*, the meaning 'head' can intuitively be deduced from the circumlocution.

Decoding kennings often requires special cultural knowledge. In the example above of *Gylfa hreinn*, the listener needs to know that Gylfi was a 'sea-king' (meaning a Viking leader). Such leaders commanded no territory but ruled the waves.

16.3 KENNINGS IN *HÁTTATAL*

Snorri Sturluson offers examples of kennings and different meters in his poem *Háttatal* (*Tally of Meters*) at the end of *The Prose Edda*. Stanza 3 from *Háttatal* illustrates how Snorri forms kennings. In this stanza, he focuses on earth-centered themes utilizing his knowledge of mythology. The kennings are marked in bold and discussed below. At times, Snorri divides his kennings across half lines. This stanza is found in the accompanying illustration following Roman number III.

úlfs bága verr **Ægis**	The glorious **spurner of the bonfire of the sea**
ítr **báls hati málu**	defends the **woman friend of the wolf's adversary.**
sett eru börð fyrir bratta	The ship runs up in front of the steep
brún Míms vinar rúnu;	**brow of the lady of the friend of Mimir.**
orms váða kann **eiðu**	The noble, mighty one has the power to retain
allvaldr göfugr halda;	**the mother of the destroyer of the serpent**.
menstríðir njót **móður**	**Distresser of rings** may you enjoy
mellu dólgs til elli.	**the mother of the giantess's foe** until old age.

úlfs bága málu: 'woman friend of the adversary of the wolf.' *Úlfr* means 'wolf' and *bági* means 'adversary'. *Úlfs bági* is 'adversary of the wolf.' This would be Odin, who in the mythology is fated to fight the wolf Fenrir in the battle of Ragnarok. *Mála* means 'woman friend'. *Úlfs bága mála* means 'woman friend of [Odin].' In this context, the kenning means the goddess 'Earth.' This is an example of double-usage (double meaning) called *ofljóst*. It names the goddess Earth, but it means Earth as land.

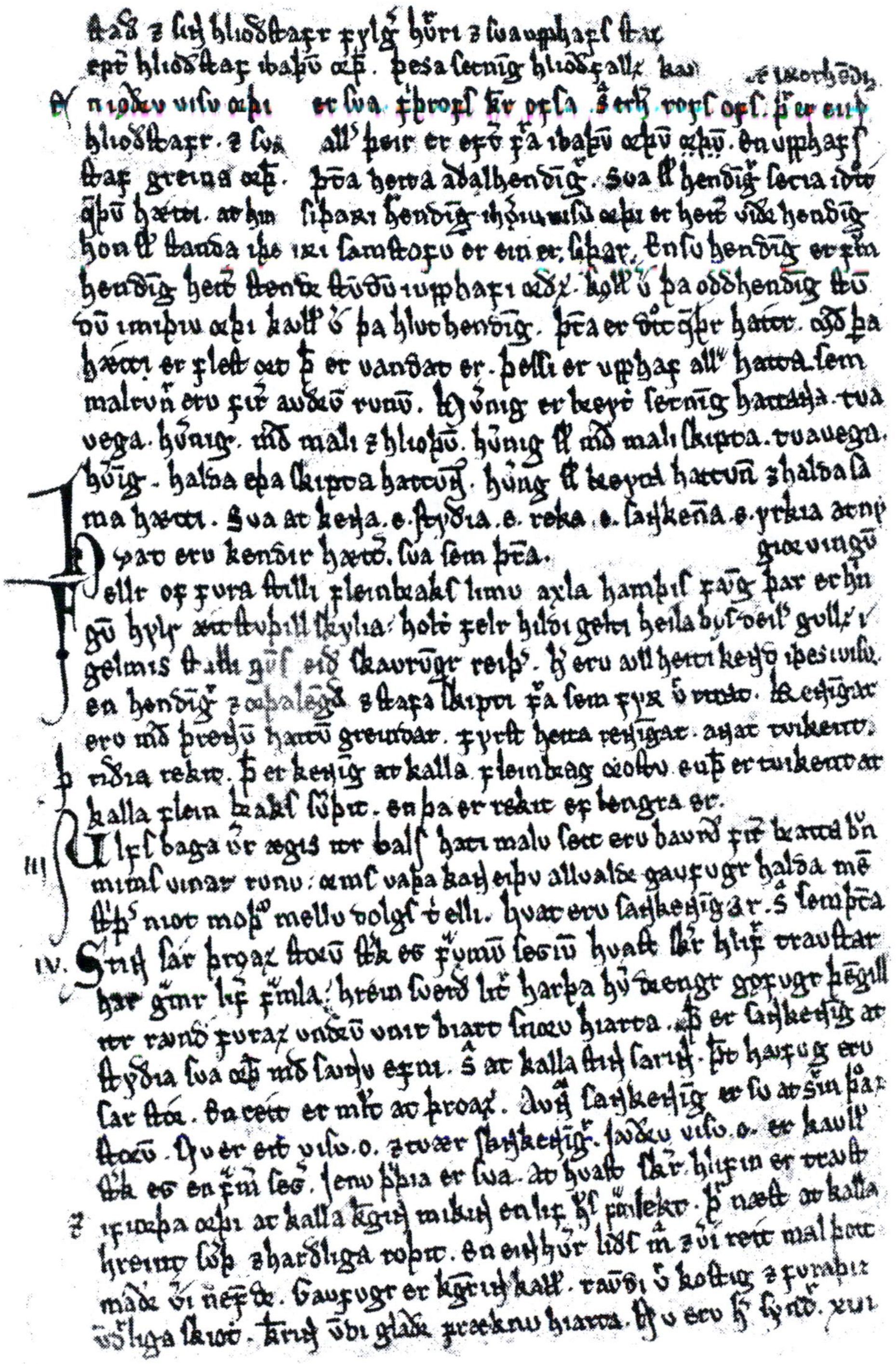

Figure 16.1. A Page from *The Prose Edda* Manuscript, GKS 2367 (folio 45 recto), containing the beginning of the poem *Háttatal*. Stanza 3, discussed in this chapter as an example of how Snorri forms his kennings, is found toward the middle of the page. The stanza begins *'Úlfs bága verr Ægis'* following the Roman numeral III and large capital 'U'. Courtesy of Árni Magnússon Institute, Reykjavík.

Ægis báls hati: 'spurner of the bonfire of the sea,' *Ægir* means 'sea' from the god Ægir; *bál*, 'bonfire;' *Ægis bál*, 'the bonfire of the sea,' in other words 'gold.' *Hati* means 'spurner' or 'enemy'; *Ægis báls hati*, 'spurner of [gold]' or 'giver of [gold]'; that is, a '[generous] man' or 'chieftain.'

Míms vinar rúnu brún: 'brows of the lady of the friend of Mimir.' Mímir is the name of the Æsir god who is renowned for his wisdom. *Vinr* means 'friend,' and *Míms vinr* is 'Mimir's friend,' meaning 'Odin,' who learns wisdom from Mimir. *Rúna* means 'woman' or 'wife.' *Míms vinar rúna*, 'the wife of [Odin]' again refers to 'Earth' as above. *Brún* means 'brow,' or in geographical context 'edge' or 'shore.' *Míms vinar rúnu brún* ('the brow of [Earth]') is the edge of the Earth or land, hence 'shore' or 'cliffs.'

orms váða eiðu: 'the mother of the destroyer of the serpent.' *Ormr* means 'serpent' and *váði*, 'destroyer.' *Orms váði* ('destroyer of the serpent') refers to Thor, because he is fated to fight and destroy the Midgard Serpent (Miðgarðsormr) at Ragnarok. *Eiða* means 'mother'; *orms váða eiða* ('the mother of [Thor]') is again 'Earth.'

menstríðir: 'distresser [adversary] of rings.' Someone, often a leader, breaks gold or silver arm rings into pieces to be distributed as gifts, hence *menstríðir* means a 'generous man' or 'chieftain.'

mellu dólgs móður: 'the mother of the foe of the giantess.' *Mella* means 'giantess' and *dólgr* is 'foe.' *Mellu dólgr* ('the foe of the giantess') is Thor, because he fights trolls and giants. *Móðir* means 'mother' and *mellu dólgs móðir* is 'the mother of [Thor],' again 'Earth.'

16.4 THREE SKALDIC FRAGMENTS ABOUT THOR

Thor is a frequent subject of skaldic verse, and the following three stanzas are skaldic fragments about the god. They exhibit considerable diversity and are good examples of what appears to be Viking Age poetry. The first of the three stanzas is a remnant of a lost, longer poem composed by Þórbjörn dísarskáld (Thorbjorn 'skald of the goddess'). Thorbjorn is thought to have lived in the second half of the tenth century. His stanza mentions various giants and giantesses whom Thor kills with his hammer. The stanza is recited in the second person, opening the possibility that the poem was a supplication to the god.

In the first fragment below by Þórbjörn dísarskáld, the alliterating sounds are bolded. Each odd line contains two alliterating words, while each subsequent even line picks up the same alliteration in its first stress. For example, ***k***- is the alliterating sound (***K****eilu*, ***k****olli*, and ***K****jallandi*) in the first pair of half lines. (See the discussion of alliteration in the preceding chapter).

Internal rhyme is marked by italics in the following fragment. Each odd line, including the one that opens the poem, has half-rhyme in two of its syllables. We call this feature half-rhyme because the consonants rhyme but the vowels do not. For example, in the first line of the verse below, the sounds -***all***- and -***oll***- are half rhyme in the words *B**all*** and *k**oll**i*. The even lines have full rhyme (vowel and consonant rhyme), as in the second line of the verse above where the sound -***all***- rhymes in the words *kj**all**andi* and ***all**a*. In both odd and even lines, the second part of the internal rhyme ideally should be on the last prominent stressed position as is in the stanza: *kolli; alla; leiða; Buseyru; hengjankjöptu; fyrri; sáma*; and *lífi*.

SKALDIC FRAGMENT 1 BY ÞÓRBJÖRN DÍSARSKÁLD

B*all* í **K**eilu **k***oll*i,	[The hammer] rang on Keila's skull,
Kj*all*andi brauzt *all*a,	you smashed Kjallandi completely,
*áð*r drapt **L**út ok **L***eið*a,	before that you killed Lut and Leiði,
lézt dr*ey*ra Bús*ey*ru,	you shed Buseyra's blood,
h*ept*uð **H**engjankj*öpt*u,	you put a stop to Hengjankjapta,
H*yrr*okkin dó f*yrr*i,	Hyrrokkin died earlier on,
þó var **s**n*em*r en **s***ám*a	but swarthy Svivor was deprived
Sv*ív*ör numin l*íf*i.	of life yet earlier still.

Skalds clearly had leeway to form their lines. For instance, in the fragments below by the poet Steinunn Refsdóttir, lines 5 and 7 of the first stanza and line 3 of the second stanza contain full rhyme even if, according to the basic pattern, they should be half-rhyme.

Like Þorbjörn dísarskáld, Steinunn Refsdóttir was an active participant in the rivalry between believers in the old gods and Christians. A devoted pagan, she composed two stanzas recorded in *Njal's Saga*, in which Thor turns his hostility from the giants to the Christian missionary Thangbrand (Þangbrandr) and the missionary's ship. In the Steinunn stanzas below, the vowels -***a***- and -***ö***-, together with accompanying consonant(s), count as full rhyme as in the words b***arð***s and j***örð***u. Þorbjörn dísarskáld uses no kennings in his stanza, while in the stanza below, Steinunn makes full use of kennings.

SKALDIC FRAGMENT 2 BY STEINUNN REFSDÓTTIR

Þórr brá Þvinnils dýri	Thor flung Thangbrand's ship ['beast of Thvinnill, the
Þangbrands ór stað löngu;	Viking sea king'] long from its proper place.
hristi búss ok beysti	He shivered and shattered the vessel ['wood of the prow']
barðs ok laust við jörðu.	and dashed it against the land.
Munat skíð of sæ síðan	That boat ['ski of the land of Atal the Viking sea king'] will
sundfœrt Atals grundar,	no more be sea-worthy, since the severe storm, sent by
hregg þvít hart tók leggja	Thor, broke it into splinters.
hánum kent í spánu.	

SKALDIC FRAGMENT 3 BY STEINUNN REFSDÓTTIR

Braut fyr bjöllu gæti	Thor ['the slayer of the giantess' kinsman'],
(bönd ráku val strandar)	utterly destroyed the churchman's ['guardian of the bell']
mögfellandi mellu	ship ['bison of the stall of the sea-gull'].
mástalls vísund allan.	The gods wrecked the vessel ['hawk of the shore'].
Hlífðit Kristr, þás kneyfði	Protect Christ did not, when [Thor] scuttled the ship
knörr, málmfeta varrar;	the knorr ['harnessed steed of the wake'];
lítt hykk at goð gætti	Little I believe God watched over

Gylfa hreins at einu. Gylfi's ship ['reindeer of Gylfi the sea king'].

16.5 CLASSIFICATION: THE FIVE SIEVERS TYPES

Deterrmining stress is a much discussed aspect of eddic and skaldic poetry. The nineteenth-century German philologist Eduard Sievers classified lines in early Germanic verse according to what he determined were five types of stress patterns. These he designated as A to E, and they are known as the five Sievers types. It is worth noting that scholars have long disagreed about the application of Sievers' types. One issue is that Sievers' analysis offers only an approximate guide to the metrical system of Old Icelandic poems. Insight into the rhythm of the lines is limited. A confusion is that there are two D-types. Still, for both eddic and skaldic verse, the Sievers types remain a cited guide and are a useful tool for discussing Old Norse stress patterns.

Consider the following examples from *Þrymskviða*. Prominent and intermediate syllables are bolded. Prominent stresses are marked by '/' and intermediate stresses by '\.' Subordinate stresses are marked by 'x.' See Chapter 14 for an explanation of syllable stress.

/ x / x
A-type: ***ar**gan **kal**la* – prominent, subordinate, prominent, subordinate

x x / x /
B-type: *ef ek **bin**dask **læt*** – subordinate, subordinate, prominent, subordinate, prominent

x / \ x
C-type: *ok **kvenn**-**vá**ðir* – subordinate, prominent, intermediate, subordinate

/ / x \
D-type: (1) ***drakk Sif**jar **verr*** – prominent, prominent, subordinate, intermediate

/ / \ x
(2) ***dró djarf-lig**a* – prominent, prominent, intermediate, subordinate

/ \ x /
E-type: *'**end**-**lang**an **sal**'* – prominent, intermediate, subordinate, prominent

It is common in C-type lines (and sometimes elsewhere) for two short syllables to substitute for one long syllable. Compare *ok **kvenn**-vá*ðir with *í **jötun**-hei*ma. Here, *kvenn*, which is a long syllable, by virtue of the doubled final consonant, is in the same metrical slot as *jötun*, which consists of two short syllables. Compacting two short syllables into the same metrical slot as one long syllable is called 'resolution,' a term borrowed from classical metrics.[1]

---

[1] Syllable length is not the same as syllable stress. In Old Norse poetry, a syllable is considered long if it includes 1) a long vowel (*á, é, í, ó, ú, æ. œ, ǫ́*), 2) a geminant (double) consonant (e.g, *-tt*) or consonant cluster (e..g, *-nd*), or 3) both a long vowel and 'long' consonant (e.g., *fátt, ósk*). In many normalized editions, including the ones used here, *ǫ́* is represented by *á*. See Viking Language 1, Appendix C for a discussion of pronunciation and vowel mergers.

Stress patterns of skaldic verse typically conform to the Sievers' five types. Below are examples of four of the five Sievers types drawn from the above three skaldic fragments about Thor. The final trochee of each line (prominent, subordinate; / x) is not included in a Sievers analysis of skaldic lines. (Note: the Sievers C-type is somewhat rare and not found in these examples.)

	/ x / x
A-type	**Þórr** brá ***Þvin***nils [***dý***ri]
	x x / x /
B-type	Munat ***skíð*** of ***sæ*** [***síð***an]
	/ / \ x
D-type	**mög-fell-an**di [***mell***u]
	/ \ x /
E-type	**Þang-brands** ór ***stað*** [***löng***u]

16.6 *HÚSDRÁPA* (*HOUSEPOEM*), A PICTURE POEM OF PRAISE

In the late tenth century, the Icelandic skald Úlfr Uggason was staying at the home of a prominent Norwegian and composed a praise poem called *Húsdrápa* (*'House Poem'*). The *drápa* indirectly praises Úlfr's host by describing the decorative ornamentation of the host´s house. *Húsdrápa* is one of three surviving 'picture' poems, a form of poetry called *ekphrasis*, a Greek term sometimes translated as *descriptio*, a Latin term. The two other picture poems are *Ragnarsdrápa* (*Ragnar's Drápa*) and *Haustlöng* (*Autumn-Long*). All three describe mythological scenes on objects and in buildings that have long ago disappeared. The poems are eyewitness accounts of Viking Age ornamentation. They are a principal source about long lost artworks and add a dimension to our mythological understanding.

Húsdrápa demonstrates the basic order of the *drápa*. Stanza 1 introduces the poem. The middle Stanzas 2 to 11 describe three mythological scenes which the skald observes portrayed on objects in his host's hall. Stanza 2 tells of Heimdall's fight with Loki. Stanzas 3 to 6 recount Thor's contest with the Midgard Serpent. Stanzas 7 to 11 depict the funeral of Balder (Baldr), Odin and Frigg's son. The conclusion comes in Stanza 12, where the skald dedicates the poem to his host. The twice repeated *stef* or expected refrain in the middle of the *drápa* is *'hlaut innan svá minnum'* repeated in Stanzas 6 and 9.

The stanzas in *Húsdrápa* are of unequal length. Only stanzas 2 and 6 follow the usual eight half-line (short-line) pattern of skaldic stanzas. The other ten stanzas consist of four short lines, each forming a *helming* or half stanza.

Following the poem,[2] the stanzas are given with the lines arranged in prose word order. Try first unraveling the stanzas before looking at the prose order.

---

2 Reproduced with small changes from Finnur Jónsson, *Den norsk-islandske skjaldedigtning.*

Húsdrápa (*House Poem*)

1. Hjaldrgegnis ték Hildar
herreifum Áleifi,
hann vilk at gjöf Grímnis,
geðfjarðar lá, kveðja.

> ***(1)*** *ték* = *té* + *ek*, from the verb *téa*. ***(2)*** *herreifum Áleifi* is the indirect object.**(1-4)** *geðfjarðar lá Hjaldrgegnis Hildar*, a kenning for poetry, is the direct object. ***(3)*** *vilk* = *vil* + *ek*. ***(3)*** *Grímnis gjöf* is another kenning for poetry.

2. Ráðgegninn bregðr ragna
rein at Singasteini
frægr við firna slœgjan
Fárbauta mög vári.
Móðöflugr ræðr mœðra
mögr hafnýra fögru,
kynnik, áðr ok einnar
átta, mærðar þáttum.

> ***(1-3)*** *ráðgegninn frægr ragna rein-vári* is the subject; *ragna rein* means 'strip of land of the gods,' in other words, 'the rainbow bridge, Bifrost.' The *vári* (defender) of Bifrost is the god Heimdall. ***(3-4)*** *firna slœgjan mög Fárbauta* is the object; Farbauti is the name of a giant, the father of Loki. ***(5-8)*** *móðöflugr mögr átta mœðra ok einnar* is the subject; *átta mœðra ok einnar*, 'of eight mothers and one,' i.e., of nine mothers refers to Heimdall who had nine mothers. ***(6)*** *hafnýra* means 'sea-kidney,' a kenning for a jewel, probably the necklace Brisingamen. ***(7)*** *kynnik* = *kynni* + *ek*.

3. Þjokkvaxinn kvezk þykkja
þiklingr firinmikla
hafra njóts at höfgum
hætting megindrætti.

> ***(1-2)*** *Þjokkvaxinn þiklingr* is the subject. ***(1)*** *kvezk þykkja*: 'says that,' 'it seems to him.' ***(2-4)*** *firinmikla hætting* is acc sg; ***(3-4)*** the preposition *at* governs the construction *megindrætti hafra njóts*, which is a complex kenning for the Midgard serpent.

4. Innmáni skein ennis
öndótts vinar banda;
áss skaut œgigeislum
orðsæll á men storðar.

(1-2) *öndótts ennis innmáni* goes together with *banda vinar* to make the subject in the first sentence. ***(1)*** *skein* is 3sg past of *skína*. ***(3-4)*** *orðsæll áss* is the subject of the next sentence. ***(3)*** *skaut* is 3sg past of *skjóta*. ***(3)*** *œgigeislum* is a compound word kenning meaning 'a terrifying look.' ***(4)*** *storðar men*: 'the Midgard serpent': *storð* means 'earth,' *men* literally means 'necklace' but here refers to something which 'encircles the earth.'

5. En stirðþinull starði ______
storðar leggs fyr borði ______
fróns á fólka reyni ______
fránleitr ok blés eitri. ______

(1-2) *stirðþinull storðar*: subject, a kenning which works much like *storðar men* in stanza 4. ***(2-3)*** The preposition *á* (at) governs the kenning *fróns leggs fólka reyni*; *fróns leggr*: 'land's bone,' is a kenning for 'mountain,' referring to the myth in which Odin and his brothers create the world and make the mountains from the bones of the giant Ymir.

6. Fullöflugr lét fellir ______
fjall-Gauts hnefa skjalla ______
(ramt mein vas þat) reyni ______
reyrar leggs við eyra; ______
Víðgymnir laust Vimrar ______
vaðs af fránum naðri ______
hlusta grunn við hrönnum. ______
Hlaut innan svá minnum. ______

(1-2) *fullöflugr fellir fjall-gauts* is the subject. ***(1-2)*** *lét ... skjalla* means 'let crash.' ***(3-4)*** *við* (against) governs the phrase *eyra reyrar leggs reyni*, 'the ear of the giant.' ***(3)*** *vas = var, 3sg* past of *vera*. ***(5-6)*** *Víðgymnir Vimrar vaðs* is the subject, a kenning for 'Thor.' *Vimrar vaðs* is the ford of the river Vimur, Thor wades this river so he is the 'giant of the river ford.' ***(7)*** *hlusta grunn* is the object, a kenning for 'head.' ***(7)*** *við hrönnum*: 'by the waves,' ***(8)*** *Hlaut innan svá minnum*: 'such was received from the pictures inside the hall'; *minni* [picture intended to call something to mind] is in the instrumental dative *minnum*.

7. Ríðr á börg til borgar ______
böðfróðr sonar Óðins ______
Freyr ok folkum stýrir ______
fyrstr enum golli byrsta. ______

(1-4) the preposition *á* (on) governs the phrase *enum golli byrsta borg*. ***(2-3)*** *böðfróðr Freyr* is the subject. ***(4)*** *golli* is n dat *sg* of *goll*, a variant of *gull*.

8. Ríðr at vilgi víðu
víðfrægr, en mér líða,
Hroptatýr, of hvapta
hróðrmál, sonar báli.

(2-3) *víðfrægr Hroptatýr* is the subject. ***(2-4)*** *en mér líða hróðrmál of hvapta*: *of hvapta [mér]* means 'from my mouth' (literally 'over the mouth on me').

9. Þar hykk sigrunni svinnum
sylgs valkyrjur fylgja
heilags tafns ok hrafna.
Hlaut innan svá minnum.

(1) *hykk = hygg + ek*, 'I believe.' ***(1)*** *sigrunni*, 'battle-tree' is a *heiti* for Odin. ***(1-2)*** *fylgja* governs *svinnum sigrunni*. ***(1-3)*** *hykk* governs *valkyrjar* and *hrafna* (both nouns in acc pl). **(2)** *sylgr* [drink] is a *heiti* for a 'funeral feast.' The genitive form *sylgs* denotes direction: 'to [sth];' ***(3)*** *heilags tafns* is a kenning for the god 'Balder (Baldr).'

10. Kostigr ríðr at kesti,
kynfróðs þeims goð hlóðu
Hrafnfreistaðar, hesti
Heimdallr, at mög fallinn.

(1-4) *hlóðu at* governs the phrase *fallinn mög kynfróðs Hrafnfreistaðar*; Hrafnfreistadr is a *heiti* for 'Odin.' ***(2)*** *þeims = þeim + es*, 'that one which' (referring back to *kesti*). ***(2)*** *goð* is nom pl.

11. Fullöflug lét fjalla
framm haf-Sleipni þramma
Hildr, en Hropts of gildar
hjálmelda mar feldu.

(1-3) *fjalla Hildr* is a kenning for 'giantess'; Hildr, the name of a valkyrie, is often used as a *heiti* for any woman or female, in this instance 'a female giant.' ***(2)*** *haf-Sleipni* is a kenning for 'ship': Sleipnir, the name of Odin's horse, is used as a *heiti* here for any kind of horse; a 'horse of the sea' is a 'ship.' ***(3-4)*** *hjálmelda gildar* is a kenning for warriors, here 'the warriors of Odin.' ***(4)*** *mar* is a poetic word for 'horse' but, as in this instance, can also be a *heiti* for 'ship.'

12. Þar kømr á, en æri

endr bark mærð af hendi, ______________________
(ofrak svá) til sævar, ______________________
sverðregns (lofi þegna). ______________________

***(1-3)** kømr á til sævar*: 'a river comes to the sea'; this is a metaphor for a poem reaching its end. ***(1-4)** sverðregns æri* is a kenning for 'warrior'; *æri* is dat sg: 'to the warrior.' ***(2)** bark = bar + ek*; *bark af hendi*: 'I delivered.' ***(3)** ofrak = ofra + ek*. ***(4)** þegna* is in gen pl 'to show respect'; ***(4)** lofi þegna*: 'praise of the honorable man.'

THE *HÚSDRÁPA* STANZAS REARRANGED IN PROSE ORDER

1. Ték herreifum Áleifi geðfjarðar lá Hjaldrgegnis Hildar; hann vilk kveðja at gjöf Grímnis.

2. Ráðgegninn frægr ragna rein-vári bregðr við firna slœgjan mög Fárbauta at Singasteini; móðöflugr mögr átta mœðra ok einnar ræðr áðr fögru hafnýra, kynnik mærðar þáttum.

3. Þjokkvaxinn þiklingr kvezk þykkja firinmikla hætting at höfgum megindrætti hafra njóts.

4. Öndótts ennis innmáni banda vinar skein; orðsæll áss skaut œgigeislum á storðar men.

5. En stirðþinull storðar starði fránleitr fyr borði á fróns leggs fólka reyni ok blés eitri.

6. Fullöflugr fellir fjall-gauts lét hnefa skjalla við eyra reyrar leggs reyni; ramt vas þat mein; Víðgymnir Vimrar vaðs laust hlusta grunn af fránum naðri við hrönnum. Hlaut innan svá minnum.

7. Böðfróðr Freyr ríðr fyrstr á enum golli byrsta börg til borgar Óðins sonar ok stýrir folkum.

8. Víðfrægr Hroptatýr ríðr at vilgi víðu sonar báli en mér líða hróðrmál of hvapta.

9. Þar hykk valkyrjur fylgja svinnum sigrunni ok hrafna sylgs heilags tafns. Hlaut innan svá minnum.

10. Kostigr Heimdallr ríðr hesti at kesti þeims goð hlóðu at fallinn mög kynfróðs Hrafnfreistaðar.

11. Fullöflug fjalla Hildr lét haf-Sleipni þramma framm, en hjálmelda gildar Hropts of feldu mar.

12. Þar kømr á til sævar, en bark endr mærð af hendi sverðregns æri; ofrak svá lofi þegna.

– CHAPTER 17 –
THE KARLEVI RUNESTONE: A SKALDIC POEM CARVED IN RUNES

Halr er heima hver – Hávamál

17.1 THE KARLEVI STONE

The late-tenth-century Karlevi Runestone from the island of Öland in the Baltic offers a skaldic inscription, which is among the oldest preserved written records of its kind. The stone stands at its original site and was raised in memory of a Danish warrior named Sibbe. Probably, Sibbe was a chieftain, and the stone seems to have been raised at the foot of his burial mound.

The dead leader and his followers, who raised the stone, may have participated in the battle of Fýrisvellir. This momentous battle is mentioned in several later sources. It is said to have taken place on the plains of the Fýris River outside Old Uppsala, the center of royal administration in Sweden.

The poem is composed in the elaborate *dróttkvætt* ('court meter') with a full eight half-line (or short-line) stanza. The poetical devices employed in this verse, including kennings and *heiti*, make the Karlevi stone unusual among poetical runic inscriptions.

The inscription on the front surface can be divided into two parts: (A) the stanza and (B) a short prose section as marked on the figure showing the stone. Both parts are written in the younger futhark. The stone has on its back surface a later inscription, which has not been satisfactorily interpreted and is not considered here.

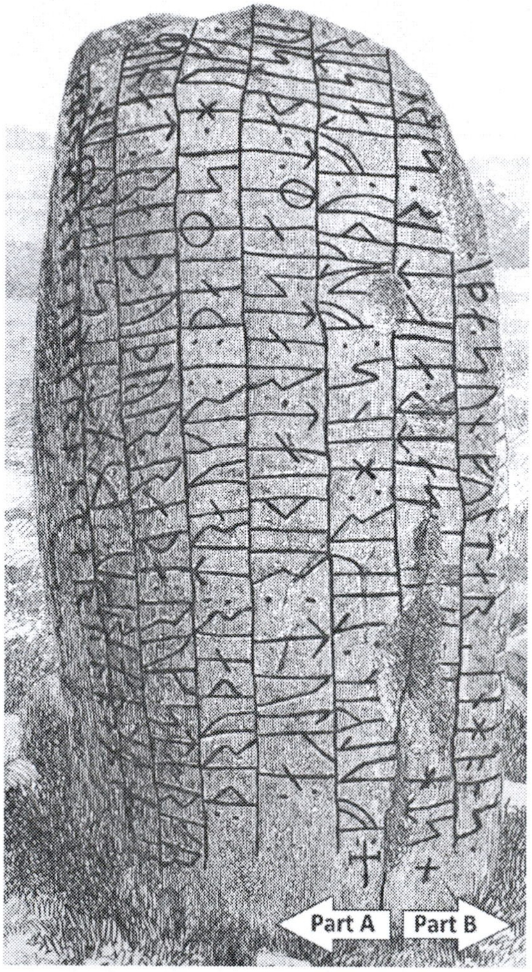

Figure 1The Karlevi Runestone. Part A begins toward the bottom right with the word ᚠᚢᛚᚴᛁᚾ and reads left to right. Part B begins bottom right with the word stain and reads right to left.

Part A, the stanza in runes, is carved in six lines. The stanza begins with ᚠᚢᛚᚴᛁᚾ just above the 'Part A' arrow on the figure. Part A reads right to left with the six lines running vertically in alternating directions (see the arrows in the next illustration showing reading direction in Part A). The three runic lines of the prose portion (B) begin at the bottom right of the stone with the word ᛋᛏᛆᛁᚿ. The lines of this part read left to right. Probably the stone lay on its back when it was carved, and the carver changed sides for each line, hence the shifts in line direction.

PART A OF THE KARLEVI STONE: RUNIC VERSE

Figure 2 Part A of the Karlevi Runestone. This view highlights the six lines of the skaldic stanza.

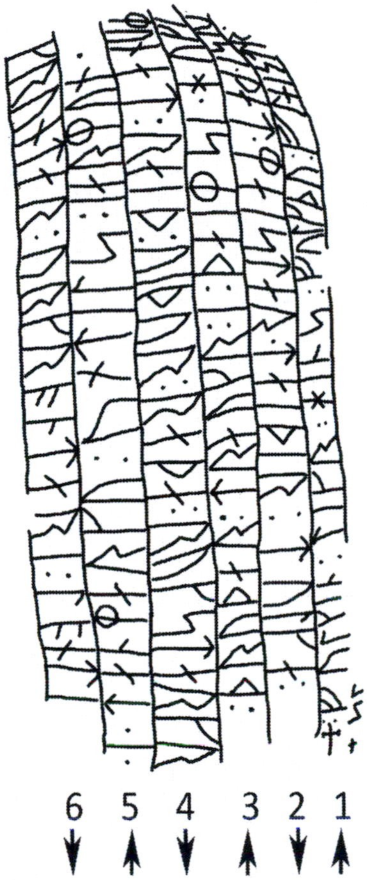

Figure 3 Part A. Directional arrows indicate how to read the six runic lines.

PART A. THE RUNES

: ᚠᚢᛚᚴᛁᚾ : ᛚᛁᚴᚱ : ᚼᛁᚾᛋ : ᚠᚢᛚᚴᚦᚢ : ᚠᛚᛅᛁᛋᛏᚱ
· ᚢᛁᛋᛁ : ᚦᛅᛏ · ᛘᛅᛁᛋᛏᛅᚱ · ᛏᛅᛁᚦᛁᚱ : ᛏᚢᛚᚴᛅ :
: ᚦᚱᚢᚦᛅᚱ : ᛏᚱᛅᚢᚴᚱ : ᛁ : ᚦᛅᛁᛘᛋᛁ · ᚼᚢᚴᛁ ·

ᛙᚢᚾᛅᛏ : ᚱᛅᛁᚦ : ᚢᛁᚦᚢᚱ : ᚱᛅᚦᛅ : ᚱᚢᚴᛋᛏᛅᚱᚴᚱ
· ᛁ ᛏᛅᚾᛙᛅᚱᚴᚢ : ᚢᚾᛏᛁᛚᛋ : ᛁᛅᚱᛙᚢᚾ ·
ᚴᚱᚢᚾᛏᛅᚱ : ᚢᚱᚴᚱᚬᚾᛏᛅᚱᛁ : ᛚᚬᚾᛏᛁ

PART A. TRANSLITERATE THE RUNES

PART A. THE RUNES TRANSCRIBED IN STANDARDIZED OLD NORSE

Fólginn liggr hinns fylgðu
(flestir vissi þat) mestar
dáðir dolga þrúðar
draugr í þessi haugi.
Munat reið-Viðurr ráða
rógsterkr í Danmörku
Endils jörmungrundar
ørgrandari landi

(1) *hinns* = *hinn* + *es*. ***(3-4)*** *dolga þrúðar draugr*: warrior; *þrúðar* is a *heiti* for a valkyrie and *draugr* in poetic usage mainly means tree, so 'the tree of the valkyrie' is 'a man'; the 'man of battles' (*dolga*: n gen pl) is a kenning for 'warrior.' ***(5)*** *munat* = *mun* + *at*, the suffix *-at* is a negation = 'will not.' ***(5-7)*** *Endils jörmungrundar reið-Viðurr:* 'sea warrior'; *Endill* is a *heiti* for 'sea-king'; *jörmungrundar* is 'a mighty wide ground.' The mighty wide ground of the sea-king is 'the sea'; *reið* is 'a chariot,' so 'the chariot of the sea' is a 'ship'; *Viðurr* is a *heiti* for 'a god,' and the god of the ship is a 'sea warrior.'

PART A. THE STANZA IN PROSE ORDER

Hinns dolga þrúðar draugr [es] fylgðu mestar dáðir – flestir vissi þat – liggr fólginn í þessi haugi. Ørgrandari rógsterkr Endils jörmundgrundar reið-Viðurr munat ráða landi í Danmörku.

TRANSLATION

This warrior, whom the greatest deeds followed – most knew that – lies hidden in this mound. Never will a more upright battle-strong sea warrior rule over the land in Denmark.

VOCABULARY FOR PARTS A AND B

-at *negative particle* not
dáð <-ar, -ir> *f* deed
dolg *n* battle
draugr <-s, -ar> *m* tree, tree trunk
Endill *m* Endil (*personal name*) sea-king
es = **er**, *rel pron* who, whom
fela <felr, fal, fálu, folginn> *vb* hide, conceal
flestir *m pl* see flestr
flestr *superl* of **margr**, most
fólginn *ppart* of **fela**
fylgja <fylgr, fylgði, fylgðu, fylgðr> *vb* follow, accompany
haugr <-s, -ar> *m* mound
hinn *pron* that one, the other one, this one
jörmungrund <-ar, -ir> *f* mighty wide ground, plain
liggr *3sg pres* of **liggja**
margr <*comp* fleiri, *superl* flestr> *adj* many
mestr *superl* of **mikill**, most
mikill <*comp* meiri, *superl* mestr> *adj* much, great
munat = **mun** + **at**
munu <mun, mundi, mundu> *vb* will, shall
reið <*dat* -u, -ar, -ar> *f* chariot, carriage
rógsterkr *adj* battle-strong
Viðurr *m* Vidur (*personal name*) a god
vissi *3pl subjunct* of **vita**
vita <veit, vissi, vissu, vitaðr> *vb* know
Þrúðr <-ar> *f* Thrud (personal name) name of a valkyrie
ørgrandr <*comp* -ari, *superl* -astr> *adj* upright, just

Part B OF THE KARLEVI RUNESTONE

PART B. THE RUNES

ᛋᛏᛅᛁᚾ · ᛋᛅᛋᛁ · ᚢᛅᛋ · ᛋᛅᛏᚱ · ᛅᛁᚠᛏᛁᚱ · ᛋᛁᛒᛁ ·
... ᚴᚢᚦᛅ · ᛋᚢᚾ · ᚠᚢᛚᛏᛅᚱᛋ · ᛁᚾ ᚼᚨᚾᛋ ·
· ᛚᛁᚦᛁ · ᛋᛅᛏᛁ · ᛅᛏ · ᚢ · ᛏᛅᚢᛋᛅᛁᚦ ...

PART B. TRANSLITERATE THE RUNES

____

PART B. STANDARDIZED OLD NORSE

steinn þessi var settr eptir Sibba
... góða son Fultars, en hans
liði setti at ey dauðs ...

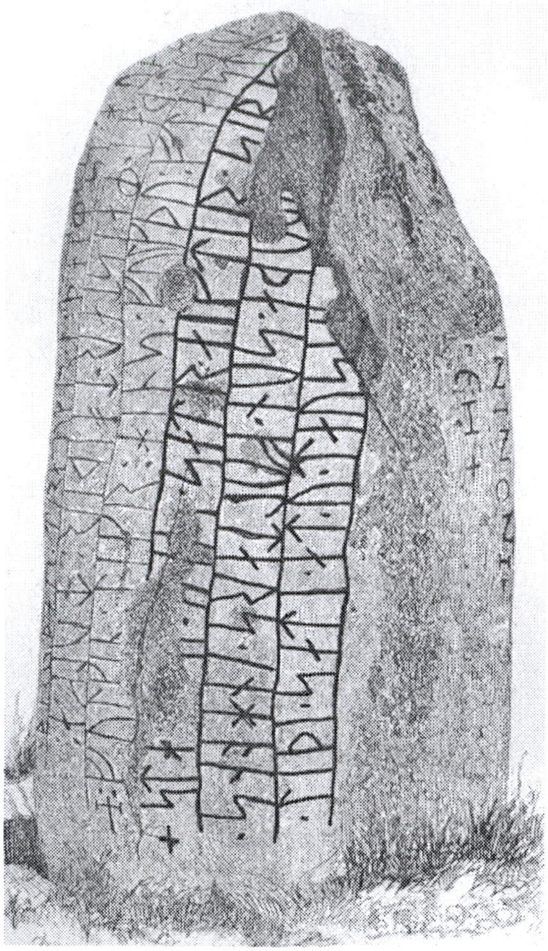

Figure 4Part B of The Karlevi Runestone showing the three lines of the inscription.

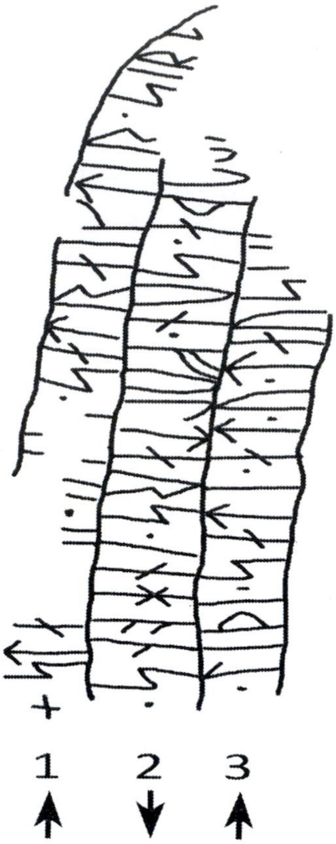

Figure 5Part B of the Karlevi Runestone. The arrows show the reading direction of the runic lines.

KEY FOR THE RUNES

PART A. TRANSLITERATION OF THE RUNES

: fulkin : likr : hins : fulkþu : flaistr ·
· uisi : þat · maistar · taiþir · tulka :
: þruþar : traukr : i : þraimsi · huki ·
munat : raiþ : uiþur : raþa : rukstarkr
· I · tanmarku : untils : iarmun ·
kruntar : urkrontari : lonti

PART B. TRANSLITERATION OF THE RUNES

stain · sasi · uas · satr · aiftir · siba ·
... kuþa · sun · fultars · in hons ·
· liþi · sati · at · u · tausaiþ ...

– APPENDIX 1 –
OLD NORSE REFERENCE GRAMMAR

NOUNS

STRONG NOUNS

MASCULINE

Type 1 (*A*-STEMS) • *nom pl* -ar • *acc pl* -a | (*WA*-STEMS) | (*JA*-STEMS) | (*IA*-STEMS)

		[-l/-n/-s]	[a/ö]	[-v-]	[-j-]	[-i- *in sg*]
Sg *nom*	hestr	stól**l**	garðr	söngr	niðr	hirð**i**r
acc	hest	stól	garð	söng	nið	hirð**i**
dat	hesti	stóli	garði	söng**vi**	nið	hirð**i**
gen	hests	stóls	garðs	söngs	niðs	hirð**i**s
Pl *nom*	hestar	stólar	garðar	söng**v**ar	nið**j**ar	hirðar
acc	hesta	stóla	garða	söng**v**a	nið**j**a	hirða
dat	hestum	stólum	g**ö**rðum	söngum	nið**j**um	hirðum
gen	hesta	stóla	garða	söng**v**a	nið**j**a	hirða

Type 2 (*I*-STEMS)
• *nom pl* -ir • *acc pl* -i

	[a/ö]	[*gen* -s]	[-j-]
Sg *nom*	staðr	gestr	bekkr
acc	stað	gest	bekk
dat	stað	gest(i)	bekk
gen	staðar	gest**s**	bekk**j**ar
Pl *nom*	staðir	gestir	bekkir
acc	staði	gesti	bekki
dat	st**ö**ðum	gestum	bekk**j**um
gen	staða	gesta	bekk**j**a

Type 3 (*U*-STEMS)
• *nom pl* -ir • *acc pl* -u
• u-*shift nom & acc sg*
• i-*shift dat sg and nom pl*

		[a/e/ö]	[ja/i/jö]	[á/æ]
Sg *nom*	litr	k**ö**ttr	sk**jö**ldr	þáttr
acc	lit	k**ö**tt	sk**jö**ld	þátt
dat	liti	k**e**tti	sk**i**ldi	þætti
gen	litar	kattar	skjaldar	þáttar
Pl *nom*	litir	k**e**ttir	sk**i**ldir	þættir
acc	litu	k**ö**ttu	sk**jö**ldu	þáttu
dat	litum	k**ö**ttum	sk**jö**ldum	þáttum
gen	lita	katta	skjalda	þátta

Type 4 (ROOT STEMS)
• *nom & acc pl* -r *with* i-*shift*

Sg *nom*	fingr	fótr	vetr	maðr	nagl
acc	fingr	fót	vetr	mann	nagl
dat	fingri	fœti	vetri	manni	nagli
gen	fingrs (~ar)	fótar	vetrar	manns	nagls
Pl *nom*	fingr	fœtr	vetr	m**e**nn	n**e**gl
acc	fingr	fœtr	vetr	m**e**nn	n**e**gl
dat	fingrum	fótum	vetrum	mönnum	nöglum
gen	fingra	fóta	vetra	manna	nagla

FEMININE

	Type 1 (*Ô*-STEMS) • *nom & acc pl* -ar			(*WÔ*-STEMS)	(*JÔ*-STEMS)	(*IÔ*-STEMS)
		[a/ö]	[*dat* -u]	[-v-]	[-j-]	[*nom* -r; *acc & dat* -i]
Sg *nom*	nál	s**ö**k	dróttning	ör	dys	heið**r**
acc	nál	s**ö**k	dróttning	ör	dys	heið**i**
dat	nál	s**ö**k	dróttning**u**	ör ~ öru	dys	heið**i**
gen	nálar	sakar	dróttningar	ör**v**ar	dys**j**ar	heiðar
Pl *nom*	nálar	sakar	dróttningar	ör**v**ar	dys**j**ar	heiðar
acc	nálar	sakar	dróttningar	ör**v**ar	dys**j**ar	heiðar
dat	nálum	s**ö**kum	dróttningum	örum	dys**j**um	heiðum
gen	nála	saka	dróttninga	ör**v**a	dys**j**a	heiða

	Type 2 (*I*-STEMS) • *nom & acc pl* -ir			Type 4 (ROOT STEMS) • *nom & acc pl* -r *with* i-*shift*		
		[a/ö]	[*dat* -u]			[a/e/ö]
Sg *nom*	ferð	h**ö**fn	sól	eik	bók	st**ö**ng
acc	ferð	h**ö**fn	sól	eik	bók	st**ö**ng
dat	ferð	h**ö**fn	sól**u**	eik	bók	st**ö**ng(u)
gen	ferðar	hafnar	sólar	eikar	bókar	stangar
Pl *nom*	ferðir	hafnir	sólir	eikr	b**œ**kr	st**e**ngr ~ stangir
acc	ferðir	hafnir	sólir	eikr	b**œ**kr	st**e**ngr ~ stangir
dat	ferðum	h**ö**fnum	sólum	eikum	bókum	st**ö**ngum
gen	ferða	hafna	sóla	eika	bóka	stanga

NEUTER

	Type 1 (*A*-STEMS)		(*WA*-STEMS)	(*JA*-STEMS)	(*IA*-STEMS) • *characteristic* -i	
		[a/ö]	[-v-]	[-j-]		[-j-]
Sg *nom*	skip	land	högg	kyn	kvæð**i**	rík**i**
acc	skip	land	högg	kyn	kvæð**i**	rík**i**
dat	skipi	landi	högg**vi**	kyni	kvæði	ríki
gen	skips	lands	höggs	kyns	kvæð**is**	rík**is**
Pl *nom*	skip	l**ö**nd	högg	kyn	kvæð**i**	rík**i**
acc	skip	l**ö**nd	högg	kyn	kvæð**i**	rík**i**
dat	skipum	l**ö**ndum	höggum	kyn**j**um	kvæðum	rík**j**um
gen	skipa	landa	högg**v**a	kyn**j**a	kvæða	rík**j**a

KINSHIP TERMS (R-STEMS)

• *nom* -ir, *acc, dat, & gen* -ur • *characteristic* -r- *in pl*
• *i-shift throughout pl*

	[*masc*]		[*fem*]		
Sg *nom*	bróðir	faðir	dóttir	móðir	systir
acc	bróður	föður	dóttur	móður	systur
dat	bróður ~ brœðr	föður ~ feðr	dóttur	móður	systur
gen	bróður	föður	dóttur	móður	systur
Pl *nom*	brœðr	feðr	dœtr	mœðr	systr
acc	brœðr	feðr	dœtr	mœðr	systr
dat	brœðrum	feðrum	dœtrum	mœðrum	systrum
gen	brœðra	feðra	dœtra	mœðra	systra

CONTRACTED ENDINGS

• *loss of vowel in endings*

	masc		*fem*		*neut*	
Sg *nom*	mór	nár	á	brú	bú	tré
acc	mó	ná	á	brú	bú	tré
dat	mó	ná(i)	á	brú	búi	tré
gen	mós	nás	ár	brúar	bús	trés
Pl *nom*	móar	náir	ár	brúar ~ brýr	bú	tré
acc	móa	nái	ár	brúar	bú	tré
dat	móm	nám	ám	brúm	búm	trjám
gen	móa	ná	á	brúa	búa	trjá

SYNCOPATED STEM

• *loss of 2nd syllable with addition of vowel-initial ending*

	[*masc*]	[*fem*]	[*neut*]
Sg *nom*	engill	alin	sumar
acc	engil	alin	sumar
dat	en**gl**i	alin	su**mr**i
gen	engils	al**n**ar~ál**n**ar	sumars
Pl *nom*	en**gl**ar	al**n**ar~ál**n**ir	sumur
acc	en**gl**a	al**n**ar~ál**n**ir	sumur
dat	en**gl**um	öl**n**um	su**mr**um
gen	en**gl**a	al**n**a~ál**n**a	su**mr**a

WEAK NOUNS

MASCULINE

	(*AN*-STEMS)		(*WAN*-STEMS)	(*JAN*-STEMS)
		[a/ö]	[-v-]	[-j-]
Sg *nom*	goði	bani	nökk**vi**	steði
acc	goða	bana	nökk**va**	steð**ja**
dat	goða	bana	nökk**va**	steð**ja**
gen	goða	bana	nökk**va**	steð**ja**
Pl *nom*	goðar	banar	nökk**var**	steð**jar**
acc	goða	bana	nökk**va**	steð**ja**
dat	goðum	b**ö**num	nökkum	steð**jum**
gen	goða	bana	nökk**va**	steð**ja**

FEMININE

	(*ÔN*-STEMS)		(*WÔN*-STEMS)	(*JÔN*-STEMS)	(*ÎN*-STEMS)
		[a/ö]	[-v-]	[-j-]	[*indecl*]
Sg *nom*	tunga	saga	völva	smið**ja**	lygi
acc	tungu	s**ö**gu	völu	smið**ju**	lygi
dat	tungu	s**ö**gu	völu	smið**ju**	lygi
gen	tungu	s**ö**gu	völu	smið**ju**	lygi
Pl *nom*	tungur	s**ö**gur	völur	smið**jur**	[lygar]
acc	tungur	s**ö**gur	völur	smið**jur**	[lygar]
dat	tungum	s**ö**gum	völum	smið**jum**	[lygum]
gen	tungna	s**a**gna	völ**va**	smið**ja**	[lyga]

NEUTER

	(*AN*-STEMS)	
		[a/ö]
Sg *nom*	auga	hjarta
acc	auga	hjarta
dat	auga	hjarta
gen	auga	hjarta
Pl *nom*	augu	hj**ö**rtu
acc	augu	hj**ö**rtu
dat	augum	hj**ö**rtum
gen	augna	hjartna

CONTRACTED ENDINGS

• *loss of vowel in endings*

	[*masc*]		[*fem*]		
Sg *nom*	ái	búi	ásj**á**	fr**ú**	trúa
acc	**á**	búa	ásj**á**	fr**ú**	tr**ú**
dat	**á**	búa	ásj**á**	fr**ú**	tr**ú**
gen	**á**	búa	ásj**ár**	fr**ú**	tr**ú**
Pl *nom*	á**r**	búar		frú**r**	
acc	**á**	búa		frú**r**	
dat	á**m**	bú**m**		frú**m**	
gen	**á**	búa		frúa	

ADJECTIVES

POSITIVE ADJECTIVES

A-, Ô-STEMS

	stórr			margr [a/ö]		
Strong	*masc*	*fem*	*neut*	*masc*	*fem*	*neut*
Sg *nom*	stórr	stór	stórt	margr	mörg	mar(g)t
acc	stóran	stóra	stórt	margan	marga	mar(g)t
dat	stórum	stórri	stóru	mörgum	margri	mörgu
gen	stórs	stórrar	stórs	margs	margrar	margs
Pl *nom*	stórir	stórar	stór	margir	margar	mörg
acc	stóra	stórar	stór	marga	margar	mörg
dat	stórum	stórum	stórum	mörgum	mörgum	mörgum
gen	stórra	stórra	stórra	margra	margra	margra
Weak						
Sg *nom*	stóri	stóra	stóra	margi	marga	marga
acc	stóra	stóru	stóra	marga	mörgu	marga
dat	stóra	stóru	stóra	marga	mörgu	marga
gen	stóra	stóru	stóra	marga	mörgu	marga
Pl *nom*	stóru	stóru	stóru	mörgu	mörgu	mörgu
acc	stóru	stóru	stóru	mörgu	mörgu	mörgu
dat	stórum	stórum	stórum	mörgum	mörgum	mörgum
gen	stóru	stóru	stóru	mörgu	mörgu	mörgu

	sæll [-l/-n/-s]			vænn		
Strong	*masc*	*fem*	*neut*	*masc*	*fem*	*neut*
Sg *nom*	sæl**l**	sæl	sælt	væn**n**	væn	vænt
acc	sælan	sæla	sælt	vænan	væna	vænt
dat	sælum	sæl**li**	sælu	vænum	væn**ni**	vænu
gen	sæls	sæl**lar**	sæls	væns	væn**nar**	væns
Pl *nom*	sælir	sælar	sæl	vænir	vænar	væn
acc	sæla	sælar	sæl	væna	vænar	væn
dat	sælum	sælum	sælum	vænum	vænum	vænum
gen	sæl**la**	sæl**la**	sæl**la**	væn**na**	væn**na**	væn**na**
Weak						
Sg *nom*	sæli	sæla	sæla	væni	væna	væna
acc	sæla	sælu	sæla	væna	vænu	væna
dat	sæla	sælu	sæla	væna	vænu	væna
gen	sæla	sælu	sæla	væna	vænu	væna
Pl *nom*	sælu	sælu	sælu	vænu	vænu	vænu
acc	sælu	sælu	sælu	vænu	vænu	vænu
dat	sælum	sælum	sælum	vænum	vænum	vænum
gen	sælu	sælu	sælu	vænu	vænu	vænu

	WA-, WÔ-STEMS **døkkr**			*JA-, JÔ-STEMS* **ríkr**		
Strong						
	masc	*fem*	*neut*	*masc*	*fem*	*neut*
Sg *nom*	døkkr	døkk	døkkt	ríkr	rík	ríkt
acc	døkkvan	døkkva	døkkt	ríkjan	ríkja	ríkt
dat	døkkum	døkkri	døkku	ríkjum	ríkri	ríkju
gen	døkks	døkkrar	døkks	ríks	ríkrar	ríks
Pl *nom*	døkkvir	døkkvar	døkk	ríkir	ríkjar	rík
acc	døkkva	døkkvar	døkk	ríkja	ríkjar	rík
dat	døkkum	døkkum	døkkum	ríkjum	ríkjum	ríkjum
gen	døkkra	døkkra	døkkra	ríkra	ríkra	ríkra
Weak						
Sg *nom*	døkkvi	døkkva	døkkva	ríki	ríkja	ríkja
acc	døkkva	døkku	døkkva	ríkja	ríkju	ríkja
dat	døkkva	døkku	døkkva	ríkja	ríkju	ríkja
gen	døkkva	døkku	døkkva	ríkja	ríkju	ríkja
Pl *nom*	døkku	døkku	døkku	ríkju	ríkju	ríkju
acc	døkku	døkku	døkku	ríkju	ríkju	ríkju
dat	døkkum	døkkum	døkkum	ríkjum	ríkjum	ríkjum
gen	døkku	døkku	døkku	ríkju	ríkju	ríkju

	CONTRACTED ENDINGS **grár**			SYNCOPATED STEM **auðigr**		
Strong						
	masc	*fem*	*neut*	*masc*	*fem*	*neut*
Sg *nom*	grár	grá	grátt	auðigr	auðig	auðigt
acc	grán	grá	grátt	auðgan	auðga	auðigt
dat	grám	grá(r)ri	grá	auðgum	auðigri	auðgu
gen	grás	grá(r)rar	grás	auðigs	auðigrar	auðigs
Pl *nom*	gráir	grár	grá	auðgir	auðgar	auðig
acc	grá	grár	grá	auðga	auðgar	auðig
dat	grám	grám	grám	auðgum	auðgum	auðgum
gen	grá(r)ra	grá(r)ra	grá(r)ra	auðigra	auðigra	auðigra
Weak						
Sg *nom*	grái	grá	grá	auðgi	auðga	auðga
acc	grá	grá	grá	auðga	auðgu	auðga
dat	grá	grá	grá	auðga	auðgu	auðga
gen	grá	grá	grá	auðga	auðgu	auðga
Pl *nom*	grá	grá	grá	auðgu	auðgu	auðgu
acc	grá	grá	grá	auðgu	auðgu	auðgu
dat	grám	grám	grám	auðgum	auðgum	auðgum
gen	grá	grá	grá	auðgu	auðgu	auðgu

COMPARATIVE ADJECTIVES

Most adjectives take the comparative suffix *-ar-*. A smaller number take *-r-* with *i*-umlaut of the root vowel.

	kaldr (-ar-)			**ungr (-r-)**		
	masc	*fem*	*neut*	*masc*	*fem*	*neut*
Sg *nom*	kaldari	kaldari	kaldara	yngri	yngri	yngra
acc	kaldara	kaldari	kaldara	yngra	yngri	yngra
dat	kaldara	kaldari	kaldara	yngra	yngri	yngra
gen	kaldara	kaldari	kaldara	yngra	yngri	yngra
Pl *nom*	kaldari	kaldari	kaldari	yngri	yngri	yngri
acc	kaldari	kaldari	kaldari	yngri	yngri	yngri
dat	köldurum	köldurum	köldurum	yngrum	yngrum	yngrum
gen	kaldari	kaldari	kaldari	yngri	yngri	yngri

SYNCOPATED STEM				[-l/-n/-s]		
	auðigr (-ar-)			**vænn (-r-)**		
	masc	*fem*	*neut*	*masc*	*fem*	*neut*
Sg *nom*	au**ðg**ari	au**ðg**ari	au**ðg**ara	væn**ni**	væn**ni**	væn**na**
acc	au**ðg**ara	au**ðg**ari	au**ðg**ara	væn**na**	væn**ni**	væn**na**
dat	au**ðg**ara	au**ðg**ari	au**ðg**ara	væn**na**	væn**ni**	væn**na**
gen	au**ðg**ara	au**ðg**ari	au**ðg**ara	væn**na**	væn**ni**	væn**na**
Pl *nom*	au**ðg**ari	au**ðg**ari	au**ðg**ari	væn**ni**	væn**ni**	væn**ni**
acc	au**ðg**ari	au**ðg**ari	au**ðg**ari	væn**ni**	væn**ni**	væn**ni**
dat	au**ðg**urum	au**ðg**urum	au**ðg**urum	væn**n**um	væn**n**um	væn**n**um
gen	au**ðg**ari	au**ðg**ari	au**ðg**ari	væn**ni**	væn**ni**	væn**ni**

SUPERLATIVE ADJECTIVES

Most adjectives take the superlative suffix *-ast-*. Those with comparatives in *-r-* take *-st-* with *i*-umlaut of the root vowel.

	kaldr (-ast-)			**ungr (-st-)**		
Strong						
	masc	*fem*	*neut*	*masc*	*fem*	*neut*
Sg *nom*	kaldastr	köldust	kaldast	yngstr	yngst	yngst
acc	kaldastan	kaldasta	kaldast	yngstan	yngsta	yngst
dat	köldustum	kaldastri	köldustu	yngstum	yngstri	yngstu
gen	kaldasts	kaldastrar	kaldasts	yngsts	yngstrar	yngsts
Pl *nom*	kaldastir	kaldastar	köldust	yngstir	yngstar	yngst
acc	kaldasta	kaldastar	köldust	yngsta	yngstar	yngst
dat	köldustum	köldustum	köldustum	yngstum	yngstum	yngstum
gen	kaldastra	kaldastra	kaldastra	yngstra	yngstra	yngstra
Weak						
Sg *nom*	kaldasti	kaldasta	kaldasta	yngsti	yngsta	yngsta
acc	kaldasta	köldustu	kaldasta	yngsta	yngstu	yngsta
dat	kaldasta	köldustu	kaldasta	yngsta	yngstu	yngsta
gen	kaldasta	köldustu	kaldasta	yngsta	yngstu	yngsta
Pl *nom*	köldustu	köldustu	köldustu	yngstu	yngstu	yngstu
acc	köldustu	köldustu	köldustu	yngstu	yngstu	yngstu
dat	köldustum	köldustum	köldustum	yngstum	yngstum	yngstum
gen	köldustu	köldustu	köldustu	yngstu	yngstu	yngstu

COMPARATIVE AND SUPERLATIVE ADJECTIVES WHOSE ROOTS DIFFER

A small number of adjectives have different roots in the comparative and superlative, or have no positive form.

POSITIVE	COMPARATIVE	SUPERLATIVE
gamall	ellri	el(l)ztr
góðr	betri	beztr, baztr
illr, vándr	verri	verstr
lítill	minni	minnstr
margr	fleiri	flestr
mikill	meiri	mestr
(hár)	œðri	œztr
(aptr)	eptri	epztr, aptastr
(fyrir)	fyrri	fyrstr
(of)	øfri, efri	øfstr, efstr
(út)	ýtri	ýztr
(austr)	eystri	austastr

ADVERBS

Adverbs are indeclinable, never changing form to agree in gender, case or number with other words. Adverbs often derive from adjectives or nouns, usually by the addition of *-a*, *-liga*, *-um*, or the neuter singular ending *-t* to the stem. Sometimes there is a change in meaning between the adjective or noun and the resulting adverb.

ADJECTIVE/NOUN	STEM	ADVERB
illr 'bad'	ill-	illa 'badly'
víðr 'wide'	víð-	víða 'widely'
vandr 'difficult'	vand-	vandliga 'carefully'
bráðr 'sudden'	bráð-	bráðum 'soon'
tíðr 'frequent'	tíð-	tíðum 'often'
stund 'a while'	stund-	stundum 'sometimes'
skjótr 'quick'	skjót-	skjótt 'suddenly,'
--	--	skjótliga 'swiftly'
hár 'high'	há-	hátt 'loudly'
þykkr 'thick'	þykk-	þykkt 'thickly'

Adverbs ending in *-(a)t* denote motion towards a place, those in *-an* motion away from a place.

PLACE FROM	PLACE WHERE	PLACE TO
héðan 'hence (from here)'	hér 'here'	hingat 'hither'
þaðan 'thence (from there)'	þar 'there'	þangat 'thither'
hvaðan 'whence (from where)'	hvar 'where'	hvert 'whither'

Adverbs add the suffixes *-ar* or *-r* in the comparative and *-ast* or *-st* in the superlative. Those taking *-r* and *-st* show *i*-umlaut.

POSITIVE	COMPARATIVE	SUPERLATIVE
opt	optar	optast
langt ~ lengi	lengr	lengst
fram	framar ~ fremr	framast ~ fremst
nær	nærri	næst
fjarri	firr	first

Adverbs deriving directly from adjectives typically add the weak neuter singular ending *-a* to the suffixes *-ar-* or *-r-*, for example *tíðara* 'more frequently,' *breiðara* 'more broadly,' *spakara* 'more wisely' from the adjectives *tíðr*, *breiðr*, and *spakr*.

A few adverbs employ different roots in the comparative and superlative or lack positive forms.

POSITIVE	COMPARATIVE	SUPERLATIVE
vel 'well'	betr	bezt~bazt
illa 'badly'	verr	verst
mjök 'much'	meir(r)	mest
lítit 'little'	minnr~miðr	minnst
	fyrr	fyrst
	heldr	helzt

PRONOUNS

PERSONAL PRONOUNS

	1st	2nd	3rd			refl
			masc	*fem*	*neut*	
Sg *nom*	ek	þú	hann	hon	þat	—
acc	mik	þik	hann	hana	þat	sik
dat	mér	þér	honum	henni	því	sér
gen	mín	þín	hans	hennar	þess	sín
Dual *nom*	vit	(þ)it				
acc	ok(k)r	yk(k)r				
dat	ok(k)r	yk(k)r				
gen	okkar	ykkar				
Pl *nom*	vér	(þ)ér	þeir	þær	þau	—
acc	oss	yðr	þá	þær	þau	sik
dat	oss	yðr	þeim	þeim	þeim	sér
gen	vár	yð(v)ar	þei(r)ra	þei(r)ra	þei(r)ra	sín

POSSESSIVE PRONOUNS

SINGULAR

	1st masc	1st fem	1st neut	2nd masc	2nd fem	2nd neut
Sg *nom*	minn	mín	mitt	þinn	þín	þitt
acc	minn	mína	mitt	þinn	þína	þitt
dat	mínum	minni	mínu	þínum	þinni	þínu
gen	míns	minnar	míns	þíns	þinnar	þíns
Pl *nom*	mínir	mínar	mín	þínir	þínar	þín
acc	mína	mínar	mín	þína	þínar	þín
dat	mínum	mínum	mínum	þínum	þínum	þínum
gen	minna	minna	minna	þinna	þinna	þinna

DUAL

	1st masc	1st fem	1st neut	2nd masc	2nd fem	2nd neut
Sg *nom*	okkarr	okkur	okkart	ykkarr	ykkur	ykkart
acc	okkarn	okkra	okkart	ykkarn	ykkra	ykkart
dat	okkrum	okkarri	okkru	ykkrum	ykkarri	ykkru
gen	okkars	okkarrar	okkars	ykkars	ykkarrar	ykkars
Pl *nom*	okkrir	okkrar	okkur	ykkrir	ykkrar	ykkur
acc	okkra	okkrar	okkur	ykkra	ykkrar	ykkur
dat	okkrum	okkrum	okkrum	ykkrum	ykkrum	ykkrum
gen	okkarra	okkarra	okkarra	ykkarra	ykkarra	ykkarra

PLURAL

	1st masc	1st fem	1st neut	2nd masc	2nd fem	2nd neut
Sg *nom*	várr	vár	várt	yð(v)arr	yður	yð(v)art
acc	várn	vára	várt	yð(v)arn	yðra	yð(v)art
dat	várum	várri	váru	yðrum	yð(v)arri	yðru
gen	várs	várrar	várs	yð(v)ars	yð(v)arrar	yð(v)ars
Pl *nom*	várir	várar	vár	yðrir	yðrar	yður
acc	vára	várar	vár	yðra	yðrar	yður
dat	várum	várum	várum	yðrum	yðrum	yðrum
gen	várra	várra	várra	yð(v)arra	yð(v)arra	yð(v)arra

Variants of *várr* (*ór-* and *óss-*) occur when the ending begins in a vowel, for example, *várum* ~ *órum* ~ *óssum*. Forms with *óss-* are found only in poetry.

REFLEXIVE

	masc	fem	neut		masc	fem	neut
Sg *nom*	sinn	sín	sitt	Pl *nom*	sínir	sínar	sín
acc	sinn	sína	sitt	*acc*	sína	sínar	sín
dat	sínum	sinni	sínu	*dat*	sínum	sínum	sínum
gen	síns	sinnar	síns	*gen*	sinna	sinna	sinna

DEMONSTRATIVES

	sá masc	**sá** fem	**sá** neut	**hinn** masc	**hinn** fem	**hinn** neut
Sg *nom*	sá	sú	þat	hinn	hin	hitt
acc	þann	þá	þat	hinn	hina	hitt
dat	þeim	þei(r)ri	því	hinum	hinni	hinu
gen	þess	þei(r)rar	þess	hins	hinnar	hins
Pl *nom*	þeir	þær	þau	hinir	hinar	hin
acc	þá	þær	þau	hina	hinar	hin
dat	þeim	þeim	þeim	hinum	hinum	hinum
gen	þei(r)ra	þei(r)ra	þei(r)ra	hinna	hinna	hinna

þessi

	masc	*fem*	*neut*
Sg *nom*	þessi ~ sjá	þessi ~ sjá	þetta
acc	þenna	þessa	þetta
dat	þessum ~ þeima	þessi ~ þessa(r)ri	þessu ~ þvísa
gen	þessa	þessar ~ þessa(r)rar	þessa
Pl *nom*	þessir	þessar	þessi
acc	þessa	þessar	þessi
dat	þessum ~ þeima	þessum ~ þeima	þessum ~ þeima
gen	þessa ~ þessar(r)a	þessa ~ þessar(r)a	þessa ~ þessar(r)a

INTERROGATIVES, INDEFINITES, AND DISTRIBUTIVES

	hverr masc	**hverr** fem	**hverr** neut	**hvat*** neut
Sg *nom*	hverr	hver	hvert	hvat
acc	hvern	hverja	hvert	hvat
dat	hverjum	hverri	hverju	hví
gen	hvers	hverrar	hvers	hvess
Pl *nom*	hverir	hverjar	hver	
acc	hverja	hverjar	hver	
dat	hverjum	hverjum	hverjum	
gen	hverra	hverra	hverra	

The interrogative pronoun *hvat* is the remnant of an obsolete pronoun and exists only in the neuter singular.

hvárr

	masc	*fem*	*neut*
Sg *nom*	hvárr	hvár	hvárt
acc	hvárn	hvára	hvárt
dat	hvárum	hvárri	hváru
gen	hvárs	hvárrar	hvárs
Pl *nom*	hvárir	hvárar	hvár
acc	hvára	hvárar	hvár
dat	hvárum	hvárum	hvárum
gen	hvárra	hvárra	hvárra

hvárrtveggi

	masc	fem	neut
Sg *nom*	hvárrtveggi	hvártveggja	hvárttveggja
acc	hvárntveggja	hváratveggju	hvárttveggja
dat	hvárumtveggja	hvárritveggju	hvárutveggja
gen	hvárstveggja	hvárrartveggju	hvárstveggja
Pl *nom*	hvárirtveggju	hvárartveggju	hvártveggju
acc	hváratveggju	hvárartveggju	hvártveggju
dat	hvárumtveggjum	hvárumtveggjum	hvárumtveggjum
gen	hvárratveggju	hvárratveggju	hvárratveggju

1. *hvárrtveggi* also appears in the form *hvárrtveggja*, in which *-tveggja*, the second element of the compound, does not decline.

einnhverr

	masc	fem	neut
Sg *nom*	ein(n)hverr	einhver	eitthvert ~ eitthvat
acc	ein(n)hvern	einhverja	eitthvert ~ eitthvat
dat	einhverjum	einhverri	einhverju
gen	einhvers	einhverrar	einhvers
Pl *nom*	einhverir	einhverjar	einhver
acc	einhverja	einhverjar	einhver
dat	einhverjum	einhverjum	einhverjum
gen	einhverra	einhverra	einhverra

engi ~ eingi ~ øngi

	masc	fem	neut
Sg *nom*	engi	engi	ekki
acc	engi ~ engan	enga	ekki
dat	engum	engri	engu ~ einugi
gen	engis ~ enskis ~ enkis	engrar	engis ~ enskis ~ enkis
Pl *nom*	engir	engar	engi
acc	enga	engar	engi
dat	engum	engum	engum
gen	engra	engra	engra

báðir

	masc	fem	neut
Pl *nom*	báðir	báðar	bæði
acc	báða	báðar	bæði
dat	báðum	báðum	báðum
gen	beggja	beggja	beggja

nökkurr ~ nakkvarr

	masc	*fem*	*neut*
Sg *nom*	nökkurr	nökkur	nökku(r)t
acc	nökkurn	nökkura	nökku(r)t
dat	nökkurum	nökkurri	nökkuru
gen	nökkurs	nökkurrar	nökkurs
Pl *nom*	nökkurir	nökkurar	nökkur
acc	nökkura	nökkurar	nökkur
dat	nökkurum	nökkurum	nökkurum
gen	nökkurra	nökkurra	nökkurra

The variant stem *nakkvar-* occurs in all forms except those which undergo *u*-umlaut, for example masc. nom. sg. *nökkurr ~ nakkvarr*, masc. acc. sg. *nökkurn ~ nakkvarn*, but masc. dat. sg. *nökkurum* and fem. nom. sg. *nökkur*.

ARTICLE

FREE-STANDING

	masc	*fem*	*neut*		*masc*	*fem*	*neut*
Sg *nom*	inn	in	it	Pl *nom*	inir	inar	in
acc	inn	ina	it	*acc*	ina	inar	in
dat	inum	inni	inu	*dat*	inum	inum	inum
gen	ins	innar	ins	*gen*	inna	inna	inna

Also appears with initial *h-* (*hinn, hin, hit*). The oldest manuscripts also show *enn, en, et*.

SUFFIXED

Strong

	masc	*fem*	*neut*
Sg *nom*	hestr**inn**	ferð**in**	skip**it**
acc	hest**inn**	ferð**ina**	skip**it**
dat	hesti**num**	ferð**inni**	skipi**nu**
gen	hests**ins**	ferðar**innar**	skips**ins**
Pl *nom*	hestar**nir**	ferðar**nar**	skip**in**
acc	hesta**na**	ferðar**nar**	skip**in**
dat	hestu**num**	ferðu**num**	skipu**num**
gen	hesta**nna**	ferða**nna**	skipa**nna**

Weak

	masc	*fem*	*neut*
Sg *nom*	goð**inn**	tunga**n**	auga**t**
acc	goða**nn**	tungu**na**	auga**t**
dat	goða**num**	tungu**nni**	auga**nu**
gen	goða**ns**	tungu**nnar**	auga**ns**
Pl *nom*	goðar**nir**	tungur**nar**	augu**n**
acc	goða**na**	tungur**nar**	augu**n**
dat	goðu**num**	tungu**num**	augu**num**
gen	goða**nna**	tungna**nna**	augna**nna**

NUMBERS

CARDINALS

1	einn	[declined; see below]	21	einn ok tuttugu ~ tuttugu ok einn
2	tveir		22	tveir ok tuttugu ~ tuttugu ok tveir
3	þrír			etc.
4	fjórir		30	þrír tigir
5	fim(m)		40	fjórir tigir
6	sex		50	fim(m) tigir
7	sjau		60	sex tigir
8	átta		70	sjau tigir
9	níu		80	átta tigir
10	tíu		90	níu tigir
11	ellifu		100	tíu tigir ~ hundrað (tírœtt 'counted by tens')
12	tólf		110	ellifu tigir ~ hundrað ok tíu
13	þrettán		120	hundrað (tólfrœtt, 'counted by twelves,' 'the long hundred') ~ hundrað ok tuttugu
14	fjórtán		200	hundrað ok átta tigir ~ tvau hundruð
15	fim(m)tán		240	tvau hundruð ~ tvau hundruð ok fjórir tigir
16	sextán		1000 *or* 1200	þúsund
17	saut(j)án			
18	áttján			
19	nítján			
20	tuttugu			

einn

	masc	*fem*	*neut*
Sg *nom*	einn	ein	eitt
acc	einn	eina	eitt
dat	einum	einni	einu
gen	eins	einnar	eins
Pl *nom*	einir	einar	ein
acc	eina	einar	ein
dat	einum	einum	einum
gen	einna	einna	einna

tveir

	masc	*fem*	*neut*
Pl *nom*	tveir	tvær	tvau
acc	tvá	tvær	tvau
dat	tveim(r)	tveim(r)	tveim(r)
gen	tveggja	tveggja	tveggja

þrír

	masc	*fem*	*neut*
Pl *nom*	þrír	þrjár	þrjú
acc	þrjá	þrjár	þrjú
dat	þrim(r)	þrim(r)	þrim(r)
gen	þriggja	þriggja	þriggja

fjórir

	masc	*fem*	*neut*
Pl *nom*	fjórir	fjórar	fjögur
acc	fjóra	fjórar	fjögur
dat	fjórum	fjórum	fjórum
gen	fjögurra	fjögurra	fjögurra

ORDINALS

1	fyrstr [*strong and weak*]	
2	annarr [*strong only*]	
3	þriði (*gen* þriðja)	[*weak only*]
4	fjórði	
5	fim(m)ti	
6	sétti	
7	sjaundi	
8	átti ~ áttundi ~ áttandi	
9	níundi	
10	tíundi	
11	ellifti	
12	tólfti	
13	þrettándi	
14	fjórtándi	
15	fim(m)tándi	
16	sextándi	
17	saut(j)ándi	
18	áttjándi	
19	nítjándi	
20	tuttugti ~ tuttugundi ~ tuttugandi	
21	fyrstr ok tuttugundi ~ tuttugundi ok fyrstr	
22	annarr ok tuttugundi ~ tuttugundi ok annarr	
	etc.	
30	þrítugundi ~ þrítugandi	[*weak only*]
40	fertugundi ~ fertugandi	
50	fim(m)tugundi ~ fim(m)tugandi	
60	sextugundi ~ sextugandi	
70	sjautugundi ~ sjautugandi	
80	áttatugundi ~ áttatugandi	
90	nítugundi ~ nítugandi	
100	[*ordinals not attested*]	
110		
120		
200		
240		
1000 *or* 1200		

VERBS

WEAK VERBS

1ST CONJUGATION WEAK VERBS

- characteristic vowel *-a-*
  – before present singular endings
  – before dental in past tense (*-a-ð-*)

KALLA	Active		Middle	
	Indicative	*Subjunctive*	*Indicative*	*Subjunctive*
Pres Sg *1*	kalla	kalla	köllumk	köllumk
2	kallar	kallir	kallask	kallisk
3	kallar	kalli	kallask	kallisk
Pl *1*	köllum	kallim	köllum(s)k	kallim(s)k
2	kallið	kallið	kallizk	kallizk
3	kalla	kalli	kallask	kallisk
Past Sg *1*	kallaða	kallaða	kölluðumk	kölluðumk
2	kallaðir	kallaðir	kallaðisk	kallaðisk
3	kallaði	kallaði	kallaðisk	kallaðisk
Pl *1*	kölluðum	kallaðim	kölluðum(s)k	kallaðim(s)k
2	kölluðuð	kallaðið	kölluðuzk	kallaðizk
3	kölluðu	kallaði	kölluðusk	kallaðisk

Imperative	Active	Middle
Sg *2*	kalla	kallask
Pl *1*	köllum	köllum(s)k
2	kallið	kallizk

Infinitives and Participles	Active	Middle
inf	kalla	kallask
pres part	kallandi	kallandisk
ppart	kallaðr, kallat	kallazk

Some 1st Conjugation verbs, such as *herja* and *götva* contain stem-final *-j-* and *-v-*.

2. Stem-final ***-j-*** stands before endings which begin in *-a* and *-u*, but otherwise drops (1pl pres *her**j**um*, but 2pl pres *herið*).
3. Stem-final ***-v-*** stands before endings which begin in *-a* and *-i*, but otherwise drops (2/3sg pres *göt**v**ar*, but 1pl pres *götum*).

	Present Participle			Past Participle		
	masc	*fem*	*neut*	*masc*	*fem*	*neut*
Sg *nom*	kallandi	kallandi	kallanda	kallaðr	kölluð	kallat
acc	kallanda	kallandi	kallanda	kallaðan	kallaða	kallat
dat	kallanda	kallandi	kallanda	kölluðum	kallaðri	kölluðu
gen	kallanda	kallandi	kallanda	kallaðs	kallaðrar	kallaðs
Pl *nom*	kallandi	kallandi	kallandi	kallaðir	kallaðar	kölluð
acc	kallandi	kallandi	kallandi	kallaða	kallaðar	kölluð
dat	kallöndum	kallöndum	kallöndum	kölluðum	kölluðum	kölluðum
gen	kallandi	kallandi	kallandi	kallaðra	kallaðra	kallaðra

The dative plural is alternately *köllundum*.

2ND CONJUGATION WEAK VERBS

- *-i-* before present singular endings
- *i*-umlaut of stem vowel throughout paradigm
- verb stem syllable is long (see section below, Identifying a Weak Verb's Conjugation)

HEYRA		ACTIVE		MIDDLE	
		Indicative	*Subjunctive*	*Indicative*	*Subjunctive*
Pres Sg	*1*	heyri	heyra	heyrumk	heyrumk
	2	heyrir	heyrir	heyrisk	heyrisk
	3	heyrir	heyri	heyrisk	heyrisk
Pl	*1*	heyrum	heyrim	heyrum(s)k	heyrim(s)k
	2	heyrið	heyrið	heyrizk	heyrizk
	3	heyra	heyri	heyrask	heyrisk
Past Sg	*1*	heyrða	heyrða	heyrðumk	heyrðumk
	2	heyrðir	heyrðir	heyrðisk	heyrðisk
	3	heyrði	heyrði	heyrðisk	heyrðisk
Pl	*1*	heyrðum	heyrðim	heyrðum(s)k	heyrðim(s)k
	2	heyrðuð	heyrðið	heyrðuzk	heyrðizk
	3	heyrðu	heyrði	heyrðusk	heyrðisk

	Imperative	
Sg *2*	heyr	heyrsk
Pl *1*	heyrum	heyrum(s)k
2	heyrið	heyrizk

	Infinitives and Participles	
inf	heyra	heyrask
pres part	heyrandi	heyrandisk
ppart	heyrðr, heyrt	heyrzk

Some 2nd Conjugation verbs contain stem-final *-j-* and *-v-*, for example, *fylgja* and *byggva~byggja*.

	PRESENT PARTICIPLE			PAST PARTICIPLE		
	masc	*fem*	*neut*	*masc*	*fem*	*neut*
Sg *nom*	heyrandi	heyrandi	heyranda	heyrðr	heyrð	heyrt
acc	heyranda	heyrandi	heyranda	heyrðan	heyrða	heyrt
dat	heyranda	heyrandi	heyranda	heyrðum	heyrðri	heyrðu
gen	heyranda	heyrandi	heyranda	heyrðs	heyrðrar	heyrðs
Pl *nom*	heyrandi	heyrandi	heyrandi	heyrðir	heyrðar	heyrð
acc	heyrandi	heyrandi	heyrandi	heyrða	heyrðar	heyrð
dat	heyröndum	heyröndum	heyröndum	heyrðum	heyrðum	heyrðum
gen	heyrandi	heyrandi	heyrandi	heyrðra	heyrðra	heyrðra

The dative plural is alternately *heyr**u**ndum*.

3RD CONJUGATION WEAK VERBS

- no vowel before present singular endings
- stem-vowel alternation between present and past stems (*telr* vs *taldi*)
- verb stem syllable is short
- characteristic stem final *-j-* in present tense, infinitive, and participles before endings beginning in *-a-* or *-u-*

TELJA	Active		Middle	
	Indicative	*Subjunctive*	*Indicative*	*Subjunctive*
Pres Sg *1*	tel	telja	teljumk	teljumk
2	telr	telir	telsk	telisk
3	telr	teli	telsk	telisk
Pl *1*	teljum	telim	teljum(s)k	telim(s)k
2	telið	telið	telizk	telizk
3	telja	teli	teljask	telisk
Past Sg *1*	talda	telda	töldumk	teldumk
2	taldir	teldir	taldisk	teldisk
3	taldi	teldi	taldisk	teldisk
Pl *1*	töldum	teldim	töldum(s)k	teldim(s)k
2	tölduð	telduð	tölduzk	teldizk
3	töldu	teldi	töldusk	teldisk

	Imperative	
Sg *2*	tel	telsk
Pl *1*	teljum	teljum(s)k
2	telið	telizk

	Infinitives and Participles	
inf	telja	teljask
pres part	teljandi	teljandisk
ppart	tal(i)ðr ~ talinn, tal(i)t	tal(i)zk

	Present Participle			Past Participle		
	masc	*fem*	*neut*	*masc*	*fem*	*neut*
Sg *nom*	teljandi	teljandi	teljanda	taliðr	talið	talit
acc	teljanda	teljandi	teljanda	talðan	talða	talit
dat	teljanda	teljandi	teljanda	tölðum	taliðri	tölðu
gen	teljanda	teljandi	teljanda	taliðs	taliðrar	taliðs
Pl *nom*	teljandi	teljandi	teljandi	talðir	talðar	talið
acc	teljandi	teljandi	teljandi	talða	talðar	talið
dat	teljöndum	teljöndum	teljöndum	tölðum	tölðum	tölðum
gen	teljandi	teljandi	teljandi	taliðra	taliðra	taliðra

The dative plural is alternately *teljundum*.

Many 3rd conjugation verbs build past participles with the suffix *-ið-*, for example, *taliðr*, *talið*, *talit*. Later the suffix *-in-* was introduced into about thirty of these past participles in the unsyncopated forms on the model of strong verbs, for example *ta**linn***, *ta**lin***, *talit*. This *-in-* was not introduced throughout the declension, but only when a consonant immediately followed (*talinn*) or *-in-* fell at the end of the word (*talinn*).

Sg	*masc*	*fem*	*neut*	Pl *masc*	*fem*	*neut*
nom	talinn	talin	talit	taldir	taldar	talin
acc	taldan	talda	talit	talda	taldar	talin
dat	töldum	talinni	töldu	töldum	töldum	töldum
gen	talins	talinnar	talins	talinna	talinna	talinna

4TH CONJUGATION WEAK VERBS

- *-i-* before present singular endings
- *i*-umlaut only in past subjunctive and verbs with stem-final *-j-* such as *segja* and *þegja*

4. Most verbs of this conjugation are intransitive (they do not take direct objects), hence the middle voice is generally lacking.

- Some verbs have *-a-* before dental in the past participle (*vak**a**t*), others do not (*horft*).

5. Some employ the ending *-i* in 2nd singular imperative (*vaki*).

ACTIVE

	VAKA		*HORFA*	
	Indicative	*Subjunctive*	*Indicative*	*Subjunctive*
Pres Sg *1*	vaki	vaka	horfi	horfa
2	vakir	vakir	horfir	horfir
3	vakir	vaki	horfir	horfi
Pl *1*	vökum	vakim	horfum	horfim
2	vakið	vakið	horfið	horfið
3	vaka	vaki	horfa	horfi
Past Sg *1*	vakta	vekta	horfða	horfða
2	vaktir	vektir	horfðir	horfðir
3	vakti	vekti	horfði	horfði
Pl *1*	vöktum	vektim	horfðum	horfðim
2	vöktuð	vektið	horfðið	horfðið
3	vöktu	vekti	horfðu	horfði

Imperative		
Sg *2*	vaki	horf
Pl *1*	vökum	horfum
2	vakið	horfið

Infinitives and Participles		
inf	vaka	horfa
pres part	vakandi	horfandi
ppart	vakat (*neut*)	horft (*neut*)

4th conjugation verbs form their present participles in the same manner as other verbs with the suffix *-and-*, hence *vakandi*, *segjandi*. Past participles employ the suffix -(*a*)*ð*-. Most past participles only have neuter forms, for example *dugat*, *unat*, *vakat*.

SEGJA	*Indicative*		*Subjunctive*	
	Present	*Past*	*Present*	*Past*
Sg *1*	segi	sagða	segja	segða
2	segir	sagðir	segir	segðir
3	segir	sagði	segi	segði
Pl *1*	segjum	sögðum	segim	segðim
2	segið	sögðuð	segið	segðið
3	segja	sögðu	segi	segði

Imperative	
Sg *2*	segi
Pl *1*	segjum
2	segið

Infinitive and Participles	
inf	segja
pres part	segjandi
ppart	sagðr, sagt

Middle forms of *segja* are common, for example *sagðisk*.

Identifying A Weak Verb's Conjugation

In order to identify a weak verb's conjugation, one need only know its infinitive and past tense (for ex *kalla, kallaði* and *mæla, mælti*).

Verbs which employ past tense suffix *-að-/-uð-* are always 1st conjugation, for example *ek tal**að**a, vér tölu**ð**um*.

In most instances, weak verbs which do not employ the past tense suffix *-að-/-uð-* and show *i*-umlaut of the root vowel (for example, *d**œ**ma, sp**y**rja*) are either 2nd or 3rd conjugation. The difference between 2nd or 3rd is the length of the stem.

> Those with long stem syllables belong to the 2nd conjugation. A long stem syllable ends in a short vowel followed by two consonants (*send-a, erf-a, fylg-ja, þy**kk**-ja*) or a long vowel followed by a single consonant (*mæl-a, þýð-a, sœk-ja, heyr-a*).
>
> Those with short stem syllables are 3rd conjugation. A short stem syllable ends in a short vowel followed by a single consonant (*tel-ja, ber-ja, spyr-ja*) or a long vowel followed by no consonant at all (*kný-ja, æ-ja*). Exceptions to this rule such as *leggja* (past *lagði*) and *hyggja* (*hugði*) are explained by another rule in Old Norse which doubles *-g-* before *-j-*.

Those verbs which do not employ the past tense suffix *-að-/-uð-* and do not show *i*-umlaut are 4th conjugation, for example *vaka, duga, horfa, þora, brosa, una, hafa*. Two important exceptions are the 4th conjugation verbs *segja* (past *sagði*) and *þegja* (*þagði*), in which stem-final *-j-* triggers *i*-umlaut.

STRONG VERBS:
All strong verbs take the same set of endings; *gefa* is a representative example. For formation of the stem, see discussion below of vowel alternation in the seven classes of strong verbs.

GEFA	**ACTIVE**		**MIDDLE**	
	Indicative	*Subjunctive*	*Indicative*	*Subjunctive*
Pres Sg *1*	gef	gefa	gefumk	gefumk
2	gefr	gefir	gefsk	gefisk
3	gefr	gefi	gefsk	gefisk
Pl *1*	gefum	gefim	gefumsk	gefimsk
2	gefið	gefið	gefizk	gefizk
3	gefa	gefi	gefask	gefisk
Past Sg *1*	gaf	gæfa	gafumk	gæfumk
2	gaft	gæfir	gafzk	gæfisk
3	gaf	gæfi	gafsk	gæfisk
Pl *1*	gáfum	gæfim	gáfumsk	gæfimsk
2	gáfuð	gæfið	gáfuzk	gæfizk
3	gáfu	gæfi	gáfusk	gæfisk

	Imperative	
Sg *2*	gef	gefsk
Pl *1*	gefum	gefum(s)k
2	gefið	gefizk

	Infinitives and Participles	
inf	gefa	gefask
pres part	gefandi	gefandisk
ppart	gefinn	gefizk (*neut*)

	PRESENT PARTICIPLE			PAST PARTICIPLE		
	masc	*fem*	*neut*	*masc*	*fem*	*neut*
Sg *nom*	gefandi	gefandi	gefanda	gefinn	gefin	gefit
acc	gefanda	gefandi	gefanda	gefinn	gefna	gefit
dat	gefanda	gefandi	gefanda	gefnum	gefinni	gefnu
gen	gefanda	gefandi	gefanda	gefins	gefinnar	gefins
Pl *nom*	gefandi	gefandi	gefandi	gefnir	gefnar	gefin
acc	gefandi	gefandi	gefandi	gefna	gefnar	gefin
dat	geföndum	geföndum	geföndum	gefnum	gefnum	gefnu m
gen	gefandi	gefandi	gefandi	gefinna	gefinna	gefinna

The dative plural is alternately *gefundum*.

THE SEVEN CLASSES OF STRONG VERBS IN OLD NORSE.
Strong verbs in Old Norse, as in all Germanic languages, fall into seven basic patterns or classes. Linguists trace the origins of the strong verb system back to Indo-European. This grammatical system is characterized by alternation of the root vowel, termed *ablaut*, or *gradation*. Indo-European made wide use of ablaut throughout its grammar, and the original system can still be traced in all the daughter languages, ranging from Sanskrit to Hittite to Old Icelandic to Modern English. Although ablaut has left its mark throughout Old Norse grammar, it is most strikingly apparent in strong verbs.

The chart below summarizes the vowel series for each of the seven classes of strong verbs in Old Norse. The present singular of strong verbs shows *i*-umlaut and is not part of the ablaut system but is given below for convenience.

	INFINITIVE	*PRES SG* (*I*-UMLAUT)	*PAST SG*	*PAST PL*	*PPART*
Class I	**í** líta		**ei** leit	**i** litu	**i** litinn
Class II	**jú ~ jó ~ ú** rjúfa bjóða lúka	**ý** rýfr býðr lýkr	**au** rauf bauð lauk	**u** rufu buðu luku	**o** rofinn boðinn lokinn
Class III	**e ~ i** verða vinna		**a** varð vann	**u** urðu unnu	**o ~ u** orðinn unnin
	ja ~ já gjalla skjálfa	**e** gellr skelfr	**a** gall skalf	**u** gullu skulfu	**o** gollinn skolfinn
	ø ~ y søkkva syngva		**ö** sökk söng	**u** sukku sungu	**o ~ u** sokkinn sunginn
Class IV	**e** stela		**a** stal	**á** stálu	**o** stolinn
Class V	**e ~ i** gefa sitja		**a** gaf sat	**á** gáfu sátu	**e** gefinn setinn
Class VI	**a** grafa	**e** grefr	**ó** gróf	**ó** grófu	**a** grafinn
	e hefja		**ó** hóf	**ó** hófu	**a** hafinn
Class VII (i)	**ei** heita		**é** hét	**é** hétu	**ei** heitinn
(ii)	**au ~ ú ~ ö** hlaupa búa höggva	**ey ~ ý ~ ø** hleypr býr høggr	**jó** hljóp bjó hjó	**jó ~ jo ~ (j)u** hljópu bjoggu~bjuggu hjoggu~hjuggu	**au ~ ú ~ ö** hlaupinn búinn höggvinn
(iii)	**a ~ á** ganga fá	**e** gengr fær	**e** gekk fekk	**e** gengu fengu	**a ~ e** genginn fenginn
(iv)	**á ~ ó** láta blóta	**æ ~ œ** lætr blœtr	**é** lét blét	**é** létu blétu	**á** látinn blótinn

(v)	**ú ~ á ~ ó**	**ý ~ æ ~ œ**	**e~ø**	**e~ø**	**ú**
	snúa	snýr	sneri~snøri	sneru~snøru	snúinn
	sá	sær	seri~søri	seru~søru	sáinn
	róa	rœr	reri~røri	reru~røru	róinn

Each strong verb class is characterized by a specific pattern of root vowel change:

Class I always has long **-*í*-** in the infinitive and present stem (*líta*).

Class II has **-*jú*-**, **-*jó*-**, or **-*ú*-** in the infinitive (*rjúfa*, *bjóða*, *lúka*).

Classes III-V usually have **-*e*-** in the infinitive. **Class III** verb stems end in two consonants (*sle**pp**a*, *bre**st**a*); **Class IV** verb stems end in a single consonant, often *-r-*, *-l-*, *-m-*, or *-n-* (*be**r**a*, *ne**m**a*); **Class V** verbs end in single consonants, usually other than *-r-*, *-l-*, *-m-*, or *-n-* (*ge**f**a*, *re**k**a*), although a notable exception is *vera* (see below).

Class VI is characterized by long **-*ó*-** in past singular and plural (*fara*, past tense ***fó**r* and ***fó**ru*).

Class VII shares the same vowel in past singular and plural (*é*, *e~ø*, or *jó~ju*). This class is known as the 'reduplicating class' because these verbs once formed their past tense by adding a partial copy of the verb stem as a prefix. A few Old Norse verbs preserve this reduplicated syllable, for example *róa*, whose past tense is *reri ~ røri*, in which *re-* (~ *rø-*) reflects the reduplicated prefix.

A small number of strong verbs patterned their past tense on verbs like *reri ~ røri* and are called '*r*-preterites.' Examples are *snúa* (*sneri ~ snøri*), *gróa* (*greri ~ grøri*), and *gnúa* (*gneri ~ gnøri*). These take **weak verb** endings in the past tense (*rer**a***, *rer**ir***, *rer**i***, *rer**um***, *rer**uð***, *rer**u***).

THE VERB 'TO BE' – *VERA*

As in many languages, the verb 'to be' in Old Icelandic is highly irregular.

VERA	**ACTIVE**	
	Indicative	*Subjunctive*
Pres Sg *1*	em	sjá
2	ert	sér
3	er	sé
Pl *1*	erum	sém
2	eruð	séð
3	eru	sé
Past Sg *1*	var	væra
2	vart	værir
3	var	væri
Pl *1*	várum	værim
2	váruð	værið
3	váru	væri

Imperative	
Sg *2*	ver
Pl *1*	verum
2	verið

Infinitives and Participles	
inf	vera
pres part	verandi
ppart	verit

The present participle of *vera* declines in an identical manner to gefa

PRESENT PARTICIPLE

	masc	*fem*	*neut*
Sg *nom*	verandi	verandi	veranda
acc	veranda	verandi	veranda
dat	veranda	verandi	veranda
gen	veranda	verandi	veranda
Pl *nom*	verandi	verandi	verandi

acc	verandi	verandi	verandi
dat	veröndum	veröndum	veröndum
gen	verandi	verandi	verandi

Preterite-Present Verbs

	eiga	kná	mega	kunna	muna	munu
INDICATIVE:						
Pres Sg *1*	á	kná	má	kann	man	mun
2	átt	knátt	mátt	kannt	mant	munt
3	á	kná	má	kann	man	mun
Pl *1*	eigum	knegum	megum	kunnum	munum	munum
2	eiguð	kneguð	meguð	kunnuð	munuð	munuð
3	eigu	knegu	megu	kunnu	munu	munu
Past Sg *1*	átta	knátta	mátta	kunna	munda	munda
2	áttir	knáttir	máttir	kunnir	mundir	mundir
3	átti	knátti	mátti	kunni	mundi	mundi
Pl *1*	áttum	knáttum	máttum	kunnum	mundum	mundum
2	áttuð	knáttuð	máttuð	kunnuð	munduð	munduð
3	áttu	knáttu	máttu	kunnu	mundu	mundu
SUBJUNCTIVE:						
Pres Sg *1*	eiga	knega	mega	kunna	muna	myna ~ muna
2	eigir	knegir	megir	kunnir	munir	mynir ~ munir
3	eigi	knegi	megi	kunni	muni	myni ~ muni
Pl *1*	eigim	knegim	megim	kunnim	munim	mynim ~ munim
2	eigið	knegið	megið	kunnið	munið	mynið ~ munið
3	eigi	knegi	megi	kunni	muni	myni ~ muni
Past Sg *1*	ætta	knætta	mætta	kynna	mynda	mynda ~ munda
2	ættir	knættir	mættir	kynnir	myndir	myndir ~ mundir
3	ætti	knætti	mætti	kynni	myndi	myndi ~ mundi
Pl *1*	ættim	knættim	mættim	kynnim	myndim	myndim ~ mundim
2	ættið	knættið	mættið	kynnið	myndið	myndið ~ mundið
3	ætti	knætti	mætti	kynni	myndi	myndi ~ mundi
past inf		knáttu				mundu
pres part	eigandi		megandi	kunnandi	munandi	
ppart	átt		mátt	kunnat	munat	

	skulu	unna	vita	þurfa
INDICATIVE:				
Pres Sg *1*	skal	ann	veit	þarf
2	skalt	annt	veizt	þarft
3	skal	ann	veit	þarf
Pl *1*	skulum	unnum	vitum	þurfum
2	skuluð	unnuð	vituð	þurfuð
3	skulu	unnu	vitu	þurfu
Past Sg *1*	skylda	unna	vissa	þurfta
2	skyldir	unnir	vissir	þurftir
3	skyldi	unni	vissi	þurfti

Pl *1*	skyldum	unnum	vissum	þurftum
2	skylduð	unnuð	vissuð	þurftuð
3	skyldu	unnu	vissu	þurftu

SUBJUNCTIVE:

Pres Sg *1*	skyla ~ skula	unna	vita	þurfa
2	skylir ~ skulir	unnir	vitir	þurfir
3	skyli ~ skuli	unni	viti	þurfi
Pl *1*	skylim ~ skulim	unnim	vitim	þurfim
2	skylið ~ skulið	unnið	vitið	þurfið
3	skyli ~ skuli	unni	viti	þurfi
Past Sg *1*	skylda	ynna	vissa	þyrfta
2	skyldir	ynnir	vissir	þyrftir
3	skyldi	ynni	vissi	þyrfti
Pl *1*	skyldum	ynnim	vissim	þyrftim
2	skylduð	ynnið	vissið	þyrftið
3	skyldu	ynni	vissi	þyrfti
past inf	skyldu			
pres part	skulandi	unnandi	vitandi	þurfandi
ppart	skyldt	unn(a)t	vitat	þurft

VOCABULARY

Order of the Alphabet

The alphabetical order of the vocabulary is: **a, á, b, d, ð, e, é, f, g, h, i, í, j, k, l, m, n, o, ó, p ,r, s, t, u, ú, v, x, y, ý, x, z, þ, æ, œ, ö/ø**. Long vowels with accents are listed after the corresponding short vowels without accents (a, á). At the end of the alphabet, **æ** and **œ** are listed separately, while **ö** and **ø** are listed together.

Word Frequency

The symbol ❖ marks the 262 most common words in the sagas. These comprise the 50+ most common nouns, adjectives, and verbs, as well as the most common adverbs, prepositions, pronouns, conjunctions, and numerals.

Notes on the Vocabulary

Verbs and prepositions take their objects in various cases, depending on sometimes unpredictable usage. This vocabulary adopts the Icelandic convention of using the pronoun ***einnhverr/eitthvat*** 'somebody/something' to indicate the cases used with particular words. The notation (see the following abbreviations) is also useful for distinguishing whether the object is a person or thing.

[e-n] (einhvern) = [somebody (sb)] *acc*
[e-t] (eitthvat) = [something (sth)] *acc*
[e-m] (einhverjum) = (for) [sb] *dat*
[e-u] (einhverju) = (for) [sth] *dat*
[e-s] (einhvers) = (of) [sb] or [sth] *gen*

Examples:

fala [e-t] af [e-m] offer to buy [sth] from [sb]
firra [e-n] [e-u] deprive [sb] of [sth]
mæla [e-t] við [e-n] say [sth] to [sb]
segja [e-m] frá [e-m] tell, inform [sb] about [sb]
segja [e-m] til [e-s] tell, inform [sb] where [sth/sb] is to be found

The following conventions are employed in this vocabulary.

- STRONG MASCULINE NOUNS: the genitive singular and nominative plural endings are given after the nominative singular, when attested. For example, **heimr** <-s, -ar> *m* world; **vinr** <-ar, -ir> *m* friend.
- ADJECTIVES: the strong masculine accusative singular is given to indicate a stem-final *-j-* or *-v-* or syncope (loss of vowel). For example, **ríkr** <*acc* ríkjan> *adj* powerful, **døkkr** <*acc* døkkvan> *adj* dark, **göfugr** <*acc* göfgan> *adj* noble, distinguished.
- STRONG VERBS: the principal parts (3sg pres, 3sg past, 3pl past, and past participle) are given. For example, **fara** <ferr, fór, fóru, farinn> *vb* go, travel.
- WEAK VERBS: the dental suffix -að- indicates when a weak verb is 1st conjugation. For example, '**kalla** <-að-> *vb* call.' For all other verbs the dental (*-t-*, *-d-*, or *-ð-*) is given with the ending for

the 3sg past and the past participle, for example 'mæla <*-ti, -tr*> *vb* speak.' When there is a change in the stem from present to past, the Vocabulary provides the forms in full: '**spyrja** <spurði, spurðr> *vb* ask.' When a past tense dental is added to a verb whose stem already ends in a dental (*leiða, setja* and *senda*), the two dentals often undergo change. In such instances, the Vocabulary indicates the outcome, hence **leiða** <*-ddi, -ddr*>, *setja* <*-tti, -ttr*>, and **senda** <*-di, -dr*> (that is, past tense *leiddi* 'he led,' *setti* 'he set,' *sendi* 'he sent').

- PRETERITE-PRESENT VERBS: are named so because their present tense looks like the past tense of strong verbs.

Some entries are labeled *defective*, meaning these words lack a full set of forms in the extant sources. For example, the verb *kná*, has no infinitive form in any of the manuscripts. The dictionary form, *kná*, is the 1/3 sg (first and third person) present: '**kná** <*1pl pres* knegum, *1sg past* knátta, *past inf* knáttu> *defective pret-pres vb* I can/could; use; be able to.'

Many entries are inflected forms of words as they appear in the readings. When a grammatical explanation is given (i.e., *ppart n nom/acc sg*), it may not include all possible glosses of that form.

ABBREVIATIONS

1dual, 2dual	1st person dual, etc.	*indef*	indefinite (pronoun)
1pl, 2pl, 3pl	1st person plural, etc.	*indic*	indicative
1sg, 2sg, 3sg	1st person singular, etc.	*inf*	infinitive
acc	accusative	*interrog*	interrogative (adverb or pro-noun)
adj	adjective	*intrans*	intransitive (verb)
adv	adverb	*leg*	legal usage
art	article (definite)	*lit*	literally
aux	auxiliary (verb)	*m*	masculine
comp	comparative (adjective or ad-verb)	*mid*	middle voice
conj	conjunction	*neg*	negative
dat	dative	*n*	neuter
def	definite (article)	*nom*	nominative
defect	defective	*num*	number
dem	demonstrative (pronoun)	*obj*	object
esp	especially	*OE*	Old English
etc	etcetera	*OI*	Old Icelandic
f	feminine	*ON*	Old Norse
fig	figurative	*ord*	ordinal (number)
gen	genitive	*pl*	plural
imp	imperative	*poet*	poetical usage
impers	impersonal (verb)	*poss*	possessive (pronoun)
indecl	indeclinable	*ppart*	past participle

e-n (einhvern) = 'somebody', *acc*; **e-t** (eitthvat) = 'something', *acc*; **e-m** (einhverjum) = '(for) somebody', *dat*; **e-u** (einhverju) = '(for) something', *dat*; **e-s** (einhvers) = '(of) somebody or something', *gen*

pref	prefix
prep	preposition
pres	present
pres part	present participle
pret-pres	preterite-present (verb)
pron	pronoun
refl	reflexive (verb or pronoun)
rel	relative (pronoun or particle)
sg	singular
str	strong (adjective or verb)
subj	subject
subjunct	subjunctive
superl	superlative (adjective or ad-verb)
trans	transitive (verb)
transl	translation
usu	usually
var	variant
vb	verb
w	with
wk	weak (adjective or verb)
+	plus
=	equals

A

-a (*also* **-at, -t**) *negative suffix, esp poet, leg* not

Aðalráðr konungr *m* King Æthelred II (the unready) of England

aðra *m acc pl, f acc sg* of **annarr**

aðrir *m nom pl* of **annarr**

❖ **af** *prep* [*w dat*] from; out of, of, by; off (of), *adv* off, away

afar *adv* very, extremely, exceedingly

afarkaldr *adj* very cold

afarmenni *n* outstanding man

afbragð *n* outstanding example, paragon; **afbragð þeira manna allra** the most outstanding of all those men

afbrigði *n* deviation, transgression, offense

afhús *n* outhouse; out building; side room

afl *n* physical strength, might, power; **rammr at afli** extremely strong

afl *m* hearth of a forge, fireplace

afla *m acc pl* of **afl** (*m*)

aflafár *adj* short of strength; **[e-m] verðr aflafátt** *impers* [sb] is short of support (supporters)

afréttr *m* common pasture (up in the mountains or wilderness)

afskipta *indecl adj* cut off from inheritance

aftaka *f* damage, injury

aka <ekr, ók, óku, ekinn> *vb* drive

akarn <*pl* akörn> *n* acorn

akkeri *n* anchor

akr <*-rs, -rar*> *m* field; arable land; **hveitiakr** wheatfield

ala <elr, ól, ólu, alinn> *vb* bring up, raise; be born; **alask** *mid* be raised, reared

albúa <albýr, albjó, albjoggu, albúinn> *vb* fit out, furnish or equip fully

albúinn *ppart* of **albúa** (*m nom/acc sg*), fully equipped; **[e-s] albúinn** quite ready, willing to do [sth]

albyggðr = **al** + **byggðr** completely settled, completely inhabited

aldinn *adj* aged, old; **it aldna tré** the old tree

aldir *acc pl* of **öld**

aldr <-rs, -rar> *m* age; **ungr at aldri** young, young in age

aldrbót *f* fame, honour

❖ **aldri** (*also* **aldregi**) *adv* never

aldri *dat sg* of **aldr**

aldrlag *n* fate; end of life

aldnari *m poet* fire, *lit* life nourisher

Alföðr *see* **Allföðr**

alin *f var* of **öln**

alla *str m acc pl, f acc sg; wk m acc/dat/gen sg, f acc sg, n all sg* of **allr**

allan *m acc sg* of **allr**

allar *f nom/acc pl* of **allr**

alldýrr *adj* very dear

allfast *adv* very firmly, steadfastly

allfár *adj* very few

allfríðr *adj* very beautiful

Al(l)föðr *m* All-father, father of all, Odin

allgløggsær *adj* clearly seen, transparent

allgóðr *adj* very good

allharðr *adj* very hard, very violent

allhjaldrjúgr *adj* very talkative; **[e-m] verðr**

allhjaldrjúgt *impers* [sb] talks at very great length

allhræddr *adj* very much afraid

allir *m nom pl* of **allr**

alllítill *adj* very little

allmannskœðr (*also* **-skæðr**) *adj* very injurious to men, very murderous (of battle)

almennilegr (*also* **almennigligr**) *adj* Catholic, general, common

allmikill *adj* very great

allnærri (*also* **allnær**) *adv* very near

allógurligr *adj* very terrible

❖ **allr** <*f* öll, *n* allt> *adj pron* all, entire, whole; **at öllu** in all respects, in every way; **með allt sitt** with all one's possessions; **með öllu** wholly, completely

allra *all gen pl* of **allr**

alls *m/n gen sg* of **allr**

allsíð *adv* very late

allsterkligr *adj* very strong-looking

allstórum *adv* very greatly

allsœmiligr *adj* very honorable

allt *adv* all, entirely, altogether, completely; **allt saman** wholly, entirely, altogether; **allt til þess** right up to that point; **allt upp undir** right up under

allt *n nom/acc sg* of **allr**

allvaldr *m* mighty one; king

allvegligr *adj* very grand

allvel *adv* very well

almannavegr *m* main road, common route, path normally followed

alsekr *m* full outlaw

alsnotr *adj* sagacious, wise, very clever

alsvartr *adj* very black, pure black

alsvinnr (*also* **alsviðr**) *adj* 'all-wise,' or 'very swift,' also a name of one of the horses that draw the sun through the sky in *Gylfaginning* and *Grímnismál* (*see also* **árvakr**)

alt *adv* quite

altarisstaðr <-ar, -ir> *m* altar-place

alvæpni *n* complete arms; **með alvæpni**, to be fully armed

alþingi *n* national assembly of Iceland

alþýða *f* all the people, the majority of the people, the public, the common people

ambátt (*also* **ambótt**) <*pl* -ir> *f* handmaid, maidservant; bondwoman

anda <-að-> *vb* breathe; **andaðr** *ppart* dead; **andask** *mid* die, breathe one's last

andlit *n* face, countenance

andskoti <-a, -ar> *m* adversary, opponent; Satan, devil

Andvari *m* Andvari (*personal name*), 'Vigilance,' dwarf whose gold is used to pay Otr's wergild, in *Skáldskáparmál*, *Reginsmál*, and *Völsunga saga*

andviðri *n* head-wind

angan *n* delight; **angan Friggjar** Frigg's delight (*kenning for Odin*)

angrsamr *adj* sorrowful, anguished

ann *1/3sg pres* of **unna**

annan *m acc sg* of **annarr**

❖ **annarr** <*f* önnur, *n* annat> *adj pron* one of two, other, another; *ord* second; **annarr ... annarr** *conj* one ... the other; **annan dag eptir** the next day; **í annat sinn** the second time

annars *m/n gen sg* of **annarr**

annask <-að-> *mid vb* take care of; provide for

annat *n nom/acc sg* of **annarr**

annathvárt *adv* either

apaldr <*gen* -rs~-s, *pl* -rar~-ar> *m* apple-tree

aptaninn *acc sg + def* of **aptann**

aptann <*dat* aptni, *gen* aptans, *pl* aptnar> *m* evening

aptari see **eptri**

aptastr see **epztr**

❖ **aptr** *adv* back, backwards, behind

arfsal *n leg* transfer to another party of rights to an inheritance

argr *adj* cowardly, effeminate, (passively) homosexual, unmanly, lewd; wicked

ari *m* eagle (*see also* **örn**)

aringreypr *adj* round the hearth

armgrjót *n poet* 'arm's stone,' gold or silver arm ring

armr <*f* örm> *adj* vile, wretched, wicked; poor, unfortunate, unhappy

arnar *gen sg* of **örn**

aska <*acc/dat/gen sg* ösku> *f* ash, ashes

askr <-s, -ar> *m* ash tree; ash spear; small ship; the great ash tree, **Yggdrasill**

at *prep* [*w dat*] at, in; as to, as, with respect to; on account of, by reason of; close up to, around, by; [*w inf*] to; *conj* that

❖ **at** *conj* that

at *inf marker* to

-at see **-a**

atall <*f* ötul, *n* atalt> *adj* fierce, aggressive

atbeini *n* assistance

atburðr <-ar, -ir> *m* occurrence, event, circumstance;

---

e-n (einhvern) = somebody, *acc*; **e-t** (eitthvat) = something, *acc*; **e-m** (einhverjum) = (for) somebody, *dat*; **e-u** (einhverju) = (for) something, *dat*; **e-s** (einhvers) = (of) somebody or something, *gen*

af þessum atburði because of this incident; **verðr sá atburðr** it so happened
atdráttr *m* provisions, supplies
atferli *n* proceeding
atganga *f* attack; **veita [e-m] atgöngu** attack [sb]
atgangr *m* fighting
atgørvi *f* & *n* ability, talent, accomplishment; **at atgørvi** in ability (*esp* physical)
athöfn *f* business, work
athæfi *n* conduct, actions
atlaga *f* attack; laying ships alongside for attack
Atli *m* Atli (*personal name*), Attila the Hun
atróðr <*gen* atróðrs> *m* rowing towards, rowing against, an attack made by a ship with oars
atsókn *f* onslaught, attack
attú = **at þú**, that you [*sg*]
auð- *adv prefix* easily
auðit *ppart* of *defect vb*; be fated, fall to sb; **[e-m] verðr [e-s] auðit** [sth] is fated for [sb]
auðkendr *adj* easy to be recognized, easily distinguishable
auðkenniligr *adj* easy to recognize
❖ **auðigr** (*older* **auðugr**) *adj* rich, wealthy; **auðigr at fé** very wealthy, rich in wealth
auðn *f* wilderness; deserted area; destruction
auðr *m* wealth; **hafa auð fjár** to be very wealthy, have an abundance of wealth
auðr *adj* empty, deserted, void, without men
Auðr *f* Aud (*personal name*) **Auðr in djúpúðga**, 'Aud the deepminded,' of *Laxdæla saga*
auðsénn *adj* clearly seen, evident (**auð-** + **sénn**)
auðsét *n nom/acc sg* of **auðsénn**
auðskaddr (*also* **-skœðr**) *adj* easily damaged, fragile
auðsóttr *adj* easily won, easy to win
augsýn *f* sight
auðsýnn *adj* clear, evident
auðugr *var* of **auðigr**
auðœfi *f* wealth, possessions
auga <*pl* augu, *gen* augna> *n* eye
augna *gen pl* of **auga**
augsýn *f* sight
auka <eykr, jók, jóku, aukinn> *vb* increase, augment; [*w dat*] add; exceed, surpass; **auka [e-u] við** add [sth]; **aukask** *mid* be increased
aukisk *2/3 sg pres subjunct* of **aukask**
aurar *pl* of **eyrir**
aurr <-s> *m* mud
ausa <eyss, jós, jósu, ausinn> *vb* pour, sprinkle; **ausa [e-n]/[e-t] [e-m]** sprinkle [sb]/[sth] with [sth]; **ausa bát** bail a boat
austan *adv* from the east
austanverðr *adj* eastern, easterly
Austfirðingar *m pl* men of the East fjords of Iceland
Austmaðr *m* person from the east, Norwegian
austr <-rs> *m* east; *adv* eastward
austrför <*pl* austfarar> *f* (*usu in pl*) travels to the east
austrvegr <-s, -ir> *m* the east, i.e., the Baltic (*lit* the eastern way); **fara í austrveg** trading or raiding in the Baltic or journeying east and south down the rivers of Russia
austrœnn *adj* coming from the east; eastern
auvirði *n* worthless wretch
ax *n* ear of corn; **hveitiax** ear of wheat

Á

❖ **á** *prep* [*w acc*] onto, on, towards (*motion*); with respect to; [*w dat*] on; upon; at; in (*position*)
á <*gen* ár, *pl* ár, *dat* ám, *gen* á> *f* river
á *1/3sg pres* of **eiga**
ábyrgð *f* liability; **vera til ábyrgðar** be risked
❖ **áðr** *adv* before, already; **áðr en** *conj* before
áfenginn (*also* **áfengr**) *ppart* (*m nom/acc sg*) intoxicating
ágirni *f* [*w gen*] greed (for [sth]); ambition
ágætastr *var* of **ágæztr**
ágætavel *adv* excellently
ágæti *n* excellence, glory, fame; *pl* 'glorious deeds'
ágætliga *adv* capitally, splendidly
❖ **ágætr** *adj* excellent, famous
ágætust *f nom sg, n nom/acc pl* of **ágætastr**
ágæztr *superl adj* of **ágætr**
áheit *n* vow, invocation (*see* **á**, **heita**)
áhyggja *f* care, anxiety
ákafi *m* vehemence, fierceness, eagerness; **í ákafa** vehemently, eagerly, fiercely

ákafliga *adv* exceedingly, extremely, very; vehemently, impetuously

ákafligastr *superl adv* of **ákafliga**

ákveða <ákveðr, ákvað, ákváðu, ákveðinn> *vb* fix, decide, appoint

ákvæði *n* verdict

ál <*pl* -ar> *f* leather strap

álarendi *m* the end of a strap

áleiðis *adv* onward, forward

Áleifr *var* of **Ólafr**

álengdar *adv* for the future, for some time

álfr <-s, -ar> *m* elf

áliðinn *adj* long-spent, used of time

áliðnum *dat sg/pl* of **áliðinn**

álit *n pl* appearance, countenance

álna *gen pl* of **öln**

Álptafjörðr *m* Alptafjord (*place name*) Swans' Fjord

álög *n pl* dues or taxes

ámátki *wk poet contraction* of **ámáttigr**

ámáttigr (*also* **ámátligr**) *adj* loathsome, piteous, unpleasant

ámælissamr *adj* bringing reproach, shameful

án *prep* [*w acc, dat, gen*] without

ár *f* oar

ár *gen sg, nom/acc pl* of *f* **á**

ár *n* year; plenty, abundance, fruitfulness; *poet* first beginning

áraburðr *m* movement of the oars; **koma/ráðask undir áraburð [e-s]** become dependent on [sb]; **vera undir áraburði [e-s]** be under [sb]'s protection

árangr <-rs, -rar> *m* season

ára-tal *n* reckoning of years

árferð *f* season; good luck

ármaðr *m* steward, *esp* of a king's or bishop's estate

ármanns *gen sg* of **ármaðr**

árr <*dat sg* æri, *nom pl* ærir> *m* messenger, deliverer; **árr sverðregn** deliverer of sword-rain, a kenning for a warrior

ársali (*also* **ásalr**) *m* precious hangings of a bed

árvakr *adj* 'early awake,' or 'early riser,' also a name of one of the horses that draw the sun through the sky in *Gylfaginning* and *Grímnismál* (*see also* **alsvinnr**)

Ásagísling *f* Æsir-hostage (of Hœnir taken by the Vanir)

ásamt *adv* together; **koma ásamt** be agreed *lit* come together

ásauðr *m* ewe; [*gen sg used collectively*] **fimm tigu ásauðar** fifty ewes

Ásaþórr *m* Divine Thor (*mythological name*), Thor of the Æsir

Ásbrú *f* Áss-bridge (*mythological name*), another name for **Bifröst**

Ásgarðr *m* home of the Gods

ásjá *f* help aid, protection; superintendence, inspection; appearance, shape

ásjóna *f* appearance, countenance, look

Ásliðar *m pl* (champions of the) gods, the god troop

ásmegin *n* divine strength

Áss <*dat* æsi~ás, *gen* áss~ásar, *pl* æsir, *acc* ásu~æsi> *m* god; **Æsir** *pl* one of the two major groups of gods; **ásanna** *gen pl* of the gods

áss *m* beam, pole

ást *f* love, affection (frequently used in plural with same meaning)

ástleysi *n* lack of affection

ástmenn *m pl* dear friends

ástráð *n* friendly or loving advice, counsel

ástsæll *adj* beloved, popular

Ásum *dat pl* of **áss**

Ásynja *f* goddess

át *1/3sg past* of **eta**

átján *num* eighteen

átrúnaðr *m* belief (in the heathen faith, in the **Æsir** gods)

átt *f* direction, region

átt pp of **eiga** (*f nom sg, n nom/acc sg/pl*)

❖ **átta** *num* eight

átta *1sg past* of **eiga**

áttan *ppart* of **eiga** (*m acc sg*)

áttar *ppart* of **eiga** (*f nom/acc pl*)

átti *3sg past* of **eiga**

áttr *ppart* of **eiga** (*m nom sg*)

áttrœðr *adj* eighty years old; measuring eighty fathoms

áttu *3pl past* of **eiga**

áttusk *3pl past* of **eigask**

átu *3pl past* of **eta**

ávalt (*also* **ávallt**) *adv* always, continually, for all time

ávant *adj* (only in *n*) **[e-s] er ávant** [sth] is wanted or needed

áverki *m* bodily injury, bloody wound

ávexti *dat* of **ávöxtr**

ávinnt *adj* (only in *n*) toilsome; **[e-t] mun ávinnt** [sth] will be difficult, toilsome

ávöxtr *m* increase, growth

---

e-n (einhvern) = somebody, *acc*; **e-t** (eitthvat) = something, *acc*; **e-m** (einhverjum) = (for) somebody, *dat*; **e-u** (einhverju) = (for) something, *dat*; **e-s** (einhvers) = (of) somebody or something, *gen*

B

bað *1/3sg past* of **biðja**

baðmr <-s> *m poet* tree; flowering tree branches

bagall <-s, baglar> *m* bishop's staff, crozier

baggi *m* bag; bundle

bagla *acc/gen pl* of **bagall**

❖ **bak** <*pl* bök> *n* back; horseback; **koma á bak** to mount on horseback; **stíga af baki** to dismount; **verja [e-t] baki** defend a thing with the back, be a coward

bak *prep* [*w dat*] back, behind

bakborði *m* the port side (larboard) of a ship (as opposed to **stjórnborði**)

bakki *m* bank (of a river or chasm), slope

Baldr <*gen* -rs> *m* Baldr (*mythological name*), Odin's son whose death leads to Ragnarök

ball *1/3sg past* of **bella**

banahögg *n* death-blow

banamaðr *m* killer, slayer

banaorð *n* death; death sentence, tidings of one's death

band <*pl* bönd> band, cord; the act of binding; *pl* bands, fetters; *poet* the gods, banda vinr friend of the gods, a kenning for Thor

bani *m* death; slayer, that which causes death, *lit* bane; **fá bana** die; **til bana** to death; **verða [e-m] at bana** kill [sb]

banna <-að-> *vb* ban, forbid, prohibit

bannat *ppart* of **banna** (*n nom/acc sg*)

bar *1/3sg past* of **bera**

bardagi *m* battle

barð *n* edge, rim; brim of a helmet or hat; verge or edge of a hill; prow of a ship

barði *m* warship with a sharp prow, ram

barði *3sg past* of **berja**

Barði *m* 'the Ram' (name of a ship)

barðir of **bariðr**, *ppart* of **berja** (*m nom pl*)

barðisk *2/3sg past mid* of **berja**

barðist *var* of **barðisk**

bariðr *ppart* of **berja** (*m nom sg*)

bark = bar + ek, I delivered

barn <*pl* börn> *n* child

barnaútburðr <-ar, -ir> *m* exposure of unwanted infants

barnœska *f* childhood

barr *n* needles of a fir or pine; Snorri uses it for ash leaves

barsmíð <*pl* -ir> *f* thrashing, flogging; *pl* fight

batna <-að-> *vb* improve; *impers* [*w dat*] improve, get or feel better

batt *1/3sg past* of **binda**

bauð *1/3sg past* of **bjóða**

baugr <-s, -ar> *m* ring, bracelet, armlet

bauzk *2/3sg past* of **bjóðask**

báða *m acc pl* of **báðir**

❖ **báðir** <*f* báðar, *n* bæði, *gen* beggja > *adj pron dual* both

báðu *3pl past* of **biðja**

bági *m* adversary

bál *n* fire, bonfire; flame, blaze; pyre, funeral pyre

bálfarar *gen sg, nom/acc pl* of **bálför**

bálför *f* funeral

báróttr *adj* wavy

báru *3pl past* of **bera**

bátr *m* boat

beðit *ppart* of **bíða** (*n nom/acc sg*)

beðja *f poet* wife; bed-mate

beggja *gen* of **báðir**

beiddi *3sg past* of **beiða**

beiddisk *3sg past* of **beiðask**

beiddist *var* of **beiddisk**

beið *1/3sg past* of **bíða**

beiða <beiddi, beiddr> *vb* [*w gen*] ask, beg; **beiða [e-n] [e-s]** ask [sb] for [sth]; **beiðask** *mid* ask for, request on one's own behalf

bein *n* bone; **hafa bein í hendi** be powerful, be big-boned in the fist (*lit* have bones in the hand)

beini *m* hospitality

beinlitr *m* bone-colored

beit *1/3sg past* of **bíta**

beiting <*pl* -ar> *f* grazing, pasturage

beizl *n* bridle

bekkr <*dat* bekk, *gen* -s~-jar, *pl* -ir> *m* bench

bekkr <*dat* bekk, *gen* -s~-jar, *pl* -ir> *m* brook

belgr <*dat* belg, *gen* -s~-jar, *pl* -ir> *m* pelt, skin of an animal (taken off whole); skin-bag; bellows

belja <-að-> *vb* bellow

bella <bellr, ball, –, –> *defective vb* [*w dat*] hit, hurt

bella <-di, -t> *vb* [*w dat*] venture (into), occupy oneself with, deal in (generally in a bad sense)

belti *n* belt

❖ **bera** <berr, bar, báru, borinn> *vb* carry, bear; give birth to; bear, have, hold (a title); *impers* [*w acc*] be born or carried (denoting passive or involuntary motion); *impers* befall, happen; **bera af [e-m]** excel, surpass sb; **bera at móti** raise in such a way; **bera fyrir [e-n]** *impers* appear to [sb] (of a dream or vision); **bera fram** bring forward, out; **bera fyl** bear a foal; **bera lægra hlut ór** get the worst of it; **bera ofan á [e-t]** place [sth] on top; **bera [e-n] ofríki** overcome [sb] by sheer force; **bera ráð saman** take counsel among themselves; consult together; **bera saman** collect, compare; **bera til handa [e-m]** befall sb; **bera um** carry about; **bera vápn á [e-n]** attack [sb] with weapons; **bera vápn niðr** shoot down; **bera ørendi sín (upp) fyrir [e-n]** plead one's case before [sb], tell one's errand to [sb]; **berask at** *mid* happen

Bergelmir *m* (*mythological name*) Ancestor of frost-giants, grandson of Ymir

bergnös <*gen* -nasar, *pl nom/acc* nasar> *f* rocky projection

bergrisi *m* hill giant, mountain giant

beri *3sg/pl pres subjunct* of **bera**

berja <barði, barðr~bariðr> *vb* strike, beat; **berjask** *mid* fight

berki *dat sg* of **börkr**

berr *adj* bare, naked, open, clear, manifest; unsheathed (of a sword); **gera sik beran at** to show openly, reveal oneself

berserkr <-s, -ir> *m* wild fighter, champion

betr *com adv* of **vel** better

betri *comp adj* of **góðr** better

beygja <-að-> *vb* bend, arch

beysta <beysti, beystr> *vb* bruise, beat, strike

bezt *superl adv of* **vel** best

beztr *superl adj* of **góðr**, best

bið *1sg pres* of **biðja**

biðið *2pl imper* of **biðja**

❖ **biðja** <biðr, bað, báðu, beðinn> *vb* ask, beg; command, tell; **biðja [e-n] [e-s]** ask [sb] for [sth]; **biðja [e-n] velkominn** bid [sb] be welcome; **biðjask** *mid* request for oneself; **biðjask ór búi** request separation from the household

bifask <-ði, -ðr *also* -að-> *vb mid* shake, tremble, quake; be moved

Bifröst *f* Bifrost, a mythical bridge to Asgard

bik *n* pitch

bil *n* moment of time; **í því bili** at that moment

bila <-að-> *vb* fail

Bilröst *f var* of **Bifröst**

Bilskirnir *m* (*also* **Bilskírnir**) Bilskirnir (*mythological name*), 'Everlasting,' or 'Lightning Lit,' the heavenly abode of Thor

bilt *adj* (only *n*) **[e-m] verðr bilt** [sb] is amazed, [sb] is astonished; [sb] hesitates, [sb] is afraid

binda <bindr, batt, bundu, bundinn> *vb* bind, tie, fasten; bind up (e.g., a wound); pledge; **binda í [e-u]** bind to [sth], bind on [sth]; **binda vinfengi** pledge friendship

birgja <-að-> *vb* supply, provide

birta <-t-> *vb* illuminate, brighten; [*w dat*] show; **birtask** *mid* appear

bitu *3pl past* of **bíta**

bittu = **bind þú**

bíða <bíðr, beið, biðu, beðinn> *vb* [*w acc, gen*]; [*w gen*] wait, wait for, abide; **bíða [e-s]** wait for [sb]; [*w acc*] suffer, undergo, sustain; (impers) **[e-t] bíðr [e-s]** [sth] is in store for [sb]

bíta <bítr, beit, bitu, bitinn> *vb* bite; cut

bjalla <*gen* bjöllu, *pl* bjöllur> *f* bell

bjarg <*pl* björg> *n* rock, boulder; cliff, mountain

bjarga <bergr, barg, burgu, borginn> *vb* [*w dat*] help, save; **bjargask** *mid* help, save oneself; **bjargask á sínar hendr** support oneself with one's own hands, take care of oneself

bjargrifa *f* cleft in a rock

bjargrúnar *f pl* 'runes for helping women in labor'

bjarnar *gen sg* of **björn**

bjarndýri (*also* **bjarndýr**) *n* bear (*lit* bear-beast or wild bear)

bjartr <*f* björt, *n* bjart> *adj* bright

bjoggu~bjuggu *3 pl past* of **búa**

bjó *1/3sg past* of **búa**

❖ **bjóða** <býðr, bauð, buðu, boðinn> *vb* [*w acc*] offer; [*w dat*] invite; order, command, summon; **bjóða [e-m] [e-t]** offer [sb] [sth]; **bjóða [e-n] [e-m] at sætt** offer [sth] to [sb] for reconciliation; **bjóða [e-m] at vera** invite [sb] to stay; **bjóða mál** *leg*

---

e-n (einhvern) = somebody, *acc*; **e-t** (eitthvat) = something, *acc*; **e-m** (einhverjum) = (for) somebody, *dat*; **e-u** (einhverju) = (for) something, *dat*; **e-s** (einhvers) = (of) somebody or something, *gen*

appeal a case; **bjóða [e-m] til sín** invite [sb] to one's house; **bjóða [e-m] til vistar** to invite [sb] to stay at one's house; **bjóða [e-m] um** delegate to [sb], commit to [sth] charge; **bjóða upp** give up; **bjóðask** *mid* offer oneself, volunteer one's service

biðuðu *3pl past* of **bíða**

bjórr <-s, -ar> *m* beer

bjórr <-s, -ar> *m* piece of leather (*esp* cut-off, waste pieces from shoes)

bjórþili *n* partition, dividing wall

bjósk *3sg past* of **búask**

bjuggusk *3pl past* of **búask**

bjöð *f* flat or level ground

bjöllu *acc/dat/gen* of **bjalla**

bjöllur *pl* of **bjalla**

björg *nom/acc pl* of **bjarg**

björg *f* means of subsistence, store of food

björn <*dat* birni, *gen* bjarnar, *pl* birnir, *acc* björnu> *m* bear

björt *f nom sg*, *n nom/acc pl* of **bjartr**

blað *n* leaf (of plant, book); blade (of knife, oar)

blautr *adj* soft; soaked, wet

blanda <blendr, blétt, bléndu, blandinn> *vb* mix, blend, **blanda [e-t][e-u]** mix [sth] with [sth]; *also* **blanda [e-u] við [e-t]**

blám *all dat pl* of **blár**

blár <*m acc sg* blán, *f acc sg* blá, *n nom/acc sg* blátt, *dat pl* blám> *adj* blue; black, dark

blása <blæss, blés, blésu, blásinn> *vb* blow (of the wind); blow with the mouth; blow with a musical instrument; blow trumpet as signal; swell; **blásinn** *ppart* (*m nom/acc sg*) inflated; swollen; stripped, bare, barren (e.g., of turf)

bleikr *adj* fawn-colored (of animals), pale

blendu *3pl pres* of **blanda**

bleyða *f* coward

bleyðiorð *n* charge of cowardice

bleyta *f* soft, swampy patch of ground

blés *1/3sg past* of **blása**

blindr <*f* blind, *n* blint> *adj* blind

blíða *f* friendliness, gentleness

blíði *dat sg* of **blíða**

blíðr *adj* gentle, friendly; agreeable; mild, balmy (weather)

blíðu *var dat* of **blíða**

blíkja <blíkr, bleik, bliku, –> *vb* shine, glitter, gleam

blóð *n* blood

blóðigr *adj* bloody

blóðgum *m dat sg, all dat pl* of **blóðigr**

blót *n* sacrifice

blóta <-að-> *vb* worship, worship with sacrifice, sacrifice

blótbolli *m* sacrificial bowl

blótgoði *m* heathen sacrificial priest, sacrificing priest

blótguð *m* heathen god

blótgyðja *f* sacrifical priestess

blunda <-að-> *vb* shut the eyes, doze

blæss *2/3 sg pres* of **blása**

boð *n* feast; offer, invitation; bidding, command; message

boða <-að-> *vb* [*w dat*] order; proclaim; **boða kristni** preach Christianity

boðinn *ppart* of **bjóða** (*m nom/acc sg*)

boðit *ppart* of **bjóða** (*n nom/acc sg*)

boðsmaðr <-manna, -menn> *m* guest

bogaskot *n* bow-shot

bogi *m* bow; **blóðbogi** 'bloodbow,' stream of blood

bogmaðr *m* bowman, archer

boløx *f* pole-axe, wood-axe

borð *n* table; board, food, upkeep; board, plank; the side of a ship; rim, the margin between the rim of a vessel and the liquid in it; **koma undir borð** sit down at a table; **nú er gott beranda borð á horninu** now there is a good margin for carrying the horn (i.e., the contents are so diminished it can be lifted without spilling)

borðbúnaðr *m* tableware

borg <*pl* -ir> *f* stronghold, fortification; town; funeral pyre; rounded hill

borghlíð *n* fortress, castle

borga <-að-> *vb* be a surety/guarantee for; **borga [e-m] [e-t];** guarantee [sb] [sth]

Borgarfjörðr *m* Borgarfjord (*place name*)

borgargørð *f* building of a stronghold

borgarhjörtr <*dat* -hirti, *gen* -hjartar, *pl* -hirtir, *acc* -hjörtu> *m* 'Castle-hart,' a nick-name

borgarmaðr *m* garrisoned soldier; townsman

borgarveggr <-jar~-s, -ir> *m* fortress or town wall

borghlið *n* gateway of a stronghold

borgit *ppart* of **bjarga** (*n nom/acc*)

borinn *ppart* of **bera** (*m nom/acc sg*)

borit *ppart* of **bera** (*n nom /acc sg*)

borizk *ppart* of **berask** (*n nom/acc sg*)

borna *ppart* of **bera** (*m acc pl, f acc sg*)

bornir *ppart* of **bera** (*m nom pl*)

Borr <-s> *m* Bor (*mythological name*) father of Odin

bóandi (*also* **bóndi**, **búandi**) <*pl* bóendr> *m* farmer

bók <*gen* -ar~bœkr, *pl* bœkr> *f* book; object with images, runes on it

bókrúnar *f pl* 'beech-runes,' engraved on wood; perhaps also for runes in textiles

ból *n* lair

bólstaðr *m* farm; homestead

❖ **bóndi** (*also* **bóandi**, **búandi**) <*pl* bœndr, *dat* bóndum~bœndum, *gen* bónda~bœnda> *m* farmer; husband; head of a household

bót <*pl* bœtr> *f* compensation, atonement; cure, remedy, bettering

bragð *n* sudden, brisk movement; moment; trick, stratagem; **af bragði**, at once; **at bragði** for the time being

Bragi <-a> *m* (*mythological/personal name*) god associated with poetry, possibly from **Bragi Boddason inn gamli** ('the old'), one of the earliest known skalds

brann *1/3sg past* of **brenna**

brast *1/3sg past* of **bresta**

brattr *adj* steep

braut *var* of **brott**

braut *1/3sg past* of **brjóta**

brautargengi *n leg* help, furtherance

brauzt *2sg past* of **brjóta**

brá <*gen* brár, *pl* brár> *f* eyelid, eyelash

brá *1/3sg past* of **bregða**

bráðari *comp adj* of **bráðr**

bráðastr *superl adj* of **bráðr**

bráðgörr *adj* matured early in life, precocious

bráðla *var* of **bráðliga**

bráðliga (*also* **bráðla**) *adv* soon, quickly

bráðr <*f* bráð, *n* brátt> *adj* sudden, quick; hasty, rash; hot-tempered

brásk *1/3sg past* of **bregðask**

brást *var* of **brásk**

brátt *adv* soon, shortly, quickly

Brattahlíð *f* 'Steepside,' 'steepslope,' Erik the Red's farm in Greenland

bregða <bregðr, brá, brugðu, brugðinn> *vb* [*w dat*] move quickly; react; draw, brandish (a weapon); break (faith or an oath); turn, alter, change; break off, leave off, give up; **bregða búi** give up one's household; **bregða tali** break off speaking; **bregða til [e-s]** begin sth**; bregða upp** lift, raise (to strike); **bregða við** act against, compete with; **bregða við [e-u]** ward off with, parry with [sth]; **bregðask** *mid* fail, come to nothing; **bregðask [e-m]** deceive, disappoint [sb]; **bregðask í [e-t]** shapechange, turn into [sth]

breiddi *1/3sg past* of **breiða**

breiða <-ddi, -ddr> *vb* spread; stretch; display

Breiðablik *n* Breidablik (*mythological name*), Broad-gleaming,' home of **Baldr**

Breiðafjörðr <*gen* -fjarðar> *m* Breidafjord (*place name*), Broadfjord, Broadfirth

Breiðdalr *m* Breiddal (*place name*) Broaddale

Breiðfirðingr <-s, -ar> *m* person from Broadfjord

Breiðfirzkr *adj* of Broadfjord

breiðr <*comp* breiðari *superl* breiðastr> *adj* broad

breitt *n* of **breiðr**

breki <-a, -ar> *m poet* breaker (wave)

brekka *f* slope, hillside

brendi *var* of **brenndi** (*see* **brenna**, *trans vb*)

brenna *f* fire, burning

brenna <brennr, brann, brunnu, brunninn> *intrans vb* burn; **brennandi** *pres part* burning

brenna <-di, -dr> *trans vb* burn; destroy by fire; purify (silver or gold) by burning

brennt *ppart* of *trans vb* **brenna** (*n nom/acc sg*)

bresta <brestr, brast, brustu, brostinn> *vb* burst, break, crash; make a breaking sound; **bresta niðr** crash down

brestr <-s, -ir> *m* crack, chink; loss

breyta *v* <-ti, -tr> alter, change

brigð *f* right to reclaim; *n pl* change in judgment

brigða <-ði, -ðr> *vb* recover property through legal means; [*w dat*] annul, void

brigði *n pl var* of **brigð**

brigðr *adj* fickle

Brimir *m* Brimir (*mythological name*), another name for **Ýmir**, the primordial giant

brimrúnar *f pl* 'surf-curving' runes

Brísingamen *n* Freyja's necklace

Brísingr *m* Brising (*mythological name*); the Brisings, an unidentified family name, possibly a name for the four dwarves who create Brísingamen

brjóst *n* chest, breast

brjóta <brýtr, braut, brutu, brotinn> *vb* break, break up, break open; fold (of clothes); **brjóta saman** fold (of clothes); **brjóta skip** suffer shipwreck; *impers* **skip** (*acc*) **brýtr** the ship is wrecked; **brjótask til ríkis** fight for the kingdom

---

e-n (einhvern) = somebody, *acc*; **e-t** (eitthvat) = something, *acc*; **e-m** (einhverjum) = (for) somebody, *dat*; **e-u** (einhverju) = (for) something, *dat*; **e-s** (einhvers) = (of) somebody or something, *gen*

brjótir *2sg pres* of **brjóta**
broddr <-s, -ar> *m* spike, point, spear point
brók <*gen* -ar, *pl* brœkr~brækr> *f* pants-leg; breeches
brotinn *ppart* of **brjóta** (*m nom/acc sg*)
brotna <-að-> *vb* break
brotnir *ppart* of **brjóta** (*m nom pl*)
❖ **brott** (*also* **braut**, **á brott**, **í brott**, **í brottu**) *adv* away, off; **brott-búinn** *adj* ready to start, prepared to depart
brottbúningr *m* preparation for departure
brottför (*also* **brottferð**) *f* departure
brottkvaðning *f* sending away, dismissal
brottlaga *f* retreat
brottu *var* of **brott**
❖ **bróðir** <*acc/dat/gen* bróður, *pl* brœðr, *dat* brœðrum, *gen* brœðra> *m* brother
bróðurgjöld *n pl* wergeld, ransom, or compensation for a dead brother
brugðit *ppart* of **bregða** (*n nom/acc sg*)
brugðizk *ppart* of **bregðask** (*n nom/acc sg*)
brullaupsstefna *f* wedding
brunnr *m* spring; well
brut *var* of **braut**, **brott**, **brottu**
brutu *3pl past* of **brjóta**
brú <*gen* brúar, *pl* brúar~brúr~brýr, *dat* brúm> *f* bridge; causeway built over swampy ground
brúðr <*acc/dat* brúði, *gen* brúðar, *pl* brúðir> *f* bride; *poet* woman
brúðfé <*gen* brúðfjar> *n* bride's fee, bride's gift
brún <*pl* brýnn> *f* brow, eyebrow
brúnmóálóttr *adj* brownish grey with a dark stripe down the back
bryggja *f* gangway; pier; bridge, landing-stage, quay
bryggjur *nom/acc pl* of **bryggja**
brynflagð *n poet* 'mailcoat-troll,' ax
Brynhildr *f* Brynhild/Brunhild (*mythological name*), one of the Valkyries
brynja *f* coat of mail, corslet
brynstúka *f* mail-sleeve, corslet-sleeve
brynþing *n poet* 'war/mail-assembly,' combat
bryti *3sg/pl past subjunct* of **brjóta**
bryti <bryta~brytja, brytar~brytjar> *m* steward, bailiff
brýnn <*n* brýnt> *adj* clear, urgent
brýnn *nom pl* of **brún**
brýnnar *nom/acc pl* with *def art* of **brún**
brýtr *2/3sg pres* of **brjóta**
brœðr *nom/acc pl* of **bróðir**
brœðra *gen pl* of **bróðir**
brœkr *f pl* breeches
buðu *3pl past* of **bjóða**
bugr *m* bend, curve, bight; disorder; **með bugum**, *also* **með hringum** 'all around'
buna *f* buna (*nickname of uncertain meaning*)
bundinn *ppart* of **binda** (*m nom/acc sg*)
bundit *ppart* of **binda** (*n nom/acc sg*)
bundu *3pl past* of **binda**
burðr <-ar, -ir> *m* birth; physical bearing, carriage; offspring
Burizleifr *m var* of **Búrizláfr**
burr <-ar, -ir> *m poet* son
Burr *m* Bur (*mythological name*) , Father of Odin and his brothers in *Völuspá*
❖ **bú** <*dat pl* búm> *n* home, house, household, dwelling; farm; estate; farming; livestock
❖ **búa** <býr, bjó, bjoggu~bjuggu, búinn> *vb* live (in a place), dwell, inhabit; prepare, make ready; **búa svá um, at ...** arrange it so that ...; **búa [e-t] til [e-s]** to prepare [sth] for [sth]; **búa um [e-n]** attend to, take care of [sth]; **búa undir [e-u]** be the (hidden) reason behind [sth], be at the bottom of [sth]; **búask** *mid* make oneself ready, equip oneself; prepare; settle; **er búit við at** it is likely to be that, there is danger of
búandi (*also* **bó(a)ndi**) <*pl* búendr> *m* farmer
búast *var* of **búask**
Búastaðir *m pl* Buastadir, Bui's farmstead
búð <*pl* -ir> *f* tent, booth
búfjárhagr *m* condition of the livestock
búi *m* neighbor (short form of **nábúi**)
búið *2pl pres* of **búa**
búinn *ppart* of **búa** (*m nom/acc sg*), ready, set, in a certain condition; finished, done; capable, fit for; **svá búit** matters so standing, thus set; **vel at sér búinn** very capable, very good at; **við svá búit** with matters thus, with that, under such circumstances
búkr *m* body, trunk
búm *dat pl* of **bú**
búnir *ppart* of **búa** (*m nom pl*)
búnu *ppart* of **búa** (*n dat sg*) ; **at svá búnu** as matters stand, in the present state of things
Búrizláfr <-s> *m* Burizlaf (*personal name*) **Búrizlafr konungr**, a Wendish king
Búseyra *f* Buseyra, a giantess killed by Thor
búshlutir *m pl* farm implements
búshœgindi *n pl* help in running a household
búss *m* a type of wood

bústaðr *m* farmstead, household, dwelling-place
búumsk *1pl pres* of **búask**
bygð *f* dwelling, abode, settlement, habitation
byg(g)ði *3sg past and 3sg/pl subjunct* of **byggja**
byg(g)ðu *3pl past* of **byggja**
byg(g)ðisk *2/3sg past and 2/3sg, 3pl* of **byggjask**
byg(g)ðr, *ppart* of **byggja** (*m nom sg*)
byg(g)t *ppart* of **byggja** (*n nom/acc sg*)
byggiligr <*comp* byggiligri, *superl* byggiligastr> *adj* habitable
byggja (*also* **byggva**) <-ði, -ðr> *vb* inhabit
byggva (*also* **byggja**) <-ði, -ðr> *vb* lend money; enter into marriage
byggva *var* of **byggja**
byrðr *f* burden
byrja <-að-> *vb* begin
byrja <-að-> *impers vb* **[e-m] byrjar vel/illa** [sb] gets a fair/foul wind
byrr <-jar, -ir> *m* fair wind; **[e-m] gefr vel byr** *impers* [sb] gets a fair wind
byrstr *adj* bristled
byrvænn *adj* promising a fair wind
byskup *m* bishop
býð *1sg pres* of **bjóða**
býðr *2/3sg pres* of **bjóða**
býfluga *f* bee
Býleistr *m* Byleist (*mythological name*) brother of Loki
býr *2/3sg pres* of **búa**
býsk *2/3sg pres* of **búask**
býzk *2/3sg pres* of **bjóðask**
❖ **bæði** *adv* both; **bæði...ok** *conj* both...and; **bæði...enda** *conj* both...and also, and indeed
bæði *n* of **báðir**
bæði *3sg/pl past subjunct* of **biðja**
bændr (*also* **bœndr**) *nom/acc pl* of **bóndi**
bæri *3sg/pl past subjunct* of **bera**
bœjar *gen* of **bœr**
bœkr *nom/acc pl* of **bók**
bœn *f* prayer
bœndr *nom/acc pl* of **bóndi**
❖ **bœr** <*gen* bœjar, *pl* bœir> *m* farm, farmhouse, farmstead, town
bœta <-tti, -ttr> *vb* compensate, make amends for; better, improve; heal, restore to health
bœtr *f nom/acc pl* of **bót**
bœtti *3sg past* of **bœta**
böð <*gen* -var> *f* battle
böðfróðr *adj* experienced in battle, battle-skilled
bölvasmiðr *m* contriver of mischief, misfortune
bönd *pl* of **band**
bönum *dat pl* of **bani**
börð *nom/acc pl* of **barð**
börðusk *3pl past* of **berjask**
börgr *m* boar
börkr (*dat* berki, *gen* barkar) *m* (tree) bark
börn *nom/acc pl* of **barn**
börr *m* kind of tree

D

daglangt *adv* through the day
dagleið <*pl* -ir> *f* day's journey
dagmál *n pl* breakfast time (about 9 a.m.)
daga <-að-> *vb* dawn
dagan (*also* **dögun**) *f* dawn
❖ **dagr** <*dat* degi, *gen* dags, *pl* dagar> *m* day; **dag frá degi** from day to day; **einnhvern dag** one day; **í dag** today; **um daginn eptir** (on) the day after, the next day
dagverðr *var* of **dögurðr**
dala <-að-> *vb impers* become dented
dalnum *dat sg + art* of **dalr**
dalr <*dat* dal, *gen* dals, *pl* dalar~dalir> *m* valley, dale
Danakonungr *m* king of the Danes
Danaveldi *n* Danish kingdom
Danir *m pl* the Danes
Danmörk <*gen* Danmarkar> *f* Denmark
dasa <-að-> *vb* exhaust
dauðadagr *m* death-day
dauði *m* death
❖ **dauðr** <*f* dauð, *n* dautt> *adj* dead
dáð <-ar, -ir> *f* energy, courage, manliness, deed
dáðöflugr *adj poet* 'deed-mighty,' powerful
Dáinsleif *f* (*mythological name*) 'Dáin's legacy,' dwarf-

forged sword belonging to King Högni

degi *dat sg* of **dagr**

deila *f* disagreement, contention

deila <-di, -dr> *vb* divide; distinguish; quarrel, contend; **deila (af) kappi við [e-n]** contend with [sb]; **deila um [e-t]** quarrel over [sth], take up a lawsuit over [sth]

deild *f* litigation, quarrel

deyja <deyr, dó, dó, dáinn> *vb* die

deyr *2/3sg pres* of **deyja**

digr <*f* digr, *n* digrt> *adj* big, stout

diskr <-s, -ar> *m* dish, plate

díar *m pl* gods, priests

dís *f* dísir goddess; sister; priestess; guardian angel; maid

djarfastr *superl adj* of **djarfr**

djarfleikr *m* boldness, courage

djarfliga *adv* boldly

djarfr *adj* bold, daring

djúpastr *superl adj* of **djúpr**

djúpauðigr (*also* **-úðiger**) *adj* 'deep-minded'

djúpr *adj* deep

dofinn *adj* dead, numb (of a limb)

dolg *n* battle

dó *1/3sg, 3pl past* of **deyja**

dólg *n* enmity

dólgr *m* foe

dómr *m* judgment; decision; reputation, fame; *leg* court, court of judgement

dómstaðr <-ar, -ir> *m* judgement-place

dómstóll *m* judgement-seat

❖ **dóttir** <*acc/dat/gen* dóttur, *pl* dœtr, *dat* dœtrum, *gen* dœtra> *f* daughter

draga <dregr, dró, drógu, dreginn> *vb* drag, draw, pull; **dregr at [e-u]** *impers* [sth] draws near; **draga saman** *impers* draw together, come close; **draga saman lið** collect troops; **dregr [e-n] til** induce, compel

drakk *1/3sg past* of **drekka**

drakkt *2sg past* of **drekka**

drap *1/3sg past* of **drepa**

drapt *2sg past* of **drepa**

draugadróttinn *m* god of the undead, god of ghosts

draugr <-s, -ar> *m* tree, tree trunk = *poet* 'man;' ghost, revenant

draumr *m* dream

draup *1/3sg past* of **drjúpa**

Draupnir *m* Draupnir (*mythological name*), 'Dripper,' Odin's dwarf-forged ring that replicates itself eight times every ninth night, it is placed on Baldr's funeral pyre

dráp *n* slaying, killing

drápu *3pl past* of **drepa**

dreggjar *f pl* dregs, dust

dreginn *ppart* of **draga** (*m nom/acc sg*)

dregit *ppart* of **draga** (*n nom/acc sg*)

dregr *2/3sg pres* of **draga**

dreif *1/3sg past* of **drífa**

dreifa <-ði, -ðr> *vb* [*w dat*] scatter, disperse; **dreifask** *mid* spread out

drekka <drekkr, drakk, drukku, drukkinn> *vb* drink

drekkja <-ti, -tr> *vb* [*w dat*] submerge; *fig* suppress; *impers* **[e-m] drekkir** [sb] is drowned

dreki *m* dragon; dragon-ship, ship with a dragon's head as a beak, warship, longship

drektu *3pl past* of **drekkja**

drengiliga *adv* bravely; generously, nobly

drengiligr *adj* brave, valiant; **it drengiligasta** in the most valiant fashion

drengr <-s, -ir, *gen pl* drengja> *m* courageous person; **góðr drengr** honest and courageous person, a high compliment also used for women despite the 'lad' connotation.

drengskapr *m* courage; honesty; nobility; manliness

❖ **drepa** <drepr, drap, drápu, drepinn> *vb* kill, slay, smite; strike, beat, knock; **drepa [e-u] í [e-t]** stick [sth] into [sth]; **drepa niðr** strike down; slaughter (= **skera niðr**); **drepask** *mid* kill each other

drepit *ppart* of **drepa** (*n nom/acc sg*)

dreyma <-ði~di, -t> *vb* [*acc subj* & *obj*] dream; **[e-n] dreymr [e-t]** *impers* [sb] dreams [sth]

dreyra <-ði, -t> *vb* bleed, ooze (of blood from a slight wound)

dreyrugr *adj* bloody, blood-sprinkled

drifit *ppart* of **drífa** (*n nom/acc sg*); **blóði drifit** covered with blood

drífa *f* snowstorm

drífa <drífr, dreif, drifu, drifinn> *vb* drive (of wind, snow, etc.), shower; hasten; to crowd, throng, rush; **drífask** *mid* spread, spread itself

drjúgari *comp adj* of **drjúgr**

drjúgr *adj* lasting; of avail; **drjúgum** *as adv* greatly; **verða drjúgari** 'to get the better of'

drjúgt *adv* in great numbers, copiously

drjúgum *adv* greatly

drjúpa <drýr, draup, drupu, dropinn> *vb* drip, fall in

drops; let in rain, be leaky; droop (the head); drop

Droplaugarsynir *m pl* (*personal name*), 'Sons of Droplaug,' brothers Grímr and Helgi in *Droplaugarsona* and *Fljótsdæla sagas*

dró *1/3sg past* of **draga**

drógu *3pl past* of **draga**

drótt *f* household; king's men; people, race

dróttinhollr *adj* faithful to one's master

dróttinn <*dat* dróttni~drottni, *gen* dróttins, *pl* dróttnar~drottnar> *m* lord

dróttning *f* queen

drýgja <-ði, -ðr> *vb* accomplish, commit, perpetrate

drukkinn *adj* drunk; *also ppart* of **drekka** (*m nom sg*)

drukkit *ppart* of **drekka** (*n nom/acc sg*)

drupu *3pl past* of **drjúpa**

drýgja <-ði, -ðr> *vb* commit, carry out; eke out; suffer, tolerate

drykkja *f* drinking

drykkjumaðr *m* drinker

drykkr <-jar, -ir> *m* drink, draught

duga <-ði, dugat> *vb* help, aid, support; do, suffice; be strong enough; do good service, show prowess; **duga verr** come off badly, do worse (in a contest)

dul *f* self-conceit, arrogance

dula <-að-> *vb* deny

duna <-að-> *vb* thunder; resound

dunði *3sg past* of **dynja**

dura *gen pl* of **dyrr**

Durinn *m* (*mythological name*) Durin, dwarf

durum *dat pl* of **dyrr**

dúfa *f* dove

dúkr <-s, -ar> *m* cloth, textile; table-cloth; napkin; towel

dvalði *3sg past* of **dvelja**

dvalðisk *2/3sg past* of **dveljask**

dvalizk *ppart* of **dveljask** (*n nom/acc sg*)

dvelja <dvalði~dvaldi, dvalðr~dvaldr~dvalinn> *vb* stay, dwell; delay; **dveljask** *mid* linger, stay, be delayed

dvergr <-s, -ar> *m* dwarf

dvöl *f* delay; while

dvölðusk *3pl past* of **dveljask**

dyrðill *m* tail? (*nickname* with uncertain meaning)

dynja <dundi~dunði, dunit> *vb* din, thunder, resound, whir, whiz; pour, shower

dynsæðingr *m poet* 'din (of battle) gull,' raven

dyrr <*pl dat* durum, *gen* dura> *f pl* door, doorway

dys *f* grave

dýja <dúði, dúit> *vb* shake

dýr *n* beast, animal

dýrblik *n poet* 'animal-gleam,' **Heita dýrblik**, Heiti's (a sea-king's) animal-gleam, kenning for ship

dýrð *f* glory

dýrr *adj* dear, expensive, precious

dœgr *n* day, half of the day (12 hours)

dœgrsigling *f* day's sailing

dœma <-di~ði, -dr~ðr> *vb* judge

dœmðir *ppart* of **dœma** (*m nom pl*)

dœtr *nom/acc pl* of **dóttir**

dögg <*dat* dögg~döggu, *gen* döggvar, *pl* döggvar> *f* dew

dögum *m dat pl* of **dagr**

dögurðr (*also* **dagverðr**) *m* breakfast

døkkr <*m acc sg* døkkvan, *m nom pl* døkkvir, *m acc pl* døkkva, *f acc sg* døkkva, *f pl* døkkvar> *adj* dark

E

❖ **eða** *conj* or

eðli (*also* **øðli**) *n* nature; origin

❖ **ef** *conj* if

efja *f* mud, mire; slough

efla <-di, -dr> *vb* make, perform; support, aid; reinforce, strengthen (structurally); found, raise; be able; **efla blot** perform a sacrifice; **efla tafl** play at tables

efna <-di, -dr> *vb* perform, fulfil, carry out; **efnask** *mid* turn out (in a certain way)

efnaleysi *n* lack of means, poverty

efna **<-d>** *vb* perform, fulfil

efni *n* material, substance; state, condition; reason

efnilegr *var* of **efniligr**

efniligr *adj* promising

efra inflected form of **efri** (*all n sg, m acc/dat/gen sg, f nom sg*)

efri *comp adj* upper, higher; **fara it efra** travel the

---

e-n (einhvern) = somebody, *acc*; **e-t** (eitthvat) = something, *acc*; **e-m** (einhverjum) = (for) somebody, *dat*; **e-u** (einhverju) = (for) something, *dat*; **e-s** (einhvers) = (of) somebody or something, *gen*

higher or inland (route)

egg <*gen pl* eggja> *n* egg

egg <*pl* eggjar> *f* edge

eggja <-að-> *vb* incite, goad, egg on, urge; **eggja [e-n][e-s]** incite [sb] to do [sth]

eggskurn *f* egg-shell

eggver *see* **ver**

Egill <*dat* Agli, *gen* Egils> *m* Egil (*personal name*), **Egill Skallagrímson**, protagonist of *Egils saga*

Egilsstaðir *m pl* Egilsstadir (*place name*) Egil's farmstead; modern town in Eastern Iceland

eiða *f* mother

eiðr <-s, -ar> *m* oath; **sverja eið** swear an oath, vinna eið take an oath

eiga *f* possession, property; **í eigu sinni** in one's possession

❖ **eiga** <á, átti, áttr> *pret-pres vb* own, have, possess; to be married or related to; [*aux*] must, owe, be obligated, have to; **eiga ferð** have some errand; **eiga mál við [e-n]** speak, converse with [sb]; **eiga tal með sér** have a talk with each other

❖ **eigi** *adv* not; no

eign *f* property, possession

eigna <-að-> attribute, dedicate; **eignask** *mid* get, gain, claim, take, become the owner of

eigu *3pl pres* of **eiga**

eiguð *2pl pres* of **eiga**

eik <-ar, -r> *f* oak, tree

eimi *m* vapor, steam

ein *f* one (*see also* **einn**)

einarðliga *adv* earnestly, firmly; **vel ok einarðliga** well and earnestly

einhendr *adj* one-handed

einheri <-ja, -jar> *m* great champion (addressing Thor); **einherjar** *pl* slain warriors who dwell in Valhalla

einhleypingr *m* unmarried man of no fixed abode, landloper

einkamál *n pl* personal agreement, special treaty

einkanliga *adv* especially, particularly

einkis *var* of **enskis**

einmánaðr *m* the last month of winter (from mid-March to mid-April)

einmæli *n* private talk

❖ **einn** <*f* ein, *n* eitt> *num* one; *indef pro* a, an, a certain one; *adj* alone; (*when placed after the noun it modifies*, **einn** *can take on the meaning of* only); **einn saman** alone, mere; **einir sér** of their own, separate, 'alone to themselves'

❖ **ein(n)hverr** *adj pron* some, someone, a certain one; (*usu* as two words, **einn hverr**) each, each one; **einnhvern dag** one day

eins *adv* alike, in the same way; **eins ok**, as; **allt eins ok**, just as

einskis *var* of **enskis**

einvaldi *m* sole ruler, monarch, sovereign

einvaldskonungr *m* sole ruler

einvígi (*dat pl* einvígjum) *n* duel, single-combat

eir *n* brass or copper

eira <-ði> *vb* [*w dat*] spare

eitr *n* poison

eitt *n* one (*see also* **einn**)

eitthvert *adj pron n* of **einnhverr**

❖ **ek** <*acc* mik, *dat* mér, *gen* mín> *pron* I

ek *1sg pres* of **aka**

ekki *n nom/acc sg* of **engi**

❖ **ekki** *adv* not, naught

ekkja *f* widow

ekr *2/3 sg pres* of **aka**

eldask <-di> *mid vb* grow old

eldaskáli *m* fire hall, main hall of a long house, where benches used for sitting and sleeping were warmed by a long fire that ran the length of the hall and was used for cooking, longhouse. Often just *skáli.*

eldhús *n* fire house (= **eldaskáli**)

elding *f* firing, warming; smelting; lightning; last part of the night before dawn

eldr <-s, -ar> *m* fire

eldrauðr *adj* as red as fire

eldumk *1sg pres* of **eldask**

elli *f indecl* old age

ellidauðr *adj* dead from old age

ellifti *ord* eleventh

❖ **ellifu** <*ord* ellifti, eleventh > *num* eleven

elligar *adv* otherwise, else

ellri *comp* of **gamall**, older, elder

ellstr (*also* **elstr**, **elztr**) *superl* of **gamall**, oldest, eldest

elskugi (*also* **elskogi**) *m* love; *from* **elska** + **hugi**, 'love-mind'

elta <elti, eltr> *vb* knead; chase, pursue, run after

elztr *var* **ellstr**

em *1sg pres* of **vera**, am

emkat *poet* 'I am not,' **em** + **ek** + **-at**

❖ **en** *conj* but; while; and; *w comp* than

❖ **enda** *conj* and (*etc.*); and if; even; even if; and also, and so; and yet

enda <-di, -aðr> *vb* end, put to an end; **endask** *mid* end, suffice for

endamjór <*n* -mjótt> *adj* thin at the end; **gera endamjótt við** leave in the lurch

endi (*also* **endir**) <-is, -ar> *m* end

endir *var* of **endi**

endlangr *adj* the whole length of; **endlangan sal** the whole length of the hall

endr *adv* again, once more

eng *f* meadow, pasture land

❖ **engi** <*f* engi, *n* ekki> *indef pron* no one, none, no; **engir menn** no one

engill <*gen* -s, *pl* englar> *m* angel

Englakonungr <-s, -ar> *m* king of England

enir *var* of **inir** *m nom pl* of *art* **inn**

❖ **enn** *adv* yet, still; yet again

enn *var* of *art* **inn**; *var* of *conj* **en**

enni *n* forehead

ennitungl *n* moon(s) of the forehead (*a kenning for eye/eyes*)

ens *var* of **ins** *m/n gen sg* of **inn**

enskis *m/n gen sg* of **engi**

enskr *adj* English

enu *var* of **inu** *n dat sg* of *art* **inn**

enum *var* of **inum,** *m dat sg, all dat pl* of *art* **inn**

❖ **eptir** *prep* [*w acc*] after (*in time*); [*w dat*] after, along; according to; *adv* after, afterwards, behind; **stand eptir** *or* **vera eptir** stay back, remain behind; **eptir þetta** after that, afterward

eptirmál *n* prosecution after a slaying

eptri (*also* **aptari**) *comp adj* latter

epztr (*also* **aptastr**) *superl adj* last

❖ **er** *rel particle* who, which, that; *conj* when; where; as; because

er *1/3sg pres* of **vera**

erindi *see* **ørendi**

erfiði *n* trouble, effort

erfingi <*pl* erfingjar> *m* heir

ergjask <-ði> *mid vb* lose courage, grow faint-hearted

ergi *f* lust, lewdness; devilry, wickedness. *See* **argr**

erindi (*also* **erendi, ørendi**, **örindi**) *n* mission, errand, result of errand; **flytja erindi** carry out an errand; breath

ermr <*acc/dat* ermi> *f* sleeve

ert *2sg pres* of **vera**

ertu = **ert þú** 'are you'

eru *3pl pres* of **vera**

erumk *poet* 'is to me,' **er** + **mér** (*acc* **mik** is generalized to *dat*)

es *var* of **er**, *rel particle* who, whom

es *var* of **er**, *3sg pres* of **vera**

eski *n* casket

et *var* of **it** *n nom/acc* of **inn**

eta <etr, át, átu, etinn> *vb* eat

ey <*dat* ey~eyju, *gen* eyjar, *pl* eyjar> *f* island

eyddisk *2/3sg past* of **eyðask**

eyða <-ddi, -ddr> *vb* waste; spend; do away with, destroy; make empty; *leg* render void, annul; **eyða mál** nullify a lawsuit; **eyðask** *mid* be squandered, come to naught

eyðidalr *m* desolate valley, unpopulated valley

eygðr *var* of **eygr**

eygr *adj* '-eyed,' having eyes of a certain kind

eyjar *gen sg and nom/acc pl* of **ey**

eyjasund *n* strait between islands

Eylimi *m* Eylimi (*personal name*); legendary king, father of Hjördis

eykr *2/3 sg pres* of **auka**

Eynir *m pl* residents of Eynafylki in Trondelag; *poet* Norgwegians

eyra *n* ear

eyrar *pl* of **eyrr**

eyrindi *var* of **-endi**; **erindi**; **ørendi** *et al*

eyrir <-is, aurar> *m* ounce of silver; one-eighth of a mark; money; currency

eyrr <*acc/dat* eyri, *gen* eyrar, *nom/acc pl* eyrar, *dat* eyrum> *f* sand or gravel bank; small tongue of land at a river mouth

---

e-n (einhvern) = somebody, *acc*; **e-t** (eitthvat) = something, *acc*; **e-m** (einhverjum) = (for) somebody, *dat*; **e-u** (einhverju) = (for) something, *dat*; **e-s** (einhvers) = (of) somebody or something, *gen*

É

élligr *adj* threatening to storm

élmóðr *adj poet* 'storm eager,' ready for battle; 'storm-moody'

ér *var* of **þér**

F

faðerni *n* paternity, fatherhood; **at faðerni** on father's side of family; patrimony

❖ **faðir** <*acc* föður, *dat* föður~feðr, *gen* föður, *pl* feðr, *dat* feðrum, *gen* feðra> *m* father

fagna <-að-> *vb* [*w dat*] **fagna í [e-u]**; **fagna af [e-u]** welcome, rejoice, feast

fagnaðr (*also* **fögnuðr**) <-ar, -ir> *m* joy, entertainment; hospitality

fagnafundr *m* joyful meeting

❖ **fagr** <fögr, fagrt; *comp* fagrari~fegri, *superl* fagrastr~fegrstr> *adj* fair, fine, beautiful

fagrliga *adv* finely

fala <-að-> *vb* demand for purchase; **fala [e-t] af [e-m]** offer to buy [sth] from [sb]

fall <*pl* föll> *n* fall, death in battle

❖ **falla** <fellr, féll~fell, féllu~fellu, fallinn> *vb* fall; **falla niðr** drop, forget, cancel; flow, run (waterway); **láta [e-t] falla ofan** let [sth] fall down, drop [sth]; **fallask** *mid* fail; be forgotten

fallinn *ppart* of **falla**, fallen (*m nom/acc sg*)

fallnir *ppart* of **falla** (*m nom pl*)

falr *adj* for sale; to be sold

falsa <-að-> *vb* to falsify, cheat, defraud

falsat *ppart* of **falsa** (*n nom/acc sg*)

falt *2sg past* of **fela**

fang <*pl* föng> *n* grasp, grip, hold, embrace; wrestling; catch, yield from fishing or hunting; **fá fang á [e-m]** to get hold of [sb]; **hafa fullt fang** have hands full; kirtle, tunic

fangstaðr *m* something to grasp or lay hold of; **fá fangstað á [e-m]** to catch hold of [sb]

fann *1/3sg past* of **finna**

fan(n)t *2sg past* of **finna**

fannsk *1/3sg past* of **finnask**

far *2sg imp* of **fara**

❖ **fara** <ferr, fór, fóru, farinn> *vb* go, travel; move; **fara at** go, proceed; **fara eptir [e-m]** send for [sb]; **fara ferðar sinnar** go his way; **fara fram** go on, take place; **fara frá** leave, back off, back away; **fara í engan mun** amount to no importance; **fara í millum landa** travel from one land to another, *i.e.*, trade; **fara með einu** deal with, treat; **[e-m] er illa farit** *impers* [sb] has an ill disposition, is acting unworthily; **farask** *mid* fare well; **fersk þeim vel** they have a good passage

farar *gen sg* and *nom/acc pl* of **för**

fardagar *m pl* Moving-Days (*i.e.*, four successive days in spring, at the end of May, in which householders in Iceland changed their abode)

farinn *ppart* of **fara** (*m nom/acc sg*), gone; away

farit *ppart* of **fara** (*n nom/acc sg*), gone; of a certain disposition; **[e-m] er illa farit** *impers* [sb] has an ill disposition, is acting unworthily

farizk *2pl pres and ppart* of **farask** (*n nom/acc sg*)

farmaðr <-manns, -menn> *m* seafaring man, seaman, travelling merchant, trader, sailor

farmi *dat sg* of **farmr**

farmr <-s, -ar> *m* freight, cargo

farnaðr (*also* **förnuðr**) <-ar> *m* travel, trip; furtherance, speed

farnir *ppart* of **fara** (*m nom pl*)

fastna <-að-> *vb* to pledge, betroth, promise in marriage

fasta <-að-> vb fast, abstain

fastari *comp adj* of **fastr**

fastr <*f* föst, *n* fast> *adj* firm, fast, strong

fat <*pl* föt> *n* bag; *pl* clothes; bed-clothes

❖ **fá** <fær, fekk, fengu, fenginn> *vb* get, take, procure; grasp; [*usu w gen*] marry; **fá á [e-u]/[e-m]** get hold of, grasp [sth]/[sb]; **fá bana** die; **fásk** *mid* get

oneself, for oneself; wrestle; **fásk á** be obtained, be; **fá(sk) fang á [e-m]** get hold of [sb]
Fáfnir *m* Fafnir (*personal name*); a son of Hreidmar who turns himself into a dragon
fái *3sg/pl pres subjunct* of **fá**
fái *m* image, figure
fálátr *adj* silent, reserved
fáliga *adv* coldly
fám *m dat sg, all dat pl* of **fár**
fámálugr *adj* silent, tight-lipped
❖ **fár** <*f* fá, *n* fátt, *comp* fær(r)i, *superl* fæstr> *adj pron* few; cold, reserved
fár n harm, mischief; illness; fraud
Fárbauti *m* Farbauti (*mythological name*) name of a giant, Loki's father
fáskiptinn *adj* not meddlesome, reserved, quiet
fátt *n nom/acc sg* of *adj* **fár**
fátœkð *f* poverty
fátœkr *adj* poor
feðgar *m pl* father and son(s)
feðr (= **faðir**) *m* father
feðrum *dat pl* of **faðir**
❖ **feginn** *adj* glad, joyful, happy
fegrð *f* beauty
fegrstr <*f* fegrst, *n* fegrst> *superl* of **fagr**
feigr *adj* death-bound, fated to die; **vilja [e-n] feigan** wish for [sb's] death, want [sb] dead
feiknstafir *m pl* wickedness; banes, evil; baleful runes
feitr *adj* fat
fekk *1/3sg past* of **fá**
fekzk *2sg past* of **fásk**
fela <felr, fal, fálu, fólginn> *vb* hide, conceal, give
feldr <-ar, -ir> *m* cloak
feldu *3pl past* of **fella**
fell *n* hill, mountain
fell *1/3sg past* of **falla**
fella <-di, -dr> *vb* fell, make fall; fell timber; kill, slay
fellir *m* feller, killer; fellir fjall-Gautr feller of mountain-Gaut, a kenning for Thor
fegri *comp adj* of **fagr**
fellr *2/3 pres* of **falla**
fellrat *poet* **fellr** + **-at**
fellu *3pl past* of **falla**
fellusk *3pl past* of **fallask**
felmtsfullr *adj* alarmed, frightened
felt *2sg past* of **falla**
fengi *3sg/pl past subjunct* of **fá**
fengit *ppart* of **fá** (*n nom/acc sg*)
fengizk *2pl past subjunct*; *ppart* of **fásk** (*n nom/acc sg*)
fengu *3pl past* of **fá**
Fenrir *m* Fenrir (*mythological name*) the wolf **Fenrisúlfr**, Loki's son
Fenrisúlfr *m* Fenrisulf (*mythological name*) Fenrir the wolf
Fensalr *m* Fensal (*mythological name*), 'Fen Hall,' Frigg's dwelling
fer *1sg pres* of **fara**
ferdœgra *f* four days and nights
❖ **ferð** *f* journey, trip; **fara ferð** make a journey, take a trip; **veiðiferð** hunting, fishing expedition
ferill <*dat* ferli> *m* track, trace
ferr *2/3sg pres* of **fara**
fersk *2/3sg pres* of **farask**
ferskeyttr *adj* four-cornered
ferst *var* of **fersk**
fest *ppart* of **festa** (*f nom sg, n nom/acc sg/pl*)
festa <-ti, -tr> *vb* fasten, fix; **festask** *mid* fasten oneself, be fastened
festarmaðr *m* betrothed man
festast *var* of **festask**
festr <*acc/dat* festi, *gen* festar, *pl* festar> *f* rope, cord; fetter
fet *n* pace, step; foot (as a measure)
feti *m* strider, stepper, pacer (name for a horse)
❖ **fé** <*gen* fjár, *gen pl* fjá> *n* cattle, sheep; wealth, money; **góðr fjárins** generous with money
fébót *f* pecuniary or material compensation, offer of money, bribe
fégjarn *adj* greedy, avaricious
fégleggni *n* avarice, love of money
félag *n* fellowship
félagi <-a, -ar> *m* partner, comrade, companion, friend
félauss *adj* penniless
félítill *adj* short of money, poor
féll *var 1/3sg past* of **falla** (*see also* **fell**)
félögum *dat pl* of **félagi**
fémunir *m pl* money, valuables
fémætr *adj* valuable
fénaðr *m* sheep, cattle, livestock
féránsdómr *m* court of execution, court of confiscation
fésæll *adj* wealthy
féþurfi *adj indecl* in need of money
fiðr *var* of **finnr** (*2/3sg pres* of **finna**)
fiðri *m pl* plumage, feathers, **hœnsafiðri** hen-feathers

---

e-n (einhvern) = somebody, *acc*; **e-t** (eitthvat) = something, *acc*; **e-m** (einhverjum) = (for) somebody, *dat*; **e-u** (einhverju) = (for) something, *dat*; **e-s** (einhvers) = (of) somebody or something, *gen*

fimbulvetr *m* mighty winter, monstrous winter

❖ **fimm** *num* five

fim(m)tán <*ord* fim(m)tándi, fifteenth> *num* fifteen

fim(m)ti *ord* fifth

fimtándi *ord* fifteenth

fingr <*gen* fingrar~fingrs, *pl* fingr> *m* finger

fingrgull *n* gold finger ring

❖ **finna** <finnr, fann, fundu, fundinn> *vb* find; meet, go to see; notice, see; **finnask** *mid* be found, be perceived, noticed; (*impers*) [*w dat*] be found, perceived, noticed by [sb]; meet one another

fin(n)skr *adj* Finnish

firar <*gen* fira> *m pl* men, people

firinmikill *adj* tremendous, enormously great

firna *adv* extremely

firra <-ði, -ðr> *vb* deprive; **firra [e-n] [e-u]** deprive [sb] of [sth]

fiskr *m* fish

fífilbleikr *adj* dandelion-yellow (*only* of a horse)

fíflmegir *m pl* monsters, monstrous brood

fjaðrhamr *m* feather skin, coat, shape

fjall <*pl* fjöll> *n* mountain

fjallganga *f* trip into the mountains (to gather sheep from the highland pastures)

fjall-Gautr *m* mountain-Gaut, i.e., mountain-god, a kenning for a giant

fjalhögg *n* chopping-block

fjara *f* ebb-tide; beach; tide

fjarlægr *adj* distant, located far off

fjarri *adv* far, far off; far from it, by no means

fjándi <*gen* fjánda, *pl* fjándr> *m* enemy

fjár *gen sg* of **fé**

fjárfœði *n* fodder

fjárhlutr *m* property, valuables

fjárlát *n* loss of money or livestock

fjárskipti *n* division or share of property

fjárstaðr *m* investment

fjóra *m acc* of **fjórir**

fjórði *ord* fourth

❖ **fjórir** <*f* fjórar, *n* fjögur, *m acc* fjóra, *dat* fjórum, *gen* fjögurra, *ord* fjórði, fourth > *num* four

fjórtán <*ord* fjórtándi, fourteenth> *num* fourteen

fjöðr <*gen/pl* fjaðrar> *f* feather, quill

fjögur *n nom/acc* of **fjórir**

fjögurra *all gen pl* of **fjórir**

fjölbreytinn *adj* changeable, whimsical; false

fjölð *f* a multitude; quantity; *poet* [*w gen*] plenty of

fjölkunnigr *var* of **fjölkunnugr**

fjölkunnugr *adj* well-known, renowned; (*usu*) skilled in magic

fjölkyngi (also **fjölkynngi**) *f* magic, the black art, witchcraft, sorcery

fjöll *nom/acc pl* of **fjall**

fjölmenna <-ti, -tr> *vb* assemble a following

fjölmennari *comp of* **fjölmennr**, with more men

fjölmenni *n* many people, a crowd, multitude; troop

❖ **fjölmennr** < *comp* fjölmennari> *adj* numerous, with many people, well-attended, crowded

fjör <*dat* fjörvi> *n* life

fjörbaugr <-s, -ar> 'life-money'

fjörbaugsgarðr <-s, -ar> *m* lesser outlawry

fjörbaugsmaðr <-manns, -menn> *m* a lesser outlaw, 3 years banishment from Iceland

fjörbot *n pl* death-throes

fjörðr <*dat* firði, *gen* fjarðar, *pl* firðir, *acc* fjörðu> *m* fjord

fjörlausn *f* ransom for one's life; release from life

fjörsegi *m* life-morsel, heart

fjörur *nom/acc pl* of **fjara**

fjötrum *dat pl* of **fjöturr**

fjöturr <*gen* fjöturs~fjötrar, *pl* fjötrar> *m* fetter, shackle

flagð <*pl* flögð> *n* witch, ogress, giantess

flaki *m* wicker-work shield or barrier

flakka <-að-> *vb* roam, wander about (as a shepherd with his sheep)

flaska *f* flask; **flösku-skegg** bottle-beard(*nickname*); **flösku-bakr** bottle-back (*nickname*)

flatnefr *adj* flat-nosed (*nickname*)

flaug *var* of **fló**

flá <flær; fló, flógu; fleginn> *vb* flay; strip (of clothes and of money)

fleginn *ppart* of **flá** (*m nom/acc sg*)

flegnir *ppart* of **flá** (*m nom pl*)

fleira *n sg* of **fleiri**

fleiri *comp* of **margr** more

flestr *superl* of **margr** most; **flestir aðrir menn** most other people

fletta<-tti, -ttr> *vb* strip; **fletta [e-t] af [e-m]** strip [sth] off [sb]; strip, plunder

fljót *n* river

fljóta <flýtr, flaut, flutu, flotinn> *vb* float (on water), drift; run, stream; *fig* float about; flow, be flooded

fljótr <*f* fljót, *n* fljótt, *comp* fljótari, superl fljótastr> *adj* swift, speedy

flokkr *m* group, company, party, *lit* flock

floti *m* fleet

fló (*also* **flaug**) *1/3sg* of **fljúga**
flóð *n* flood; high/flood-tide
fljótliga *adv* quickly, speedily; promptly
flótti *m* flight
flugu *3pl past* of **fljúga**
flutt *ppart* of **flytja** (*f nom sg, n nom/acc sg/pl*)
fluttu *3pl past* of **flytja**
flutningr *m* pleading
flögð *see* **flagð**
fljúga <flýgr, fló~flaug, flugu, floginn> *vb* fly
flytja <flutti, fluttr> *vb* convey, move, carry; bring, deliver; remove; tell, recite; **flytja bústað sinn** move one's farm, change one's dwelling-place; **flytja erindi** carry out an errand
flytr *2/3sg pres* of **flytja**
flýg *1sg pres* of **fljúga**
flýgr *2/3sg pres* of **fljúga**
flýja <-ði, flýðr~flýiðr> *vb* flee; **flýja undan [e-m]** flee from [sb]
flýtr *2/3 sg* of **fljóta**
flærð *f* deceit, false pretenses
flœja *var* of **flýja**
flögð see **flagð**
fnasa <-að-> *vb* snort
fogl <-s, -ar> *m var* of **fugl**
fold *f* earth
forað <*pl* foruð~foröð> *n* dangerous place; precipice; pit
forða <-að-> *vb* [*w dat*] save; **forða sér** save oneself, escape danger; **forðask** *mid* avoid, shun, escape; **forðask [e-s]** shun [sb]
forðum *adv* formerly; **forðum daga** days of yore
foringi <*gen* -ja, *pl* -jar> *m* leader
forkuðr <*gen* -kunnar> *f* ardent desire
forkunnar *gen* of **forkuðr** remarkably, exceedingly
forlag *n* means of subsistence
forlög *pl* of **forlag** fate, destiny
formáli *m* stipulation, condition; preamble, forward; incantation
forn *adj* ancient, old
fornaldarsögur *f pl* Sagas of Antiquity
fornkveðinn = **forn** + **kveðinn** said of old
fornkveðit *n nom/acc sg* of **fornkveðinn**
forneskja *f* old lore; heathen times; heathenism; witchcraft
fornyrðislag *n* old lore or epic meter
forráð *n* administration, management; **til forráða** for rulership
fors <*pl* -ar> *m* waterfall
forsjá *f* patronage, care, aid
forstjóri *m* overseer, leader
forstreymis *adv* downstream
fortölur *f pl* representations, arguments
forverk *n* haying, hireling's work
forvirki *n* labor, hired help
forvista *f* leadership, management, authority
forvitinn *adj* curious
forvitna <-að-> *vb* pry into, inquire about; **forvitnask** *mid* inquire, find out
forvitni *f* curiosity
fólginn *m nom sg ppart* of **fela** (*m nom/acc sg*)
fólgit *ppart* of **fela** (*n nom/acc sg*)
fólk *n* people, men, folk, host, multitude; troop, army; *poet* battle; **fróns leggs fólk** people of the bone of the land, i.e. people of the rock, a kenning for giant; **landsfólk** people of a country
fór *1/3sg past* of **fara**
fórsk *1/3sg past* of **farask**
fórt *2sg past* of **fara**
fóru *3pl past* of **fara**
fóstbróðir <-bróður, -brœðr> *m* foster-brother; sworn brother
fóstr <*gen* fóstrs> *n* fostering of a child; **taka til fóstrs** take as a foster child; **vera at fóstri** be a foster-child, be in a fostering relationship
fóstra *f* foster-mother/daughter/sister; nurse
fóstri *m* foster-father/son/brother
fótafjöl *f* foot-board
fóthvatari *comp adj* of **fóthvatr**
fóthvatastr *superl adj* of **fóthvatr**
fóthvatr *adj* swift-footed
❖ **fótr** <*dat* fœti, *gen* fótar, *pl* fœtr, *acc* fœtr> *m* foot, foot and leg
❖ **fram(m)** <*comp* fremr~framar, *superl* fremst~framast> *adv* forward, outward; **fram hjá** [*w dat*] out by, out beside; **fram um** *or* **um fram** [*w vb of motion*] on past, upp beyond, out over
frama *acc/dat/gen sg* of **frami**
framan *adv* from/on the front side; **fyrir framan** [*w acc*] before, in front of
framar *comp adv* of **fram**, further, more; **enn framar** still further, once more
framastr *see* **fremstr**
framaverk *n* great deed

---

e-n (einhvern) = somebody, *acc*; **e-t** (eitthvat) = something, *acc*; **e-m** (einhverjum) = (for) somebody, *dat*; **e-u** (einhverju) = (for) something, *dat*; **e-s** (einhvers) = (of) somebody or something, *gen*

framburðr <-ar, ir> *m* delivery of speech; **framburðr um kviðinn** delivery of the verdict

frambyggjar *m pl* men stationed on the bow of a warship

framdi *3sg pret* of **fremja**

frami *m* courage, boldness; advantage

framiðr *ppart* of **fremja** (*m nom sg*)

framit *ppart* of **fremja** (*n nom/acc sg*)

framkvæmð *f* progress, success

frammi *adv* out, far out; **hafa [e-t] frammi** make use of, employ, produce

framstafn *m* prow, stern, bow

framvíss *adj* prescient, prophetic, foresighted

frauð *n* froth; juice

❖ **frá** *prep* [*w dat*] from; about; *adv* away; **í frá** away; **þaðan frá** from that point onward

fráfall *n* death

fránleitr *adj* with a piercing look, piercingly

fránn *adj* gleaming, shining, glittering

frásaga *var* of **frásögn**

frásögn <*gen* sagnar, *pl* sagnir> *f* story, narrative, account

freista <-að-> *vb* [*w gen*] try, make trial of

freki *m* wolf, *esp* Fenrir

fremja <*framði~framdi, framiðr~framdr*> perform; further, promote

fremst (*also* **framast**) *superl adv* of **fram** foremost, most, greatest

fremstr (*aslo* **framastr**) *superl adj* chief, most distinguished

frest *n pl* delay; **selja á frest** to sell on credit

Freyfaxi *m* Freyfaxi (*personal name*), name of Hrafnkel's horse

Freyja *f* Freyja (*mythological name*) fertility goddess, one of the **Vanir,** sister of **Frey**

Freyr *m* Frey (*mythological name*) **Vanir** god, brother of **Freyja**, fights **Surtr** at Ragnarok

Freysgoði *m* Frey's chief (*personal name*); **Hrafnkell Freysgoði** Hrafnkel, Frey's chief

frétt <*pl* -ir> *f* news

frétta <-tti, -ttr> *vb* hear, find out about

friðr <*dat* friði, *gen* friðar> *m* peace

friðstefna *f* peace meeting

Frigg <gen -jar> *f* Frigg (*mythological name*) a goddess, wife of Odin

frilla *f* mistress, concubine

frilluborinn *ppart* illegitimate (*see also* **frilla**, **bera**)

frilluborna *m acc pl/f acc sg* of **frilluborinn**

fritt *adj* peaceful; **er/eiga [e-m] fritt** to be safe for [sb]

fríðastr *superl adj* of **fríðr**

❖ **fríðr** <*f* fríð, *n* frítt, *sup* fríðastr> *adj* beautiful, handsome, fine

Frísir *m pl* Frisians

frjáls *adj* free (man); free, unhindered; **at frjálsu** freely, without restraint

frost *n* frost

fróðleikr *m* knowledge, magic, witchcraft

fróðr <*n* frótt> *adj* wise

frón *n poet* land, country; **fróns leggr** bone of the land, a kenning for rock

fróvar *var pl* of **frú**

frumkveði *m* originator

frumvaxta *adj indecl* (just) grown up; in one's prime

frú <*gen* frú, *pl* frúr> f lady, mistress

frýja <-ði, -t> *vb* defy, taunt; **frýja [e-m] hugar** question [sb]'s courage

frægr *adj* renowned, famous

❖ **frændi** <*pl* frændr> *m* kinsman (also used of a brother or son)

frændr *pl* of **frændi**

frændsemi *f* kinship

frœðamaðr <-manns, -menn> *m* learned man

frœði *n* (*also f*) knowledge, learning; magic spells

frœkn (*also* **frœkinn**) *adj* bold, daring, valiant, stout

fugl <-s, -ar> *m* bird

fuglakyn *n* race, species of bird

fuglsrödd *f* the speech of a bird, a bird's voice

full- *pref* fully, quite, enough

Fulla *f* Frigg's handmaid

fullgert *see* **fullgörr**

fullgörr *adj* fully completed

fullkominn *adj* complete; perfect; established

❖ **fullr** *adj* full; in full swing; **til fullra laga** to the full extent of the law

fullsofit *adj* having slept enough (*see also* **full-**, **sofa**)

fullsteikinn *adj* fully roasted

fullting *n* help, aid

fulltingsmenn *m pl* helpers

fulltrúi <-a, -ar> *m* a patron deity, one in whom there is full faith

fullöflugr *adj* most mighty

fundinn *ppart* of **finna** (*m nom/acc sg*)

fundit *ppart* of **finna** (*n nom/acc sg*)

funi <-a, -ar> *m* flame

❖ **fundr** *m* meeting; **fara á fund [e-s]** to go see, meet [sb]; **fara til fundar við [e-n]** go see, meet with [sb]

fundu *3pl past* of **finna**
fundusk *3pl past* of **finnask**
funi *m* flame
furða *f* wonder, marvel
furðu *adv* awfully, very
fúna <-að-> *vb* rot, decay
fúss *adj* eager **fúss [e-s]** eager for [sth]
fyl <*gen pl* -ja> *n* foal, filly
fylgð *f* help
fylgðak *poet* **fylgða** + **ek**, 'I followed'
fylgði *3sg past* of **fylgja**
fylgja <-di~ði, -dr, ðr> *vb* [*w dat*] follow, accompany; help, side/go with
fylgt *ppart* of **fylgja** (*n nom/acc sg*)
fylki *n* district, province; troop
fylking *f* battle array, the ranks of an army, battalion
fylkja <-ti, -t> *vb* [*w dat*] draw up (in battle array)
fylla <-di, -dr> *vb* fill; complete; fulfill
fyllt *ppart* of **fylla** (*n nom/acc sg*)
fyndi *3sg/pl subjunct* of **finna**
fyr *var* of **fyrir**
❖ **fyrir** (*also* **fyr**) *prep* [*w acc/dat*] before, in front of; along, against; before, preceding, ago; above, superior to; for, on behalf of; for, because of; by, by means of; [*w acc only*] in spite of, against; [*w dat only*] at the head of (leading); **fyrir borð** overboard; **fyrir fram** [*w acc*] forward; **fyrir innan** [*w acc*] inside; **fyrir neðan** [*w acc*] below; **fyrir ofan** [*w acc*] above; **fyrir útan** [*w acc*] outside; out beyond; **fyrir** *adv* ahead, in front, before; first, before; at hand, present; **vera þar fyrir** be there present; **fyrir því at** *conj* because; [*of place*] **fyrir austan** in the east; east of; **fyrir vestan** in the west; [*of time*] **í fyrra vetr** last winter; **lítill fyrir sér** insignificant
fyrirmaðr *m* leader, man in charge; [*pl*] men of distinction
fyrirmunr *m* most important point of distinction; **at fyrirmun** most importantly
fyr(ir)nema *vb* [w *acc*] withhold; **fyrnema mál [e-m]** make [sb] silent
fyrirrúm *n* the first room or chief cabin (in ships of war), fore-hold
fyrirrúmsmaðr *m* man in the fore-hold
fyrirsögn *f* instruction
fyrnask <-ðisk, -ðr> *vb mid* become old; be forgotten
❖ **fyrr** *comp adv* before, previously, sooner, formerly; **fyrr en** *conj* before, sooner than, until
❖ **fyrri** *comp adj* former, previous; *comp adv* (= **fyrr**) before, previously, sooner
fyrrum *adv* formerly, before
fyrst *superl adv* of **fyrr** first
fyrsta *str m acc pl, f acc sg; wk m acc/dat/gen sg, f nom sg, all n sg* of **fyrstr**; **í fyrstu** in the beginning, at first
❖ **fyrstr** *superl adj* of **fyrri**, first
fýsa <-ti, -tr> *vb* urge, exhort, hasten; *impers* **[e-n] fýsir** [sb] wishes, desires; **braut fýsir mik** I feel a desire to go away
fýst *f* wish, desire; **[e-m] er á at gera [e-t]** [sb] is eager to do [sth]
fýstum *1pl past* of **fýsa**
fæðsla *f* food
fækka <-að-> *vb* make few, reduce in number; **fækkask** *mid* grow cold, unfriendly
fær *2/3sg pres* of **fá**
færa *n sg* of **færi**
færa *var* of **fœra**
færðr *var* of **fœrðr**
Færeyjar *f pl* Faroe Islands
færi *comp adj* of **fár**
fæsk *1/3sg pres* of **fásk**
fæst *var* of **fæsk**
fæstr *superl* of **fár** fewest
fæstir *nom m pl superl* of *adj* **fár**
fœdda 1sg past **fœða**
fœddi *3sg past* of **fœða**
fœddr *ppart* of **fœða** (*m nom sg*)
fœddisk *2/3sg past* of **fœðask**
fœddusk *3pl past* of **fœðask**
fœða <-ddi, -ddr> *vb* feed; rear, bring up; **fœða upp** bring up; **fœðask** *mid* grow up, be brought up; be born; feed oneself, be fed; **fœðask upp** grow up, be brought up
fœra <-ði, -ðr> *vb* bring, present, convey, send, deliver, give; take; fasten; **fœra [e-m] [e-t]** bring [sb] [sth]; **fœrask** *mid* move oneself; **fœrisk í jötunmóð** fly into a giant's rage; **fœra fram** bring forward
fœrð *f* condition of a trail
fœrðr *ppart* of **fœra** (*m nom sg*)
fœri *3sg/pl past subjunct* of **fara**
fœrim *1pl past subjunct* of **fara**
fœrir *2sg past subjunct* of **fara**
fœrr *adj* able, capable, able to go; **fœrr til [e-s]** capable of [sth]

---

e-n (einhvern) = somebody, *acc*; **e-t** (eitthvat) = something, *acc*; **e-m** (einhverjum) = (for) somebody, *dat*; **e-u** (einhverju) = (for) something, *dat*; **e-s** (einhvers) = (of) somebody or something, *gen*

fœrt *ppart* of **fœra** (*n nom/acc sg*)
fœti *dat sg* of **fótr**
fœtr *nom/acc pl* of **fótr**
föður *acc/dat/gen sg* of **faðir**
föðurbróðir<-bróður, -brœðr> *m* uncle, father's brother
föðurgjöld *n pl* compensation for a father's death
föðursystir *f* aunt, father's sister
fögr *f nom sg* of **fagr**
fögru *n dat sg* of **fagr**
fölleitr *adj* pale-looking
föng *n pl* of **fang**
för <*gen* farar; *pl* farar~farir> *f* journey, trip
förunautr *m* traveling companion, fellow-traveler
föruneyti *n* company of travelers, retinue
föt *npl* clothes

G

gaf *1/3sg past* of **gefa**
gaflak (*also* **gaflok**) <*pl* gaflök> *n* javelin, dart
gaft *2sg past* of **gefa**
gagnsamr *adj* beneficent, kind, hospitable
gagnsemð *f* helpfulness
gagnsmunir *m pl* useful things
galdr <gen -rs, pl -rar> *m* magic spell or song, charm; witchcraft, sorcery
galdralag *n* magic meter
galdrasmiðr *m* maker of spells, magician, sorcerer
galkn *n poet* mythical, threatening creature; **galkn skjaldar**, axe
galt *1/3sg past* of **gjalda**
galti <-a, -ar> *m* (also **göltr**) boar, hog
galzk *1/3sg past* of **gjaldask**
❖ **gamall** <*acc* gamlan, *f* gömul, *n* gamalt, *comp* ellri~eldri, *superl* ellztr~elztr~ellstr~eldstr> old
gaman <*dat* gamni> n fun, amusement; game, sport
gamanrúnar *f pl* joyful conversation
gamanrœða *f* (*also* **gamanmál** *n*) pleasant talk; joking
gamli <*gen* -a> *m* old one, a nickname (*see also* **gamall**)
gandr <-s, -ar> *m* wand, magic staff; in compounds denotes enchantment or monstrosity
ganga <*pl* göngur, *gen* gangna> *f* course; walking, going; **hallr í göngu** stooped, walking with a stoop
❖ **ganga** <gengr, gekk, gengu, genginn> *vb* walk; go; *poet* **ganga [e-s]** go to [sth]; **ganga af** leave, depart from; be finished; **ganga at [e-m]** attack [sb]; **ganga á [e-t]** encroach upon [sth]; **ganga [e-m] betr** *impers* go better for [sb]; **ganga inn** to go indoors; **ganga í millum** intercede; **ganga til** go up to, go toward; **[e-m] gengr [e-t] til [e-s]** *impers* [sth] is [sb's] reason for [sth]; **ganga undan [e-m]** leave, withdraw support from [sb]; **ganga upp** go up, ascend; land; board a ship; be used up, expended (of money); **gangask** *mid* be altered, change, be corrupted
gangi *3sg/pl pres subjunct* of **ganga**
Ganglati *m* Ganglati (*mythological name*), idler, lazy-goer; of one of Hel's servants
Gangleri *m* Gangleri (*mythological name*), one of Odin's names; the name used by **Gylfi** in *Gylfaginning*
Ganglöt *f* Ganglot (*mythological name*), one of Hel's servants (*see also* **Ganglati**)
gap *n* gap
gapa <-ti, -at> *vb* gape, open the mouth wide; **gapandi** *pres part* gaping
gapði *var* of **gapti**
gapti *3sg past* of **gapa**
garðr <-s, -ar> *m* enclosure, enclosed space, yard, court; fence, wall; dwelling; **í garði [e-s]** in [sb's] keeping, hands
Garðskonungr *m* the Byzantine emperor
Garmr *m* Garm (*mythological name*) a mythical dog who guards the gate of hel
garpr <-s, -ar> *m* a bold, daring, courageous, or warlike man or woman
gat *1/3sg past* of **geta**
gata <*pl* götur> *f* path, way, road
gaumr *m* heed, attention, *only in the phrase* **gefa gaum at [e-u]** give heed to [sth]
gaupnir *f pl* both hands cupped together; **sjá í gaupnir sér** cover one's face with the palms
Gautr *m* Gaut (*mythological name*) name for Odin; **fjall-Gautr** mountain-Gaut, i.e. mountain-god,

kenning for a giant
gazk *1/3sg past* of **getask**
gá <-ði, -ðr> *vb* [*w gen*] heed, care for
gáðu *3pl past* of **gá**
gáfu *3pl past* of **gefa**
gátu *3pl past* of **geta**
geðfjörð <*gen sg* -fjarðar> *m* mind-fjord, a kenning for breast
geðhorskari *comp adj* of **geðhorskr**
geðhorskr *adj poet* valiant, bold
geðjaðr *adj* agreeable
❖ **gefa** <gefr, gaf, gáfu, gefinn> *vb* give, grant; **gefa [e-m] [e-t]** give [sb] [sth]; **gefa upp** give up, leave off; **gefask** *mid* happen, turn out, come to pass; **gefask vel [e-m]** *impers* to prove good, turn out well for [sb]
gefinn *ppart* of **gefa** (*m nom/acc sg*)
gefit *ppart* of **gefa** (*n nom/acc sg*)
Gefjun *f* Gefjun (*mythological name*), mysterious Æsir goddess who plows Zealand up from the waters
gegn *also* **í gegn** *prep* [*w dat*]against
gegna <-dt, -t> *vb* amount to; meet; signify, mean, bode; **gegna góðu** bode well
gegnum (*also* **í gegnum, i gögnum**) *adv* through
gekk *1/3sg past* of **ganga**
geirr *m* spear
geisa <-að-> *vb* rage, be furious
geisl <-s, -ar> *m* ray, beam of light; early sort of ski-pole
geit *f* she-goat
geitskör *m* uncertain nickname, possibly **geitskór** 'goat-shoe,' or 'goat-beard,' willow-weed (genus *Epilobium*)
gekk *1/3sg past* of **ganga**
geldfé *n* castrated sheep, goats, or cows
geldingr <-s, -ar> *m* wether, gelded sheep; eunuch
geldr *2/3sg pres* of **gjalda**
gelti *dat sg* of **göltr**
gengi *3sg/pl subjunct* of **ganga**
gengr *2/3sg pres* of **ganga**
gengit *ppart* of **ganga** (*n nom/acc sg*)
gengizk *ppart* of **gangask** (*n nom/acc sg*)
gengr *2/3sg pres* of **ganga**
gengu *3pl past* of **ganga**
ger *2sg imper* of **gera**
❖ **gera** (*also* **göra, gøra, gørva**) <-ði, -ðr~gerr> *vb* make, build; do, act; get a child/begot; *leg* set the amount of a fine; **gera af** accomplish, do; **gera [e-t] at** do [sth], accomplish [sth], carry out [sth]; **gera hríð** attack; **gera [e-n] sekan** *leg* condemn [sb] to outlawry, make someone found guilty; **gera um** *leg* judge, arbitrate in a case; **gerask** *mid* become, grow; be made into; occur, happen; set about doing
gerði *3sg past* of **gera**
gerðisk *2/3sg past* of **gerask**
gerðist *var* of **gerðisk**
gerðu *3sg pl* of **gera**
gerist *var* of **gerisk**
gerr *adj* & *ppart* of **gera** skilled, accomplished; ready, willing; done; gerr (görr) til treated
gert *ppart* of **gera** (*n nom/acc sg*)
gersemar *pl* of **gersemi**
gersemi (*also* **gersimi, görsemi**) <*pl* gersemar> *f* costly thing, jewel, treasure; **auðugr at gersemum** rich in treasures; **fjölkunnugr at gersemum** well-known for one's riches
gersemligr (*also* **görsimligr**) *adj* costly
gerva (*also* **gørva, görva**) *adj* clearly
gerva *var* of *vb* **gørva**, **gera**, **gøra**
gestbeinliga *adv* hospitably
gestr <-s, -ir> *m* guest
❖ **geta** <getr, gat, gátu, getinn> *vb* get; [*w gen*] guess, reckon, expect, suppose; think [*w gen*] speak of, mention; beget; **þess er getit** *impers* it is told; [*w ppart of another verb*] be able to; **getask at [e-m/e-u]** like/love [sb/sth]; **getinn** *ppart* mentioned, said; **þess er getit** it is said
getit *ppart* of **geta** (*n nom/acc sg*)
geyja <geyr, gó> *vb* **geyja [e-m]** bark at [sb]; **geyja [e-n]** scoff at [sb], mock [sb]
geyma <-di~-ði, -dr~ðr> *vb* keep, store
geymðr *ppart* of **geyma** (*m nom sg*)
geysa <-ti, -tr> *vb* send out with violence; [*usu mid*] **geysask** *mid* rush, flow furiously
geysi *adv* excessively; also used as an intensifying suffix
-gi (*also* **-ki**) *poet* suffix intensifying ('ever') or negating
gil *n* gully
gildr *adj* valued at; of full value; worthy, great
gildr <-s, -ar> *m* worthy one, stout one, strong one; heiti for a wolf; power giver
Gimlé *n* or *m* (*mythological name*) gold-thatched hall where the survivors of Ragnarok live
gin *n* the mouth (of an animal)
gingit,*var* of **gengit**

---

e-n (einhvern) = somebody, *acc*; **e-t** (eitthvat) = something, *acc*; **e-m** (einhverjum) = (for) somebody, *dat*; **e-u** (einhverju) = (for) something, *dat*; **e-s** (einhvers) = (of) somebody or something, *gen*

gingu *var* of **gengu**

ginna <-ti, -tr> *vb* to dupe, fool; **ginna [e-n] at sér** to fall out with [sb]

gin(n)heilagr *adj* most holy

ginning *f* deception, tricking

ginnungagap *n* primeval void; chaos

gipta <-ti, -tr> *vb* give away in marriage; **giptask** *mid* marry

gipta *f* good luck

giptumaðr *m* lucky man

gista <-ti, -t> *vb* spend the night; **gista at [e-s]** spend the night at [sb's] (place)

gisting *f* lodging for the night; **at gisting** to stay overnight

gífr *n* witch, hag

gígja *f* fiddle (*nickname*)

gína <ginr, gein~gínði, ginu~ginðu, ginit> *vb* gape, yawn

gísl <*pl* gíslar> *m* hostage; warder; bailiff

gísla <-að-> *vb* give as hostage; take as hostage

gjafar *gen sg, nom/acc pl* of **gjöf**

gjaforð *n* marriage-match

gjald *n* tribute; payment; reward; compensation; wergeld

gjalda <geldr, galt, guldu, goldinn> *vb* pay; pay for, suffer on account of; **gjaldask** *mid* was paid

Gjallarbrú *f* the bridge over the river **Gjöll** (*mythological name*)

Gjallarhorn *n* Gjallarhorn (*object name*) Heimdallr's horn

gjallr (*also* **gallr**) *adj* ringing

gjarn <*comp* gjarnari, *superl* gjarnastr> *adj* eager, willing; **gjarn á [e-t]/í [e-t]/til [e-s]** eager for, desirous of

gjarna *adv* willingly, rather

gjöf <-ar, -ar~-ir> *f* gift; **Grimnis gjöf** Odin's gift, a kenning for poetry

Gjöll *f* 'the Resounder,' the river of Hel

glaðliga *adv* gladly, heartily

glaðr *adj* glad, cheerful

glaumr *m* (noisy) merriment

gler n glass; mirror

glertölur *f pl* glass beads

gleypa <-ti, -tr> *vb* swallow

gleðimaðr *m* a cheery man

glófi <-a, -ar> *m* glove; **kattskinnglófi** catskin glove

glotta <-tti, -ttr> *vb* grin; **glotta um/við tönn** smile scornfully, showing the teeth

gluggr *m* opening, hole; window

glæsiligr *adj* shining; magnificent, splendid

gløggþekkinn *adj* perceptive

Golaþingslög (*also* **Gulaþingslög**) *n pl* 'the Gulathing's Laws' set of laws from Western Norway which formed the basis for the earliest Icelandic laws

gnaga <-að-> *vb* gnaw

gnata <-að-> *vb* clash

gnegg *n* heigh, neighing

gneisti *m* spark

Gnipahellir *m* Gnipahellir (*mythological name*), cave where **Garmr** is chained

Gnitaheiðr *f* Gnitaheath (*place name*), where Fafnir, as a dragon, lies upon great wealth

gnótt *f* abundance

gnúpleitr (*also* **gnúfa**) *adj* stooping, drooping

gnyðja <gnuddi, gnuddr> *vb* grunt

gnýr *m* din, noise

gnæfa <-ði, -t *also* -að-> *vb* stand high, tower, rise up

gnæfr *adj* high-flying

goð *n* god, one of the pagan gods (*see also* **guð**)

goðahús *n* temple

goðgá *f* blasphemy

goði *m* chief (and priest)

goðkunnigr *adj* divine

goðorð *n* rank and authority of a **goði**

goðorðsmaðr possessor of a **goðorð**

goldit *ppart* of **gjalda** (*n nom/acc sg*)

goll *var* of **gull**

golli *dat sg* of **goll**

Gormr <-s> *m* Gorm (*personal name*), **Gormr inn gamli** ('the old') first historical king of Denmark, commemorated with his queen Thyra on the Jelling Stones

gott *n nom/acc sg* of **góðr**

góð *f nom sg/n nom/acc pl* of **góðr**

góðgjarn *adj* benevolent, kind

❖ **góðr** <*f* góð, *n* gott; *comp* betri, *superl* beztr> *adj* good

gólf *n* floor; apartment, room

gótt *var* of **gott** *n nom/acc sg* of **góðr**

góz *n* goods

graðungr <-s,-ar> *m* bull

grafa <grefr; gróf, grófu, grafinn> *vb* dig

grafar *gen sg and nom/acc pl* of **gröf**

grafinn *ppart* of **grafa** (*m nom sg*), buried

grafvitnir *m poet* serpent

gramr *adj* angry, enraged

gramr <-s, -ir> *m* king, warrior

Gramr *m* (*mythological name*) Sigurd the Dragon-Slayer' sword

granahár *n* whisker

grand *n* injury

granda <-að-> *vb* [*w dat*] injure

Grani *m* Sigurd Fafnisbani's horse

gras <*pl* grös> *n* grass; herb; plant, flower

grasgeilar *f pl* grass-covered clefts (in the hillside)

grautr <-ar, -ir> *m* porridge

Grábakr *m poet* dragon; (*mythological name*) one of many serpents at the foot of Yggdrasil

grár <*n* grátt> *adj* grey

gráta <grætr, grét, grétu, grátinn> *vb* cry, weep; [*w acc*] weep for

grátr <*acc* grát, *dat* gráti, *gen* -s> *m* weeping

greiða <-ddi, -ddr> *vb* pay; comb, unravel; put in order, arrange; **greiða af höndum** pay out, discharge, turn over

greiðr *adj* clear, unencumbered, free from obstacles

greiðskapr *m* readiness, promptness; entertainment

grein *f* branch, division; point, particular; matters in a lawsuit, items in an agreement, part of a tale

greina <-di, -dr> *vb* divide, distinguish; *impers* [*w acc*] fall out, disagree

greindr *ppart* of **greina** (*m nom sg*), distinguished

greip *1/3sg past* of **grípa**

gresjárn *n* iron wire

grey <*gen pl* greyja> *n* dog, greyhound; bitch

greyjum *dat pl* of **grey**

grét *1/3sg past* of **gráta**

grið *n pl* peace, security; pardon; terms of peace; **halda grið** keep a truce; **selja grið** grant pardon, truce

griðalauss *adj* without truce, peaceless

griðamark *n* token of peace

griðastaðr *m* sanctuary

griðkona *f* serving-woman

Grikkjakonungr *m* king of the Greeks

grimmleikr <-s, -ar> *m* fury, rage

grim(m)ligr *adj* fierce, savage, grim, fearful

grimmr *adj* fierce, stern, dire

grind <*pl* grindr> *f* lattice-door, wicket, gate

gripr <-ar, -ir> *m* costly thing, article of value, treasure; property, possession; animal; **týndusk þar þessir gripir** and these animals perished

Grímnir *m* Grimnir (personal name) *heiti* for Odin

Grímnismál *n* Grimnismal, *The Lay of Grimnir*, ('the masked one'), one of the major Eddic poems

grípa <grípr, greip, gripu, gripinn> *vb* grasp, seize

gríss <-s, -ir> *m* young pig; hog

grjót <*dat* grjóti> *n* stone

grjótbjörg *n pl* rocks, rocky cliffs, rocky precipices

Grjóthóll *m* rocky mound

gróa <grœr, greri~grøri, greru~grøru, gróinn> *vb* grow; heal

gruna **<-að->** *vb impers* [*w acc subj*] suspect

grunar (mik) *1sg pres* of **gruna**, I suspect

grund *f* green field; ground; *poet* the earth, the green earth; **Atals grund** *poet* sea, land of **Atall**

grundvöllr <*dat* -velli, *gen* -vallar, *pl* -vellir, *acc* -völlu> *m* foundation; land for a structure

grunr *m* suspicion, uncertainty, doubt; **[e-m] er grunr á [e-u]** [sb] has doubts, is suspicious about [sth]

grunnr <-s, -ar> *m* bottom (of the sea or other body of water), foundation, ground

grýttr *adj* stony, rocky

grætr *2/3sg pres* of **gráta**

grœða <-ddi, -ddr> *vb* heal

Grœn(a)land *n* Greenland (*place name*)

grœnn *adj* green

grœr *2/3sg pres* of **gróa**

gröf <*gen* grafar; *pl* grafir~grafar> *f* grave; pit

gröptr (*also* **gröftr**) <*dat* grefti~greftri, *gen* graftar~graftrar> *m* digging; burial; tomb

grösugr <*f* grösug, *n* grösugt> *adj* grassy

guð *m* God; *n* god, one of the pagan gods, *usu* used in *pl* (*see also* **goð**)

Guðdalir *m pl* Guddalir (*place name*) God Valleys

guðligr *adj* divine

guðspjall *n* testament, gospel

gull *n* gold

gullband *n* golden collar, gold band

gullbaugr *m* gold ring

gullbúinn *adj* adorned with gold

gullhjálmr <-s, -ar> *m* golden helmet

gullhringr *m* gold ring

gullhyrndr *adj* golden-horned, with horns of gold

gulligr *adj* golden

Gullinbursti *m* 'Golden-bristle' (*mythological name*), boar belonging to Frey

gullrekinn *adj* inlaid with gold

gullroðinn *adj* gilt, covered with gold

Gulltoppr *m* 'Gold-top,' one of the horses of the gods (*proper name*)

gumi <*pl* -ar> *m poet* man

Gungnir *m* Gungnir (*object name*) Odin's spear
gunnblik *n poet* 'battle-gleam,' shield
gunnr *m* battle
gyðja *f* goddess, priestess; feminine form of **goði**
gyldi *3sg, pl past subjunct* of **gjalda**
gyldr (*also* **gyltr**) *ppart* of **gylla** (*m nom sg*)
Gylfaginning *f* 'the Deluding of Gylfi,' one of the books of *The Prose Edda*
gylla <-di, -dr~-tr> *vb* gild, cover in gold; flatter
gyrða <-ði, -ðr> *vb* gird, put on
gýgr <*gen* -jar, *pl* -jar> *f* giantess, ogress
gæfa *f* good luck
gæfr <*comp* gæfari> *adj* quiet, meek
gæfuleysi *n* lucklessness
gæfumaðr *m* lucky man
gæfumunr *m* difference in fortune, turn or shift of luck
gær *adv, only in* **í gær**, yesterday
gæta <-tti, -tt> *vb* [*w gen*] watch, tend, take care of, hold; **fá alls gætt** take care of everything; *mid* **gætask um [e-t]** confer, take counsel about [sth]; **gætask [e-s]** mention [sth]
gæti *3sg/pl past subjunct* of **geta**
gætir <-is, -ar> *m* keeper, guard
gætir *2sg past subjunct* of **geta**
gætt *ppart* of **gæta** (*f nom sg, n nom/acc sg/pl*)
gættu = **gæt** + **þú** (*2sg imper* of **gæta** *w 2sg pron*)
gættusk *3pl past* of **gætask**
gæzla *f* watch; keeping
gœði *n pl* profit, wealth
göfgastr *superl* of **göfugr**
göfugligr *adj* glorious, worshipful, magnificent
❖ **göfugr** *adj* noble, distinguished
gögnum *var* of **gegnum**
gölkn *n pl* of **galkn**
göltr <*dat* gelti, *gen* galtar, *pl* geltir, *acc* göltu, *gen* galta> *m* boar, hog
gömul *f nom sg, n nom/acc pl* of **gamall**
göngu *acc/dat/gen sg* of **ganga**
göngu *3pl pres* of **ganga**
göngum *1pl pres* of **ganga**
görsemi see **gersemi**
gøra *var* of **gera**
göra *var* of **gera**
gørask *var* of **gerask**
gørði *3sg past* of **gøra**
gørðisk *2/3sg past var* of **gørask**
gørðu *3pl past var* of **gøra**
Görðum *dat* of **Garðar** (*personal name*)
gørðusk *3pl past var* of **gørask**
gørr *comp adv* more fully, clearly, closely
görr *ppart* of **göra** (*m nom sg*);*var* of **gerr**
görst *var* of **gørst**
gørst *superl adv* of **gørr**
gört *var* of **gert** (*ppart n nom/acc sg* of **gera**)
gørva *var* of **gera**
gørvibúr *n* storehouse
gørviligastr *superl* of **gørviligr**
gørviligr *adj* accomplished, able, brave, capable, enterprising
görzk *ppart* of **görask** (*n nom/acc sg*), *var* of **gerask**
götur *nom/acc pl* of **gata**

H

haf *n* sea, ocean; **haf-Sleipnir** *m* sea-Sleipnir, i.e. sea-horse, a kenning for a ship
❖ **hafa** <hef(i)r, hafði, hafðr> *vb* have; hold, keep; take; use, utilize; take, carry off, win; **hafa [e-t] fyrir satt** believe [sth] to be true, be convinced of [sth]; **hafa [e-t] í hendi** hold [sth] in one's hand; **hafa [e-t] með sér** take, bring [sth] with one; **hafa [e-t] nær [e-u]** bring [sth] near to [sth], expose [sth] to [sth]; **hafa sik** take oneself; **hafa yfir sér** wear, put over oneself; **hafask** *mid* live, dwell; **hafask at** occupy, do, undertake; **hefisk lind fyrir** holds a shield before oneself; **hafa [e-t] til** have [sth] at hand; **hafa [e-t] uppi** praise [sth], celebrate [sth]
hafðak *poet* 'I had,' **hafða** + **ek**
hafði *3sg past* of **hafa**
hafðir *2sg past* of **hafa**
hafi *3sg/pl pres subjunct* of **hafa**
hafið *2pl pres/pres subjunct* of **hafa**
hafizk *ppart* (*f nom sg, n nom/acc sg/pl*) of **hefjask**; *2pl pres/pres subjunct* of **hafask**
hafna *gen pl* of **höfn**
hafr <*gen* hafrs, *pl* hafrar> *m* goat; **hafra njótr**

benefiter of the goats, a kenning for Thor
hafrstaka *f* goatskin
hafrstökur *pl* of **hafrstaka**
hafsbotn <*pl* -nar> *m* gulf
haft *ppart* of **hafa** (*n nom/acc sg*)
hafviti *n poet* 'sea-beacon (fire),' gold
haga <-að-> *vb* arrange; **haga til** contrive
hagi *m* pasture, meadow
hagliga *adv* neatly, adeptly, skillfully
hagari *comp adj* of **hagr** more skillful
hagr *adj* skilled, handy
hagr *m* state, condition, affairs; advantage; means; **þér mun hagr á vera** will avail you, be profitable to you
hagstœðr *adj* favorable
hald *n* hold, custody
❖ **halda** <heldr, hélt, héldu, haldinn> *vb* [*w dat*] hold; keep, retain; maintain; preserve; direct; **halda [e-u] á** hold [sth]; **halda eptir [e-m]** pursue [sb]; **halda [e-u] fram** uphold, continue [sth]; **halda við [e-m]** stand or hold against [sth]; **halda upp** hold up; [*w acc*] observe, keep (laws, customs, etc.); *intrans* take a certain direction, go; **haldask** *mid* hold, last, stay
haldit *ppart* of **halda** (*n nom/acc sg*)
halfr *var* of **hálfr**
hali <-a, -ar> *m* tail
halir *m nom pl* of **halr**
halla <-að-> *vb* turn sideways, slope, sway
hallandi *m* 'turner away,' **hallandi hafvita**, 'turner away of gold,' (*see also* **hafviti**, **halla**)
hallar *gen sg* of **höll**
hallargólf *n* hall floor
hallr *m* slope, hillside; big stone
hallr <*f* höll, *n* hallt> *adj* leaning, sloping; **hallr í göngu** stooped, walking with a stoop
hallæri *n* famine
halr <-s, -ir> *m poet* man; free man
haltr *adj* lame
hamargnipa *f* peak, crag, precipice
hamarr <*dat* hamri, *gen* hamars, *pl* hamrar, *acc* hamra, *dat* hömrum, *gen* hamra> *m* hammer; crag, cliff
hamarsmuðr <-s, -ar> *m* thin end of a hammer
hamarskapt *n* handle of a hammer, shaft
hamarspor *n* mark made by a hammer
hamr <*dat* hami~ham, *gen* hams, *pl* hamir, *dat pl* hömum> *m* skin, shape; altered shape as in shape changing
hamri *dat* of **hamarr**
hana *acc sg* of **hon**
handar *gen sg* of **hönd**
handarbak *n* back of the hand
handastaðr <-ar, -ir> *m* handprint
handgenginn = **hand** + **ganginn**, *ppart* of ganga (*m nom sg*) having become a retainer to the king
handsal <*pl* -söl> *n* (*usu pl*) shaking hands in conclusion of an agreement reached
handsala <-að-> *vb leg* transfer one's rights to something (by shaking hands)
handskot *n* throwing with the hand
handtekinn *adj* taken by hand, taken alive
handöx (*also* **handøx**) *f* hand-axe
hanga <hengr~hangir, hekk~hékk, héngu, hanginn> *vb* hang, be suspended; be hanged; cling to, hold fast to
hangadróttinn *m* god of the hanged, name for Odin
hangaguð~hangatýr *m* god of the hanged, name for Odin
❖ **hann** <*acc* hann, *dat* honum, *gen* hans> *pron* he
hans *indecl poss pron* his
hans *gen sg* of **hann**
hanski *var* of **hanzki**
hanzki *m* glove
happ *n* good luck; happenstance, fortunate chance
happfróðr *adj* one whose learning is timely; 'right place at the right time' (*see also* **happ**, **fróðr**)
harðara *n sg* of **harðari**
harðari *comp* of **harðr**
harðastr *superl adj* of **harðr**
harðfengiliga *adv* stoutly, in warlike fashion
harðfengr *adj* hardy
harðhugaðr *adj* ruthless, resolute
harðla *adv* very
harðliga *adv* forcibly, harshly; hard
harðna <-að-> *vb* harden; become severe (of weather); grow worse
❖ **harðr** <hörð, hart> *adj* hard, difficult, severe; **hart er með höldum** it is severe amongst men
harðráðr *adj* severe, ruthless
harðskeytr *adj* hard-shooting
harmr <-s, -ar> *m* sorrow, grief
hart *adv* hard; fast
hart *n nom/acc sg* of **harðr**
hati *m* spurner, enemy
hauðr *n poet* earth

---

haugr <-s, -ar> *m* burial mound
haukr <-s, -ar> *m* hawk
hauss <*pl* hausar> *m* skull
haust *n* autumn, fall, harvest season
haustboð *n* autumn feast, harvest feast
háðr *ppart* of **heyja** (*m nom sg*)
háðu *3pl past* of **heyja**
háflœðr *f* high/flood tide
hálfa *f* region, part; kin, lineage
❖ **hálfr** *adj* half
hálfu *adv* by half, twice as much (an intensifier)
hálmr <-s, -ar> *m* straw
háls <*gen* háls, *pl* hálsar> *m* neck
hálshöggva *vb* behead (*see* **háls**, **höggva**)
hánum *var* of **honum**, *dat* of **hann**
hár *n* hair
hár <*f* há, *n* hátt, *all dat pl* há(vu~fu)m, *comp* hæri, *superl* hæstr> *adj* high, tall, long; loud
hárfagr *adj* fair-haired (*nickname*)
hárhamr <-s, -ir> *m* hair-side of a skin
hárklæði *n* hair cloth
Hárr *m* Har (*mythological name*) High, High-one; one of the Æsir in Gylfaginning
háseti <*-a, -ar*> *m* oarsman; **hásetar** *m pl* crew (of a ship)
hásin *f* Achilles' tendon
háski *m* danger
hásæti *n* high seat, dais, throne; seat of honor
hásætiskista *f* chest under the dais
hátimbra <-að-> *vb* build high, to 'high-timber'
hátt *adv* loudly
háttatal *n* list of meters or verse forms
háttr <*dat* hætti, *gen* -ar; *pl* hættir *acc* -um> custom, manner; kind, way; **einskis háttar** of no importance
hávaðamikill <*comp* -meiri, superl -mestr> *adj* noisy, self-assertive
hávaði *m* loud noise, tumult; loud self-assertion
hávar *f nom/acc pl* of *adj* **hár**
hávi *wk m* of *adj* **hár**
hávir *m nom pl* of *adj* **hár**
hávu *n dat* of *adj* **hár**
heðan *adv* from here, hence; **heðan af** from now on, henceforth; **heðan í frá** hereafter, henceforth
hefða *1sg past subjunct* of **hafa**
hefði *3sg/pl past subjunct* of **hafa**
hefðir *2sg past subjunct* of **hafa**
hefi *1sg pres* of **hafa**
hefir *2/3sg pres* of **hafa**
hefja <hefr, hóf, hófu, hafinn> *vb* raise, lift; begin;
hefjask *mid* begin, orginate
hefk *poet* **hefi** + **ek**, 'I have'
hefna <-di, -dr> *vb* [*w gen*] avenge, take revenge
hefnd *f* vengeance, revenge; *esp pl* blood revenge
hefnt *ppart* of hefna (*n nom/acc sg*)
hefta <-ti, -tr> *vb* bind
heftr *ppart* of **hefta** (*m nom sg*)
heiðarbrún *f* edge of the heath
heiðinn *adj* heathen
heiðr <*acc/dat* heiði, *gen* heiðar, *pl* heiðar> *f* heath, moor
heiðr *adj* bright, clear; cloudless
heilagr <*f* heilög, *n* heilagt; *contracted stem w vowel in ending: acc m* helgan> *adj* holy; **Þorlákr inn helgi** Saint Thorlak
heill *n* (good) luck; omen; **illu heilli** unfortunately
❖ **heill** *adj* hale, sound, healthy, unscathed; healed; blessed, happy, prosperous; whole, complete
heilráðr *adj* giving wholesome counsel
heilræði *n* sound advice, good advice
heilsan (*also* **heilsun**) *f* greeting; health
heilsa <-að-> *vb* [*w dat*] greet; **heilsa á [e-n]** greet [sb]
heilsun *var* of **heilsan**
❖ **heim** *adv* home, homeward (*motion toward*)
heima *n* home
heima *adv* home, at home (*position*)
heimamaðr *m* man of the household
heiman *adv* from home
heimanfylgja *f* dowry (*see also* **heiman**, **fylgja**)
heimboð *n* invitation to one's home, *lit* home-feast
Heimdallr <-s> *m* Heimdall (*mythological name*) watchman god, guards the rainbow-bridge Bifrost; one of the Æsir
heimferð *f* homeward journey
heimfúss *adj* longing to go home, homesick
heimili *n* home, house, homestead
heimr <-s, -ar> *m* home, dwelling; world
heimskr *adj* foolish
heimsókn *f* attack on one's home; visit; **veita [e-m] heimsókn** to attack [sb] in his home; visit
heimstöð *f* the world; homestead
heimta <-ti, -tr> *vb* draw, pull; fetch, obtain; recover, get back; claim, collect; **heimta [e-t] at [e-m]** to claim [sth] from [sb]; **heimta [e-n] á tal** engage [sb] in conversation, address [sb]
heimting *f* claim, demand
heipt *f* feud, war; deadly spite

heit *n* solemn vow, oath

❖ **heita** <heitr~heitir, hét, hétu, heitinn> *vb* call, give a name to; call, call upon; (*intrans, w pres* **heitir**, past **hét**) be/was named, be called; [*w dat*] promise; **heita [e-u] [e-m]** promise [sth] to [sb]; **heita á [e-n] til [e-s]** call upon, pray to, invoke [sb] for [sth]

heitbundit *ppart* (*n nom/acc sg; see also* **heit**, **binda**) bound by a promise, oath-bound

heiti *n* name; synonym

heitit *ppart* of heita (*n nom/acc sg*)

heitstrenging *f* solemn vow; **fella heitstrengingar á sik** bring down a curse on oneself for the breaking of an oath

hekk *1/3sg past* of **hanga**

hel <*gen* heljar> *f* hel (*mythological name*), place or home of the dead

Hel <*gen* Heljar> *f* Hel (*personal name*) daughter of Loki, goddess of Death, ruler over Hel

❖ **heldr** <*superl* helzt> *comp adv* more, very, rather, more willingly; **at heldr...at** not merely...but rather, all the more; (*after a neg*) but, on the contrary; **heldr...en** rather...than

heldr *2/3sg pres* of **halda**

heldu *3pl pres* of **halda**

héldu *3pl past* of **halda**

helga *wk m acc/dat/gen sg, f nom sg and n nom/acc/dat/gen* of **heilagr**

helgar *f nom/acc pl* of **heilagr**

helgi *wk m nom sg* of **heilagr**

helgistaðr <-ar, -ir> *m* sanctuary

helgrindr *f pl* the doors of hel

hella <*gen pl* hellna> *f* flat stone, slate

hella <-ti, -t> *vb* pour; **hella [e-u],** pour [sth] out

hellar *m nom pl* of **hellir**

hellir <*gen* hellis, *pl* hellar> *m* cave

Helluland *n* 'Flatrock country,' a region along the North American Atlantic

hellur *var* of **hellar**

hellusteinn *m* flat slab of rock, flagstone

helmingr <-s, -ar> *m* half; **í helminga** in halves; equally; half stanza in *fornyrðislag* and other eddic and skaldic meters

helt *1/2/3sg past* of **halda**

helvegr <*gen* -s~-ar, *pl* -ir~-ar, *acc* -u~-a> *m* the way to hel, road to hel

helzk *all sg pres* of **haldask**

helzt *superl adv* (*comp* **heldr**) most of all, especially; most willingly, mainly

helzti *adv* far too, all too

henda <-di, -dr> *vb* catch, pick up, reach; **henda [e-t] augum** catch [sth] with the eyes; concern one; befall one

hendi *dat* of **hönd**

hendr *nom/acc pl* of **hönd**

Hengjankjapta *f* Hengjankjapta, a giantess killed by Thor

hennar *gen sg* of **hon**

hennar *indecl poss pron* her

henni *dat sg* of **hon**

heppinn *adj* fortunate, lucky

hepta <-t, -tr> *vb* tether (a horse); bind, fetter; hold back, restrain, stop

herað <*pl* heruð~heröð> *n* district, country

heraðsvært *n* freedom to live peacefully in a district; **eiga heraðsvært** *leg* be at liberty to reside within a district without threat of attack

herbergi *n* quarters, lodging

herða <-ði, -ðr> *vb* temper; harden; clench; exhort; make firm

herðar *f pl* shoulders, upper part of back

herfang *n* booty

herfiligr *adj* wretched, shameful, harsh, bitter

herför <*gen sg and nom/acc pl* -farar> *f* military expedition, warfare (*also* **herferð**; *see also* **herr**, **för**)

herja <-að-> *vb* raid, harry; make war, ravage, plunder

herklæða <-ddi, -ddr> *vb* put on armor

herklæði *n pl* armor

herkonungr *m* warrior-king

hermaðr *m* man of war, warrior

herr <-jar, -jar> *m* army, troops, fleet

herra <*indecl in sg*, *pl* herrar, *dat* herrum, *gen* herra> *m* lord

herreifr *adj* battle-happy

hersaga *f* war-tidings (*see also* **herr**, **saga**)

hersir <-is, -ar> *m* lord, local chief

herskip *n* war-ship

hersögu *acc/dat/gen sg* of **hersaga**

hertogi *m* commander

hertryggð *f* army's security, safety

hervápn *n pl* weapons

heslistöng <*gen* -stangar, *pl* -stangir> *f* hazel-pole

❖ **hestr** <-s, -ar> *m* stallion; horse

heygja <-ði, -ðr> *vb* bury in a mound

---

e-n (einhvern) = somebody, *acc*; **e-t** (eitthvat) = something, *acc*; **e-m** (einhverjum) = (for) somebody, *dat*; **e-u** (einhverju) = (for) something, *dat*; **e-s** (einhvers) = (of) somebody or something, *gen*

heyja <háði, há(i)ðr> *vb* hold, conduct, perform

heyjaannir *f pl* haymaking season

heyra <-ði, -ðr> *vb* hear

heyrn *f* hearing

heyrt *ppart* of **heyra** (*n nom/acc sg*)

hédan *var* of **heðan**

hégóma <-að-> *vb* to speak falsely

hélzt *1/2/3sg var past* of **haldask**

❖ **hér** *adv* here (*position*); **hér af** here of; **hér til** until now, hereto

hérvist *f* lodgings here

hét *1/3sg past* of **heita**

héti *3sg/pl past subjunct* of **heita**

hétu *3pl past* of **heita**

hilditönn *f* 'war-tooth,' a nickname (Harald hilditönn)

hildr <*acc, dat* hildi> *f poet* battle

Hildr *f* Hild (*mythological name*), a valkyrie

himinjöðurr <*dat* -jaðri, *gen* -s, *pl* -jaðrar> *m* rim, edge of Heaven

himinn <*dat* himni, *gen* himins, *pl* himnar> *m* sky; heaven

hindrvitni *f* superstition, idolatry

hingat *adv* to here, hither

❖ **hinn** <*f* hin, *n* hitt> *dem pron* the other one; **á hinn fótinn** on the other foot;

hinn *var* of *def art* **inn**

hinns *poet* **hinn** + **es**, 'the one which'

hinna *f* membrane

hirð *f* a king's or earl's bodyguard; the king's men, retainers, court, retinue

hirða <-ði, -ðr> *vb* keep in a box or chest; hide, conceal; mind, care for; **hirða eigi (um) [e-t]** to not care about [sth]

hirðmaðr *m* courtier

hirtir *pl* of **hjörtr**

hirzla *f* keeping, possession

hiti *m* heat; flames

hitt *var* of **itt**

hitta <-tti, -ttr> *vb* meet with, hit upon; hit; go to; **hittask** *mid* meet one another

hittast *var* of **hittask**

Hjaðningavíg *n* Battle of the Hjadnings

hjala <-að-> *vb* chatter, talk

hjaldrgegnir *m* battle-benefitter; **Hildr hjaldrgegnis** the valkyrie's battle-benefitter, a kenning for Odin

hjaldrjúgr *adj* talkative; aggressively demanding; **[e-m] verðr hjaldrjúgt um [e-t]** *impers* [sb] talks much, or at length, about [sth]

hjaldrþorinn *adj* bold in battle

hjallr <-ar, -ir> *m* platform

hjalmaðr *adj* helmeted

hjalti *n* knob on a sword's hilt; guard between hilt and blade

Hjarrandi *m* Hjarrandi (*mythological name*) 'Screamer,' a name of Odin

hjarta <*pl* hjörta, *gen* hjartna> *n* heart

hjartablóð *n* heart's blood

❖ **hjá** *prep* [*w dat*] by, near, beside; with, at one's place; in comparison with

hjálmeldr *m* helmet-fire, a kenning for sword

hjálmr <-s, -ar> *m* helm, helmet

hjálpa <helpr, halp~hjalp, hulpu, hólpinn> *vb* [*w dat*] help, save

Hjálprekr *m* a legendary king

hjó *1/3sg past* of **höggva**

hjón *n* household; domestic, servant; **öllum hjónum** all the servants; *pl* married couple

hjuggu *var* of **hjoggu**, *3pl past* of **höggva**

hjú <*pl* hjú, *dat* hjúm>*n* household

hjún *var* of **hjú**, **hjón**

Hjördis *f* Hjordis (*personal name*); mother of Sigurðr Fafnisbani

hjörð <*dat* -u, *gen* hjarðar, *pl* hjarðir> *f* herd, flock

hjörr <*dat* hjörvi, *gen* hjörs~hjarar> *m* sword

hjörtr <*dat* hirti, *gen* hjartar, *pl* hirtir, *acc* hjörtu> *m* hart, stag

hjörtu *nom/acc pl* of **hjarta**

hlað <*pl* hlöð> *n* courtyard, the paved area in front of a farmhouse

hlaða <hleðr, hlóð, hlóðu, hlaðinn> *vb* go> *vb* load, heap up; **hlaða seglum** take in sails

hlakka <-að-> *vb* scream, cry (of the eagle); rejoice, take joy in [sth]

❖ **hlaupa** <hleypr, hljóp, hljópu~hlupu, hlaupinn> *vb* leap, spring; run; **hlaupa at [e-m]** leap at, assault [sb]

hlaut *1/3sg* **hljóta**

hleifr <s, ar> *m* loaf of bread

hleifsefni *n* dough for a loaf

hleina <-di, -dr> *vb* save, protect(?)

hleypa <-ti, -t> *vb* [*w dat*] cause to escape, emit; **hleypa út vatni** press out fluid (e.g., from a sore)

hleyp *1sg pres* of **hlaupa**

hleypr *2/3 pres* of **hlaupa**

hlið *f* side; **á aðra hlið [e-m]** on one side of [sb]

Hliðskjálf *f* Hlidskalf (*mythological name*) Odin's seat which looks over the worlds

hlíð <*pl* -ir> *f* mountainside, broad slope

hlíf <*pl* hlífar> *f* shield, cover, protection

hlífa <-ð-> *vb* [*w dat*] shelter, protect; spare, deal gently with, show mercy to; **hlífask** *mid* spare, refrain, hold back; **hlífask við [e-n]** spare [sb], hold oneself back from [sb]

hlífðit = **hlífði** + **t** (*negative suffix, see* **-a**)

Hlín *f* Hlin (*mythological name*) goddess associated with Frigg, possibly another name for Frigg

hlíta <-tti, -tt> *vb* [*w dat*] rely on, trust; be content with

hljóð *n* silence, hearing; **biðja hljóðs** beg (ask) for a hearing or silence

hljóðlyndr *adj* quiet, taciturn

hljóðr *adj* silent, quiet

hljóp *1/3sg past* of **hlaupa**

hljóta <hlýtr, hlaut, hlutu, hlotinn> *vb* get, receive, gain, be allotted

hljóp *1/3sg past* of **hlaupa**

hljóta <hlýtr hlaut, hlutu, hlotinn> *vb* get, be allotted; undergo, suffer; **hljóta [e-t] af [e-m]** get, suffer [sth] on account of [sb]; **hljótask** *mid* come about; **hljótask af [e-u]** result from, proceed from

hlotit *ppart* of **hljóta** (*n nom/acc sg*)

hlotizk *ppart* of **hljótask** (*n nom/acc sg*)

hló *1/3sg past* of **hlæja**

hlóðu *3pl past* of **hlaða**

hlógu *3pl past* of **hlæja**

Hlórriði *m poet* Thor

hlunnr *m* piece of wood put under the keel of a ship when ashore, roller; **ráða skipi til hlunns** to drag a ship ashore (during winter)

hlupu *3pl past* of **hlaupa**

hlust *f* earhole

hluta <-að-> *vb* get (as one's lot), be allotted; **hlutask til** *mid* interfere in, take part in; cast lots

hlutazk *ppart* of **hlutask** (*n nom/acc sg*)

hluti *m* part

❖ **hlutr** <-ar, -ir> *m* lot; thing; share, allotment; part; **eiga hlut í [e-u]** take part in, interfere in [sth]

hlutskipti *n* booty

hlynr <-s, -ir> *m* maple tree

hlypi *3sg/pl past subjunct* of **hlaupa**

hlýða <-ddi, -tt> *vb* [*w dat*] listen; **hlýða á [e-t]** listen to [sth]

hlýðni *f* obedience, homage

hlýtr *2/3sg pres* of **hljóta**

hlæja <hlær, hló, hlógu, hleginn> *vb* laugh; **hlæjandi** *pres part* laughing

hlœgiligr *adj* laughable

Hlöðyn <*gen* -jar> *f* Hlodyn (*mythological name*) mother of Thor; **mögr Hlöðynjar** son of Hlodyn, Thor

hnakki *m* back of the head

hnefatafl *n* table-top game, form of chess

hnefi *m* fist

hneftafl *var* of **hnefatafl**

hnegg *n* neigh(ing)

hneggja <-að-> *vb* neigh

hneita <-tti, -ttr> *vb* cut, strike

hnekkja <-ti, -tr> *vb* drive back

hneykja *f* shame

hnita <-að-> *vb* weld together

hnjóskulindi <-a, -ar> *m* belt or girdle made with or from touchwood (genus *Fomes*)

hnoss <*pl* -ir> *f* precious thing

hnúka <-ði~ti, -ðr~tr> *vb* sit cowering

hnykkja <-ti, -tr> *vb* [*w dat*] pull violently

hof *n* temple, cult space, central farm building (frequently a name for a farm)

hold *n* flesh

holdrosa *f* flesh-side of a skin (*see also* **hárhamr**)

hollr <*f* holl, *n* hollt> *adj* gracious; faithful

hofgyðja *f* priestess

hoftollr *m* temple tax, temple toll

Hofsverjar *m pl* the people of Hof

holt *n* wooded area; stony ridge

❖ **hon** <*acc* hana, *dat* henni, *gen* hennar> *pron* she

honum (*also* **hánum**) *dat sg* of **hann**

horfa <-ði, -ðr> *vb* turn (in a certain direction); (turn so as) to look upon, behold; look (a certain way), have a certain appearance; **horfask** *mid* look, appear; **horfask til** look like, look as if

horfinn *ppart* of **hverfa** (*m nom/acc sg*), lost, missing, nowhere to be found

horn *n* horn; corner

hornigi *poet* **horni** (*dat sg* of **horn**) + **-gi** (negative suffix); **né við hornigi** 'neither by horn'

hóf *n* moderation

hóf *1/3sg past* of **hefja**

hófsmaðr *m* man of moderation and restraint

hófusk *3pl past* of **hefjask**

hógværr *adj* gentle

hóll (*also* **hváll**) <-s, -ar> *m* hill, knoll

hólmr *m* small island

hólpinn *ppart* of **hjálpa** (*m nom/acc sg*), safe, saved

hónum *var* of **honum**

hóp *n* small landlocked bay or inlet connected to the sea so as to be salt at flood tide and fresh at ebb; inland end of an estuary

hórdómr *m* whoredom, adultery

hót *n* whit, bit; [*as adv*] **hóti** a little

hraðfara *adj indecl* swift, speedy, quick-faring; **verða vel hraðfara** be very swift in travelling, have a speedy journey

hraðr <*f* hröð, *n* hratt> *adj* swift, fleet

hrafn <-s, -ar> *m* raven

Hrafnfreistaðr *m* Hrafnfreistad (*mythological name*) *heiti* for Odin

hrakðir *ppart* of **hrekja** (*m nom pl*)

hrakit *ppart* of **hrekja** (*n nom/acc sg*)

hrakning <*pl* -ar> *f* insult, humiliation

hrammr <-s, -ar> *m* bear paw

hrapalliga *adv* headlong

hratt *1/3sg past* of **hrinda**

hrauð *1/3sg past* of **hrjóða**

hraun *n* lava, lava field; rugged ground, wilderness

hraustr *adj* valiant, doughty; strong, hearty

hraut *1/3sg past* of **hrjóta**

hráblautr *adj* raw, moist, soft (of hides)

hráki <-a, -ar> *m* spittle

hregg *n* storm, storm and rain

Hreiðmarr <-s> *m* Hreidmar (*mythological name*); the father of Otr, Fafnir and Regin

hrein *1/3sg past* of **hrína**

hreinn <-s, -ar> *m* reindeer

hrekja <hrakti, hrakiðr~hraktr> *vb* drive away; **hrekja [e-n] af máli** force one to abandon a lawsuit **hrekjask fyrir [e-m]** be confounded by

hrelling *f* affliction

hreyfa <-ði, -ðr> *vb* [*w acc*] move, stir; **hreyfask** *mid* stir oneself, start

hreyfing *f* movement, motion

hreyft *ppart* of **hreyfa** (*n nom/acc sg*)

hreystimaðr *m* valiant man, man of valor

hrinda <hrindr, hratt, hrundu, hrundinn> *vb* [*w dat*] push, thrust; cast off, throw off

Hringhorni *m* Hringhorni (*mythological name*), Baldr's ship

hringr *m* ring, circle

hrista <-ti, -tr> *vb* shake

hríð <*pl* -ir> *f* time, while; storm; attack, battle; **gera hríð** attack, make battle; **um hríð** for a while

hrím *n* hoar frost, rime

hrímsteinn *m* rimy stone

hrímþurs *m* frost-giant

hrína <hrínn, hrein, hrinu, hrininn> *vb* neigh, whinny (of a mare in heat)

hrís *n* shrubbery, brushwood

hrjóða <hrýðr, hrauð, hruðu, hroðinn> *vb* strip, disable (especially a ship in a sea-battle); clear; unload (of ships)

hrjóta <hrýtr, hraut, hrutu, hrotinn> *vb* rebound, fall, fly; start, burst out; snore

hroðit *ppart* of **hrjóða** (*n nom/acc sg)*

Hroptatýr *m* Hroptatyr (*mythological name*) *heiti* for Odin

Hroptr *m heiti* for Odin

hross *n* horse, mare

hrossakjötsát *n* practice of eating horsemeat, associated with paganism

hrosshöfuð *n* horsehead

Hrotti *m* name of a sword

hróðrmál *n pl* speeches of praise, poetry

hrósa <-að-> *vb* [*w dat*] praise; boast (of)

hruðu *3pl past* of **hrjóða**

hrukku *3pl past* of **hrökkva**

hruma <-ði, -ðr> make weak, enfeeble; **hrumask** *mid* become aged, infirm (*see also* **hrymask**)

Hrungnir <-s> *m* Hrungnir, a giant killed by Thor with his hammer

hryði *3sg/pl past subjunct* of **hrjóða**

hryggr <-jar, -ir> *m* back

hrymask (also **hrymjask, hrumask**) <-d> *vb* become aged, infirm

hrymðr (*also* **hrumðr**) *ppart* of **hrymja, hryma** (*m nom sg*) stricken with age, weak from old age

Hrymr *m* Hrym (*mythological name*) name of a giant

hrynja <hrundi, hruninn> *vb* fall, fall down, collapse; flow, stream; fall loosely (of clothing); **látum und honum hrynja lukla** let keys jingle about him; **hrynja á hæla [e-m]** be shut out on one's heels, have the door slammed behind [sb]

hrýtr *2/3sg pres* of **hrjóta**

hræddr *adj* afraid, frightened

hræ <*pl gen* hræva> *n* dead body, corpse, carrion

hræða <-ddi, -ddr> *vb* [*w acc*] frighten; **hræðask** *mid* be frightened; **hræðask [e-t]** be afraid of [sth]

hræddusk *3pl past* of **hrædask**

hrægeitungr *m poet* 'corpse-wasp,' carrion bird (raven, eagle)

hræzla *f* fear

hrœra <-ði, -ðr> *vb* move, stir, mix; **hrœrask** *mid* move oneself; stir

hrœring <*pl* -ar> *f* motion

hrökk *1/3sg past* of **hrøkkva**

hrøkkva <hrøkkr, hrökk, hrukku, hrokkinn> *vb* fall back, be repelled

hrönn *f* wave; **við hrönnum** by the waves

huga <-að-> *vb* mind; **huga um [e-t]** be concerned about [sth]

hugarbót *f* consolation

hugða *1sg past* of **hyggja**

hugðak *poet* **hugða** + **ek**, 'I thought'

hugði *3sg past* of **hyggja**

hugðu *3pl past* of **hyggja**

hugframr *adj* brave

huggan *f* comfort, consolation

hugi *m* thought

hugkvæmr *adj* clever, crafty

hugr <*dat* hug~hugi, *gen* hugar, *pl* hugir> *m* mind, heart, courage, spirit; **[e-m] koma í hug** occur to [sb]; **svá segir honum hugr um** *impers* so his heart tells him, he forebodes

hugreifr *adj* cheerful

hugrúnar *f pl* 'mind-runes,' wisdom runes

hugsa <-að-> *vb* consider, think

hugsjúkr *adj* distressed, anxious, worried

huldr *ppart* of **hylja** (*m nom sg*)

hulðu *3pl past* of **hylja**

hunang *n* honey

hunangfall *n* (*also* **hunangs-dögg** *f*) honey dew

hundr <-s, -ar> *m* hound, dog

hundrað <*pl* hundruð> *n* hundred *(usu followed by noun in gen)* (**tólfrœtt hundrað** = 120, **tírœtt hundrað** = 100)

hungr <-rs> *m (n in younger texts)* hunger; **svelta hungri** starve, die of hunger

hungrdeyfir *m poet* 'hunger-duller,' slaker

hurð <*pl* -ir> *f* door

hurfu *3pl past* of **hverfa**

húð *f* hide

húðfat <*pl* -föt> *n* leather hammock

húðkeipr <-s, -ar> *m* skin-boat, kayak

hún *late var* of **hon**

húnlögr *m poet* 'liquid of the mast-head,' sea

húnn *m* knob; top of the mast

❖ **hús** *n* house, building; room; *pl* the group of buildings on a farm

húsfreyja *f* housewife, lady

❖ **húskarl** *m* farmhand; king's retainer

hvaðan *adv* from where, whence

hvalr <*gen* -s, *pl* -ar~-ir, *acc* -a~-i> *m* whale

hvaptar *m pl* cheeks, jaws, mouth

❖ **hvar** *interrog adv* where; **hvar er komit um [e-t]** what has become of [sth]

hvarf *1/3sg past* of **hverfa**

hvart *adv* brisk, bold

hvass <*f* hvöss, *n* hvasst~hvast> *adj* sharp, keen

hvat *interrog pron* what; *rel pron* what, that which

hvatliga *adv* quickly

hvatr *adj* brisk, vigorous, quick, bold

hvatvetna (*also* **hvetvetna**) *pron* anything whatever; everything

hváll (*also* **hóll**) <-s, -ar> *m* hill, knoll

❖ **hvárgi** <*n* hvárki~hvártki> *indef pron* neither (of two); *conj* **hvárki...né** neither...nor

hvárigr *indef pron* neither (of two) (= **hvárgi**)

hvárirtveggju *see* **hvárrtveggi**

hvárki (*also* **hvártki**) *n* of **hvárgi**

❖ **hvárr** *interrog pron* who, which (of two); *indef pron* each (of two); **sér hvárt** each by itself

hvárratveggju *all gen pl* of **hvárrtveggi**

❖ **hvárrtveggi** *indef pron* each of the two

hvárrtveggja *var* of **hvárrtveggi**

❖ **hvárt** *interrog adv* whether; *conj* whether

hvártki *var* of **hvárki**

hvárumtveggjum *all dat pl* of **hvárrtveggi**

hváta <hvætr(?), hvét(?), hvetu(?), hvátinn> *vb* stick, poke

hve *var* of **hvé**

Hveðrungr *m* Hvedrung (*mythological name*) name for Loki; **mögr Hveðrungs** son of Loki, Fenrir

hveiti *n* wheat; **hveitiax** *n* ear of wheat; **hveitiakr** *m* wheat field

hvel *n* wheel

hverfa <-ði, -ðr> *trans vb* turn (in a certain direction)

hverfa <hverfr, hvarf, hurfu, horfinn> *intrans vb* turn (in a circular direction), rotate; be lost, be missing; disappear; **hverfa aptr** return, turn around, turn back; **hverfa brott** disappear

hvergi (*also* **hverrgi**) *pron* each, every one

hvergi *adv* nowhere; [*w gen*] nowhere on; *fig* by no means, not at all

---

e-n (einhvern) = somebody, *acc*; **e-t** (eitthvat) = something, *acc*; **e-m** (einhverjum) = (for) somebody, *dat*; **e-u** (einhverju) = (for) something, *dat*; **e-s** (einhvers) = (of) somebody or something, *gen*

hverju *n dat sg* of hverr
hverjum *m dat sg, all dat pl* of **hverr**
hvern *m acc sg* of **hverr**
hvernig *var* of **hvernug**
hvernug (*also* **hvernig**) *adv* how
❖ **hverr** <*f* hver, *n* hvert> *interrog pron* who, which?; *indef pron* each, every, all; **hvern dag** every day; **hverr annar** each other
❖ **hversu** *interrog adv* how, just how; **hversu fjölmennr** with how many men
hvert *interrog adv* to where, whither
hvetvetna *var* of hvatvetna
hvé (*also* **hve**) *interrog adv* how; **hvé nær** when
hvirfill <*dat* hvirfli, *gen* hvirfils, *pl* hvirflar> *m* crown of the head
hví *interrog adv* why, for what
hvíla <-di~-ði, -dr~-ðr> *vb* [*w acc*] rest; lie, rest, sleep (in bed); lie buried; **hvíla sik** take rest; *ppart* rested
hvíla *f* bed
hvíld *f* rest, repose
hvítna <-að-> *vb* whiten
hvítastr *superl adj* of **hvítr**
hvítr <*f* hvít, *n* hvítt, *comp* hvítari, *superl* hvítastr> *adj* white
hvöt <*gen* hvatar, *pl* hvatir> *f* urging or egging on, instigation, whetting, encouragement, impulse
hyggja <hugði, hugðr~hugaðr> *vb* think, believe; mean, determine, give heed; **hyggja at [e-u]** look at, consider [sth]; **hyggja (sér) til [e-s]** anticipate, prepare (oneself) for [sth]; **hyggjandi** *pres part* resourceful, thoughtful, sensible, wise
hyggr *2/3sg pres* of **hyggja**
hykk = hygg + ek, I believe
hylja <hulði~huldi, huliðr~huldr> *vb* bury, cover over, conceal, hide
hylli *f* loyalty, allegiance, favor
hylr *m* hole, pool
Hyrrokkin *f* Hyrrokkin (*mythological name*), giantess killed by Thor
hýbýli *n pl* household, homestead, home
hýski *n* family, household
hæll *m* heel of a foot
hærðr *adj* haired
hæstr *superl adj* of **hár**
hætta <-tti, -tt> *vb* risk, venture, stake
hætta <-tti, -tt> *vb* [*w dat*] leave off, quit; [*w inf*] cease
hætti *m dat sg* of **háttr**
hættliga *adv* dangerously
hættiligr *adj* dangerous, threatening, serious
hætting <-ar> *f* danger, risk
hættr *adj* dangerous
hœgindi *n* pillow, cushion
hœgr <*n* hœgt, *comp* hœgri>> *adj* gentle, reasonable; easy, convenient; **hœgt** (*n nom/acc sg*) easy, possible; [*comp*] **hœgri** right; the right hand
hœgri *comp* of **hœgr**
hœla <-di, hœlt> *vb* [*w dat*] praise, flatter, boast of
Hœnir *m* Hoenir, a god
hœnsa *n pl* fowl
hœta <-tti, -ttr> *vb* threaten
höfðafjöl <*gen* fjalar, *pl* fjalar~fjalir> *f* head-board (of a bedstead)
höfði *dat sg* of **höfuð**
höfðingi <*gen* -ja, *pl* -jar> *m* chieftain; leader
höfðingjasonr *m* son of a chief
höfðu *3pl past* of **hafa**
höfn <*gen* hafnar, *pl* hafnir> *f* holding, possession; harbor
❖ **höfuð** <*dat* höfði, *dat pl* höfðum, *gen* höfða> *n* head
höfuðhof *n* chief temple
höfuðsbani *m* death
höfuðstaðr <-ar, -ir> *m* chief seat, place
höfuðstafr *m* head stave, chief alliterating syllable in the even line or second half line in a verse
höfugr <*m acc sg* höfgan> *adj* heavy
höfum *1pl pres* of **hafa**
högg <*dat* höggvi> *n* blow, stroke, chop
höggormr *m* viper
höggorrosta *f* hand-to-hand fight
höggspjót *n* broad-bladed spear
❖ **höggva** <høggr, hjó, hjoggu, högg(v)inn> *vb* strike (a blow), chop, hack, hew; **höggva af** chop off; **höggva í höfuð [e-m]** strike [sb] on the head; **höggva til [e-s]** strike a blow at [sb]; **höggva upp** cut down (trees); **hálshöggva** behead
höggvit *ppart* of **höggva** (*n nom/acc sg*)
höldr *m poet* man
höldum *dat pl* of **höldr**
hölkn *n* flat, hard rock; rough stony ground
höll <*gen* hallar, *pl* hallir> *f* hall
hömum *dat pl* of **hamr**
❖ **hönd** <*acc* hönd, *dat* hendi, *gen* handar, *pl* hendr, *dat* höndum, *gen* handa> *f* hand; **á tvær hendr** on both sides; **hafa [e-t] í hendi** hold [sth] in one's hand; **á hönd/hendr [e-m]** against [sb]; **hvárratveggju handar** on both sides, for both

parties; **koma at höndum** *impers* happen, come about

höndla <-að-> *vb* lay hands on, seize

hörð *f nom sg and n nom/acc pl* of **harðr**

Hörðaland *n* Hordaland (*place name*), region in Norway

hörfa <-að-> *vb* give way, retreat, withdraw

hörgr <-s, -ar> *m* shrine, heathen place of worship

hörpuskel *f* scallop

hörund *n* body, flesh

Hoskuld's farmstead

höttr <*dat* hetti, *gen* hattar, *pl* hettir, *acc* höttu> *m* hood

I

Iðavöllr <*dat* -velli, *gen* -vallar> *m* Idavollr (*mythological name*) , meeting place of the Gods

iðja *f* work, task

iðn *f* occupation, business

iðra <-að-> *vb* (make one) repent; **iðrask [e-s]** *mid* [*w gen*] to repent of [sth], regret

iðraðisk *2/3 sg past* of **iðrask**

igða *f* nuthatch

❖ **illa** <*comp* verr, *superl* verst> *adv* badly, ill; **geysiilla** *adv* very badly

illiligr *adj* hideous-looking

illorðr *adj* 'ill-worded,' slanderous, abusive

❖ **illr** <*comp* værri~verri, *superl* verstr> *adj* bad, evil

illt *f* evil treatment

illviðri *n* bad weather

❖ **inn** <*comp* innarr, *superl* innst> *adv* in, into (*motion toward*)

inn <*f* in, *n* it> *art* the (*also* **enn**)

inna <-ti, -tr> *vb* perform; accomplish; pay, repay; tell, relate; allude to, mention; **inna til [e-s]** make mention of [sb]

innan *adv* (from) within, inside, indoors

innar *comp* of *adv* **inn**, further in

inni *adv* in (*position*), inside, indoors; home

innri *adj comp* inner, inmost, farther in

it *n nom/acc sg* of **inn**

it *var* of **þit**

Í

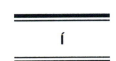

❖ **í** *prep* [*w acc*] into (*motion*); during (*time*); [*w dat*] in, within; at (*position*)

íarnmunnr *var* of **járnmunnr**

í braut *adv* away

íhuga <-að-> *vb* to consider, muse over, try to remember

íhugaði *3sg past* of **íhuga**

íkorni <-a, -ar> *m* squirrel

í milli *see* **milli**

írskr *adj* Irish

í sundr *adv* asunder

Írakonungr *m* king of the Irish

Írland *n* Ireland

Ísland *n* Iceland

Íslandferð *f* journey to Iceland

íslenzkr *adj* Icelandic

ítr <*m acc sg* ítran> *adj* glorious, excellent

íviðja *f* giantess, troll-woman

íþrótt (*also* **íðrótt**) <*pl* íþróttir> *f* feat, accomplishment; art, skill

---

e-n (einhvern) = somebody, *acc*; **e-t** (eitthvat) = something, *acc*; **e-m** (einhverjum) = (for) somebody, *dat*; **e-u** (einhverju) = (for) something, *dat*; **e-s** (einhvers) = (of) somebody or something, *gen*

J

jafn <jöfn, jafnt> *adj* equal, even
jafna <-að-> *vb* smooth, even out, tidy, trim; make equal (*in comparisons*), equate; **jafna [e-u] til [e-s]** liken [sth] to [sth]
jafnaðr (*also* **jöfnuðr**) *m* justice, equality, equal share
jafnan *adv* ever, constantly, always, equally
jafnbreiðr *adj* equally broad
jafnframt *adv* side by side
jafngamall *adj* as old, of the same age
Jafnhárr <-s> *m* Jafnhar (*mythological name*), 'Just-as-High,' one of the Æsir in *Gylfaginning*
jafnhöfugr *adj* equally heavy
jafni <-a, -ar> *m* equal, match; **mæla til jafna við [e-n]** speak just as well as [sb]
jafnmannvænn *adj* equally promising
jafnmenni *n* equal, match
jafnmenntr *adj* of equal rank
jafnmikill <*f* -mikil, *n* -mikit> *adj* equally great, just as much
jafnnær *adv* equally near, in between
jafnskjótt *adv* as soon, just as quickly
jafnungr *adj* as young
jafnvel *adv* even; as well
jagmál *n* (petty) quarrel
jarða <-að-> *vb* bury
jarðar *gen sg* of **jörð**
jarðfé <*gen* jarðfjár, *gen pl* jarðfjá> *n* buried treasure
❖ **jarl** <-s, -ar> *m* earl
jarlmaðr <-manns, -menn> *m* earl's follower
jarmr *m* bleating of sheep; crying of birds
járnsíða *f* iron-side, a nickname
jartegn (*also* **jartei(g)n**) *n* token, evidence, proof (of a thing)
já *adv* yes
jálkr *m* gelding; (*mythological name*), name of Odin
járn *n* iron; *pl* irons, fetters, chains
járnglófi *m* iron glove, iron gauntlet
járnmunnr *m* 'iron-mouth'
járnspöng <*pl* -spengr~spangir> *f* iron plate
ját(t)a <-að- or -tti, -ttr> *vb* [*w dat*] say yes to, agree to; acknowledge; consent; promise; [*w acc*] **játa sik undir [e-t]** engage oneself; **játask undir [e-t]** *mid* engage oneself
játuðusk *3pl past* of **játask**
jók *1/3sg past* of **auka**
Jómsborg *f* Jomsborg (*place name*), legendary home in the Baltic of the **Jómsvíkingar**
Jómsvíkingr *m pl* pirates of Jomsborg
jór <*gen* jós, *pl* jóar, *acc* jóa~jói, *dat* jóm> *m* stallion, steed
Jórvík *f* York
jöfnuðr *var* of **jafnaðr**
jöfurr <-s, jöfrar> *m* king, prince, chieftain
jökull <*dat* jökli, *gen* jökuls, *pl* jöklir> *m* glacier
Jökulsdalsmaðr *m* man from Jokulsdale
jörð <*dat* jörðu, *gen* jarðar; *pl* jarðir> *f* earth; ground
Jörð *f* Earth, goddess and mother of Thor
jörmun- *prefix* immense, giant
Jörmungandr *m* Jornumgand (*mythological name*) the World Serpent
jörmungrund <-ar, -ir> *f* mighty-wide ground, plain
jötnar *pl* of **jötunn**
Jötunheimar *m pl* lands of giants
jötunmóðr *m* giant's rage
jötunn <*dat* jötni, *gen* jötuns, *pl* jötnar> *m* giant

K

kaðall <*dat* kaðli, *gen* kaðals, *pl* kaðlar> *m* cable, twisted rope
kaf <*pl* köf> *n* diving; deep water, water under the surface; *pl* gasping for breath; **á kaf** into water, under water; **í kaf** into water, under water
kafa <-að-> *vb* dive
kaldr <köld, kalt> *adj* cold
❖ **kalla** <-að-> *vb* call, name; say, assert, maintain; **at kalla** so to speak, in a manner of speaking; **kalla á** lay claim to; **kallask** *mid* to be called

kallaðr *ppart* of **kalla** (*m nom sg*)
kann *1/3 sg pres* of **kunna**
kanna <-að-> *vb* search, explore; **kannask við [e-t]** recognize [sth]
kapp *n* contest, competition; zeal, spirit, courage; **deila (af) kappi við [e-n]** contend with [sb]
kappi *m* hero, champion
karl <-s, -ar> *m* man; old man; **Þorsteinn karl** old Thorstein, old man Thorstein
karlmaðr *m* man in the sense of male person
kasta <-að-> *vb* [*w dat*] cast, throw
kastali <-a, -ar> *m* castle
kaup *n* bargain, trade; stipulation, agreement; wages, pay; **til kaups** as payment; **vera af kaupinu** be out of the bargain
kaupa <keypti, keyptr> *vb* buy
kaupferð *f* trading voyage
kaus *1/3sg past* of **kjósa**
kálfr *m* calf
kápa *f* cape or cloak with a hood
kátr *adj* merry, cheerful
kefli *n* stick, wooden cylinder
Keila *f* Keila, a giantess killed by Thor
keiplabrot *n* fragment of a boat (**keipull** *possibly from Latin caupulus; see also* **húðkeipr**)
keisari *m* emperor, caesar
kemr *2/3sg pres* of **koma**
kemsk *2/3sg pres* of **komask**
kengr *m* u-shaped crook; bend; **beygja kenginn** arch the back
kenna <-di, -dr> *vb* know, recognize; feel, perceive; attribute; teach; taste
ken(n)di *3sg past* of **kenna**
ken(n)t *ppart* of **kenna** (*n nom/acc sg*)
kenning *f* poetical periphrasis or metaphor
kenningarnafn *n* nickname
ker *n* vessel, tub; **ölker** ale-cask
kerling *f* old woman
kerra *f* chariot
kesti *dat sg* of **köstr**
ketill <*acc* ketil, *dat* katli, *gen* ketils, *pl* katlar, *acc* katla, *dat* kötlum, *gen* katla> *m* kettle, cauldron, pot
ketti *dat sg* of **köttr**
keypta *1sg past* of **kaupa**
keypti *3sg past* of **kaupa**
keyptr *var* of **kjöptr**
keyra <-ði, -ðr> *vb* drive, lash, whip
-ki *see* **-gi**
kiðjamjólk *f* goatsmillk
kind <-ar, -ir> *f* beings, kind, race
kinn <*gen* kinnar, *pl* kinnr> *f* cheek
kippa <-ti, -t> *vb* pull
kirkja <*gen pl* kirkna> *f* church
kirkjugarðr <-s, -ar> *m* churchyard
kirkjuskot *n* wing of a church
kirkjuskoti *dat sg* of **kirkjuskot**
kistill <*dat* kistli, *gen* kistils, *pl* kistlar> *m* little chest, small box
kið *n* kid, young goat
kjafall *m* garment described in *Eiríks saga rauða* (from Irish *cabhal* or *cabhail*)
Kjallandi *f* Kjallandi, a giant killed by Thor
kjóll <-s, -ar> *m poet* ship
kjósa <kýss, kaus~köri, kusu~kuru, körinn~kosinn> *vb* choose
kjölr <*dat* kili, *gen* kjalar, *pl* kilir, *acc* kjölu> *m* keel; mountain range between Norway and Sweden; spine of a book
kjöptr (*also* **keyptr**) *m* jaw; gaping jaw
klaklaust *adv* unhurt, unscathed
klettr <-s, -ar> *m* rock, crag
kljúfa <klýfr; klauf, klufu, klofit> *vb* split, cleave
klofna <-að-> *vb* be cloven, split
klofnir *ppart* of **kljúfa** (*m nom pl*) split, cloven
kló <*pl* klœr, *dat* klóm> *f* claw, talon; clew (sailing)
klyfja <-að-> *vb* load with packs
klyfjaða *ppart* of **klyfja** (*m acc pl*, *f acc sg*)
klæða <-ddi, -ddr> *vb* clothe; **klæðask** *mid* dress oneself (in the morning)
klæðabúnaðr *m* apparel
klæði <*pl gen* klæða> *n* cloth; garment, clothes
klækiliga *adv* in a cowardly fashion
klyf <*pl* -jar> *f* pack (for a horse)
klyfjahross *n* pack-horse
klýfr *2/3sg pres* of **kljúfa**
knappr <-s, -ar> *m* knob; button or stud; **tinknappr** tin knob
kná <*1pl pres* knegum, *1sg past* knátta, *past inf* knáttu> *defective pret-pres vb* I can/could; use; be able to
knáligr *adj* hardy, vigorous
kneppa <-ti, -tr> *vb* press or hug; **kneppa [e-n] at sér**, press [sb] to yourself; to button, stud
kneyfa <-ði, -ðr> drink in large gulps
kné <*dat* kné, *gen* knés; *dat pl* knjám~knjóm, *gen* knjá>

---

e-n (einhvern) = somebody, *acc*; **e-t** (eitthvat) = something, *acc*; **e-m** (einhverjum) = (for) somebody, *dat*; **e-u** (einhverju) = (for) something, *dat*; **e-s** (einhvers) = (of) somebody or something, *gen*

n knee

knífr <-s, -ar> *m* knife

knjám *dat pl* of **kné**

knúði *3sg past* of **knýja**

knúðisk *2/3sg past* of **knýask**

knúi *m* knuckle

knútr <-s, -ar> *vb* knot; **leysa knút** undo a knot; **ríða knút** tie a knot; protuberance

knýja <knýr, knúði, knúðu, knúinn> *vb* knock; press, drive onward, push, urge on; exert oneself; press with knuckles or knees; **ormr knýr unnir** the serpent beats the waves; *mid* **knýask** struggle on

knörr <*dat* knerri, *gen* knarrar, *pl* knerrir, *acc* knörru> *m* ship; merchant vessel

kolamaðr *m* charcoal-maker

kollaupr *m* box or basket for carrying coal or charcoal

kollóttr *adj* hairless, bald, having the hair cut short

kollr <-s, -ar> *m* top, summit; head

kom *1/3sg past* of **koma**

❖ **koma** <kemr~kømr, kom, kómu~kvámu, kominn> *vb* come; **komask** *mid* get through, arrive at an end, reach; **koma at** arrive, come to; **koma at [e-u]** come across, arrive at [sth]; **koma at höndum** *impers* happen, come about; **koma á** hit; **koma á bak** mount on horseback; **koma ásamt** be agreed**;** **koma aptr** to come back, return; **koma eptir** follow; **koma [e-u] fram** bring [sth] about, bring [sth] to a successful conclusion; **koma inn** enter, come in; **koma máli fram** *leg* prosecute (a case); **koma út til Íslands** to come out to Iceland (*usu* from Norway); **koma við þessa sögu** appear in this saga;**vel/illa komit** well/poorly placed, in good/ bad; **komask** *mid* reach; come to an end; get through; **komask undan** to escape, get away

komi *3sg/pl pres subjunct* of **koma**

kominn *ppart* of **koma** (*m nom sg*)

komir *2sg pres subjunct* of **koma**

komnir *ppart* of **koma** *(m nom pl)*

komit *ppart* of **koma** (*n nom/acc sg*); **vel (illa) komit** well (poorly) placed, in good (bad) hands

komsk *1/3sg past* of **komask**

komst *var* of **komsk**

❖ **kona** <*pl gen* kvenna> *f* woman; wife; **spákona** prophetess (*see also* **völva**)

konr <-ar, -ir> *m* kind; **alls konar** all kinds; **nakkvars konar** of some kind

konungastefna *f* meeting of kings

konungdómr *m* kingdom

❖ **konungr** <-s, -ar> *m* king

konungsbróðir *m* king's brother

konungsdóttir *f* king's daughter

konungsskip *n* king's ship

kosinn *ppart* of **kjósa** (*n nom/acc sg*)

kosta <-að-> *vb* put forth effort, try, cost (in effort)

kostaboð *n* favorable or generous offer

kostgripr <-ar, -ir> *m* precious thing, treasure

kostigr *adj* splendid

kostnaðr <-ar> *m* cost, expense

❖ **kostr** <*gen* kostar, *pl* kostir, *acc* kosti~kostu> *m* choice, alternative; opportunity; match; state, condition, term; cost, expense; power; **at öðrum kosti** else, otherwise

kólfskot *n* (distance of a) bolt-shot

kómu *3pl past* of **koma**

kómusk *3pl past* of **komask**

krapparúm *n* place in a long ship, the third part from the stern

krappr *adj* narrow

kraptr <-s~-ar> *m* strength, power

krás <*pl* -ir> *f* delicacy, dainty (of food)

krefja <krafði, krafðr~krefinn> *vb* crave, claim, demand; **krefja [e-t] [e-s]** demand [sth] of [sb]

kreista <-sti, -str> *vb* squeeze

kristinn *adj* Christian

kristni *f* Christianity

Kristr <-s> *m* Christ

Krossavík *f* Krossavik (*place name*) Cross Bay or Inlet, presumably an inlet where a cross was erected; **Krossavík in ýtri** Outer Krossavik

krókr *m* hook

kröptugr *adj* strong, vigorous

kunna <kann, kunni, kunnat> *pret-pres vb* can, know how to; chance, happen; feel (an emotion); like to; **kunna [e-m] þökk fyrir [e-t]** be thankful to [sb] for [sth]

kunnandi *f* knowledge, accomplishments

❖ **kunnigr** *adj* known; wise; versed in magic

kunnr (*also* **kuðr**) *adj* known

kunnugastir *m nom pl superl* of **kunnigr**

kunnusta *f* knowledge, power

kurr <-s> *m* murmur, grumbling; rumor

kurteiss *adj* courteous, well-bred

kurteisustr *superl adj* of **kurteiss**

kuru *3pl past* of **kjósa**

kvaddi *3sg past* of **kveðja**

kvað *1/3sg past* of **kveða**

kvað sér = **kvazk**
kvaðning *f* greeting; order, command
Kvasir *m* a wise man or super natural creature created from the spittle of the Æsir and Vanir
kvatt *2sg past* of **kveða**
kvazk *all sg past* of **kveðask**
kváðusk *3pl past* of **kveðask**
kváma *f* coming, approach, arrival
kván (*also* **kvæn**) <*pl* -ir> *f* wife
kvánga <-að-> *vb* cause (a man) to marry; **kvángask** *mid* marry (*of a man*), take a wife
kvángaðr *ppart* of **kvánga** (*m nom sg*), married (*of a man*)
❖ **kveða** <kveðr, kvað, kváðu, kveðinn> *vb* speak, say; sing, chant, recite; **kveða á** fix, determine; **kveðask** *mid* say of oneself, say that ([sth] happened)
kveðinn *ppart* of **kveða** (*m nom sg*)
kveðja *f* welcome, greeting
kveðja <kvaddi, kvaddr> *vb* greet; call on, summon; **kveðjask** *mid* greet one another; **kveðja [e-n] vel** greet [sb] well, welcome [sb]; *leg* summon; **kveðja at [e-u]** greet with [sth], address with [sth]
kveðst see **kveða** > **kveðask**
kveisa *f* boil
kveisunagli *m* (matter in) the core of a boil
❖ **kveld** *n* evening; **um kveldit** in the evening
kveldsöngr <-s, -var> *m* evensong, vespers (compound word of **kveld** and **söngr**)
kveldsöngs *gen sg* of **kveldsöngr**
kvenna *gen pl* of **kona**
kvennapallr *m* women's bench in a longhouse
kvennváðir *f pl* women's clothing
kverk <*pl* kverkr> *f* the angle between the chin and neck
kvezk *2/3sg pres* of **kveðask**
kviða *f* lay, poem, ballad
kviðlingr <-s, -ar> *m* ditty, lampoon
kviðr <gen -ar, *pl* -ir, *acc* -u> *m* belly, abdomen; womb
kvikfé *n* livestock, cattle
kvikindi *n* creature
kvikr (*also* **kykr**) <*acc* kvikvan> *adj* living, alive
kvikvendi *n* a living creature, animal
kvisa <-að-> *vb* gossip, whisper
kvistr <*gen* -ar, *pl* -ir, *acc* -u> *m* branch, twig; letter stroke
kví <pl -ar> *f* pen, sheepfold
kvíagarðr *m* wall of a sheepfold
kvísl <*pl* -ir> *f* branch, fork; **kynkvísl** family line, lineage, pedigree, branch
kvómu *var* of **kómu**
kvæði *n* poem
kvæn *var* of **kván**
kvæma *1sg past subjunct* of **koma**
kvæmi *var* of **kœmi**, *3sg past subjunct* of **koma**
kvöddu *3pl past* of **kveðja**
kvöddusk *3pl past* of **kveðjask**
kykr *var* of **kvikr**
kykvendi *var* of **kvikvendi**
kýll *m* bag; sack
kyn <*dat pl* kynjum, *gen* kynja> *n* kin; lineage; kindred; **at kyni** by extraction, birth
kynfróðr *adj* amazingly wise
kynligr (*also* **kynlegr**) *adj* strange, extraordinary
kynslóð *f* generation, kin, race, progeny
kynna <-ti, -tr> *vb* make known, announce
kynni *1sg pres* of **kynna**
kynni *3sg/pl subjunct* of kunna
kynnik = **kynni** + **ek**
kynnisleið *f* visit
kynsæll *adj* blessed with good and great descendants
❖ **kyrr** <*comp* kyrrari, *superl* kyrrastr> *adj* still, calm; **sitja um kyrrt** remain quiet, wait patiently
kyrtill <*dat* kyrtli> *m* kirtle, cloak
kyssa <-ti, -tr> *vb* kiss
kýll <-s> *m* bag
kýr <*acc/dat* kú, *gen* kýr, *pl* kýr, *dat* kúm, *gen* kúa> *f* cow
kýss *2/3sg pres* of **kjósa**
kæra <-ði, -ðr> *vb* discuss, debate; bring forward, mention; complain of; [*w acc*] accuse, lay a charge against
kærleikr *m* love, affection
kœmi (*also* **kvæmi**) *3sg/pl past subjunct* of **koma**
kœmið *2pl past subjunct* of **koma**
kögursveinn <-s, -ar> *m* little boy, urchin; infant
kölluð *ppart* of **kalla** (*f nom sg, n nom/acc pl*)
kölluðu *3pl past* of **kalla**
köllum *1pres* of **kalla**
könnuðu *3pl past* of **kanna**
köpp *nom/acc pl* of **kapp**
köpuryrði *n* boasting; banter, idle words
kör <*gen sg, nom/acc pl* karar> *f* sick-bed

---

e-n (einhvern) = somebody, *acc*; **e-t** (eitthvat) = something, *acc*; **e-m** (einhverjum) = (for) somebody, *dat*; **e-u** (einhverju) = (for) something, *dat*; **e-s** (einhvers) = (of) somebody or something, *gen*

körtr <*gen* körts~kartar> *m* short, stocky man (*nickname*)

köstr <*dat* kesti, *gen* kastar, *pl* kestir, *acc* köstu> *m* (funeral) pyre

köttr <*dat* ketti, *gen* kattar, *pl* kettir, *acc* köttu, *gen* katta> *m* cat

L

lag <*pl* lög> *n* layer; thrust, stab; **at mörgu lagi** in many respects

laga *gen* of lög

laga <-að-> *vb* arrange; adjust, mend **lagask** *mid* adjust oneself; **lagask til [e-s]** enter into agreement with [sb], ally oneself with [sb]

lagða *1sg past* of **leggja**

lagði *3sg past* of **leggja**

lagðisk *2/3sg and 3pl past* of **leggjask**

lagiðr *ppart* of **leggja** (*m nom sg; also* **lagðr**, **laginn**)

lagsmaðr *m* companion

lagt *ppart* of **leggja** (*n nom/acc sg*)

lamb *n* lamb

lambskinnskofir *m* lamb-skin hood

lamða *1sg past* of **lemja**

lamit *ppart* of **lemja** (*n nom/acc sg*)

❖ **land** <*pl* lönd> *n* land; country; estate; **meginland** mainland

landauðn *f* devastation of an area, waste, desolation

landaurar *m pl* 'land-dues,' tax on travel (*see also* **eyrir**, **aurar**)

landherr <-hers~-herjar, -herjar> *m* country's war-band, army

landráð *n* the government of the land

landseti *m* tenant

landsfólk *n* people of a land/country

landskjálfti <-a, -ar> *m* earthquake

landskostr <*gen* -ar, *pl* -ir, *acc* -i~-u> *m* possession of land; best of land

landskyld *f* land tax, property tax

landsleg *n* (*also* **landslag**) 'lay of the land,' topography

landslög *n pl* law of the land

landsmaðr <-manns, -menn> *m* inhabitant of a land; countryman

landsréttr *m* the law of the land, customary rights

landsuðr *n* southeast

landvættr *f* land spirit

langa <-að-> *vb* long (for) (*usu impers* [*w acc subj*]); **langa til [e-s]** long for [sth]

langfeðgar *m pl* forefathers, ancestors (through the father's line)

langháls *m* long-neck (*nickname*)

❖ **langr** <*f* löng, *n* langt, *comp* lengri, *superl* lengstr> *adj* long (*of distance and time*)

langskip *n* longship

langæð *f* while, long duration

latr *adj* slow, lazy

lauf *n* foliage

Laufey *f* goddess, known only as mother of Loki

laufgrœnn *adj* leaf-green

laufsblað <*pl* laufsblöð> *n* leaf

laug <*dat* laugu, *pl* laugar> *f* bath

lauk *1/3sg past* of **lúka**

laukr <-s, -ar> *m* leek; garlic

laun *f* secrecy; **á laun** secretly, alone

laun *n pl* reward, recompense

launa <-að-> *vb* [*w dat*] reward; **launa [e-m] [e-u]** reward [sb] with [sth]; **launa [e-m] [e-t]** reward [sb] for [sth]

launráð *n* secret plan

laungetinn *ppart* illegitimate, natural, made in secret (*m nom/acc sg; see also* **laun**, **geta**)

laungetna *m acc pl, f acc sg* of laungetinn

laupr *m* box, basket

lausafé <*pl* -fjar> *n* movable property

lausari *comp adj* of **lauss**

laushárr *adj* having loose, flowing hair

lausn <*gen* -ar, *pl* -ir> *f* release; ransom; absolution; decision/judgment

❖ **lauss** *adj* loose; shaky, unsteady; free, unimpeded

laust *1/3sg past* of **ljósta**

laust *n nom/acc sg* of **lauss**

laut *1/3sg past* of **lúta**

lax <*gen* lax, *pl* laxar> *m* salmon

Laxárdalr *m* Laxardal (*place name*) Salmon River Valley

lá *f* liquid; **lá Hildar hjaldrgegnis** Odin's mead, a kenning for poetry

lá *1/3sg past* of **liggja**

lágr <*comp* lægri, *superl* lægstr> *adj* low; **bera lægra hlut ór** get the worst of it

lágu *3pl past* of **liggja**

lát *n pl* noise

❖ **láta** <lætr, lét, létu, látinn> *vb* let, allow, permit; put, place, set; behave; express, say; *ppart* dead, deceased; **láta á/at landi** put back to land; **láta fram** let go, yield, hand over; **láta gera** have built, have done; **láta laust** let loose, yield, give up, hand over; **láta sem** pretend, make or behave as if, let on as if; [*w infin*] have something done; **láta vel (illa) yfir [e-m]/[e-u]** to speak well (ill) of [sb]/[sth], express approval (disapproval) of [sb]/[sth]; **láta við [e-u]** agree, yield, give in to [sth]; **látask** *mid* declare (of oneself)

látim *2pl pres subjunct* of **láta**

látinn *ppart* of **láta** (*m nom/acc sg*), dead, deceased

látit *ppart* of **láta** (*n nom/acc sg*); allowed

látprúðr *adj* of gentle bearing

leðrhosa *f* leather bag

leðrhosu *acc/dat/gen sg* of **leðrhosa**

legði *3sg/pl past subjunct* of **leggja**

leggbiti *m poet* 'leg-biter,' sword

❖ **leggja** <lagði, lagiðr~lagðr~laginn> *vb* lay, place, put; stab, thrust; **leggja af** leave, remove, take off (clothing); **leggja frá** withdraw; **leggja ráð til** offer advice; **leggja í gegnum [e-n]** impale [sb], run [sb] through; **leggja í spánu** smash into pieces; **leggja til [e-s] með [e-u]** attack [sb] with [sth]; **lífit á leggja** lay down one's life; **leggjask** *mid* lay, set oneself; set out, proceed; swim; **leggjask á** arise; **leggjask á [e-t]** prey upon (of robbers, beasts of prey, *etc*), fall upon, attack [sth]; **leggjask niðr** lay oneself down; **leggjask út** set out (into the wilderness to live as an outlaw); **leggjask til** contribute; **[e-t] er til lagt við [e-n]** [sth] is granted to [sb]

leggr <-jar, -ir> *m* hollow bone (of arm and leg), leg, arm, limb; **í miðjan legg** to the middle of the leg, thigh, haunch; **fróns leggr** bone of the land, a kenning for rock

leggsk *all sg* of **leggjask**

legit *ppart* of **liggja** (*n nom/acc sg*)

legskaþu *poet* **leg(g)sk** + **-a** +**þú**, 'cease-not-you,' **hví ne leg(g)skaþu** why don't you lay off?

leidd *ppart* of **leiða** (*f nom sg* and *n nom/acc sg/pl*)

❖ **leið** *f* road, path; way; **á leið** on the way; **fara leiðar sinnar** go (on) one's way; **heim á leið** on one's way home, homeward

leið *1/3sg past* of **líða**

leiða <-ddi, -ddr> *vb* lead, conduct; **leiðask** *mid* be led, be persuaded

leiðangr <-rs> *m* levy

Leiði *m* Leid, a giant killed by Thor

leiðitamr *adj* easily led, genial, compliant

leiðr *adj* loathed, disliked, **leiðr [e-m]**

leiðrétta <-tti, -ttr> *vb* correct, put right, redress; **geta leiðrétt** be able to correct

leifa <-ði, -ðr> *vb* leave, leave as heritage; to leave behind, abandon, relinquish

leiga *f* rent, borrow; pay; interest; **með leigum** with interest

leika <leikr, lék, léku, leikit> *vb* play; **leika sér** play

leikit *ppart* of **leika** (*n nom/acc sg*)

leikr <-s, -ar> *m* game, play, sport, contest; [*gen pl* + **hvat**] **hvat leika er** what is going on; **á nýja leik** anew, in a fresh attempt; **með illan leik** narrowly, by a narrow escape; in poor condition

leir *n* mud, clay, loam

leirstokkinn = **leir** + **stokkinn** mud-spattered

leit *1/3sg past* of **líta**

leit *f* search; search party

❖ **leita** <-að-> *vb* [*w gen*] seek, search for; take to, have recourse to; proceed on a journey; **leitask** *mid*; **leitask um** examine, make a search

leitat *ppart* of **leita** (*n nom/acc sg*), sought for, intended

leiti *n* hill, elevation

leituðu *3pl past* of **leita**

lemja <lamði, lamiðr> *vb* thrash, flog, beat; maim; break

lendr *adj* describes one who has received a grant of land from a king, landed

lengð *f* length

❖ **lengi** <*comp* lengr (*time*), lengra (*distance*), *superl* lengst > *adv* long, for a long time; **lengst** longest; **sem lengst** as long (or far) as possible

lengja <-di~-ði, -dr~-ðr> *vb* lengthen, prolong

lengr *comp adv* longer (*time*), for a longer time

---

e-n (einhvern) = somebody, *acc*; **e-t** (eitthvat) = something, *acc*; **e-m** (einhverjum) = (for) somebody, *dat*; **e-u** (einhverju) = (for) something, *dat*; **e-s** (einhvers) = (of) somebody or something, *gen*

lengra *comp* of *adv* **lengi**
lengri *comp* of **langr**
lengst *superl* of *adv* **lengi**
lengstr *superl* of **langr**
lengt *ppart* of **lengja** (*n nom/acc sg*)
leppr *m* lock of hair
letja <latti, lattr> *vb* hinder, dissuade; **letja [e-n] [e-s]** dissuade [sb] from doing [sth]
leyfa <-ði, -ðr> *vb* give leave, allow; praise
leyfi *n* permission
leyna <-di, -dr> *vb* conceal, hide; **leynast** *mid* hide oneself, be concealed
leyniliga *adv* secretly
leynivágr <-s, -ar> *m* hidden/secluded bay/inlet
leysa <-ti, -tr> *vb* loosen, set free, untie, open; **leysa [e-n] í brott** find a place/situation for [sb]; **leysask** *mid* depart, remove oneself; decompose
leystisk *2/3sg past* of **leysask**
leystr *ppart* of **leysa** (*m nom sg*)
lék *1/3sg past* of **leika**
lérept *n* linen, clothes
lét *1/3sg past* of **láta**
létt *ppart* of **létta** (*f nom sg, n nom/acc sg/pl*)
létta <-tti, -ttr> *vb* [*w acc*] lighten; [*w dat*] lift; **létta [e-u]** desist from [sth]; relieve, ease
létu *3pl past* of **láta**
lézk *all sg past* of **látask**
lézt *2sg past* of **láta**
❖ **lið** *n* band of men, following, troops; support, assistance; people
liðin *ppart* of **líða** (*f nom sg, n nom/acc pl*)
liðr <*gen* -ar; *pl* -ir; *acc* -u> *m* joint of the body
liðsinni *n* help, assistance
liðveizla *f* support
lifa <-ði, lifat> *vb* live; be left; burn
lifir 2/3sg pres of **lifa**
❖ **liggja** <liggr, lá, lágu, leginn> *vb* lie (down); lie or lead (i.e. of a trail); **liggja í sárum** lie ill from one's wounds; **liggja kyrr á [e-u]** sit and rest [sth], go easy on [sth]; **liggja til** be fitting
liggjandi *pres part-noun m* a man lying down
liggr *2/3sg pres* of **liggja**
limar *f pl* branches (*see also m* **limr)**
limr <*gen* -ar, *pl* -ir, *acc* -u> *m* limb, branch
limrúnar *f pl* 'twig-runes'
lind *f* shield
linr *adj* kindly

list *f* art, craft, artifice, skill; refinement
litask <-að-> *vb* look around
litizk *ppart* of **lítask** (*n nom/acc sg*)
litklæði *n pl* colored clothes
litlu *n dat sg* of **lítill**, with little; [*as adv*] (by) a little, in a small way
litr *m* color, complexion; appearance; **at lit** in color
Litr *m* Lit (*mythological name*), dwarf kicked into Baldr's funeral pyre; also a giant
lituðusk *3pl past* of **litask**
líða <líðr, leið, liðu, liðinn> *vb* pass (*usu of time*); glide, pass (movement); **[e-t] líða á** *impers* [sth] passes, draws to a close; **líðr á náttina** the night is drawing to a close
líðk *poet* **líð (líða) + ek**
líf *n* life; **lífit á leggja** lay down one's life; **á lífi** alive
líflát *n* loss of life, death (*esp* violent)
lífláta <líflætr, líflét, líflétu, líflátinn> *vb* put to death, kill
líflátinn *ppart* of **lífláta** (*m nom/acc sg*), dead, deceased
líflátnir *ppart* of **lífláta** (*m nom pl*), dead, deceased
lík *n* body, corpse
líka <-að-> *vb impers* [*w dat sub*] like, be pleasing (to one)
líkami *m* body
líkast *superl adj* of **líkr**
líkendi (*also* **líkindi**) *n pl* likelihood
líki *m* compensation
líki *n* body; form, shape
líking *f* likeness, similarity
líkliga *adv* favorably
❖ **líkligr** *adj* likely, probable
líkligri *comp* of **líkligr**
líknsamastr *superl adj* of líknsamr
líknasamr *adj* merciful, gracious
líknstafir *m pl* comfort, good favor
❖ **líkr** *adj* [*w dat*] like, resembling; probable; promising
líkt *adv* likely (*n nom/acc sg* of *adj* **líkr**)
lín *n* flax; linen, linen garment, linen gear (especially the head-gear worn by women on the bridal day)
lína *f* bowline, rope; line; bridal veil (*see also* **lín**)
líta <lítr, leit, litu, litinn> *vb* look, see; **líta á [e-t]** look at [sth]; **líta til [e-s]** turn to [sb], acknowledge [sb], greet [sb]; **lítask** *mid* appear, seem; **[e-m] lízk á [e-n]/[e-t]** *impers* [sb/sth] looks to [sb]
lítilhæfr *adj* humble, moderate

❖ **lítill** <*f* lítil, *n* lítit> *adj* little; short, brief (*time*); **litlu síðar** shortly afterward, a little while later; **lítit veðr** not very windy weather
lítillátliga *adv* humbly
lítilræði *m* degredation
lítinn *m acc sg* of **lítill**
lítit *adv* little; **sjá lítit um** see little advantage in
lítt *adv* little
lízk *2/3sg pres* of **lítask**
ljá <lér, leði, léðr> *vb* [*w gen*] lend; **ljá [e-m] [e-s]** lend [sb] [sth]
ljóð *n* song, poem; verse or stanza of a song; ditty, charm in verse
ljóða <-að-> *vb* sing; recite verses
ljóðaháttr *m* chant meter
ljóma <-að-> *vb* shine
ljómi <-a, -ar> *m* radiance
ljósjarpr *adj* light-chestnut
ljóss *adj* light
ljósta <lýstr, laust, lustu, lostinn> *vb* strike; **ljósta til** strike (= **ljósta**); **ljósta árum í sæ** dip the oars into the sea, begin to row
loðbrók <*pl* loðbrœkr~-brækr> *f* shaggy-breech(es); *also a nickname*
loðinhöfði *m* shaggy head (*nickname*)
loðinn *adj* shaggy, hairy
loðkápa *f* hairy cloak
loðna *m acc pl and f acc sg* of **loðinn**
loðnir *m nom pl* of **loðinn**
lof *n* praise, eulogy
lofa <-að-> *vb* praise; allow, permit; promise
lofat *ppart* of **lofa** (*n nom/acc sg*)
logi <*-a, -ar*> *m* flame, fire, blaze
Loki *m* Loki (*mythological name*) the trickster god
lokinn *ppart* of **lúka** (*m nom/acc sg*)
lokit *ppart* of **lúka** (*n nom/acc sg*)
lokka <-að-> *vb* entice, allure
lokrekkja *f* locking bed-closet
lokrekkjugólf *n* locking bed-closet
lopt *n* sky, heavens, air; [*w acc (of motion)/dat (of location)*] *acc* **á lopt**, *dat* **á lopti** aloft, in the air
losna <-að-> *vb* become loose, get free; dissolve, break up; get away
lostit *ppart* of **ljósta** (*n nom/ac sg*)
lota *f* turn, round, time
lotum *adv* from time to time, by turns (*see also* **lota**)
lófi <-a, -ar> *m* palm of the hand
lóga <-að-> *vb* [*w dat*] part with, make away with
lón *n* lagoon, also used as a placename
lukla *acc/gen pl* of **lykill**
luku *3pl past* of **lúka**
lund <*pl* -ir> *f* manner; mind, temper; **á þessa lund** in this manner
lundr <*gen* -ar> *m* grove
lunga *n* lung
lustu *3pl past* of **ljósta**
lúðr <*gen* -rs> *m* quern-stand; trumpet
lúfa *f* shaggy-hair (*nickname*)
lúka <lýkr, lauk, luku, lokinn> *vb* [*w dat*] close; end, conclude; shut; **lúka [e-t/e-u] upp** unlock, open [sth]; **lúka við** end, finish with; **lýkr yfir** *impers* an end is reached; **áðr lúki** before the case is ended; **lúka einu** it is finished, exhausted
lúta <lýtr, laut, lutu, lotinn> *vb* bow, bend down; give in
Lútr *m* Lut, a giant killed by Thor
lútr *adj* stooping, bent over
lygi *f* lie, falsehood
lykð *var* of **lykt**
lykill <*dat* lykli, *pl* luklar~lyklar, *acc* lukla~lykla> *m* key
lykt (*also* **lykð**) *f* [*usu in pl*] end, conclusion; **til lykta** until the end
lyngormr <-s, -ar> *m* heather-snake
lypta <lypta, lyptr> *vb* [*w dat*] lift, raise
lypting *f* raised deck (in the after-part of warships)
lysta <-ti, -tr> *vb impers* [*w acc subj*] desire, intend, wish to
lýðir *m pl* people, subjects, followers, troops
lýkr *2/3sg pres* of **lúka**
lýsa <-ti, -tr> *vb* light up, illuminate, shine; proclaim, announce; show; manifest; **lýsa víginu á hendr [e-m]** proclaim the killing to be on [sb]'s hands; *impers* shine, beam; **lýsa [e-u]** proclaim [sth]; **lýsir af honum** light shines from him
lýsigull *n* bright gold
lýst *1sg pres* of **ljósta**
lýstr *2/3sg pres* of **ljósta**
læ <*dat* lævi> *n* destruction, that which destroys; **sviga læ** 'destroyer of sticks', kenning for fire
lægðr *ppart* of **lægja** (*m nom sg*), low-lying
lægi *3sg/pl past subjunct* of **liggja**
læging *f* disgrace, humiliation

---

e-n (einhvern) = somebody, *acc*; **e-t** (eitthvat) = something, *acc*; **e-m** (einhverjum) = (for) somebody, *dat*; **e-u** (einhverju) = (for) something, *dat*; **e-s** (einhvers) = (of) somebody or something, *gen*

lægja <-ði, -ðr> *vb* let down, lower; *impers* sink
lægra *n sg* of **lægri**
lægri *comp* of **lágr**
lækna <-að-> *vb* cure, heal
lækning *f* cure; medicine, art of healing
læknir <-is, -ar> *m* doctor, physician, healer
lærleggr <-jar, -ir> *m* thigh bone
læsa <-ti, -tr> *vb* [*w dat*] lock, shut
læt *1sg pres* of **láta**
lætr *2/3sg pres* of **láta**
lœkr <-jar, -ir> *m* brook, stream, rivulet
lög <*gen* laga> *n pl* laws, law; **til fullra laga** to the full extent of the law
lögberg *n* 'law-rock' at the Icelandic althingi
lögð *ppart* of **leggja** (*f nom sg, n nom/acc pl*)
lögðu *3pl past* of **leggja**
lögkœnn *adj* skilled in the law
lögligr *adj* legal, lawful
lögmaðr *m* lawman, lawyer
lögmál *n* legal procedure
lögr <*dat* legi, *gen* lagar, *pl* legir, *acc* lögu> *m* sea; water; any liquid
lögskyld *f* legal dues
lögsögumaðr <-manns, -menn> *m* 'law-speaker,' elected position of the Icelandic Commonwealth
lögtekinn *ppart* of **lögtaka** (*m nom/acc sg*); take as law
lögvillr *adj* mistaken in point of law, confused about the law
lögvörn *f* defence at law
lönd *n nom/acc pl* of **land**
löngu *adv* long, far off; long since

M

❖ **maðr** <*acc* mann, *dat* manni, *gen* manns, *nom/acc pl* menn, *dat* mönnum, *gen* manna> *m* man; person, human being; **veiðimaðr** hunter, huntsman
magar *gen sg* of **mögr**
magr <*f* mögr, *n* magrt, *acc* magran> *adj* thin
magna <-að-> *vb* to charm, strengthen by spell, to empower; to grow strong; in fjölkynni and seið to work a spell; **magnast** *mid* to increase in power, to grow in strength
magni *dat sg* of **megin**
maki <-a, -ar> *m* [*w dat*] equal, match
makligr *adj* meet, proper, becoming; deserved, fitting
malmr *var* of **málmr**
man <*dat* mani> *n* household, house folk; bondwoman, female slave; woman, young woman, maid
man *1/3sg pres* of **muna**
man *1/3sg pres var* of **munu**
mansöngr *m* love song
mann *acc sg* of **maðr**
manna *gen pl* of **maðr**
mannabein *n pl* human bones
mannaðr (= **men(n)tr**) *adj* accomplished, well educated
mannaforráð *n* authority (= **goðorð**)
mannamót *n* meeting
mannaskipti *n pl* exchange of men, hostages
mannbroddr <-s, -ar> *m* spike, iron cleats attached to shoes
manndráp *n* killing, homicide, slaughter
mannfall *n* casualties (in battle)
mannfjölði *m* large crowd of men
mannfólk *m* men, menfolk, troops, crew
mannfundr *m* meeting, gathering
man(n)gi <*gen* mannskis> *pron* no man, nobody
mannhringr *m* ring of men
manni *dat sg* of **maðr**
mannkind *f* human beings; mankind; race
mannliga *adv* manly
mannlíkun (*also* **mannlíkan**) *f* human image, human shape
mannmargr *adj pron* with many men; **hafa mannmargt** to have many people, forces
mannraun *f* danger, peril, trial; adversity
mannskœðr *adj* life-threatening
mannval *n* choice people, select body of men
mannvit *n* intelligence, understanding
mannvænn *adj* promising
margbreytinn *adj* fickle, capricious, unpredictable
marghàttaðr *adj* of many kinds, varied
margmennr *adj* with many men
❖ **margr** <*f* mörg, *n* margt~mart, *comp* fleiri, *superl*

flestr> *adj* [*w sg*] many a; [*w pl*] many

margspakr *adj* very wise

margspök *f nom sg and n nom/acc pl* of **margspakr**

mark <*pl* mörk> *n* mark, importance; **friðarmark** sign, token of peace

marka <-að-> *vb* mark, draw; fix; mark as one's property; mark with an emblem; heed, mind; signify, mean; infer, observe; **þar eptir mátt þú marka fegrð hans** accordingly, you can judge his beauty

markaðr (*also* **marknaðr**) <*gen* -ar> *m* market; monetary claim; **eiga marknað í annars garði** have a claim against the other

Markland *n* 'Forest country,' a region along the North American Atlantic

marknaðr *var* of **markaðr**

marr <-s, -ar~-ir> *m poet* steed, horse

marr <-ar> *m* sea

mart *n nom/acc sg* of **margr**

mataðisk *3sg past* of **matask**

matask **<-að->** *vb* to eat a meal

matazk *ppart* of **matask** (*f nom sg, n nom/acc sg/pl*)

matarillr *adj* stingy with food, food-stingy

matbúa <see **búa**> *vb* prepare food, cook

matr <-ar, -ir> *m* food

matsveinn <-s, -ar> *m* cook

má *1/3sg pres* of **mega**

mágr <-s, -ar> *m* male in-law

❖ **mál** *n* speech, narrative, talk; dialogue; lay; language; saying; deliberation, discussion; case, matter, affair; agreement; meal; *leg* suit, action, case;*pl* poem; **at engu máli** in no legal case

mál *n* time

mála *f* woman friend

málaferli *n pl* lawsuits, litigation

málaflutningr *m* pleading of suits

málafylgjumaðr (*also* **málafylgismaðr**) *m* lawyer

málaháttr *m* speech meter

málaleitan (*also* **málaleitun**) *f* negotiation

málaleitun *var* of **málaleitan**

málalok *n pl* the end, conclusion of a case or matter

málalykðir *f pl* conclusion of a lawsuit

málfeti *var* of **málmfeti**

málgir *m nom pl* of **máligr**

máligr <*m acc sg* málgan, *m nom pl* málgir> *adj* talkative

mállaki *m* physical speech defect

málmfeti (*also* **málfeti)** *m* name for a horse; **málmfeti varrar** *poet* ship, horse pulled by an oar

málmr <-s, -ar> *m* metal, ore

málmþing (*also* **malmþing**) n 'iron-thing,' battle

málnyta *f* milch cows

málrúnar *f pl* 'runes of speech'

málstefna *f* meeting, conference

málugr *adj* talkative

málþörf <*gen* -þarfar; *pl* -þarfir> f matter requiring discussion

máni *m poet* moon

mánuðr (*also* **mánaðr**) <*gen* mánuðar, *pl* mánuðr> *m* month

már <*dat* mávi~máfi, *gen* más, *pl* mávar> *m* gull, sea-gull

mástallr *m poet* sea, stall of the sea-gull

mátt *2sg pres* of **mega**

mátta *1sg past* of **mega**

mátti *3sg past* of **mega**

máttigak *poet* 'could I not,' **mátta** + **-gi** + **ek**

máttira *poet* 'you could not,' **máttir** (*2sg past* of **má**) + **-a**

máttr <*dat* mætti, *gen* máttar> *m* strength

máttu = **mátt** + **þú** (*2sg pres* of **mega** *w 2sg pron*)

máttugr *also* **máttigr** <acc/ máttkan> *adj* mighty

máttlítill *adj* weak, faint, feeble, exhausted

mátþú *var* of **máttu**

❖ **með** *prep* [*w acc*] with (*in the sense of bringing, carrying, or forcing*); [*w dat*] with (*in the sense of accompanying or togetherness*)

meðal (*also* **á meðal**, **í meðal**) *prep* [*w gen*] among, between

meðan *conj* while, meanwhile, as long; **á meðan** in the mean time, meanwhile

❖ **mega** <má, mátti, mátt> *pret-pres vb* can, may; be able; **má vera** maybe; **mega vel** be well

megak *poet* 'I can,' (**mega + ek**)

megi *dat sg* of **mögr**

megin *adv* on the side; **þeim megin** on that side; **öðrum megin** on the other side; **öllum megin** on all sides; **meginland** mainland

megin <*dat* magni~megni, *gen* -s> *n* power, might, ability; main part of [sth]

megindráttr <*dat sg* -drætti> *m* mighty haul

megindrætti *dat sg* of **megindráttr**

---

e-n (einhvern) = somebody, *acc*; **e-t** (eitthvat) = something, *acc*; **e-m** (einhverjum) = (for) somebody, *dat*; **e-u** (einhverju) = (for) something, *dat*; **e-s** (einhvers) = (of) somebody or something, *gen*

megingjarðar *f pl* girdle of strength

megingjörðum *dat* of **megingjarðar**

meginland *n* mainland (*see also* **megin**, **land**)

meginrúnar *f pl* 'might-runes' powerful runes

meginserkr <*pl* -serkir> *m* 'strength-shirt' or 'main-shirt;' sark

megintírr <*gen* -tírs~-tírar> *m* great fame, glory

megir *nom pl* of **mögr**

meiða <-ddi, -ddr> *vb* injure, hurt, damage; **meiðask** *mid* become injured, hurt, damaged

meiðmar *f pl* treasures

meiðr <*gen* -s~-ar> *m* beam; a wooden pole; sledge-runner; tree; gallows tree; *poet* the World Ash Yggdrasill

mein *n* sore, disease; hurt, harm

meinblandinn *adj* posionous (see **mein**, **blanda**)

meingefit = **mein** + **gefit**; [*as adj*] maliciously inclined, given to (cause) harm

meinlæti *n* torment

meir *comp adv* of **mjök**, more

meira *n sg* of **meiri**

meiri *comp adj* of **mikill**, more

meizl *n* (*esp pl*) bodily hurting, injuries; mutilation

melgreypr *adj poet* champing at the bit, bit-champing

mella *f* noose; *poet* giantess

melrakki <-a, -ar> *m* fox, arctic fox

meltorfa *f* turf grown with lyme grass

men <*dat pl* menjum, *gen* menja> *n* necklace; [*pl*] treasures, jewels; **storðar men** necklace of the earth, a kenning for the Midgard serpent

mentr *var* of **menntr**

menn *nom/acc pl* of **maðr**

mennskr *adj* human

mennt <pl -ir> *f* accomplishment, art; **gangask um menntir** better oneself as to manners or talents, possess talents

men(n)tr *adj* accomplished, (well-)bred, educated

menstríðir *m* distresser of rings, neck-ring afflicter (generous man)

merar *gen sg* of **merr**

mergr <*dat* merg~mergi, *gen* mergjar, *pl* mergir> *m* marrow

merki *n* boundary; mark, banner; **mikit merkjum** extensive, of wide expanse; token, specimen

merkja *gen pl* of **merki**

merkja <-ta, -tr> *vb* mark; draw; observe; notice

merkjum *dat pl* of **merki**

merr <*acc/dat* meri, *gen* merar, *pl* merar> *f* mare

messing *f* brass

mest *superl adv* of **mjök**, most

mestháttar *adv* most remarkably

mestr *superl adj* of **mikill**

meta <metr, mat, mátu, metinn> *vb* estimate, value; measure

metin *ppart* of **meta** (*f nom sg, n nom/acc pl*)

metnaðargjarn *adj* ambitious

mey *acc sg* of **mær**

meydómr *m* maidenhood, virginity

meyjar *gen sg, nom/acc pl* of **mær**

meyju *dat sg* of **mær**

mér *dat* of **ek**

mið <*dat pl* miðum~miðjum> *n* middle; **í miðit** in the middle

Miðgarðr *m* Midgard (*mythological name*) world of humans (*see also* **Ásgarðr**)

Miðgarðsormr *m* Midgardsorm (*mythological name*) the Midgard Serpent, World Serpent

miðja *f* middle

miðjan *m acc sg* of **miðr**

miðju *n dat* of **miðr**

miðla <-að-> *vb* share, hand out; **miðla [e-t] við [e-n]** share [sth] with [sb]; [*w acc*] compromise; [*w dat*] mediate, arbitrate

miðli *var* of **milli**

❖ **miðr** <*m acc* miðjan, *n nom* mitt> *adj* middle

miðsumar *n* midsummer

mik *acc* of **ek**, me

❖ **mikill** <*f* mikil, *n* mikit, *comp* meiri, *superl* mestr> *adj* big, tall, great; much, very; **mikill fyrir sér** powerful, strong; **geysimikill** *adj* very great

mikillátr *adj* proud

mikinn *adv* hard, fast; *n acc sg* of **míkill**

mikit *adv* greatly

Miklagarðr *m* Miklagard (*place name*) Constantinople

miklu *adv* much (*w comparatives*)

miklu *dat sg n* of **mikill**

mildr *adj* mild, gentle, gracious; munificent, generous, liberal

❖ **milli** (*also* **millum**, **á milli** *or* **í milli**) *prep* [*w gen*] between

millum *var* of **milli**; **fara í millum landa** to travel from one land to another, *i.e.*, to trade

minjar <*gen* minja> *f pl* remembrance, memorial; keepsake, souvenir

❖ **minn** <mín, mitt> *poss pron* my

minna <-ti, -tr> *vb* remind; **minna [e-n] [e-s]** remind [sb] of [sth]; **minnask** *mid* [*w gen*] remember, call to mind

minni *comp adj* of **lítill**, less, lesser, smaller

minni *n* memory; picture (intended to call [sth] to mind)

minning *f* reminder; memory

minnka <-að-> *vb* lessen, diminish; **minnkask** *mid* grow less, decrease

minnr *adv* less

minnst *superl adv* of **litt**

minnstr *superl adj* of **lítill**

minntisk *3sg past* of **minnask**

minntusk *3pl past* of **minnask**

minntust *var* of **minntusk**

minzt *var* of **minnst**

mis- *pref* unequal, alternately; amiss, wrong, wrongly; bad, badly; mis-

misfari *m* difference in speed

misjafnt *adv* unequally; **hyggja misjafnt til** have doubts about

miski *m* offence, harm

misklíð *f* discord, dispute

miskviðalaust *adv* without flaw in the pleading, procedure

mislíka <-að-> *vb* (impers) [*w dat*] displease

misráðit *ppart* ill-advised (*n nom/acc sg) see also* **mis-**, **ráða**)

missa *f* loss, want

missa <-ti, -tr> *vb* [*w gen*] miss, fail to hit; be without; miss, feel the want of; lose, suffer loss of

misseri *n* season, period of six months; [*pl*] a cycle of seasons, a year

mistilteinn <-s> *m* mistletoe

mitt *n nom/acc sg* of **minn**

Mímir (*also* **Mímr**) <*gen* Mímis> *m* Mimir (*mythological name*) god, associated with well of wisdom under Yggdrasil

Mímr <*gen* Míms> Mim (*mythological name*) possible *var* of **Mímir**, Áss given as a hostage after war, decapitated head consulted by Odin

mín *f nom sg and n nom/acc pl* of **minn**

mína *m acc pl, f acc sg* of *poss pron* **minn**

míns *m/n gen sg* of *poss pron* **minn**

mínum *m dat sg, all dat pl* of *poss pron* **minn**

mjólk <*gen* mjólkr> milk; **mjólká** *f* river of milk

kiðjamjólk goatsmillk;

mjólka <-að-> *vb* milk

mjórr *adj* slender, thin

mjóvastr *superl adj* of **mjórr**

mjöðr <*dat* miði, *gen* mjaðar> *m* mead

❖ **mjök** <*comp* meir(r), *superl* mest> *adv* much, very; almost, very nearly

Mjöllnir *m* the hammer of Thor

Mjötviðr <-s> *m* Mjotvidr (*mythological name*), World-Tree, Yggdrasil

mold *f* mould, earth, dirt

moli *m* small piece, crumb; (*also collective*) bits, fragments

mon *var* of **mun**

monum *var* of **munum**

morði *n* murder

❖ **morginn** (*also* **morgunn**) <*gen* morgins, *pl* mornar~morgnar> *m* morning; **í morgin** this morning

mor(g)ni *dat sg* of **morgunn**

morgunn *var* of **morginn**

móðerni *n* motherhood; mother's side of a family

Móðguðr *f* Modgud (*mythological name*), name of the giantess who guards the bridge over the river Gjoll on the way to hel

❖ **móðir** <*acc/dat/gen* móður, *pl* mœðr, *dat* mœðrum, *gen* mœðra> *f* mother

móðir <*acc/dat/gen sg* móður, *nom/acc pl* mœðr, *gen pl* mœðra> *f* mother

móðr <-s> *m* rage, wrath, passion, excitement

móðr *adj* weary, exhausted, worn out

móðurbróðir *m* mother's brother, uncle

móðöflugr *adj* mighty of mood, bold

mót *n* manner, way; **í mót** *prep* [*w dat*] towards, against; in return; **koma/fara til móts við [e-n]** come/go to meet with [sb]; **gera í mót [e-m]** move, act against [sb], oppose [sb]

❖ **móti** (*also* **á móti** *or* **í móti**) *prep* [*w dat*] towards, against; in return

Mótsognir *m* Motsognir, (*mythological name*) foremost of dwarves

muðr *var* of **munnr**

mun *1/3sg pres* of **munu**

muna <man, mundi, mundu, munaðr> *vb* remember

muna <-að-> *vb* move, advance; make a difference

---

e-n (einhvern) = somebody, *acc*; **e-t** (eitthvat) = something, *acc*; **e-m** (einhverjum) = (for) somebody, *dat*; **e-u** (einhverju) = (for) something, *dat*; **e-s** (einhvers) = (of) somebody or something, *gen*

munat = **mun** + **-at**, will not

mund *f* hand

mund *n (in sg) or f (in pl)* moment; situation, circumstance; **í þær mundir** in those times; in those circumstances; **í þetta mund** at that moment

mundak *poet* **munda** + **ek**

mundi (*var* of **myndi**) *3sg/pl past subjunct* of **munu**

mundu *past inf* of **munu**

mundum *1pl past* of **munu**

muni *3sg/pl pres subjunct* of **munu**

munk *poet* **mun** + **ek**, 'I will'

munkat *poet* 'I will not,' **mun** + **ek** + **at**

munnr (*also* **muðr**) <-s, -ar> *m* mouth

munr *m* difference, importance; **fara í engan mun** amount to no importance; **þeim mun** to that extent

muntu = **munt þú**, will you (*sg*)

❖ **munu** <mun~man, mundi, *past inf* mundu> *pret-pres vb* will, shall; to be sure to, must (*probability*); would, must (*in past tense*)

Muspell (*also* **Múspell**, **Muspellsheimr**) *m* Muspell (*mythological name*), world of fire in early Norse mythology; name of an individual connected with fire

múli *m* projecting ridge (between two valleys)

Múspell

myklu *var* of **miklu**

myndi (*also* **mundi**) *3sg/pl past subjunct of* **munu**

myndu *var past inf and 3pl past* of **munu**

myni *var* of **muni**

mynni *n* mouth (of a river or fjord)

myrkr <*gen* myrkrs> *n* darkness (in singular and plural)

myrkr <*f* myrk, *n* myrkt~myrt> *adj* dark

myrkviðr *m* dark wood

mýrr <*acc/dat* mýri, *gen* mýrar, *pl* mýrar> *m* bog, swamp, mire; moor

Mývatn *n* Myvatn (*place name*) Midge Lake

❖ **mæla** <-ti, -tr> *vb* say, speak; suggest; *leg* **mæla eptir [e-t]/[e-n]** take up the prosecution for [sth]/[sb] (who was murdered or wronged); **mæla fyrir [e-u]** declare [sth]; **mæla illa fyrir [e-u]** speak ill of, condemn [sth]; **mæla málum** plead a cause; **mæla til [e-s]** stipulate, fix [sth]; **mæla [e-n] undan [e-u]** beg [sb] to be excused from [sth], excuse one(self) from [sth]; **mæla við [e-n]** speak to *or* with [sb], say to [sb]; **mæla [e-u] við [e-n]** say [sth] to [sb]; **mæla við [e-u]** deny [sth], contradict [sth], refuse [sth]; **mælask illa fyrir** be ill spoken of, condemned

mælt *ppart* of **mæla** (*f nom sg, n nom/acc sg*)

mælti *1/3sg past* of **mæla**

mæltisk *2/3 sg past* of **mælask**, *mid* of **mæla**

mæltu *3pl past* of **mæla**

mær <*acc* mey~mær, *dat* mey(ju)~mær, *gen* meyjar~mærar, *pl* meyjar, *dat* meyjum, *gen* meyja> *f* maid, girl, virgin

mærð <*gen* -ar> *f* praise, glory

mærr *adj* famous, glorious

mætr *adj poet* valuable, worthy, excellent

mætti *3sg/pl past subjunct* of **mega**

mæztr *superl adj* of **mætr**

mœdda *m acc pl* of **mœddr**

mœddr *ppart* of **mœða** (*m nom sg*), exhausted

mœða <-ddi, -ddr> *vb* make weary, exhaust; **mœðask** *mid* become wearied, become exhausted

mœði *f* weariness, exhaustion

mœðra *gen pl* of **móðir**

Mœrr <*acc* Mœri, *dat* Mœri, *gen* Mœrar> *f* Moer (*place name*), a region in West Norway

mœta <-tti, -tt> *vb* [*w dat*] meet; **mœtask** meet one another

mœtisk *1/2/3sg pres* of **mœtask**

mœttisk *2/3sg past* of **mœtask**

mœttusk *3pl past* of **mœtask**

mögfellandi *m* kin-slaying (one)

mögr <*dat* megi, *gen* magar, *pl* megir, *acc* mögu> *m poet* son, boy

mön <*gen* manar, *pl* manar> *f* mane

mönnum *dat pl* of **maðr**

mörg *f nom sg and n nom/acc pl* of **margr**

mörgum *strong m dat sg, all dat pl* of **margr**

mörk *f* forest

mörum *dat pl* of **marr**

mösurr *m* maple

mötuneyti *n* common store of food; **leggja mötuneyti sitt** make their provision into a common store

N

naddfár *n poet* 'spear-danger,' battle
naðr <-rs> *m* adder, serpent
nafn <*pl* nöfn> *n* name; **spyrja [e-n] at nafni** ask the name of [sb]
nafnfrægr *adj* famous
nagl <nagls, negl> *m* nail (of the body)
Naglfar *n* Naglfar, a mythical ship made of nails
nagli <-a, -ar> *m* nail, spike; **geirnagli** nail that connects the spearhead to the shaft
nakkvarr *var* of **nökkurr**
nam *1/3sg past* of **nema**
namt *2sg past* of **nema**
Nanna *f* Nanna (*mythological name*), wife of **Baldr**
nauð(r) *f* need, distress
nauðgjald *n* forced payment
nauðsyn <*pl* nauðsynjar> *f* necessity
naut *n* cattle, oxen
naut *1/3sg past* of **njóta**
nautka *poet* **naut** (*1/3sg past* **njóta**) + **-ka** (negative suffix)
ná <náir, -ði, nát> *vb* [*w dat*] reach, catch, overtake; get, obtain; [*w inf*] be able to
nábúi *m* neighbor
nágrindr *f pl* gates of the dead
náinn <*f* náin, *n* náit> *adj* near, nearly related
nákvæmastr *superl adj* nearest-coming; nearest
nálægr *adj* near at hand, close by; nearly touching
náliga *adv* nearly; scarcely
námu *3pl past* of **nema**
nánastr *superl* of **náinn**
nánd *f* neighborhood, vicinity, nearness, proximity; **koma í nánd(ir) [e-m/e-u]** come near to [sb/sth]
nár <*gen* nás, *pl* náir, *acc* nái, *dat* nám> *m* corpse, dead man
náskyldr *adj* nearly related
nátt *var* of **nótt**
náttból *n* night-quarters
náttlangt *adv* the whole night long
náttstaðr *m* night-quarters
náttúra *f* nature, peculiarity; **náttúrur** *pl* spirits, powers
náttverðr (*also* **nátturðr**, **nótturðr**) <-ar> *m* supper
náungi *m* kinsman
ne *var* of **né**
neðan *adv* from below, beneath, underneath; **fyrir neðan** *prep w dat* below
neðra *n sg comp adj* of **neðri**
neðri *comp adj* lower
nef <*gen pl* nefja> *m* nose; nasal bone; beak
nefja *f* long-nosed? (*nickname* with uncertain meaning)
nefna <-di, -dr> *vb* name, call; **nefnask** *mid* call oneself
nefndisk *2/3sg past* of **nefnask**
nefnzk *ppart* of **nefnask** (*f nom sg, n nom/acc sg/pl*)
nei *adv* no
neinar *f nom/acc pl* of **neinn**
neinn <*f* nein, *n* neitt> *indef pron* any; [*w negation*] **eigi...neinn** not any
neita <-að- and -tti, -ttr> *vb* [*w dat*] deny, refuse, reject
neittu *3pl past* of **neita**
nema <nemr, nam, námu, numinn> *vb* take; begin; **nema stað(ar)** stop, halt
❖ **nema** *conj* except, unless, but (that); [*w subjunct*] unless
nenna <-ti, -t> *vb* [*w dat or inf*] have a desire to, be disposed to
Nepr *m* Nep (*mythological name*), father of the goddess **Nanna**
neppr *adj* exhausted
nes *n* ness, headland
nest *n* traveling provisions
nestbaggi *m* provision-bag
neyta <-tti, -ttr> *vb* [*w gen*] use, make use of
nezla *f* fastening-loop
❖ **né** *conj* nor
niðfölr *adj* [*probable meanings*] pale as rust, pale as the waning moon, darkly pale; name of an eagle at Ragnarok
❖ **niðr** *adv* down (*motion or direction toward*), downwards; **falla niðr** drop, forget, cancel
niðr <-s, *pl* nidjar, *acc* niði, *gen* niðja> *m* kinsman, relative
Niflheimr <-s> *m* Niflheim (*mythological name*), 'mist world,' place or home of the dead, lower hell

---

e-n (einhvern) = somebody, *acc*; **e-t** (eitthvat) = something, *acc*; **e-m** (einhverjum) = (for) somebody, *dat*; **e-u** (einhverju) = (for) something, *dat*; **e-s** (einhvers) = (of) somebody or something, *gen*

Niflhel <-jar> *m* Niflhel (*mythological name*), lower hell

níð *n* insult, shame, dishonor

níða <-ddi~-tti, -ddr~-ttr> *vb* insult, lampoon, shame

níðstöng <*gen* -stangar, *pl* -stangir> *f* pole of insult (*see* **níð, níða**)

nítt *ppart* of **níða** or **níta** (*n nom/acc sg)*

❖ **níu** *num* nine

níundi *ord* ninth

Njarðar *gen* of **Njörðr**

njósn *f* spying, scouting, look out; news; **hafa njósn af um för [e-s]** spy on, have a watch kept on [sb's] movements

njósna <-að-> *vb* spy, get intelligence

njóta <nýtr, naut, nutu, notinn> *vb* have the use of; enjoy; derive benefit from

njótr <-s, -ar> *m* benefiter, user

njóttu *imp* **njót** + **þú** 'use you'

Njörðr <*gen* Njarðar> m Njord, god of the sea, one of the **Vanir**

nokkurr *see* **nökkurr**

nokkvorr *see* **nökkurr**

norðan *adj* from the north; **fyrir norðan [e-t]** north of [sth]

norðanverðr *adj* northern

norðr *adv* north, northwards

norðr *n* north

norðrálfa *var* of **norðrhálfa**

norðrhálfa *f* northern half (of world; Europe)

Norðrlönd *n pl* Northern Lands (Northern Europe)

Noregr (*also* **Nóregr** *or* **Norvegr**) <-s> *m* Norway, *lit* northern way or *norð-vegr*

Norðmaðr <-manns, -menn> *m* Norseman, Norwegian

Norðmannalið *n* a band of Norsemen

Norn <*pl* -ir> *f* one of three Fates in Norse mythology; a female supernatural being

norrœnn *adj* Norse, Norwegian

Norvegr (*also* **Noregr, Nóregr, Norvegr**) <-s> *m* Norway

Nóatún *n* Njord's home, *lit* precinct of ships (**nóa**), i.e. sea (*see* **Njörðr**)

nóg *adv* enough

nórrœnn *var* of **norrœnn**

❖ **nótt** (*also* **nátt**) <*gen* nætr; *pl* nætr> *f* night; **of nætr** by night

nótturðr *var* of **náttverðr**

numin(n) *ppart* of **nema**

numit *ppart* of **nema** (*n nom/acc sg*)

❖ **nú** *adv* now, at this time

nyt *f* milk (of sheep and cows); *esp pl* use, advantage; *esp pl* pleasure, enjoyment

nýjaleik *adv* **á nýjaleik** again, anew

nýkominn = **ný** + **kominn** recently come, just arrived

nýr <*acc* nýjan, *f* ný, *n* nýtt> *adj* new

nýrekinn = **ný** + **rekinn** recently driven, just collected

nýrekit *n nom/acc sg* of **nýrekinn**

nýsa <-ti, -t> *vb* pry into; peer; enquire

nýta <nýtti, nýttr> *vb* profit; **nýtask** *mid* be of use

nýtr *2/3 sg pres* of **njóta**

nýtr *adj* usable, useful

nývaknaðr *adj* newly awoke

næfr <*pl* næfrar> *f* birch bark

næmi *n* study, learning

❖ **nær** *adv* nearly; **hvé nær** *conj* when; *comp adv* nearer

næst *superl adv* next; **þessu næst** thereafter

❖ **næstr** *superl adj* next; nearest; following

nætr (*also* **nœtr**) *gen sg, nom/acc pl* of **nótt**

nætrelding *f* dawn

nœtr *var* of **nætr**

nöfn *nom/acc pl* of **nafn**

nöglum *dat pl* of **nagl**

❖ **nökkurr** (*also* **nokkurr, nakkvarr**) <*f* nökkur, *n* nökkut> *indef pron* any, anybody; some, a certain

nökkut (*also* **nakkvat**) *adv* somewhat

nökkvi *m* vessel, small ship

nökkvorr *var* of **nökkurr**

nös <*gen* nasar, *pl* nasar~nasir> *f* nostril; *esp pl* nose

O

oddi *m* point of land; triangle

oddr <-s, -ar> *m* point

of *adv* too; *prep* [*w acc/dat*] over, [*of time*] in, during; [*w acc*] of, about

of *enclitic particle poet* (adds the idea of completion to the verb that it precedes)

❖ **ofan** *adv* down, downwards; from above

ofan á *prep* [*w acc*] down (from above) to

ofanverðr *adj* upper, on the top

ofarstr *var* of **ofastr**

ofastr *superl adv* of **of** highest

ofgangr *m* excess, abuse

ofmetnaðarmaðr *m* arrogant man

ofmetnaðr *m* arrogance

ofra <-að-> *vb* raise up, perform, achieve; make known, increase

ofrak = ofra + ek, I perform

ofrhiti *m* excessive heat

ofrhugi: *m* a fearless, daring man

ofríki *n* tyranny, sheer force; **bera [e-n] ofríki** overcome [sb] by sheer force

ofrlið *n* superior force; **bera [e-n] ofrliði** overpower [sb]

ofsa <-að-> *vb* pull oneself up, be arrogant (**ofsa sér til vansa**)

ofsi *m* pride

ofveikr *adj* too weak

❖ **ok** *conj* and, but; **ok...ok** both...and; *adv* also

okkar *gen* of **vit**

❖ **okkarr** *poss dual pron* our

okkr *acc/dat of* **vit**

opinn *adj* open

opna <-að-> *vb* open

opt *adv* often

optar *comp adv* of **opt**, more often, oftener; **eigi optar** no more, not again; **sem optar** as many times before

optliga *adv* often, frequently

❖ **orð** *n* word; repute, fame, report; message; **í öðru orði** otherwise; **orð var á því** it was said; **taka til orða** start to speak

orðaskipti *n pl* exchange of words

orðinn *ppart* of **verða** (*m nom/acc sg*)

orðit *ppart* of **verða** (*n nom/acc sg*)

orðsending *f* verbal message

orðskviðr *m* proverb

orðsæll *adj* famous

orðtak <*pl* orðtök> *n* expression, word

orka <-að-> *vb* work, do, perform

Orkneyjar *f pl* the Orkneys

orlof *n* permission

ormgarðr <-s, -ar> *m* snake-pit

ormr <-s> *m* serpent, snake, dragon; ship with a dragon's head

Ormr inn langi *m* The Long Serpent (King Olaf's warship)

ormr-í-auga *m* Snake-in-the-Eye (*nickname*)

ormslíki *n* shape, form of a dragon

orrosta *f* battle

orta *1sg past* of **yrkja**

orti *3sg past* of **yrkja**

oss *acc/dat* of *pl pron* **vér**

oss- *poss pron var* of **várr**

otr <*gen* otrs, *pl* otrar> *m* otter

Otr <*gen* otrs> *m* Otr (*mythological name*), Otter, son of Hreidmar

otrbelgr *m* otter pelt or skin

otrgjöld *n pl* wergeld, ransom, or compensation for a dead otter, Otter's ransom

oxi *var* of **uxi**

Ó

ó- *neg pref* un-

óáran *n* bad season

óbygð *f* wilderness, unsettled area

ódrengskapr *m* meanness

ódæll *adj* difficult, quarrelsome, stubborn

óðal <*pl* óðöl> *n* ancestral property, patrimony, allodium, property held in allodial tenure

óðfúss *adj* madly keen, eager

Óðinn *m* Odin (*mythological name*), chief god of the **Æsir**, god of poets

óðr <*f* óð, *n* ótt> *adj* furious, frantic

óeirðarmaðr *m* unruly man

ófriðr *m* attack; violence; hostility; war; **bjóða ófrið** do battle

ófúss *adj* unwilling, uneager

ófœra *f* impassable place; fix, difficulty

ófœrr <*f* ófœrr, *n* ófœrt> *adj* impassable

ógagn *n* ruin, mischief, disadvantage

ógjörr *var* of **ógörr**

óglaðr *adj* glum, depressed

ógleði *f* depression, sadness

ógreiðligr *adj* unpayable, uncollectible; difficult; unclear

ógrynni *n* countless number

ógrœðir *m* 'that which does not allow anything to grow,' **ógrœðir armgrjóts**, king, generous leader

ógörr *adj* undone, unfinished

óhamingja *f* misfortune

óhapp *n* misfortune, mishap

óhóf *n* lack of moderation, pride

óhreinn *adj* impure

óhægr *var* of **óhœgr**

óhægt *n nom/acc sg* of **óhægr**

óhættr *adj* safe, out of danger; **er [e-m] óhætt** *impers* [sb] is out of danger

óhœgindi *n* discomfort

óhœgr (also **óhægr**) *adj* difficult

ójafn *adj* uneven, unequal

ójafnaðr *m* injustice; unfairness

ójafnaðarmaðr *m* unjust man, quarrelsome and overbearing, difficult to deal with

ójafnaðr (*also* **ójöfnuðr**) *m* injustice, unfairness

ójöfnuðr *var* of **ójafnaðr**

ók *1/3sg past* of **aka**

ókátr *adj* morose, gloomy

ókembdr <*n* ókembt> *ppart* (*m nom sg*) unkempt

ókristni *adj* unchristian

ókræsiligr *adj* filthy, dirty

ókunnigr *adj* unknown

ókunnr *adj* unknown, secret; unfamiliar

ókvíðinn *adj* unafraid, unconcerned, not worried (about)

ókvæntr adj unmarried

Óláfr <-s> *m* Olaf (*personal name*); **Óláfr langháls** 'Long-neck Olaf'; **Óláfr inn digri**, 'Olaf the Stout,' St. Olaf Haraldsson

ólíkligr *adj* unlikely

óljúgfróðr *adj* truthful, well-informed

ólmr *adj* enraged

ólof *n* (*also n, m* **óleyfi**) without leave, permission; **at ólof [e-s]** without [sb]'s permission

ólusk *3pl past* of **alask**

ómannligr *adj* unmanly; inhuman

ómegð *f* dependent person (e.g. child or elderly person); [as collective] dependants; **mikil ómegð** a large number of dependants

Óna*var gen pl* of **Eynir**

ónýtr *adj* useless, spoiled, worthless

óorðinn *ppart* (*m nom sg;* **ó + verða***)* future; not yet happened

❖ **ór** (*also* **úr**) *prep* [*w dat*] out of, from, from inside of; made of

óráð *n* evil plan

óráðinn = **ó + ráðinn** undecided, unsettled

óreyndr *adj* untried; **at öllu óreyndu** without looking into the matter at all

óríflígr *adj* bad, unfavorable

óríkr *adj* weak

órlausn *f* solution

órlausna *f* help in difficulty; **góðr órlausna** ready to help

órval *n* dregs, what is left

ósamfœrr *adj* incompatible, unable to be mixed together

ósannr *adj* untrue; not guilty

ósárari *comp* of ósárr, less sore, less painful

ósárr <*comp* ósárari> *adj* unhurt
ósigr <-rs, -rar> *m* defeat; **hafa/fá ósigr** be defeated
óskasonr *m* adopted son
óskirðr *ppart* (*m nom sg*; **ó + skira**), unbaptized
óskorinn <*n* óskorit> *ppart* (*m mon/acc sg*; **ó + skera**) uncut, unshornv
óskygnleiki *m* dim-sightedness
ósómi *m* dishonor, disgrace; **gera [e-m] ósóma** treat [sb] dishonorably
óspilltr *ppart* (*m nom sg*; **ó + spilla**) unspoiled
óss <-s, -ar> river-mouth
ósterkligr *adj* not strong-looking
ósviðra *all gen pl* of **ósvinnr**
ósvinnr *adj* unwise
ósælligr *adj* wretched, ill-favored
ósætt *f* disagreement
ósœmð *f* dishonor
ótrúligr *adj* undependable, unsafe, not to be relied upon
ótta *f* the last part of the night before dawn
óttalauss *adj* fearless
óttask <-að-> *mid vb* be afraid
ótti *m* fear, dread
óvandleikit = **óvand** + **leikit**; [*as n adj*] **er óvandleikit við hann** it is easy to deal with him
óvarliga *adv* incautiously
óvarr <*f* övör> *adj* unaware, unwary
óvart *adv* unawares, by surprise; **koma [e-m] á óvart** take [sb] by surprise
óverk *n* wicked deed
óvilltr *ppart* (*m nom sg;* **ó + villa**) orthodox
óvinr *m* enemy
óvinsæla <-di, -t> *vb* make (oneself) disliked, unpopular; **óvinsælask** *mid* make onself disliked, unpopular
óvinsæla sik = **óvinsælask**
óvirðing *f* disgrace
óvitr <*acc* óvitran> *adj* unwise
óvitrliga *adv* foolishly, unwisely
óvitrligr *adj* foolish, unwise
óvígr *adj* unable to fight
óvæginn *adj* unyielding, headstrong
óvægr *adj* harsh, unmerciful
óvænliga *adv* unpromisingly, hopelessly
óvænligr *adj* unpromising, hopeless; **it óvænligasta** most unpromising
óvænn *adj* hopeless, with little chance of success
óx *1/3sg past* of **vaxa**
óxu (also **uxu**) *3pl past* of **vaxa**
óþokkuligr *adj* dirty, nasty
óþykkja *f* discord, dislike, ill-will

P

pallr <-s, -ar> *m* bench
papi <-a, -ar> m Irish monk (in Iceland); hermit; pope
pati *m* rumor
páfi *m* pope
pái *m* peacock (*nickname*)
páskar *m pl* Easter
páskum *dat pl* of **páskar**
penningr <-s, -ar> *m* coin, penny; piece of property, article
pína <-di, -dr> *vb* torture, torment; punish
postuligr (*also* **postoligr**) *adj* apostolic
prestr *m* priest
prúðr *adj* fine, magnificent; gallant, brave

R

ragna *gen pl* of regin
ragnarök *see* **ragnarøkr**
ragnarøk(k)r <-rs> *n* Ragnarok, twilight of the gods, end of the world (often appears as *ragnarök* in eddic poems, a compound with the neuter plural noun **rök**)
ragr <*f* rög, *n* ragt> *adj* effeminate, cowardly, (passively) homosexual
rak *1/3sg past* of **reka**
raka <-að-> *vb* sweep away; rake; **raka saman fé** rake money together; shave
rammliga *adv* strongly
rammr <*f* römm, *n* rammt> *adj* strong; mighty, powerful; **rammr at afli** extremely strong; **rammari** stronger, more powerful
ramr *var* of **rammr**
ramt *n nom/acc sg* of **ramr**
rangr <*f* röng> *adj* wrong; crooked, unjust
rangt *adv* wrongly, unjustly
rani <-a, -ar> *m* snout
rann *1/3sg past* of **renna**
rann *n* large house
rasa <-að-> *vb* rush headlong; stumble
rasta *see* **röst**
rata <-að-> *vb* travel, roam; [*w acc*] meet with, find; collapse, fall down
rauðflekkóttr *adj* spotted, speckled with red, *lit* red-flecked
rauðlitaðr *adj* ruddy-complexioned, ruddy-colored
rauðr <*f* rauð, *n* rautt> *adj* red (frequently a descriptor for gold)
rauðskeggjaði <*gen* -a> *m* red-bearded one; a name for Thor
rauf <*pl* -ar> *f* hole
raunarlítinn <n -lítit> *adj* very little
rausn *f* magnificence, anything magnificent
rautt *n nom/acc sg* of **rauðr**
❖ **ráð** *n* advice, counsel; plan; [*pl*] affairs, business; **at ráði** wise, advisable; **bera ráð saman** take counsel among themselves; consult together; **sjá [e-t] at ráði** consider [sth] advisable; **vera [e-m] ráð** *impers* be advisable for [sb]
❖ **ráða** <ræðr, réð, réðu, ráðinn> *vb* [*w dat*] advise, counsel; rule, govern, manage; undertake; decide, determine; **ráða áðr** win, get hold of, is the first to get hold of; **ráða frá** give up, abandon; **ráða fyrir** have control of; **ráða í mót** go against (in a fight), withstand; **ráða skipi til hlunns** to drag a ship ashore (during winter); **ráða um við [e-t]** deliberate or think about [sth]; **ráðask** *mid* undertake; be resolved, settled; turn out; **ráðask á** attack, set upon; **ráðask á móti [e-m]** charge against [sb]; **ráðask í brottu** move away; **ráðask vel** turn out or end well
ráðgegninn *adj* skilled in counsel
ráðagörð *f* deliberation, decision
ráðinn *ppart* of **ráða** (*m nom/acc sg*)
ráðizk *ppart* of **ráðask** (*n nom/acc sg*)
ráðligr *adj* advisable
ráðugr *adj* sagacious
ráku *3pl past* of **reka**
rás *f* race; hurry; course; company
Refill *m* name of a sword
regin <*dat pl* rögnum, *gen pl* ragna> *n pl* gods
Reginn <-s> *m* Regin (*mythological name*); son of Hreidmar
reiddi *3sg past* of **reiða**
reiddisk *2/3sg past* of **reiðask**
reið <*dat* -u, -ar, -ar> *f* chariot, carriage
reið *f* chariot; ride, the act of riding (a horse)
reið *1/3sg past* of **ríða**
reiða *f* attendance, service; accommodation; **vera til reiðu** be ready at hand; **skulu þér til reiðu** will be at your service
reiða <-dd, -ddr> *vb* carry, carry about; swing, wield, brandish; *impers* [*acc sub*] drift, be carried about
reiðask <-ddi, -ddr> *mid vb* become angry
reiðfara (*also* **reiðfari**) *indecl adj* have a good passage
reiði *f* wrath, anger; **af reiði** in anger, out of anger
reiði *n* trappings, harness
❖ **reiðr** <*n* reitt> *adj* angry
rein *f* strip of land; Bifrost, the rainbow bridge; **rein vári** defender of Bifrost, a kenning for Heimdall
reinvári *m* strip of land-defender, a kenning for Heimdall
reip *n* rope

reis *1/3sg past* of **rísa**
reisa <-ti, -tr> *vb* raise, erect, build
reisiligr *adj* magnificent, fine
reist *1/3sg past* of **rísta**
reitt *2sg past* of **ríða**
reiztu = **reitt** + **þú** did you ride
reka <rekr, rak, ráku, rekinn> *vb* drive, herd; drive onto shore, wreck; carry out, perform; [*w gen*] take vengeance for; **reka braut** drive away; **reka [e-t] í gegnum [e-n]** drive [sth] through [sb]; **rekr [e-n/e-t] upp** *impers* [sb/sth] is driven ashore
rekinn *ppart* of **reka** (*m nom/acc sg*)
rekja <rakði~rakti, rakiðr~rakðr~raktr> *vb* track, trace; spread out, unfold; **rekja í sundr** spread out, unfold; **rekja til spádóma** deduce from prophecies
rekkja <*gen pl* rekkna> *f* bed; **fara í rekkju** go to bed
rekkr <*pl* -ar> *m poet* upright man; man
rekna *var* of **rekkna** (*see* **rekkja**)
renn *1sg & var 3sg pres* of **renna**
renna <rennr, rann, runnu, runninn> *intrans vb* run; **[e-m] renna í skap** *impers* [sb] grow angry
renna <-di, -dr> *vb* [*w dat*] make/let run
reru *3pl past* of **róa**
rex *latin* king
reyna <-di, -dr> *vb* try, test, prove; experience, find out (from experience); **reynask** *mid* prove to be
reynir *m* trier, user; tester, opponent (often in kennings for Thor, the opponent of giants)
reynzk *ppart* of **reynask** (*f nom sg, n nom/acc sg*)
reyrbönd *n pl* the wire with which the arrowhead was bound to the shaft
reyrr <*gen* reyrar> *m* reed, reed-bed
réð *1/3sg past* of **ráða**
réði *3sg/pl past subjunct* of **ráða**
réðu *3pl past* of **ráða**
réðusk *3pl past* of **ráðask**
rétt *adv* rightly; from *adj* **réttr**
rétta <-tti, -ttr> *vb* make straight, straighten; stretch out, stretch, reach; make right; direct; *leg* right (a wrong); **rétta (fram) höndina** offer one's hand, reach out a hand; **rétta hluta [e-s]** obtain redress for [sb]
réttleitr *adj* having regular features
réttligr <*superl* réttligastr> *adj* correct, without flaw
réttr <-ar> *m* law
❖ **réttr** <*f* rétt, *n* rétt> *adj* straight; correct, right, just, unswerving, direct; equitable, fair
rézk *2/3sg past* of **ráðask**
riðinn *ppart* of **ríða** (*m nom/acc sg*) involved, concerned (with); **verða við [e-t] riðinn** become involved in, concerned with [sth]
riðit *ppart* of **ríða** (*n nom/acc sg*)
riðlask <-að-> *mid vb* rock, waver, reel to and fro
riðu *3pl past* of **ríða**
rif *n* rib
rippa <-að-> *vb* go over, sum up; **rippa [e-t] upp** sum up [sth]
ripti *n* linen cloth
rismál *n pl* time to rise (about 6 a.m.)
risna *f* hospitality, munificence
rit *n* writing; writ, letter
rita <-að-> *vb* write
❖ **ríða** <ríðr, reið, riðu, riðinn> *vb* ride
ríða <ríðr, reið, riðu, riðinn> *vb* twist, wind
rífa <rífr, reif, rifu, rifinn> *vb* rip, tear
ríkari *comp adj* of **ríkr**
ríki <*dat pl* ríkjum, *gen pl* ríkja> *n* power; sovereignty; realm; kingdom
ríkilæti *n* arrogance
ríkiskona *f* noble-woman
ríkismaðr *m* powerful man, ruler
❖ **ríkr** <*acc* ríkjan, *comp* rík(a)ri, *superl* rík(a)str> *adj* powerful, distinguished
rísa <ríss, reis, risu, risinn> *vb* arise, rise, stand up; **rísa upp** rise up, get up
ríss *2/3sg pres* of **rísa**
rísta <rístr, reist, ristu, ristinn> *vb* carve, cut
rjúfa <rýfr, rauf, rufu, rofinn> *vb* break; rip; violate; **rjúfask** *mid* be destroyed; torn apart
roði *m* redness
ró *poet var* of **eru** (**vera**)
róa <rœr; reri~røri; reru~røru; róinn> *vb* row; *ppart* **geta vík róit á [e-n]** get a pull over [sb]
rógberi *m* slanderer
rógmálmr *m poet* gold, metal of strife
rógsterkr *adj* battle-strong
róit *ppart* of **róa** (*n nom/acc sg*)
Rómaborg *f* Rome
rómr *m* voice; cheering, acclamation; **illr rómr** criticism, voiced disapproval
rót <*pl* rœtr> *f* root
runnit *ppart* of **renna** (*n nom/acc sg*)

runnu *3pl past* of **renna**

rúm *n* bed; seat, space, room; rowing bench; **rúm til** space for [sth]

rúmatal *n* number of benches (rooms) on a ship, double this number is the number of oars

Rúmferli *m* pilgrim to Rome

rúmr *adj* broad, roomy

rún <*pl* -ar> *f* secret, mystery; rune, a letter in the runic futhark

rúna *f* wife

rúnar *f pl* runes

ryðja <ryðr, ruddi, ruddu, ruddr> *vb* clear, empty, desert, evacuate

rýrr *adj* thin

ræð *1sg pres* of **ráða**

ræðr *2/3sg* of **ráða**

ræfr (also **rjáfr**, **ráfr ráf**) *n* roof

rœða <-ddi, -ddr> *vb* speak; talk about, discuss; **rœða um [e-t]** discuss [sth]

rœtt *ppart* of **rœða** (*n nom/acc sg*)

rödd *f* voice (also **röð**)

röð *see* **rödd**

rög *f nom sg* of **ragr**

rökðu *3pl past* of **rekja**

rök *n pl* reason, ground, origin; wonder, sign, marvel; **ragna rök** doom of the gods

rökstólar *m pl* Judgement-seats (of the gods)

røk(k)r <-rs> *n* the twilight

röktu *var* of **rökðu**

rönum *dat sg/pl* of **rani**

røra *1sg past* of **róa**

röskr <*acc* röskvan> *adj* vigorous, brave

Röskva *f* Roskva (*mythological name*), servant of the god Thor

röst <*gen* rastar, *pl* rastir> *f* unit of distance between two resting places (perhaps equivalent to the Old Scandinavian mile)

røru *3pl past* of **róa**

S

safna <-að-> *vb* [*w dat*] gather, collect

saga <*pl* sögur, *gen* sagna> *f* story, saga, tale, legend, history; **saga til [e-s]** story about [sth]

sagða *1sg past* of **segja**

sagði *3sg past* of **segja**

sagðisk *2/3sg past* of **segjask**

sagt *ppart* of **segja** (*n nom/acc sg*)

saka <-að-> *vb impers* [*w acc subj*] do harm, injure

sakar *gen sg* of **sök**

sakeyrir *m* fine

saklauss *adj* innocent, guiltless

sakna <-að> *vb* [*w gen*] miss, feel the loss of

salnæfr <*pl* -rar> *sg* hall-bark; *pl* hall shingles

salr <*dat* sal, *gen* salar, *pl* salir> *m* hall

salt *n* salt

saltr <sölt, salt> *adj* salty

sama *wk m acc/dat/gen sg, f nom sg and n nom/acc/dat/gen sg* of **samr**

❖ **saman** *adv* together; [*w num*] (two, three, *etc*) together, all together, all told; **allt saman** wholly, entirely, altogether

sameign *f* fight

samgangr *m* conflict, fight

samfarar *gen sg, nom/acc pl* of **samför**

samför <*pl* samfarar> *f* (*usu in pl*) relationship, marriage

samkváma *f* meeting, assembly, *lit* coming together

samlaga *f* placing ships together for battle

sammœðr *adj* of the same mother

samna <-að-> *vb* gather, collect

❖ **samr** <*f* söm, *n* samt> *adj pron* same

samræði *n* confidence; intimacy; intercourse

samt *adv* together

sandr *m* sand

sannliga (also **sannlega**) *adv* truly

sannligr *adj* probable; suitable, right

sannnefni *n* appropriate, truthful name

❖ **sannr** <sönn, satt> *adj* true; **hafa [e-t] fyrir satt** believe [sth] to be true, be convinced of [sth]; **it sanna** the truth

sat *1/3sg past* of **sitja**

satt *n sg* of **sannr**

sauðahús *n* sheep-pen, sheep-fold

sauðamaðr *m* shepherd

sauðarjarmr *m* bleating of sheep

sauðarmaðr <-manns, -menn> *m* shepherd

sauðr <-ar, -ir> *m* sheep

sauðvant *n adj* lacking in sheep; **er sauðvant** sheep are lacking

sautján (also **sjautján**) <*ord* saut(j)ándi, seventeenth> *num* seventeen

sax <*pl* söx> *n* short sword

Saxland *n* Saxony, Germany (*place name*)

❖ **sá** <*f* sú, *n* þat> *dem pron* that (one), those;

sá *1/3sg past* of **sjá**

sá <sær~sáir, seri~søri~saði; seru~søru~söðu; sáinn~sáðr> *vb* [w acc, dat] sow; [w dat] scatter

sál *f var* of **sála**

sála *f* soul

sáld *n* cask, vat, gallon

sámr *adj* swarthy, blackish

sár *n* wound; **liggja í sárum** lie ill from one's wounds

sárlaukr *m poet* 'wound-leek,' sword

❖ **sárr** *adj* sore, painful, wounded

sátt (*also* **sætt**) *f* settlement, agreement

❖ **sáttr** *adj* reconciled, at peace

sátu *3pl past* of **sitja**

sáu *3pl past* of **sjá**

sefa <-að-> *vb* sooth, soften; **sefask** *mid* be pacified, be soothed, be appeased (of anger)

sefaðisk *2/3sg past* of **sefask**

sefr *2/3sg pres* of **sofa**

seggjum *m dat pl* of **seggr**

seggr <*pl* seggir, *gen* seggja> *m* man

segir 2/3 sg of **segja**

❖ **segja** <sagði, sagt> *vb* say; **segja [e-m] at** tell [sb] that; **segja frá [e-u]** reveal, tell about [sth]; **segja it sanna** tell the truth; **segja [e-m] til [e-s]** tell, inform [sb] of [sth]; **segja til sín** give one's name; **segjask** *mid* say, declare of oneself

segl *n* sail

seglmarr <-s, -ir~-ar> *m poet* 'sail-steed,' ship

seiða *v* <-di, -dr> to enchant by spells; **seiða seið** to work an enchantment.

seiðr <*gen* -s~-ar> *m* form of magic; sorcery; spell; incantation

seilask <-d-> *mid vb* stretch out one's hands; **seilask eptir [e-u]** to reach out for [sth]

seiling *f* graspingness

seinn <*f* sein, *n* seint, *comp* seinni, *superl* seinstr~seinastr> *adj* late, slow; tedious; [*as adv*] slowly, never

seinna *n sg* of seinni

seint *adv* slowly; *also n nom sg* of **seinn**, late

❖ **sekr** <*acc* sekan~sekjan> *adj* guilty; convicted, condemned to outlawry; **gera [e-n] sekan** condemn [sb] to outlawry, to make someone found guilty

sel <*gen pl* selja> *n* shieling, hut or shed on a mountain pasture used in the summer

seldusk *3pl past* of **seljask**

selja <-di, -dr> *vb* hand over to another; give ; sell; **seljask** *mid* to give oneself up, submit oneself; **seljask arfsali** to give up one's rights to inheritance (*i.e.* perform an **arfsal**); **seljask** to exchange among oneselves, **seljask gíslar** to exchange hostages; **selja á frest** to sell on credit; **selja grið** grant pardon, truce; **selja smátt** sell piece by piece, bit by bit; **selja [e-t] í hendr [e-m]** make over [sth] to [sb]

❖ **sem** *rel particle* who, which, that; *conj* as; (*w superl*) as ... as possible; where

semja <samði, samiðr~samdr> *vb* arrange, compose, settle; **semja sátt** arrange a settlement

❖ **senda** <-di, -dr> *vb* send; **senda [e-m] [e-t]** send [sb] [sth]; **senda eptir [e-m]** send for [sb]; sendask be sent; **sendask [e-t] á/í milli** send to one another

sendi *1/3sg past and 1sg pres* of **senda**

sendimaðr *m* messenger

sendusk *3pl past* of **sendask**

senn *adv* at once, straight away, immediately

senna *f* quarrel, dispute, flyting, gibing, bickering

sent *ppart* of **senda** (*n nom/acc sg)*

serkr <-s~jar, -ir, *gen pl* -ja> *m* shirt

sess <*pl* -ar> *m* seat, bench

sessi *m* bench-mate

seta *f* body of men

setberg *n* seat-shaped rock, crag

❖ **setja** <-tti, -ttr> *vb* set, seat, place; **setja á** push, put up; **setja at [e-m]** attack sb; **setja fram** launch (a ship) **setja [e-n] til** appoint [sb]; **setja upp** set, stand up; **setjask** *mid* set onself; seat oneself, sit; **setjask aptr** hold back, stay back (*esp* from a journey); **setjask niðr** sit down, set oneself down; **setjask upp** sit up

setstokkr *m* partition-beam, post

sett *ppart of* **setja** (*f nom sg, n nom/acc sg/pl*)

---

e-n (einhvern) = somebody, *acc*; **e-t** (eitthvat) = something, *acc*; **e-m** (einhverjum) = (for) somebody, *dat*; **e-u** (einhverju) = (for) something, *dat*; **e-s** (einhvers) = (of) somebody or something, *gen*

setti *3sg past* of **setja**
settisk *2/3sg past* of **setjask**
settu *3pl past* of **setja**
settusk *3pl past mid* of **setja**
❖ **sex** num six
sexdœgra *f* six days and nights
sextán <*ord* sextándi, sixteenth> *num* sixteen
sé *1sg pres* of **sjá**
sé *1/3sg pres subjunct* of **vera**
sém *1pl pres subjunct* of **vera**
sén *ppart* of **sjá** (*f nom sg*)
sénn *ppart* of **sjá** (*m nom/acc sg*)
sér *dat* of **sik**
sér *2/3sg pres* of **sjá**
sésk *2/3sg pres* of **sjásk**
sét *ppart* of **sjá** (*n nom/acc sg*)
sétti *ord* sixth
siða <-að-> *vb* mend, improve
siðaðr *ppart* of **siða** (*m nom sg*), behaved, mannered
siðr <*gen* -ar, *pl* -ir, *acc* -u> *m* custom, religion
siðvenja *f* custom, practice; **at siðvenju** according to custom
Sif *f* Sif, a goddess, the wife of Thor
sifjar *f pl* connection by marriage; **sifjum spilla** 'spoil connection by marriage,' commit adultery
sifjaslit *n* adultery, breaking of the bonds of affinity, *esp* incest
Sigfaðir *m* Victory-Father (Óðinn)
sigit *ppart* of **síga** (*n nom/acc sg*)
sigla *f* mast
sigla <-di, -dr> *vb* sail
sigling *f* sailing; voyage
siglt *ppart* of **sigla** (*n nom/acc sg*)
sigluskeið *n* middle of a ship
Sigmundr <-ar> Sigmund (*personal name*); father and uncle of Sigurðr fafnisbani
signa <-að-> *vb* make a sign (e.g., Thor's hammer or the cross)
sigr <*gen* sigrs> *m* victory
sigra <-að-> *vb* conquer, vanquish, be victorious, overcome
sigróp *n* shout of victory
sigrumsk *1pl pres mid* of **sigra**
sigrumst *var* of **sigrumsk**
sigrunnr *m* victory-tree, battle-tree, a kenning for warrior or Odin
sigrúnar *f pl* 'victory runes'
Sigurðr <-ar> *m* Sigurd (*personal name*); **Sigurðr fafnisbani**, 'Sigurd dragon-slayer/Fafnir's-bane' legendary hero
❖ **sik** <*dat* sér, *gen* sín> *mid acc pron* him-/her-/it-/oneself, themselves
silfr *n* silver
silfra *f* Silver (*nickname*)
silfri *dat sg* of **silfr**
silfrhringr *m* silver ring
silki *n* silk
silkitreyja *f* silken jacket
Singasteinn *m* Singastein (*mythological name*), 'Singing-stone,' location of the seal fight between Loki and Heimdal
❖ **sinn** *n* time (*of repetition*), occasion; **at (því) sinni** at this time, at present; **í fyrsta sinni** the first time; **annat sinn** the second time; **einu sinni** once; **eigi optar at sinni** not oftener than that time, only once
❖ **sinn** <*f* sín, *n* sitt> *mid poss pron* his, her, its, their
sinnar *gen pl* of **sinn**
sinni *m* companion
sinnsakar = **sinn** + **sakar**, see **um**
❖ **sitja** <sitr, sat, sátu, setinn> *vb* sit; reside; stay; **sitja fyrir** sit in readiness; **sitja um [e-t/e-n]** watch for [sth] (as opportunity), lie in wait, plot against [sb]
sitjandi *pres part - noun m* a man sitting down
sía <*pl* **síur**> *f ember, spark*
síbyrða *vb* [*w dat*] place a ship alongside another; **síbyrt** close up to
síbyrt *ppart* of **síbyrða** (*n nom/acc sg*)
síð <*comp* síðr *superl* sízt> *adv* [*w gen*] late
síð *f* only as **um síð**, 'at last,' more common in plural **um síðir**
síða *f* side
❖ **síðan** *adv* then, later, afterwards, after that
síðar *comp adv* of **síð**, later, afterwards
síðari *comp adj* later, second (in order)
síðarr *var* of **síðar**
síðarstr *var* of **síðastr**
síðastr *superl adj* last
síðir *see f* **síð**
síðr *comp adv* less; **eigi ... síðr** *conj* nothing else ... but
síga <sígr, seig, sigu, siginn> *vb* sink
sín *gen* of **sik**
sín *f nom sg, n nom/acc pl* of *mid poss pron* **sinn**
sína *m acc pl and f acc sg* of *mid poss pron* **sinn**
sínir <*f pl* sínar, *n pl* sín> *mid poss pron* (*m nom pl* of

sinn) his, her, its, their [*w pl obj*]

síns *m/n gen sg* of *mid poss pron* **sinn**

sínu *n dat sg* of *mid poss pron* **sinn**

sínkr *adj* greedy, avaricious, covetous

sínum *m dat sg, all dat pl* of *mid poss pron* **sinn**

sízt *conj* since, for

sjafni *m* mind, love, affection

sjaldan <*comp* sjaldnar, *superl* sjaldnast> *adv* seldom

sjaldnar *comp* of **sjaldan**

❖ **sjau** *num* seven

sjaundi *ord* seventh

s(j)autján *num* seventeen

❖ **sjá** <*also* **þessi**> *dem pron m, f* this

❖ **sjá** <sér, sá, sá(u), sénn> *vb* see, look; understand; **sjá á [e-m]** look upon [sb]; **sjá fyrir [e-u]** look after [sth]; **sjá yfir** look over, survey, look after; **lítt sér þat á at** it will hardly be seen that; **sjásk** *mid* see one another, meet; **sjásk á** fight it out between themselves; **sjásk fyrir** look ahead, be cautious

sjálfbjargi *adj indecl* self-sufficient

sjálfdœmi *n leg* self-judgement

sjálfgi *poet* 'not self,' **sjálfr** + **-gi**

❖ **sjálfr** *adj pron* self, oneself, himself, herself, itself, themselves

sjálfsáinn (-it) *ppart m nom/acc sg (n nom/acc sg)* self-sown (of a grain; *see also* **sjálfr**, **sá**)

sjálfsána *m acc pl and f acc sg* of **sjálfsáinn**

sjám *1pl pres* of **sjá**

sjár <*gen* sjávar~sjóvar~sævar> *m* sea (*also* **sjór**, **sær**)

sjóða <sýðr, sauð, suðu, soðinn> *vb* boil; cook

sjón *f* sight

sjónhverfing *f* ocular delusion

sjónlauss *adj* blind, sightless

sjór <-var~far, -ir> *m* sea (*also* **sjár**, **sær**)

s(j)úga <sýgr, saug~só, sugum, soginn> *vb* suck

skaða <-að> *vb* scathe, hurt

skaði *m* harm, damage; loss

skaðlauss *adj* without loss, unscathed

skafa <skefr, skóf, skófu, skafinn> *vb* scrape; allot (*lit* scrape off for [sb])

skal *1/3sg pres* of **skulu**

skalf *1/3sg past* of **skjálfa**

skalk *poet* **skal** + **ek**, 'I shall'

skalt *2sg pres* of **skulu**

skaltu = **skalt** + **þú** shall you

skammlauss *adj* shameless, does not bring shame

❖ **skammr** <skömm, skam(m)t; *comp* skemri, *superl* skemstr> *adj* short, brief; **fyrir skömmu** *adv* recently

skam(m)t *adv* a short distance, not far (*place*); a short while, not long (*time*); **eiga skam(m)t til** have a short distance to go until, be not far from

skap <*pl* sköp> *n* state, condition (of [sth]); condition of mind, temper, mood; humor; **[e-m] renna í skap** *impers* [sb] grow angry; **vera lítill í skapi** be of small mind, be faint hearted; *pl* fate

skapa <-að-> *vb* shappoint; **skera ok skapa** fix the terms

skapfel(l)dr *adj* agreeable

skapligr *adj* suitable, fit

skaplyndi *f* temper, disposition

skapraun *f* vexation, annoyance

skapraunarminna *n comp adj* less vexatious

skapskipti *n* change of mood

skapsmunir *m pl* disposition

skapt <*pl* sköpt> *n* handle, shaft; **á hávu skapti** on a long shaft; **spjótskapt** spearshaft

skapþungr *adj* depressed, downcast; **[e-m] er skapþungt** *impers* [sb] is downcast

skar *1/3sg past* of **skera**

skarð <*pl* skörð> *n* notch; gap; defect; mountain pass

skarðr *adj* diminished; **sitja fyrir skart um [e-t]** live in want of [sth]

skarpr <*f* skörp, *n* skarpt> *adj* scorched, pinched, chafing

skart *n nom/acc sg* of **skarðr**

skartsmaðr *m* dandy, lover of finery

skattr <-s, -ar> *m* tribute, tax

skaut *1/3sg past* of **skjóta**

skaut *n* corner, edge of a cloth; hem; lap; square cloth; skirt; sleeve; hood

skálaveggr *m* wall of the hall

skáld *n* poet, skald

skáldskaparmál *n pl* poetic diction

skáldskapr <-ar, -ir> *m* poetry, 'skald-ship'

skáli *m* shed; hall, sleeping-hall

skálmöld *f* age of (short) swords

Skánungr *m* inhabitant of Skåne (Scania), *poet* Dane

skáru *3pl past* of **skera**

skárusk *3pl past* of **skerask**

skef *1sg pres* of **skafa**

skefr *2/3sg pres* of **skafa**

---

e-n (einhvern) = somebody, *acc*; **e-t** (eitthvat) = something, *acc*; **e-m** (einhverjum) = (for) somebody, *dat*; **e-u** (einhverju) = (for) something, *dat*; **e-s** (einhvers) = (of) somebody or something, *gen*

skegg *n* beard

skeggjöld <-aldar, -aldir> *f* axe-age, age of battle-axes

skeið <*pl* skeiðir> *f* warship, galley

skeið *n* race course, running ground; race; **taka skeið** start in a race

skein *1/3sg past* of **skína**

skeina <-di, -dr> *vb* scratch, wound slightly; graze; **skeinask** *mid* get a slight wound

skelfr *2/3 sg pres* of **skjálfa**

skellr <*pl* -ir> *m* blow, stroke

skemma *f* outbuilding, bower, storehouse

skem(m)st *superl adj* shorrtest

skem(m)tan *f var* of **skemtun**

skemmtuðu *3pl past var* of **skemta**

skem(m)ta <-ti, -t, *also* -að-> *vb* entertain; **skemta sér** amuse oneself

skemtun *f* amusement, entertainment

skepja <skapð~skapti, skaptr, *n* skapit> *vb var* of **skapa**

skepta <-ti, -tr> *vb* make a shaft for

skera <skerr, skar, skáru, skorinn> *vb* cut, cut up; slaughter; **skera niðr** cut down; slaughter (= **drepa niðr**); **skerask** *mid* [*reciprocal*] slaughter each other; **skerask undan [e-u]** draw back from

skerða <-ði, -ðr> *vb* diminish

skikkja *f* cloak

skila <-að-> *vb* [*w dat*] give back, return; **skila aptr [e-u]** bring or take [sth] back

skildi *dat sg* of **skjöldr**

skildir *nom pl* of **skjöldr**

skilði *3sg past* of **skilja**

❖ **skilja** <-di~ði, skiliðr~skildr~skilinn> *vb* change; part, separate, divide; understand; decide, settle; set apart, exempt; **skiljask** *mid* part company; **þá skilr á um [e-t]** *impers* they fall out over, differ, disagree about [sth]; **skilja á/til** stipulate

skillingr <-s, -ar> *m* shilling, i.e. piece of money; *pl* money

skilnaðr <-s> *m* parting

skilríkr *adj* trustworthy, respectable

skinn *n* skin, hide, fur; **kattskinn** catskin

skinni *m* skinner (*nickname*)

❖ **skip** *n* ship

skipa <-að-> *vb* arrange, array; man, occupy**; assign skipa til** put in order, arrange; **skipa [e-m] [e-t]** assign/arrange [sb] (to) [sth]; **skipask** *mid* take one's place; change, alter (*intrans*)

skipaði *3sg past* of **skipa**

skipaherr *m* fleet

skipan *f* order, arrangement; crew; place, berth; due order, due course, disposition; change

skipför <*gen* skipfarar, *pl* skipfarar> *f* a voyage, sailing, passage of a ship

skipsbrot *n* shipwreck (compound word of **skip** and **brot**)

skipsbrotum dat pl of **skipsbrot**

skipstjórnarmaðr *m* captain, commander of a ship

skipta <-ti, -tr> *vb* [*w dat*] divide, share; shift, change; happen; exchange; **skipta sér af [e-u]** concern oneself with [sth] **skipta sér engu af [e-u]** take no part in [sth]; **skipta hömum** change shape

skipverjar *m pl* the ship's crew

skíð *n* ski; plank of wood; **skíð Atals grundar** *poet* ship, ski of the land of **Atall**

Skíðblaðnir (*also* **Skiðbladnir**) *m* Skidbladnir (*mythological name*) 'Wood-bladed,' folding ship belonging to either Odin or Frey

skíðgarðr <-s, -ar> *m* palisade

skína <skínn, skein, skinu, skininn> *vb* shine

skíra <-ði, -ðr> baptize, christen; purify, cleanse; **skírask** *mid* **láta skírask** be baptized

skírn *f* baptism, christening

Skírnir *m* Skirnir (*mythologicall name*) Frey's manservant

skírr *adj* bright, pure, clear

skjaldborg *f* wall of shields, testudo

skjalfa *var* of **skjálfa**

skjall *n* membrane of an egg

skjalla <skellr, skall, skullu, skollinn> *vb* crash, clash, clatter

skjarr *adj* shy

skjálfa (*also* **skjalfa**) <skelfr, skalf, skulfu, skolfinn> *vb* tremble, shake, shiver

skjóðupungr <-s, -ar> *m* skin-purse

skjóta <skýtr, skaut, skutu, skotinn> *vb* [*w dat*] shoot, throw; push; put, shoot up; pay; **skjótask** *mid* move quickly

skjótast *superl adv* of **skjótt**, most swiftly

skjótfœri *n* swiftness

skjótleikr *m* swiftness

skjótliga *adv* swiftly, quick

skjótr *adj* swift, quick; short

skjótt *adv* swiftly, quickly; soon

❖ **skjöldr** <*dat* skildi, *gen* skjaldar, *pl* skildir, *acc* skjöldu> *m* shield

skjörr *f nom sg, n nom/acc pl* of **skjarr**
skorta <-rti, -rt> *vb* (*impers*) [*w acc subj* & *object*] be lacking; fail; **[e-n] skortit [e-t]** [sb] lacks, is missing [sth]
skot *n* shooting, shot; missile; appeal; a narrow dark passage
skotmál *n* range
skotit *ppart* of **skjóta** (*n nom/acc sg*)
skotta <-að-> *vb* dangle; **skotta við** drift
skozkr *adj* Scottish
skóf *1/3sg past* of **skafa**
skógarhögg *n* tree felling, wood cutting
skógarmaðr *m* outlaw (*lit* wood-man, i.e. someone who has to live in the woods)
skógland *n* forest land, heavily-wooded land
skógr <*gen* skógar, *pl* skógar> *m* forest, woods
skógvaxit *ppart* 'wood-grown,' wooded, overgrown (*n nom/acc sg; see also* **skógr**, **vaxa**)
skóklæði *n pl* footwear
skópu *var* of **sköpuðu** (*3pl past* of **skapa**)
skór <*dat* skó, *gen* skós, *pl* skúar, *acc* skúa, *dat* skóm, *gen* skúa> *m* shoe; **kálfskinnskór** calf-skin shoe
skósveinn *m* page, servant
skjótari *comp adj* of **skjótt**
skrautligr *adj* splendid
skrautmaðr *m* showy person, show-off, one who loves fine clothes and adornments
skrautmenni *n* (= **skrautmaðr**) showy person
skreppa *f* wallet, bag, scrip
skreppu *acc sg* of **skreppa**
skriða *f* landslide
skríða <skríðr, skreið, skriðu, skriðinn> *vb* crawl
Skrýmir <-s> *m* Skrymir, (*mythological name*) name of a giant
skræfask <-ðisk, --> *mid vb* act like a coward
skrælingr <-s, -ar~jar> *m* term referring to natives of North America and Greenland (derogatory)
skuld *f* debt, obligation to pay; **gefa [e-m] skuld** require compensation from [sb]
Skuld *f* Skuld, Debt, one of the three Norns
skuldalið *n* family, dependants
skuldunautr *m* debtor
skulfu *3pl past* of **skjálfa**
❖ **skulu** <skal, skyldi, *past inf* skyldu> *pret-pres vb* shall (*obligation, purpose, necessity, fate*); should
skuta *f* small ship, cutter
skutill *m* plate, trencher; small table
skutilsveinn <-s, -ar> *m* trencherman, cup-bearer, officer of high rank
skutu *3pl past* of **skjóta**
skúa *acc pl* of **skór**
skyggn *adj* sharp-sighted
skykkjum *adv* tremulously; **ganga skykkjum** shake
skyld <*pl* -ir> *f* tax
skylda *1sg past indic/subjunct* of **skulu**
skyldi *3sg past indic and 3sg/pl past subjunct* of **skulu**
❖ **skyldr** <*comp* skyldri~skyldari, *superl* skyldastr~skylztr> *adj* related by kinship; necessary, obliged
skyldu *3pl past indic, past inf* of **skulu**
skyli *3sg/pl pres subjunct* of **skulu**
skylt *n nom/acc sg* of **skyldr**
skyn *n* understanding, insight, perception; **kunna skyn** understand; *also f* <*pl* -jar>
skynda <-di, -dr> *vb* [*w dat*] hurry; hasten, bring in haste
skyndiliga *adv* in haste, speedily, quickly
skynsamliga *adv* intelligently, carefully
skýrr *adj* clear, distinct, evident
skýrt *adv* (*also n* of **skýrr**) clearly, distinctly
skýt *1sg pres* of **skjóta**
skýtr *2/3sg pres* of **skjóta**
skökull <*dat* skökli, *gen* skökuls> *m* harness; the pole of a cart or carriage
skömm *f* shame, disgrace; *adj* **skammr** (*f nom sg, n nom/acc pl*)
skömmu *n dat* of **skammr**; **fyrir skömmu** *adv* recently
sköpuð *ppart* of **skapa** *(f nom sg, n nom/acc pl)*
sköpuðu *3pl past* of **skapa**
skör <*gen* skarar> *f* locks, beard, hair, hair of the head
sköruligr *m* bold, manly; of distinguished appearance; magnificent
skörungr <-s, -ar> *m* notable man or woman, leader, paragon
slá <slær, sló, slógu, sleginn> *vb* strike, smite; **slá beizli við (hest)** bridle a horse; **slá eldi í** light a fire
slátr *n* butchered meat
slegit *ppart* of **slá** (*n nom/acc sg*)
sleikja <-ði-~-ti-, -ðr-~-tr-> *vb* lick
sleikti *3sg past* of **sleikja**
Sleipnir *m* Sleipnir (*mythological name*), Odin's eight-legged horse
sleit *1/3 sg past* of **slíta**

---

e-n (einhvern) = somebody, *acc*; **e-t** (eitthvat) = something, *acc*; **e-m** (einhverjum) = (for) somebody, *dat*; **e-u** (einhverju) = (for) something, *dat*; **e-s** (einhvers) = (of) somebody or something, *gen*

sléttr *adj* level, smooth; comfortable, easy

slitit *ppart* of **slíta** (*n nom/acc sg*)

slitna <-að-> *vb* break, snap (of a rope, cord, string); end, break up

Slíðrugtanni *m* Slidrugtanni (*mythological name*), boar belonging to Frey (*see also* **Gullinbursti**)

❖ **slíkr** *adj* such

slíkt *adv* in such a way

slíta <slítr, sleit, slitu, slitinn> *vb* [*w dat*] tear, pull; break, snap; wear-out; decide, settle; break up, dissolve (a meeting or confrontation); **slíta upp** pull up; [*w dat*] break (agreement)

slógu *3pl past* of **slá**

slyngva <slyngr, slöng, slungu, slunginn> *vb* sling, fling, throw

slær *2/3sg pres* of **slá**

slæliga *adv* sluggishly, weakly

slær *adj* blunt

slær *2/3sg pres* of **slá**

slœgja <-ði, -ðr> *vb* cheat, entice; *impers* one desires, has a mind to

slœgr <*m acc sg* slœgjan> *adj* cunning

sløkkva <-ti, -tr> *vb* extinguish, slake

smalaferð *f* herding the sheep

smalahestr *m* shepherd's horse

smalamaðr *m* shepherd

smali *m* [*collective noun*] sheep

smá <-ði, -ðr> *vb* scorn, slight, revile

smálátr *adj* content with little

smálæti *n* stinginess

smám bit by bit, slowly

smámenn *m pl* men of little power, insignificant men

smámenni *n* insignificant person

smár <*f* smá, *n* smátt> *adj* small; *dat pl used as adv*

smásakar *f pl* petty suits

smáskip *n* small ship

smáskúta *f* small cutter

smátt *adv* in small quantities; **selja smátt** sell piece by piece, bit by bit

smiðr <-s, -ar~-ir> *m* smith, wright; worker in wood or metal

smíð <*pl* -ir> *f* making, building; work of art or skill

smíða <-að-> *vb* make, build, erect, work in wood or metal

smíðarkaup *n* agreement about the building work

smjúga <smýgr, smaug~smó, smugu, smoginn> *vb* creep through an opening; pierce

smugu *3pl past* of **smjúga**

smurði *3sg past* of **smyrja**

smyrja <-ði, -ðr> *vb* anoint, rub with ointment

smæligr *adj* humiliating, dishonorable

smæri *compar adj* of **smár**

snara <-að-> *vb* turn quickly, twist; **snarask** *mid* turn oneself quickly, turn around

snarpliga *adv* sharply, with a dash

snarpligr *adj* vigorous

snarpr *adj* sharp; vigorous

snarr <*f* snör, *n* snart> *adj* swift; gallant, bold, smart; keen

sneiða <-ddi, -ddr> *vb* slice; glance off

sneri *1/3sg past* of **snúa**

sneru *3pl past* of **snúa**

snerusk *3pl past* of **snúask**

snerust *var* of **snerusk**

snemma (*also* **snimma**) <*comp* snemr, *superl* snemst> *adv* early; **snimma dags** early in the day

snemmendis (*also* **sneimmendis**) *adv* early

snemr *comp* of **snemma**

sneypa *f* disgrace, shameful rebuff

snimhendis *var* of **snemmendis**

snimma *var* of **snemma** *adv* early

snimmt *adv* early (= **snimma**)

sníða <sníðr, sneið, sniðu, sniðinn> *vb* cut

snjallr *adj* well-spoken, eloquent

snjór (*also* **snær**) <*gen* snjóvar~snjófar> *m* snow

snotr *adj* wise

snotra <-að-> *vb* make wise

snúa <snýr, snøri~sneri, snúinn> *vb* turn, go; turn; twist; plait, braid; **snúask** *mid* turn oneself, **snýsk Jörmungandr** Jormungand writhes

snúðugr *adj* swift

snúðugt *adv* swiftly; **ganga snúðugt** march, walk at a swinging pace

snýr *2/3sg pres* of **snúa**

snýsk *all sg pres mid* of **snúa**

snær (*also* **snjór**) <*gen* snævar~snæfar> *m* snow

snœri *n* twisted rope, cord, string, cable, fishing-line

snøra *1sg past* of **snúa**

snøri *var* of **sneri**

soðinn *ppart* of **sjóða** (m nom/acc sg)

soðit *ppart* of **sjóða** (*n nom/acc sg*)

sofa <sefr, svaf, sváfu, sofinn> *vb* sleep; **sofa af um nóttina** sleep through the night

sofandi *pres part* of **sofa**

sofna <-að-> *vb* fall asleep; **vera sofnaðr** be asleep
sogit *ppart* of **sjúga** (*n nom/acc sg)*
soltinn *adj* hungry
sonar *gen sg* of **sonr**
sonargjöld *n pl* wergeld, ransom, or compensation for a dead son
sonarsonr *m* grandson
❖ **son(r)** <*dat* syni~søni, *gen* sonar, *pl* synir~sønir, *acc* syni~sonu> *m* son
sortna <-að-> *vb* turn black, grow black
sól <*dat* sól~sólu> *f* sun; day
sólarsinnis *adv* east-to-west, 'sunwise'
sólskin *n* sunshine
sóma <-ði, -ðr> [*w dat*] be suitable, befitting
sómi *m* an honor
són *f* atonement, sacrifice
sópa <-að-> *vb* sweep; **sópa saman** collect, gather up
sótt *f* sickness, illness; **taka sótt** fall sick, be taken ill
sótta *1sg past* of **sœkja**
sóttarfar *n* condition of an illness, famine
sóttdauðr *adj* dead from sickness
sótti *3sg past* of **sœkja**
sóttisk *3sg past mid* of **sœkja**
sóttu *3pl past* of **sœkja**
spakastr *superl adj* of **spakr**
spakr *adj* wise; quiet
spala *gen pl* of **spölr**
spá <*pl* spár> *f* prophecy
spádómr <-s, -ar> *m* prophecy
spánn (*also* **spónn**) <*dat* spæni, *gen* spánar, *pl* spænir, *acc* spænir> *m* chip, shaving; spoon
spekð *var* of **spekt**
speki *f* wisdom (*see also* **spakr**)
spekingr <-s, -ar> *m* wise person, sage
spekt *f* wisdom; peace
speni <-a, -ar> *m* teat, udder
spenna <-ti, -tr> *vb* [*w dat*] gird, buckle on
spilla <-ti, -tr> *vb* [*w dat*] spoil, destroy
spillir *m* spoiler; **spillir bauga** *poet* generous lord, spoiler of rings
spjall <pl spjöll> *n* tale
❖ **spjót** *n* spear
spjörr <*gen sg, pl nom/acc* spjarrar> *f* swathing-band, leg-band
spor *n* track, footprint, trail
sporðr <-s, -ar> *m* tail (of a fish or serpent)
spori *m* spur
spónn *var* of **spánn**; **messingarpónn** brass spoon
sprakk *1/3sg past* of **springa**
spara <-ði, -ðr> *vb* spare; **sparask** *mid* spare oneself, reserve one's energy
spratt *1/3sg past* of **spretta**
spretta <sprettr, spratt, spruttu, sprottinn> *vb* start, spring; split; **spretta upp** spring up
spretta <-tti, -tt> *vb* make spring up; loosen; unfasten; rip open; **spretta á knífum** split with a knife
springa <springr, sprakk, sprungu, sprunginn> *vb* jump, spring; issue forth; burst; die from overexertion or grief
spurða *1sg past* of **spyrja**
spurði *3sg past* of **spyrja**
spurðu *3pl past* of **spyrja**
spurðusk *3pl past* of **spyrjask**
spurðr *ppart* of **spyrja** (*m nom sg*)
spurt *ppart* of **spyrja** (*n nom/acc sg*)
spurull (*also* **spurall**) adj inquisitive, asking many questions
❖ **spyrja** <spurði, spurðr> *vb* ask; hear, hear of, learn, be informed of, find out; **spyrja at [e-m/e-u]** ask after, inquire about [sb/sth] **spyrjask** *mid* be heard of, be reported; be known;
spyrna <-di, -dr> *vb* kick
spyrr *2/3sg pres* of **spyrja**
spýta <-tti, -ttr> *vb* spit
spýttu *3pl past* of **spýta**
spölr <*dat* speli, *gen* spalar, *pl* spelir, *acc* spölu> *m* rail
staddr *adj* present; placed, staying
staðfesta *f* homestead, farm
staðinn *ppart* of **standa** (*m nom/acc sg*)
❖ **staðr** <*dat* stað~staði, *gen* staðar, *pl* staðir> *m* stead, parcel of land; place, spot; abode, dwelling; **í stað sinn** instead of one, in one's place; **í staðinn** instead; **annars staðar** elsewhere
stafaðr *adj* striped
stafkarl *m* beggar, tramp
stafkarls *gen sg* of **stafkarl**
stafn <-s,-ar> *m* prow
stafnbúi *m* prowman
stafnlé *m* grappling hook
stafr <*gen* -s, *pl* stafar~stafir> *m* staff, post (in a building); staff, stick; pole, timber; written letter, stave (*esp poet*)

---

e-n (einhvern) = somebody, *acc*; **e-t** (eitthvat) = something, *acc*; **e-m** (einhverjum) = (for) somebody, *dat*; **e-u** (einhverju) = (for) something, *dat*; **e-s** (einhvers) = (of) somebody or something, *gen*

stakk *1/3sg past* of **stinga**

stallari *m* marshall

❖ **standa** <stendr, stóð~stótt, stóðu, staðinn> *vb* stand; **standa eptir** stay back, remain; remain unpaid; **standandi** standing; **standa upp** stand up, rise; **standa til hjarta [e-m]** stick, stab in the heart of [sb]; **af standa** ensue, come of, be caused by [sth]

stanga <-að-> *vb* ram, (head)butt, gore (of cattle); **stangask** *mid* butt each other

stara <-ði, starat> *vb* stare

starf *n* labor, trouble, business

starfa <-að-> *vb* work, do, work at

starfaði *3sg past* of **starfa**

starfalítill <*comp* -minni> *adj* not troublesome

starfaminna *comp* of **starfalítill**, less arduous, less troublesome (*n sg*)

starfi *m var* of **starf**

steði <*gen* steðja> *m* anvil

steðja <steðr, staddi, staddr> *vb* stop; fix, settle; make firm; permit; *ppart* placed, present, staying; **við staddr** present

stefna <-di, -dr> *vb* aim at, go in a certain direction; steer; call, call together, summon; *leg* summon, serve notice to; **stefna leið** head toward, head for

stefna *f leg* summons, citation

stefnudagr *m* day of summons (i.e. set day for bringing summons against others in law)

stefnuför *f* journey to serve a legal summons

stefnulag *n* appointment for a meeting, summons

steig *1/3sg past* of **stíga**

steikja <-ði~ti, -ðr~tr> *vb* roast

steindurum *dat pl* of **steindyrr**

steindyrr *f pl* stone doorway(s) entrance(s) in rocks (esp to dwarves' abodes)

steinn <*-s, -ar*> *m* stone; cave or stone dwelling; *poet* precious stone, jewel

steinsmíð *f* stone-masonry

steinsmíði *n var* of **steinsmíð**

steinsmíðr <-s, -ar~-ir> *m* stone mason

stela <stelr, stal, stálu, stolinn> *vb* steal; **stela [e-n] [e-u]** rob [sb] of [sth]

stendr *2/3sg pres* of **standa**

stengr *f nom/acc pl* of stöng

sterkleikr <-s, -ar> *m* strength

sterkliga *adv* vigorously

❖ **sterkr** <*superl* sterkastr> *adj* strong

steypa <-ti, -tr> *vb* [*w dat*] throw down; overthrow; cast a garment on or off; pour out; cast, found; **steypask** *mid* tumble down, fall stooping, be overturned; throw oneself

sté *var* of **steig**

stigu *3pl past* of **stíga**

stikill <*gen* stikils, *pl* stiklar> *m* point; pointed end of a horn

stikublígr *m* stick-gazer, miser (*nickname*)

stilla <-ti, -tr> *vb* arrange, settle; still, calm; **stilla til** arrange

stilltr *adj* calm, composed

stinga <stingr, stakk, stungu, stunginn> *vb* thrust, stab; pierce; **stinga stöfnum at skipi** run the prow against a ship's side

stinnr *adj* stiff, unbending, strong

stirðlyndr *adj* harsh

stirðþinull *m* stiff rope

stirt *adv* harshly

stíg *acc sg* of **stígr**

stíga <stígr, steig, stigu, stiginn> *vb* step, walk; tread; **stíga af baki** dismount (a horse); **stíga á (bak, hest)** mount (a horse); **stíga á (skip, bát)** board (a ship, a boat); **stíga upp** mount (a horse)

stígr <-s, -ar> *m* path, way

stjarna *f* star

stjóri *m* steerer, ruler; stone anchor

stórmenska *f* greatness of heart

stjórn *f* helm, rudder; **á stjórn**, to starboard (*see also* **stjórnborði**)

stjórna <-að-> *vb* to govern

stjórnborði *m* the starboard side of a ship (as opposed to **bakborði**)

stjúpmóðir *f* stepmother

stjúpsonr *m* stepson

stjörnur *f nom/acc pl* of **stjarna**

stoða <-að-> *vb* support

stofa *f* stove room, a room in a long house, secondary to the **eldaskáli** and warmed by a stove of flat stones. It served as a living room, where women worked the looms, families sat in the evenings, and feasts were held.

stokkinn *ppart* of **støkkva** (*m nom/acc sg*), spattered

stokkr *m* pole, log of wood; trunk; base under an anvil

stolinn *ppart* of **stela** (*m nom/acc sg*)

storð <-ar, -ar> *f* earth, land; young wood; **storðar men** necklace of the earth, a kenning for the Midgard serpent

stóð *n* stud (horse)
stóð *1/3sg past* of **standa**
stóðhross *n* stud-horse
stóðu *3pl past* of **standa**
stórilla *adv* very badly
stórlátr *adj* proud, haughty, arrogant; munificent; not content with little
stórliga *adv* arrogantly, exceedingly, very
stórlyndr *adj* magnanimous
stórmannligr *adj* magnificent, grand
stórmenni *n* men of rank, aristocracy; great man, leader
stórmerki <*gen pl* -merkja>*n pl* great wonders
stórmæli *n pl* great, grave affairs
❖ **stórr** <*comp* stœrri, *superl* stœrstr> *adj* big; great, important
stórráðr *adj* ambitious
stórskip *n* big ship
stórvirki *n* great deed
stótt *var* of **stóð (standa)**
strandir *pl* of **strönd**
strauk *1/3sg past* of **strjúka**
straumr <*gen* straums, *pl* straumar> *m* stream
strá <-ði, -ðr> *vb* strew, cover with straw
strengði *3sg past* of **strengja**
strengja <-di~-ði, -dr~ðr> *vb* fasten with a string, bind tight; **strengja ([e-s]) heit** make a solemn vow
strengr <-jar~-s, -ir> *m* string, thong
stríðr *adj* severe
strjúka <strýkr, strauk, struku, strokinn> *vb* stroke, rub, wipe; caress; smooth, brush; run, rush, dash off
strandar *gen sg* of **strönd**
strýkr *3sg pres* of **strjúka**
strönd <*dat* strönd(u), *gen* strandar; *pl* strendr~ strandir> *f* coast, shore, strand; border, edge; **sævar-strönd** sea-shore (*see also* **sær**)
studdisk *1/3sg past* of **styðjask**
studdist *var* of **studdisk**
stuðill <*pl* stuðlar> *m* pillar, stud, stave; *(of poetry)* either of the two alliterating letters in the odd lines, in a verse or the first half of a long line
stund <*dat* stundu> *f* a while, a period of time, time; hour; **litla stund** a little while, for a short time
stundum *adv* sometimes
stutt *adv* shortly, abruptly
styðja <studdi, studdr> *vb* support; **stydjask** lean
styggr *adj* shy
stynja <stynr, stundi, stundu, stunit> *vb* sigh, groan
styrkr <-s> *m* strength; assistance
styrktarmaðr *m* helper
stytta <-tti, -ttr> *vb* shorten; **styttask** *mid* get angry
styttingr *m* unfriendliness, abruptness; **skiljask með styttingi** part coldly, abruptly
stýra <-ði, -t> *vb* [*w dat*] steer, command; rule, govern, guide, lead; manage; own, possess
stýri *n* rudder
stýrimaðr *m* captain of a ship, skipper
stýrimanns *gen sg* of **stýrimaðr**
stýrishnakki *m* top piece of rudder
stœrri *comp adj* of **stórr**
stöðull <*dat* stöðli, *gen* stöðuls, *pl* stöðlar> *m* milking pen (for cows)
stöðva <-að-> *vb* stop; **stöðvask** *mid* stop oneself, calm down; be stopped
stöndum *1pl pres* of **standa**
stöng <gen stangar, *pl* stangir~stengr> *f* staff, pole; standard pole
stönguðusk *3pl past mid* of **stanga**
stökk *1/3sg past* of **stökkva**
stökkva *var* of **støkkva**
støkkva <støkkr; stökk, stukku, stokkit> *vb* spring, burst, leap; rebound, start back; be sprinkled, spatter; drive
suðr <*gen* suðrs> *n* south; **í fullu suðri** completely in the south; **landsuðr** southeast
suðr *adv* southward
Suðreyjar *f pl* the Hebrides (*place name*), *lit* the Southern Isles
suðreyskr *adj* Hebridean
suðrganga *f* journey south (to Rome)
Suðrmaðr *m* southerner (*esp* a German or a Saxon)
Suðrríki *n* (*place name*) Southern Europe
suðu *3pl past* of **sjóða**
sukku *3pl past* of **søkkva**
sullr *m* boil
sultr <*dat* sulti, *gen* sultar> *m* hunger, famine
❖ **sumar** <*pl* sumur> *n* summer; **um sumrum/sumarit** in, during (the) summer; **um sumarit eptir** in, during the following summer
sumarsdagr *m* day of summer
sumarviðr *m* summer wood (i.e. wood collected in summer for charcoal, not for heating in winter)

---

sumir *m pl nom* of **sumr**

❖ **sumr** *adj pron* some

sund *n* sound, channel

sundfœrr *adj* able to swim**; sundfœrr of sæ** sea-worthy (*lit* able to swim over the sea)

sundr (*also* **í sundr**) *adv* apart, asunder

sunnan *adv* from the south

sunnanverðr *adj* southern; southerly

sunnanþoka *f* southerly fog

Surtr *m* Surt (*mythological name*), 'Black,' ruler of Muspellsheim, battles Frey at Ragnarok

Suttungr *m* Suttung (*personal name*), 'Broth-Heavy,' a **jötunn**, he chases Odin after the theft of the Mead of Poetry

sú *f nom sg* of **sá**

Súðvirki *n* Southwark (*place name*), City on the south side of the Thames (part of modern London)

Svaðilfari *m* Svadilfari (name of a horse)

svaf *1/3sg past* of **sofa**

svalr *adj* cool

svaltz *var* of **svalzt**

svalzt *2sg past* of **svelta**

svanr <-s, -ir> *m* swan

svar <*pl* svör> *n* answer, reply

❖ **svara** <-að-> *vb* [*w dat*] answer, reply

svardagi *m* oath

svarði *3sg past* of **sverja**

svarðlauss *adj* grassless

Svartálfheimr *m* world of the dark elves

svartr <*f* svört, *n* svart> *adj* black

❖ **svá** *adv* so, thus; such; then; so (*denoting degree*); **svá at** such that, with the result that; **svá...sem** *conj* as...as

Sváfnir <*gen* Sváfnis> Svafnir (*personal name*) a name for Odin

sváfu *3pl past* of **sofa**

sváss *adj* dear, sweet, beloved

svefn *m* sleep

svefnbúr n sleeping chamber, stall

svefnþorn *m* 'sleep-thorn'

❖ **sveinn** *m* boy, lad

sveinnstauli *m* small boy

sveit *f* body of men, troop; *pl* district, community

sveitarrækr *adj* driven out of the district

sveiti *m* sweat, blood

svelga (*also* **svelgja**) <svelgr, svalg, sulgu, sólginn> *vb* swallow

svelta <sveltr, svalt, sultu, soltinn> *vb* die (of starvation); starve, suffer hunger; **svelta hungri** starve, die of hunger

❖ **sverð** *n* sword

sverðregn *n* sword-rain, a kenning for battle; **árr sverðregn** deliverer of sword-rain, a kenning for a warrior

sverðsegg *f* sword's edge

sverðshögg *n* sword stroke

sverja <sverr, svór~svarði, svóru~svörðu, svarinn> *vb* swear (to [sth]); **sverja eið** swear an oath

svigi *m* switch

svinnr *adj* swift; wise

svipan *f* jerk; moment

svipstund *f* moment, twinkling of an eye

svipta <-ti, -tr> *vb* sweep; throw, fling

svipting *f* pull, struggle

sviptir *m* loss

Svíakonungr <-s, -ar> *m* king of the Swedes (**Svíar**)

Svíar *m pl* the Swedes

Svíaríki *n* Sweden

Svíaveldi *n* Sweden (*place name*)

svíða <svíðr, sveið, sviðu, sviðinn> *vb* burn, singe; *impers* [*dat subj*] be hurt

svívirðing *f* disgrace, humiliation

Svívör *f* Svivor, a giantess killed by Thor

Svíþjóð *f* Sweden (*place name*)

Svölðr <*gen* -rar> *f* (*place name*) island of Svoldr

svör *nom/acc pl* of **svar**

svörðr <*dat* sverði, *gen* svarðar> *m* scalp

syni *dat sg, acc pl* of **sonr**

synir *nom pl* of **sonr**

synja <-að-> *vb* [*w gen*] deny, refuse

sylgr <-s~-jar> *m* drink

syngja (*also* **syngva**) <syngr, söng, sungu, sunginn> vb sing; clash; whistle; **syngja messu** officiate/sing mass

syngva *var* of **syngja**

syni *dat sg* of **sonr**

systir <*acc/dat/gen* systur, *pl* systr> *f* sister

systkin *n pl* brother and sisters (*collectively*)

systrungr <-s, -ar> *m* a mother's sister's son; male relative

sýn *f* sight, vision, appearance

sýna <-di, -dr> *vb* show; **sýnask** *mid* seem, appear; seem fitting

sýndisk *2/3sg past* of **sýnask**

sýnisk *3sg pres* of **sýnask**
sýnist *var* of **sýnisk**
sýnn *adj* clear, evident, certain
sýnum *adv* by sight, apparently
sýnt *adv* evidently, clearly
sýnt *ppart* of **sýna** (*n nom/acc sg*)
sýr <*acc* sú, *gen* sýr, *pl* sýr> *f* sow
sæfarar *f pl* sea-faring, voyages at sea
sæhafa *indecl adj* carried off course at sea
sæi *3sg/pl past subjunct* of **sjá**
sæing *f* sacrifice; sacrificial animal; *also var* of **sæng**
sæla <-di, -dr> *vb* bless
sæll <*comp* sælli, *superl* sæl(a)str> *adj* well-off; happy, fortunate; blessed
sænautalitr *m* the color of a sea-cow
sæng *f* bed
sær <*acc* sæ, *dat* sævi~sæ, *gen* sævar> *m* the sea (*also* **sjár**, **sjór**)
særa <-ði, -ðr> *vb* wound
sæta <-tti, -tt> *vb* [*w dat*] bring about, cause; amount to, be of importance; **engu sæta** be of no importance, amount to nothing; **sæta áverkum við [e-m] fyrri** be the first to injure [sb]
sæti *n* seat
sætt (*also* **sátt**) *f* reconciliation, agreement, peace; **at sætt** as atonement
sætta <-tti, -ttr> *vb* reconcile; make peace among; **sættask** *mid* come to terms, agree, be reconciled
sættarstefna *f* meeting to conclude peace
sævargangr *m* flooding sea
❖ **sœkja** <sótti, sóttr> *vb* seek; pursue; prosecute; attack; go; **sœkja aptr** retreat; **sœkja at** attack; **sœkja til [e-s]** seek out [sb]
sœmð *f* honor, redress, compensation
sœmiligr *adj* honorable, becoming
sœnskr *adj* Swedish
sœri *n pl* oaths
sœtti *3sg/pl past subjunct* of **sœkja**
söðla <-að-> *vb* saddle
söðull <*pl* söðlar> *m* saddle
sögð *ppart* of **segja** (*f nom sg, n nom/acc pl*)
sögðu *3pl past* of **segja**
sögn *f* speech; report; relation
sögu *acc/dat/gen sg* of **saga**
söguligr *adj* important, worth telling
sögur *nom/acc pl* of **saga**
sögðusk *3pl past* of **segjask**
❖ **sök** <*gen* sakar; *pl* sakar~sakir> *f* cause, reason, sake; *leg* charge, the offence charged; *leg* case, lawsuit, prosecution; **fyrir [e-s] sakar** on account of, because of [sth]; **fyrir þá sök at** because; **gefa [e-m] sök** prosecute, make a charge against [sb]; **sakar** [*as prep w gen*] because of, for the sake of
søkkva <søkkr, sökk, sukku, sokkinn> *vb* sink
sömu *str n dat sg; wk f acc/dat/gen sg, all nom/acc/gen pl* of **samr**
söng *1/3sg past* of **syngja**
söngr <*dat* söng~söngvi, *gen* -s, *pl* -var> *m* song, lay; singing, music
söx *n pl* raised prow of a warship

T

-t *see* **-a**
tafl <*pl* töfl> *n* a board game
tafn *n* food, carrion; offering, sacrifice
❖ **taka** <tekr, tók, tóku, tekinn> *vb* take, catch, seize; take hold of, grasp; reach, touch; [*w inf*] begin; **taka af** get, receive, accept; **taka [e-t] af** cancel, abolish, do away with [sth]; *impers* **[e-t] taka af** [sth] comes loose, comes off; **taka at** choose; **taka at [*inf*]** begin to [*inf*]; **taka [e-t] á [e-u]** touch [sth] with [sth]; **taka [e-m] fegins hendi** receive [sb] gladfully, joyfully; **taka [e-n] höndum** seize or capture [sb]; **taka í sundr** cut asunder; **taka mál** *leg* to take up a case; **taka til** begin; concern; engage in, try; **láta [e-t] til sín taka** let [sth] concern oneself, involve onself in [sth], meddle with [sth]; **taka upp** interpret, think, take a position (on a question); take to, choose; **taka upp [e-t]** take, pick up [sth]; **taka vel við [e-m]** give [sb] a good welcome; **taka við [e-m]** take in, receive, or welcome [sb] into one's house; **taka við [e-u]** receive, take possession of, acquire, inherit [sth]; **taka til** begin; **takask** *mid* begin, happen; succeed; **takask [e-t] af**

---

e-n (einhvern) = somebody, *acc*; **e-t** (eitthvat) = something, *acc*; **e-m** (einhverjum) = (for) somebody, *dat*; **e-u** (einhverju) = (for) something, *dat*; **e-s** (einhvers) = (of) somebody or something, *gen*

choose [sth]; **[e-m] teksk vel** *impers* it goes well for [sb], [sb] succeeds; **takask** *impers* happen, come to pass, take place, begin

taki *3sg/pl pres subjunct* of **taka**

tal <*pl* töl> *n* conversation, speech, talk; **koma á tal við [e-n]** come to speak with [sb]; **ganga til tals** speak with, hold a conversation; **á tali** in conversation, talking

tala *f* talk, speech

❖ **tala** <-að-> *vb* talk, speak; discuss; **tala við [e-n]** speak to [sb]; **talask** *mid* speak to one another

talazk *ppart* of **talask** (*nom/acc sg*)

talði *3sg past* of **telja**

taliðr *ppart* of **telja** (*m nom sg*)

tamit *ppart* of **temja** (*n nom/acc sg*)

tangi <-a, -ar> *m* point projecting into the sea; tang (weaponry)

tangir *pl* of **töng**

Tanngnjóstr *m* one of the goats which pulls Thor's chariot

Tanngrisnir *m* one of the goats which pulls Thor's chariot

tannskeptr *ppart* having a walrus-tusk (tooth) handle (*m nom sg; see also* **tönn**, **skepta**)

taumr <-s, -ar> *m* rein, **lítt í tauma** did not fail to happen; easily came to pass

tá <*gen* tár, *pl nom/acc* tær, *dat* tám> *f* toe

tálma <-að-> *vb* hinder

tár *n* tear

tefla <-ði~-di, -ðr~-dr> *vb* play a game similar to chess, a board game

tegu *var* of **tøgu**, **tigu**, **tigi** (*see* **tigr**)

tegum *var* of **tøgum**, **tigum** (*see* **tigr**)

teikna <-að-> *vb* signify, mean; make a sign

teitr *adj* cheerful

tekinn *ppart* of **taka** (*m nom/acc sg*)

tekit *ppart* of **taka** (*n nom/acc sg*)

tekizk *ppart* of **takask** (*n nom/acc sg*)

tekr *2/3sg pres* of **taka**

teksk *all sg pres* of **takask**

telja <talði~taldi, taliðr~taldr~talinn> *vb* count, recount; reckon, consider; relate, say; **telja á hendr [e-m]** lay the blame on [sb]; **fyr telja** tell, give an account of; **telja at [e-u]** object to [sth]

temja <tamði, tamiðr~-inn> tame

Temps *f* the river Thames (*place name*)

tengðir *f pl* relationship, connection by marriage

tengja <-ði, -ðr> *vb* bind, fasten together

tengsl *n pl* cable

téa <-ði> *vb* show, provide, offer, present

tiginn *adj* of high rank

tign *f* high-birth

tignarnafn *n* high-rank

tignastr *superl adj* of **tiginn**

tignust *f nom sg, n nom/acc pl* of **tignastr**

tigr <*dat* -i *gen* -ar, *pl* -ir, *acc* -u> *m* ten; a decade; **fimm tigir** *num* fifty; **fjórir tigir** *num* forty; **sex tigir** *num* sixty; **þrír tigir** *num* thirty (*also* **tegr**, **tøgr**)

tigu *acc pl* of **tigr**

❖ **til** *prep* [*w gen*] to; till; for (of use); for (of object, intention); with respect to ;**alt er til vápna var** everything that could be used as a missle; **brjóta legg til mergjar** break a leg to get at the marrow; **til vista var eigi gott** they were not well off for provisions

til *adv* too (of excess)

tilkall *n* claim

tillagagóðr *adj* good at giving advice (*at tillaga*); sensible; well-disposed; reliable

tilvísan (*also* **tilvísun**) *f* direction, guidance

tíð <*pl* -ir> *f* time; hour; prayers, liturgy

tíða <-ddi, -ddr> *vb impers* [*w acc subj*] long for, wish, desire

tíðast *superl adv* of **títt**, most quickly; **sem tíðast** at once, with all speed

tiðendi *var* of **tíðindi**

❖ **tíðindi** (*also* **tíðendi**) *n pl* news, tidings; **gerask/verða til tíðendi** occur

tíða <-dd> *vb* desire

tíðir *3sg pres* of **tíða**

tíðr <*f* tíð, *n* títt> *adj* frequent; usual; **hvat er títt um þik?** what is the matter with you?

tíðrœtt *ppart* of **tíðrœða** (*n nom/acc sg*; *see also* **tiðr**, **rœða**) discussed much; **þeim var tíðrœtt** *impers* they spoke much together

tími *m* time; **í þann/þenna tíma** at, during that/this time; **þykkja [e-m] tími til** [sb] thinks the time is right

títt *adv* frequently; quickly; often; **sem tíðast** as quickly as possible

❖ **tíu** *num* ten

tíundi *ord* tenth

tívar *m pl* gods (*plural only, poet*)

tjald <*pl* tjöld> *n* tent

tjalda <-að-> *vb* pitch, set up (a booth or tent); adorn, hang tapestries or cloth

tjá <-ði, -ðr> *vb* help, avail; show, grant; tell, report, relate; show, exhibit

tjúguskegg *n* forked beard

tjölduð *ppart* of **tjalda** (*f nom sg and n nom/acc pl*)

toddi *m* bit, piece, morsel

Todda *f* Todda (*abbreviation for the name Þórdís and a nickname, see also* **toddi**)

tolft *var* of **tólft**

topt *f* walls and/or foundations of a former building; place marked out for a building; small walled enclosure

torfa *f* patch of grass or turf

torfluttr *adj* difficult to discharge, carry

torfœra *f* difficult part of the road

torsóttr *adj* difficult

tók *1/3sg past* of **taka**

tóksk *1/3sg past* of **takask**

tókst *var* of **tóksk**

tóku *3pl past* of **taka**

tókusk *3pl past* of **takask**

tól *n pl* tools

❖ **tólf** <*ord* tólfti, twelfth> *num* twelve

tólft *f* dozen

tólfti *ordinal num* twelfth

tómliga *adv* slowly, leisurely

tómr *adj* empty

trani *m* crane (bird); one of Olaf Tryggvason's warships

traust *n* help, protection, support; firmness, confidence

tregr *adj* slow; reluctant

treysta <-ti, -tr> *vb* make trusty, firm; test; trust; dare; **trysta [e-m]** trust, rely on [sb]; **treystask** *mid* venture

treystisk *2/3sg past* of **treystask**

treystist *var* of **treystisk**

tré <*dat* tré, *pl* tré, *dat* trjám, *gen* trjá~tréa> *n* tree

tréna <-að-> *vb* dry up; become hard, woody

trételgja *f* woodcutter (a nickname)

trjá *g pl* of **tré**

trjám *dat pl* of **tré**

troða <treðr, trað, tráðu, troðinn> *vb* tread; cram

troði *3sg pres* of **troða**

trog *n* trough

Troja *f* Troy (*place name*), mythological home of the Æsir

tros *n* droppings, rubbish

tryggr <*m acc sg* tryggvan~tryggan> *adj* trusty, true, safe

trygt *var* of **tryggt**

trú <*gen* trúar>*f* belief, faith; **taka við trú** receive (Christian) faith

trúa <*gen* trú> *var* of **trú**

trúa <-ði, trúat> *vb* [*w dat*] believe; [*in religious sense*] **trúa á [e-n]** believe in [sth]; **þat veit trúa mín at** by my faith

trúleikr <-s, ar> *m* fealty

trúliga *adv* faithfully

trúnaðr <-ar, -ir> *m* loyalty

trúr *adj* true, faithful; trusty, safe

tröll *n* troll, monster

trönu *dat* of **trana** (*f var* of **trani**)

tuglamöttul <*dat* -möttli> *m* cloak/mantle with straps

tunga *f* tongue; language, tongue; tongue of land at the meeting of two rivers

tungl *n* moon

tunglskin *n* moonshine, moonlight

tuttugu <*ord* tuttugandi~tuttugundi, twentieth> *num* twenty

tún *n* enclosure, farmstead; hayfield, home-field; *poet* dwellings, precincts

túngarðr *m* fence, wall of a **tún**

tvau *n nom/acc* of **tveir**

tvá *m acc* of **tveir**

tveggja *gen* of **tveir/tvær/tvau**

❖ **tveir** <*f* tvær, *n* tvau; *acc m* tvá, *all dat* tveim(r), *all gen* tveggja> *num* two

tvíhólkaðr *adj* mounted with a double ring

tvær *f nom/acc* of **tveir**

tylft <*pl* -ir> *f* dozen; twelve; a half day, i.e. half day's sail

typpa <-ti~typði, -tr~typðr> *vb* top, crown; tie in a top knot

tysvar (*also* **tvisvar**) *adv* twice

týna <-di, -dr> *vb* to lose, forget, mistake; **týnask** *mid* perish

týndusk *3pl past* of **týnask**

týnir *2sg pres* of **týna**

týnt *ppart* of **týna** (*n nom/acc sg*)

týnzk *ppart* of **týnask** (*n nom/acc sg et al*)

Týr *m* a god. Odin is called hangatýr, god of the hanged

Týr *m* Tyr (*mythological name*) one of the major gods,

fights **Garmr** at Ragnarok
týhraustr *adj* 'Tyr-brave,' a superlative
týspakr *adj* 'Tyr-wise,' a superlative
tæla <-di, -dr> *vb* trick, betray
tœka *1sg past subjunct* of **taka**
tœki *3sg/pl past subjunct* of **taka**
tœkisk *3sg/pl past subjunct* of **takask**
töfl *f* playing piece in **hnefatafl**; chess-piece
töfr *n pl also* **taufr** sorcery, charms
tøgr *var* of **tigr**
tökum *1pl pres* of **taka**
tölu *acc/dat/gen sg* of **tala**
töng *f* tongs for a forge
tönn *f* tooth

U

Uðr *var* of **Unnr** (*personal name*)
ugga <-að-> *vb* fear
ulfr (*also* **úlfr**) <-s, -ar> *m* wolf
ugla *f* owl
ull <*dat* ullu> *f* wool
ullarlagðr *m* tuft of wool
❖ **um** *prep* [*w acc*] about; around; across; for, because of; beyond; during, for, in, by (*time*); [*w dat–in poetic and older texts*] over; by, in (*time*); [*w vb of motion*] over, past, beyond, across; **fram um** *or* **um fram** [*w vb of motion*] on past, upp beyond, out over; **um dag** one day; **um nætr** by night; **um fram** *adv* in addition; **um sinnsakar** for this once
um *adv, pre-verbal particle poet* (untranslatable, but carrying connotation of completion)
um(b)ráð *n* advice, help; consideration; guidance, management, direction; *pl* deliberation, consultation
umbráði *dat sg* of **um(b)ráð**
umbsýsla *f* occupation, assistance
umbúningr <-s, -ar> *m* outfit *also* **umbúnaðr**
umhverfis *prep* [*w acc*] round, all around; *adv* there about, all around
umrœða *f* talk, discussion
umsjá <*gen* -ar> *f* oversight, care over, supervision, assistance
umskipti *n* change; **umskipti er á orðit** a decision has been reached
umsýsla *f* management; **vera at umsýsla** to manage, oversee
una <-ði, unat> *vb* dwell, stay, abide, be contented; [*w dat*] enjoy, be happy in, be content with [sth]; **una við [e-t]** to be content with [sth]; **una illa** be discontented
und *var* of **undir**
undaðr *adj* wounded
❖ **undan** *prep* [*w dat*] from under; away from; *adv* away; **ganga undan [e-m]** leave, withdraw support from [sb]
undarliga *adv* strangely
undarligr *adj* strange, amazing
❖ **undir** (*also* **und**) *prep* [*w acc/dat*] under, underneath; [*w dat*] under, depending upon; **undir sér** with him
undirmaðr *m* underling, dependant
undorn *m* mid-morning or mid-afternoon
undr *n* wonder, wondrous thing, marvel
undrask <-að-> *vb* wonder at, be astonished at
undruðusk *3pl past* of **undrask**
unði *3sg past* of **una**
unðu *3pl past* of **una**
❖ **ungr** <*comp* yngri, *superl* yngstr> *adj* young; **ungr at aldri** young, at a young age, young in age
uni *1sg pres* of **una**
unna <ann, unni, unn(a)t> *pret-pres vb* grant, allow, bestow, not begrudge; [*w dat*] love; **unna [e-m] [e-s]** let [sb] have [sth]; **unna [e-m] eigi** begrudge [sb]; **unnask** *mid* to love each other
unnit *ppart* of **vinna** (*n nom/acc sg*)
Unnr (*also* **Uðr**) <*acc/dat* Unni, *gen* Unnar> *f* Unn (*personal name*), Unnr in djúpúðga *var* of **Auðr in djúpúðga**
unnr <*gen* -ar; *pl* -ir> *f* wave
unnusk *3pl past* of **unnask**
unnvigg *n poet* 'wave steed,' ship
uns *var* of **unz**
unz (*also* **uns**) *conj* until, till
❖ **upp** *adv* up, upward (*motion toward*)

uppganga *f* boarding (ship)
upphaf *n* beginning; honor, advancement
upphiminn *m* heaven (above)
upphöf *pl* of **upphaf**
uppi *adv* up (*position*); **vera uppi** to live, last
uppivözlumaðr *m* pushing, contentious man
uppreist *f* raising up, success
uppruni *m* origin
Uppsalir *m pl* Uppsala (*place name*), cultic andtemporal power center of Sweden
uppstertr *adj* elated (*lit* with his tail up)
Urðarbrunnr *m* Urdarbrunn, the Well of Fate
Urðr *f* Urd Fate, one of the three Norns
urðu *3pl past* of **verða**
urt *f* herb
utan *var* of **útan**
utar *var* of **útar**
uxaslátr *n* meat of oxen, beef
uxi (*also* **oxi**) <*pl (often irregularly n)* yxn~øxn, *dat* yxnum~øxnum, *gen* yxna~øxna> *m* ox
uxu (also **óxu**) *3pl past* of **vaxa**

Ú

ú- *var* of **ó-**
úlfliðr *m* 'wolf's joint,' wrist
úlfr (*also* **ulfr**) *m* wolf
úr *n* drizzling rain
úr *var* of **ór**
❖ **út** *adv* out, outward (*motion toward*)
❖ **útan** <*comp* útar, *superl* útarst> *adv* from without, from outside; **fara útan** go abroad, away from Iceland (*usu* to Norway)
útanferð *f* journey abroad
útanverðr *adj* the outward, outside, outer part of
útar *comp* of **út**
útarliga *adv* far-out
útferð *f* journey to a remote place; funeral, burial
Útgarðaloki *m* Utgardaloki (*mythological name*) the giant ruling over Utgard
Útgarðr <*pl* Útgarðar> *m* Utgard (*mythological name*), 'Outer Enclosure,',the world of the giants
úti *adv* out (*place*), outside, outdoors; out on the sea
útibúr *n* storehouse (outside)
útlausn *f* redemption; ransom; dismissal of guests
útlendr *adj* foreign
útróðr <*gen* -rar> *m* fishing expedition, *lit* 'rowing-out'

V

vað *n* ford
vafit *ppart* of **vefja** (*n nom/acc sg*)
vaka <-ti, vakat> *vb* be awake, wake up
vakna <-að-> *intrans vb* awake, get up
val <*pl* völ> *n* choice
valböst *f* part of a sword
vald *n* power, control, rule
valda <veldr, olli~voldi, ollu~voldu, valdinn> *vb* [*w dat*] cause, be the cause of; wield; rule over
Valdres *n* Valdres (*place name*), a highland region in Norway
valdýr *n* carrion beast, *esp* Fenrir
valði *3sg past* of **velja**
Valföðr *m* Valfather (*mythological name*), 'Father of the Slain,' another name for Odin
valdr *m* powerful individual, ruler
Valhöll *f* Valhalla (*mythological name*), 'Hall of the Slain'
valkyrja <-u, -ur> *f* valkyrie, chooser of the slain
valr *m* corpses on the battlefield, the slain
valr <-s, -ir> *m* hawk
valtívi *m* god of the slain, slain-god
vamm (*also* **vömm**) *n* blemish
van- *prefix* lacking, under-, un-

---

e-n (einhvern) = somebody, *acc*; **e-t** (eitthvat) = something, *acc*; **e-m** (einhverjum) = (for) somebody, *dat*; **e-u** (einhverju) = (for) something, *dat*; **e-s** (einhvers) = (of) somebody or something, *gen*

Vanadís *f* designation for a female member of the Vanir
Vanaheimr <-s, -ar> *m* Vanaheim (*mythological name*), home of the Vanir
vandahús *n* wattle and daub house
vandalauss *adj* standing under no obligation to another; **vera vandalauss af** be free of obligation or responsibility, have no concern
vandamál n difficult question, complicated issue
vandi *m* difficulty, difficult task, problem
vandi (*also* **vanði**) *m* custom, habit; **leggja [e-t] í vanda sinn** make a habit of
vandliga *adv* carefully; completely, fully; closely
vandræðaskáld *n* the 'awkward' poet, the poet who is difficult to deal with
vandræði *n* trouble, difficulty
vanði *var* of **vandi**
vangi *m* cheek
vanhaldinn *ppart* wronged, getting less than one's due (*m nom/acc sg; see also* **halda**, **van-**)
vanheilindi *n* failing health, illness
vanheilsa *f* poor health, illness
Vanir *m pl* one of the two major groups of gods
vanmátta *indecl adj* ill, sore
vanmáttr *m* helplessness; illness
vanmenni *n* worthless person
vann(sk) 1/3sg past of **vinna(sk)**
❖ **vanr** *adj* accustomed, wont; **vera vanr [e-u]** be accustomed to [sth]
vanr *adj* [*w gen*] lacking; **[e-s] er vant** [sth] is lacking
vansi *m* lack, want; shame, disgrace; harm, injury; **ofsa sér til vansa** be arrogant
vanta <-að-> *vb* to lack, to be missing
var *1/3sg past* of **vera**
var-a *poet* 'was not,' **var** (*1/3sg past* of **vera**) + **-a**
vara <*pl* vörur, *gen* varna> *f* wares
vara <-að-> *vb* warn; **varask** *mid* be aware of, be on one's guard against
vara <varði, varat> *vb impers* [*w acc subj*] be aware of, expect, have a foreboding of
varð *1/3sg past* of **verða**
varða *f* cairn
varða <-að-> *vb* be of importance; **varða [e-n]** concern [sb], be of importance to [sb]
varði *3sg past* of **verja**
varðisk *2/3sg past* of **verjask**
Varðlokur *f pl* magical chants, 'guardian songs' (related to English *warlock*)
varðveita <-tti, -ttr> *vb* [*w dat*] keep, take care of
vargr <-s, -ar> *m* wolf
vargöld *f* age of wolves (or criminals)
variðr *ppart* of **verja** (*m nom sg*)
varit *ppart* of **verja**, of a certain disposition (*n nom/acc sg; see also* **fara**); **[e-m] er illa varit** *impers* [sb] has an ill disposition, is acting unworthily
varka *poet* 'I was not,' **var** + **ek** + **-a** (negative suffix)
varla *adv* hardly, scarcely
varliga *adv* scarcely, hardly; warily
varnað *acc sg* of **varnaðr**
varnaðr <*gen* -ar> *m* wares, goods, merchandise; warming
varnan *f* warning, caution, taking care to avoid
varnar *gen sg, nom/acc pl* of **vörn**
varningr *m* wares, goods, cargo
varp *1/3past* of **verpa**
❖ **varr** <*f* vör, *n* vart> *adj* aware; **varr um sik** on one's guard; **verða varr við [e-t]** become aware of, learn of [sth]
varrar *gen sg* of **vörr**
vart *2sg past* of **vera**
vas *var* of var
vaskr <*superl* vaskastr> *adj* brave, bold, gallant
vaskr *adj* brave, bold; valiant
vatn <*gen* vatns~vatz~vaz, *pl* vötn> *n* water, liquid, fluid; fresh water; lake
vatnfall *n* river
vatnsbotn *m* head (upper end) of a lake
vaxa <vex, óx, óxu, vaxinn> *vb* grow; increase; **vaxa upp** grow up
vaxinn *ppart* of **vaxa** (*m nom sg*)
vaxit *ppart* of **vaxa** (*n nom sg*)
vá *1/3sg past* of **vega**
váðáss *m* wooden pole or beam (for drying washing)
váði *m* destroyer, causer of harm or damage, enemy
vágr <-s, -ar> *m* bay, creek; wave
vágskorit *ppart* 'cut with bays,' having a jagged coastline (*n nom/acc sg; see also* **vágr**, **skera**)
vágu *3pl past* of **vega**
válað *n* poverty, destitution
ván *f* hope; expectation, prospect; **er ván [e-s]** [sb]/[sth] is expected; **at vánum** to be expected
❖ **vándr** *adj* bad, wretched; wicked; difficult; ill **vánt er at sjá** one cannot know
vánt *see* **vándr**

vánu *dat var* of **ván**

❖ **vápn** *n* weapon; **bera vápn á [e-n]** to attack [sb] with weapons

vápna <-að-> *vb* furnish with arms; **vápnask** *mid* arm oneself

vápnaburðr <*gen* -ar> *m* bearing weapons, shower of missles

vápnaðr *ppart* of **vápna** (*m nom sg*), armed

Vápnafjörðr *m* Vapnafjord (*place name*) Weapon's Fjord

vápnatak *n* taking up of weapons at the end of the assembly

vápneiðr <-s, -ar> *m* 'weapons-oath,' battle; *poss var* of vápnreið

vápnfœrr *adj* capable of bearing arms

vápnföt *n pl* armor

vápnlauss *adj* without weapons

vápnreið *f* 'weapons-ride,' battle

❖ **vár** *n* spring (season); **á einu vári** one spring; **at vári** in the spring; **um várit** in the spring

vár *gen* of **vér**

Vár <*gen* Várar> *f* Var (*possibly a goddess associated with pledges*)

vára <-að-> *vb* become spring

vári *m* defender; **rein vári** defender of Bifrost, a kenning for Heimdall

várit *acc + def* of **vár**

várkunn *f* that which is excusable; excuse

❖ **várr**, **vár**, **várt** *poss pl pron* our

váru *3pl past* of **vera**

várþing *n* spring assembly

vátr *adj* wet

vátta <-að-> *vb* witness, affirm

váttnefna *f* calling of witnesses

váttr *m* witness

veð <*gen pl* -ja> *n* pledge

veðr *n* weather

veðrátta *f* weather, weather conditions

veðrfastr *adj* weatherbound

vefja <vafði, vaf(i)ðr> *vb* wrap; entangle

vefr <*gen* vefjar, *pl* vefir, *acc* vefi, *gen* vefja> *m* web (in loom); any textile

vega <vegr, vá, vágu, veginn> *vb* kill, slay; attack, fight; thrust with weapons; **vega sigr** gain the victory

vegandi *m* killer

veggberg *n* cliff

veggþili *n* 'wall-deals,' wainscoting

vegit *ppart* of **vega** (*n nom/acc sg*)

vegna *prep [w gen]* on account of, on behalf of; **hvárutveggja vegna** on both sides

❖ **vegr** <*gen* vegar~vegs, *pl* vegir~vegar, *acc* vegu~vega> *m* way, road; mode, manner; direction; side; **of veg** [*probable meaning*] forward, on his way; **á hverjan/hvern veg** each way

veiða <-ddi, -ddr> *vb* catch; hunt

veiðikonungr *m* hunter-king

veiðr <*acc/dat* veiði, *gen* veiðar, *pl* veiðar> *f* hunting, fishing, catch; **dýraveiðr** deerhunting

veifa <-ði, -t> *vb* wave

veik *1/3sg past* of **víkja**

veikr *adj* weak; **of veikr** too weak

veiksk *1/3sg past* of **víkjask**

veit *1/3sg pres* of **vita**

❖ **veita** <-tti, -ttr> *vb* grant, give, offer; assist; make (resistance); **veita [e-m] [e-t]** grant [sb] [sth]; **veita [e-m] atgöngu** attack [sb]; **veita [e-m] atlögu** attack [sb]; **veita atróðr** set out rowing (toward); **veita [e-m] atsókn** attack [sb]

veitkat *poet* **veit** + **ek** + **-at**, 'I know not'

veitt *ppart* of **veita** (*f nom sg*, *n nom/acc sg/pl*)

veizla *f* banquet, feast, party

veizt *2sg pres* of **vita**

veiztu = **veizt þú**, you (*sg*) know

vekja <vakði~vakti, vakiðr~vaktr~vakinn> *trans vb* wake, awake; **vekja [e-n] upp** wake [sb] up

vekr *2/3 sg pres* of **vekja**

❖ **vel** <*comp* betr, *superl* bezt> *adv* well; very; **vel at sér** accomplished, gifted

veldr *2/3sg pres* of **valda**

velja <valði~valdi, valiðr~valðr~valdr~valinn> *vb* choose, select, pick out

vella <vellr, vall, ullu, ollinn> *vb* boil

velli *dat sg* of **völlr**

Velli *dat sg* of **Völlr**

velr *2/3sg pres* of **velja**

velta <-lti, -ltr> *vb* roll, set rolling; capsize, **veltask** *mid* roll over, turn oneself, revolve

veltisk *2/3sg past* of **veltask**

veltist *var* of **veltisk**

vendi *dat sg* of **vöndr**

ver *n* hunting or foraging place (often as a compound); **eggver** area for egg harvesting

---

e-n (einhvern) = somebody, *acc*; **e-t** (eitthvat) = something, *acc*; **e-m** (einhverjum) = (for) somebody, *dat*; **e-u** (einhverju) = (for) something, *dat*; **e-s** (einhvers) = (of) somebody or something, *gen*

❖ **vera** <er, var, váru, verit> *vb* be; last; stay; **vera eptir** stay back, remain behind; **vera til** exist, stand; **eiga [e-t] um at vera** to have [sth] to be troubled about; **vera um nóttina** stay for the night; **vera vel at kominn** be welcome;**vera við** be present, take part in; **vera þar fyrir** be there present

verð *n* worth, value; price

❖ **verða** <verðr, varð, urðu, orðinn> *vb* become, happen; have to; **verða at [e-u]** become [sth]; **verða at sœtt** reconcile; **verða á [e-m]** *impers* befall [sb]; **verða fyrir [e-m]** come in the way of [sb], appear before [sb]; **verða til [e-s]** be ready for [sth], undertake [sth]; [*w infin*] be obliged to, must; **nú er á orðit mikit fyrir mér** now I have come into a great difficulty; **verða at** happen

Verðandi *f* (*mythological name*) Verdandi, 'Happening,' one of the three Norns

❖ **verðr** <*f* verð, *n* vert> *adj* [*w gen*] worth, of value; worthy, important, deserving; **vera [e-s] verðr** be worthy, deserving of [sth]

ver-gjarn *adj* eager for men, lustful

verit *ppart* of **vera** (*n nom/acc sg*)

verja <varði, variðr~varðr~varinn> *vb* defend; wrap, enclose; **verjask** *mid* defend onself; **[e-m] er illa varit** *impers* [sb] has an ill disposition, acting unworthily (*see also* **fara**)

verja <varði, variðr~varðr~varinn> *vb* clothe, dress; lay out money, invest

-verjar *m pl suffix* men, people of (a place)

verk *n* work, deed, business

verkmaðr <gen -manns, *pl* menn> *m* laborer, workman

verknaðr *m* work

verpa <verpr, varp, urpu, orpinn> *vb* throw; cast up, raise (e.g. a mound)

verr <-s, -ar> *m poet* husband; *pl* men

verr *2/3 sg pres* of **verja**

verr (*also* **verri**) *comp adv* worse

verra *n sg* of *comp adj* **verri**

verri *adj* worse, *comp* of **illr**

verri *var* of *adv* **verr**

verst *superl adv* of **illa**, worst; **sem verst** as bad as it can be, as bad as possible

vert *n nom/acc sg* of *adj* **verðr**

vertu = **ver** + **tu** (*2sg imper* of **vera** *w 2sg pron*)

veröld *f* world; age

vesa *var* of **vera**

vestan *adv* from the west; **vestan fyrir** [*w gen* or *acc*] west of

Vestfirðir <*acc* fjörðu> *m pl* West Fjords (*place name*)

vestfirzkr *adj* from the West Fjords of Iceland

Vestmanneyjar *f pl* Westman Islands (south of Iceland)

vestr <*gen* vestrs> *n* west

vestr *adv* west, westwards, towards the west

Vestri-byggð *f* Western-settlement (of Greenland)

vetki (*also* **vætki**) *n* no one

❖ **vetr** <*gen* vetrar, *pl* vetr> *m* winter; year; **í fyrra vetr** last winter; **um vetrum/vetrinn** in, during (the) winter

vetrardagr *m* day of winter

vetrnætr *f pl* the Winter Nights (the three days which begin the winter season)

vettergis (*also* **vettugis**, **vetkis**) *gen* of **vetki**, **vætki**

vettrim (*also* **vættrim**) *f* 'lid-ridge,' ridge down the middle of a sword blade

vex *1/2/3sg pres* of **vaxa**

vexti *dat sg* of **vöxtr**

vél *f* artifice, cunning

véla <-ti, -tr> *vb* defraud, betray, seduce

vér <*acc/dat* oss, *gen* vár> *pl pron* we

véorr *var* of **véurr**

véurr *m* (holy) warder, guardian, defender

❖ **við** *prep* [*w acc*] with; at, by, close to; according to, after; [*w dat*] against; toward; with; in exchange for, for

viða <-að-> *vb* collect wood, provide with wood; **viða heim öllum sumarviði** bring in all the summer wood

viðarköstr <*dat* -kesti> *m* pile of wood

viðartaug <*pl* -ar> *f* a flexible and tough twig

viðarteinungr *m* tree shoot, plant; wand

viðarøx *f* wood-axe

viðbragð *n* quick movement; outward appearance

viðr <*gen* viðar, *pl* viðir, *acc* viðu> *m* tree; forest, wood; timber; **vínviðr** grapevine, vine

viðreign *f* interaction, dealing with

viðrtaka *see* **viðtaka**

viðsjá *f* shunning, avoidance

viðskipti *n pl* dealings, intercourse

viðtaka *f* reception; resistance

Viðurr <-s> *m* Vidur (*mythological name*), heiti for Odin

vika <*pl gen* vikna> *f* week

vildi *3 sg past* of **vilja**

vildu *past inf* of **vilja**, would, wanted to

vilðarmaðr *m* fighter

vilgi *adv* very
vili <*gen* vilja> *m* will, wish, desire
vili *3sg/pl pres subjunct* of **vilja**
vilja *acc/dat/gen sg* of **vili**
❖ **vilja** <*2/3sg pres* vill, vildi, viljat> *vb* wish, want
vilk = vil + ek, I will, I wish
villa <-ti, -tr> *vb* [*w dat*] misguide, lead astray
villieldr *m* wildfire, conflagration
viltu = **vill þú**, do you (*sg*) want (*see also* **vilja**)
Vimrar *gen sg* of Vimur
Vimur <*gen* Vimrar> *f* river waded by Thor
vinaboð *n* feast for one's friends
vinátta *f* friendship (*esp* a sincere, personal friendship)
vináttumál *n pl* assurances of friendship
vinda <vindr, vatt, undu, undinn> *vb* wind, twist, wring, squeeze; **vindask** *mid* writhe
Vinðasnekkja *f* swift-sailing Wendish ship (**Vinðr** + **snekkja**)
Vinðland *n* Wendland, Germany
vindr <-s, -ar> *m* wind
Vindr *m pl* the Wends
vindugr *adj* exposed to the wind
vindöld *f* age of wind
vinfengi *n* friendship (*esp* a contractual alliance)
vingaðist *2/3sg past* of **vingast**
vingast <-að-> *vb* make friendship
vingjarnligr *adj* friendly, kind
vingóðr <*f* vingoð, *n* vingott> *adj* good towards one's friends, friendly
Ving-Þórr *m poet* brandishing-Thor
vinna *f* work, labor
vinna <vinnr, vann, unnu, unninn> *vb* gain, win; conquer (land); work; do, perform, accomplish; **vinna við** withstand, resist; **vinnask** *mid* last; to win or gain for oneself; **vinnask til** suffice
❖ **vinr** <*gen* -ar, *pl* vinir> *m* friend; **banda vinr** friend of the gods, a kenning for Thor
❖ **vinsæll** <*comp* vinsælli, *superl* vinsæl(a)str> *adj* much liked, popular
vinzk *2/3sg pres* of **vindask**
vinzt *var* of **vinzk**
virða <-ði, -ðr> *vb* value; consider, estimate; honor, respect; **virðask** *mid* be estimated, seem, appear
virðing <-ar, -ar> *f* respect, honor, reputation, esteem
virðisk *2/3sg pres* of **virðask**
virðuliga *adv* respectfully; magnificently
vissi *3sg past indic and 3sg/pl past subjunct* of **vita**
vissu *3pl past* of **vita**
vist *f* stay; lodging; living quarters; dwelling; food, provisions; situation, employment, service; **vera á vist með [e-m]** stay with [sb]; **til vistar** to lodge, stay (at one's house)
vista <-að-> *trans vb* lodge, find lodging; furnish with food and provisions; **vistask** *mid intrans* lodge, take up lodging; stay
vit *n* sense, wit, intelligence, understanding
vit *n pl* place where a thing is kept, case; [*fig*] possession
vit <*acc/dat* okkr, *gen* okkar> *dual pron* we
❖ **vita** <veit, vissi, vitaðr> *pret-pres vb* know; be turned in a certain direction; see; **vita fram** *or* **vita fyrir** know the future, foresee; **vita til [e-s]** to know of [sth]; **vita [e-t] víst** to know [sth] for sure
vitandi *pres part* of **vita** knowing
vitja <-að-> *vb* [*w gen*] call on, visit; claim the fulfillment of an agreement or promise
vitkask <-að-> *mid* come to one's senses
vitkuðusk *3pl past* of **vitask**
vitlítill *adj* possessing good sense
vitni *n* witness
❖ **vitr** <*acc* vitran> *adj* wise
vitrastr *superl* of **vitr**
vitrleikr *m* wisdom, sagacity
vituð *2 pl/dual pres* of **vita**
vizkumunr *m* difference of wits, understanding
víða <*comp* víðara> *adv* widely, far and wide, on many sides
víðara *comp* of *adv* **víða,** farther
Víðarr *m* Vidar (*personal name*) Æsir god, Odin's son who avenges his death
víðfrægr *adj* widely-renowned, famous
Víðgymnir *m* Vidgymnir (*mythological name*), a giant
víðr *adj* wide, broad, large, extensive
❖ **víg** *n* battle; homicide, manslaughter, killing, slaying
vígamaðr <-manns, -menn> *m* fighter
vígja <-ði, -ðr> *vb* consecrate, hallow
vígr *adj* able to fight; warlike; **vel vígr** skilled at fighting, well-skilled in arms
Vígríðr *m* Vigrid (*mythological name*), a battlefield
vík <*gen* víkr; *pl* víkr, *gen* víkna> *f* inlet, bay; turn(ing); **róa vík á [e-n]/geta vík róit á [e-n]** get the better of [sb]

---

e-n (einhvern) = somebody, *acc*; **e-t** (eitthvat) = something, *acc*; **e-m** (einhverjum) = (for) somebody, *dat*; **e-u** (einhverju) = (for) something, *dat*; **e-s** (einhvers) = (of) somebody or something, *gen*

Vík *f* Vik (*place name*), 'Bay'
Víkin *f* Viken (*place name*), Oslo fjord
víking <*pl* -ar> *f* raid; **í víking** on a raid
víkingr <-s, -ar> *m* Viking
víkja <víkr, veik, viku, vikinn> *vb* [*w dat*] move, turn, shift direction; *impers* **nú víkr sögunni** now the saga shifts; **víkjask** *mid* turn oneself
víkr *gen sg, nom/acc pl* of **vík**
vín *n* wine
vínber <*pl* vínberja> *n* grape; **vínberja-köngull** *m* bunch of grapes
Vínland *n* 'Wine country,' a region along the North American Atlantic
vínviðr <*dat* -i, *gen* -ar, *pl* -ir, *acc* -u> *m* vine, grapevine
vísa <-að-> *vb* [*w dat*] show, point out, indicate; **vísa [e-m] á [e-t]** direct or lead [sb] into [sth]
❖ **vísa** *f* verse
vísindakona *f* wise woman, prophetess
vísindi *n pl* knowledge, magic
vísir *m nom pl* of **víss**
❖ **víss** *adj* certain, sure; wise; **at vísu** surely; **til víss** for certain; *pl* **vísir [e-s]** those well acquainted with [sth], frequenters of [sth], **veggbergs vísir** frequenters of the cliff, *esp* dwarves
víst *adv* certainly, for sure; **vita [e-t] víst** know [sth] for sure
vísundr <-s, -ar> *m* bison
vísuorð *n* half line, line of a strophe
víti *n* punishment, penalty
vítishorn *n* penalty horn (whose contents were drunk as a punishment)
vítt *adv* far
vóru *var* of **váru**
vreiðr *var* of **reiðr**
vægð *f* mercy, forbearance
vægja <-ði, -t> *vb* emit matter, suppurate
væl *var* of **vél**
vælræði (*also* **vélræði**) *n* trick, device, contrivance
væni *n* expectation, prospect
vænir *m nom pl* of **vænn**
❖ **vænn** <*comp* vænni, *superl* vænstr> *adj* beautiful, fine, handsome; likely, to be expected; hopeful, promising; **vænn í förum** promising in trade
vænstr *superl* of **vænn**
vænta <-nti, -nt> *vb* [*w gen*] expect, hope for; [*w dat*]; **vænta [e-m] [e-u]** give [sb] hope of [sth]; *impers* **þess væntir mik at** I expect that
væra *1sg past subjunct* of **vera**
væri *3sg/pl past subjunct* of **vera**
værir *2sg subjunct* of **vera**
vætr *n indecl* nothing
vættfang *n* scene of battle, action
vættr <*dat* vætti, *gen* vættar, *pl* vættir> *f* creature, being; supernatural being, spirit
völlr <*dat* velli, *gen* vallar, *pl* vellir, *acc* völlu, *gen* valla> *m* field, plain
Völsungr <-s> *m* Volsung (*personal name*); father of Sigmundr
Völuspá *f The Seereress' [Sybil's] Prophecy* (title of an eddic poem)
völva <*gen* -u, *pl* -ur> *f* prophetess, seeress; performer of **seiðr**
vömm (*also* **vamm** *n*) <*gen* vammar, *pl* vammir> *f* blemish
vön *f nom sg, n nom/acc pl* of **vanr**
vöndr <*dat* vendi, *gen* vandar, *pl* vendir, *acc* vöndu> *m* twig, rod
Vönum *dat pl* of **Vanir**
vörðr <*dat* verði, *gen* varðar; *pl* verðir, *acc* vörðu> *m* watch, guard; **halda vörð** keep watch
vörðu *acc/dat/gen sg* of **varða**
vörðusk *3pl past* of **verjask**
vörn <*gen* varnar, *pl* varnar> *f* defense
vörr <*dat* verri, *gen* varrar, *pl* verrir, *acc* vörru> *m* a pull of an oar
vöxtr <*dat* vexti, *gen* vaxtar, *pl* vextir, *acc* vöxtu> *m* size, stature, growth; shape

Y

yðar *gen* of **þér**
yðarr *poss pl pron* your, yours
yðr *acc/dat* of *pl pron* **þér**,
yðvarr *var* of **yðarr**
❖ **yfir** *prep* [*w acc/dat*] over, above, across; *adv* over
yfirbragð *n* appearance, demeanour; **vel í yfirbragði** of distinguished appearance
yfirferðarillr *adj* difficult to cross or travel over
yfirlit *n* appearance
yfirmaðr *m* leader, chieftain
Yggdrasill *m* Yggdrasil (*mythological name*), the World Tree
ykkar *gen* of *dual pron* **þit**
ykkarr *poss dl pron* your, yours
ykkr *acc/dat* of **þit**
ymja <ymr, umdi, umdu, umit> *vb* cry, whine, groan; **ymr it aldna tré** the old tree groans
Ymir (*also* **Ýmir**) *m* Ymir (*mythological name*), primordial giant
ymr <-s> *m* rumbling noise
yngri *comp* of **ungr**
ynstr *superl adj* of **ungr**
ynni *3sg/pl past subjunct* of **vinna**
yppa <-ti~-ði, -tr~-ðr> *vb* [*w dat*] lift up
yrði *3sg past subjunct* of **verða**
yrðir *2sg subjunct* of **verða**
yrkja <yrkir, orti, ortu, ortr> *vb* work, cultivate; make verses; **yrkja á [e-t]** to set about st
yxn *pl (often irregularly n)* of **uxi**
yztr *superl adj* of **út**

Ý

Ýmir (*also* **Ymir**) *m* Ymir (*mythological name*), primordial giant
ýmiss *adj* various; **ýmsa vega** in various directions, this way and that
ýmissa *gen pl* of **ýmiss**
ýmsa *m acc pl, f acc sg* of **ýmiss**
ýr <*dat* ý, *gen* ýs> *m* yew
ýr *var* of **ór**, **úr**
ýrit (*var* of **œrit**) *adv* sufficiently
ýtri <*superl* ýztr> *comp adj* outer

Þ

þaðan *adv* from there, thence (*also* **þaðan af**); **þaðan frá** from that point onward; **þaðan í frá** from that time forward, from then on
þagði *3sg past* of **þegja**
þakðr *ppart* of **þekja** (*m nom sg*)
þakka <-að> *vb* [*w dat*] thank; requite, reward
þambarskelfir *m* paunch-shaker
❖ **þangat** *adv* to there, thither (*motion toward*)
þann *m acc sg* of **sá**
þannig (*also* **þannug**) *adv* this way, thus; thither
❖ **þar** *adv* there; **þar af** thereof; **þar til** thereto, to that point, until; **þar sem** *conj* where; since, because
þarf *1/3sg pres* of **þurfa**
þarfr <*f* þörf, *n* þarft, *comp* þarfari, *superl* þarfastr> *adj* necessary, useful
þarft *2sg pres* of **þurfa**

---

e-n (einhvern) = somebody, *acc*; **e-t** (eitthvat) = something, *acc*; **e-m** (einhverjum) = (for) somebody, *dat*; **e-u** (einhverju) = (for) something, *dat*; **e-s** (einhvers) = (of) somebody or something, *gen*

þarftu = **þarft þú**, do you [*sg*] need
þarna *adv* there
þat <*acc* þat, *dat* því, *gen* þess> *pron* it
þat *n nom/acc sg* of **sá**
þau <*acc* þau, *dat* þeim, *gen* þeira~þeirra> *n pl pron* they
þau *n nom/acc pl* of **sá**
❖ **þá** *adv* then; **þá er** *conj* when
þá *acc* of **þeir**
þá *f acc sg* of **sá**
þá *1/3sg past* of **þiggja**
þágu *3pl past* of **þiggja**
þás = **þá es** (**þá er**)
þáttr <*dat* þætti, *gen* þáttar, *pl* þættir, *acc* þáttu> *m* tale, short saga; *lit* strand
❖ **þegar** *adv* at once, immediately; already; **þegar á unga aldri** already by a young age; **þegar er** *conj* as soon as
þegi *imperative* of **þegja**
þegit *ppart* of **þiggja** (*n nom/acc sg*)
þegja <þagði, þagat> *vb* be silent
þegn *m* officer; **lof þegna** praise of the honourable man (*gen pl* to show respect)
þegnskapr <-ar> *m* generosity, open-handedness
þeim *m dat sg, all dat pl* of **sá**
þeir/þær/þau *pl dem pron* see **sá** they, those
þeir <*acc* þá, *dat* þeim, *gen* þeira~þeirra> *m pl pron* they
þeir *m nom pl* of **sá**, those (ones)
þeir(r)a *indecl poss pron* their, theirs
þeir(r)a *gen pl* of **sá** (of) those; *gen pl* of **þeir**, **þær**, **þau**
þeir(r)ar *gen sg* of **sú**
þeiri also **þeirri** *f dat* of **sú** (**sá**)
þekja <þakti, þakiðr~þaktr~þakinn> *vb* roof, thatch, cover
þekkja <-ði~ti, -ðr~tr> *vb* perceive, notice; comprehend; know, recognize; **þekkjask** *mid* agree with, accept, consent to; know each other; take pleasure in
þengill *m* prince, king
þenja <þenr, þandi, þaniðr~þandr~þaninn> *vb* stretch
þenna *m acc sg* of **sjá/þessi**
þess *gen* of **þat**, (of) it
þess *poss pron indecl* its
þess *adv w compar* the, so much the
❖ **þessi** <*f* þessi, *n* þetta> *dem pron* this, these (*also* **sjá**)
þessu *dat sg* of **sjá/þessi**
þetta *n nom/acc sg* of **sjá/þessi**
þeyja <–, þá, –, –> *def vb* thaw
þeyr <*dat* þey; *gen* þeys, *pl* þeyir> *m* thaw
þér *dat* of **þú**
❖ **þér** (*also* **ér**) <*acc/dat* yðr, *gen* yðarr~yðvarr> *pl pron* you
þiggja <þiggr, þá, þágu, þeginn> *vb* accept; receive; accept lodgings
þik *acc sg* of **þú**
þiklingr *m* stumpy person, giant
❖ **þing** *n* assembly, meeting, thing
þingdeila *f* suit at the assembly
þinghá <*pl* -hár> *f* assembly district or community
þingmaðr *m* thingman, the follower of an Icelandic chieftain
þingmannaleif route taken to the assembly
þingmönnum *dat pl* of þingmaðr
Þingvöllr *m* Thingvoll (*place name*) the National Assembly of Iceland, modern Thingvellir
❖ **þinn** <þín, þitt> *poss pron* your (*sg*)
þit (*also* **it**) <*acc/dat* ykkr, *gen* ykkarr> *dual pron* you
þín *f nom sg and n nom/acc* of **þinn**
þínir <þínar, þín> *poss pron* your (*pl*)
þínum *m dat sg and all dat pl* of **þinn**
Þjálfi *m* Thjalfi (*mythological name*), servant of the god Thor
þjokkvaxinn *adj* thickly-built, stocky, thick-set
þjóð *f* nation, race
Þjóð *f* Thy (modern province of Thy in Jutland in Denmark)
þjófsaugu *n pl* thief's eyes
þjóna <-að-> *vb* serve, attend
þjónusta *f* service
þjónustumaðr *m* man-servant
þjórr *m* bull, young bull
þoka <-að-> vb [*w dat*] go, move
þola <-di, þol(a)t> *vb* suffer, endure, bear; **þola [e-m] [e-t]** endure [sth] from [sb]
þollr *m* a tree; fir tree
þopta *f* rowing bench, thwart
þora <-ði, þorat> *vb* dare
þori <-a, -ar> *m* main part, great part; number
þorp *n* village, hamlet
þorri *var* of **þori**
þorrinn *ppart* of **þverra** (*m nom/acc sg*)
þorrit *ppart* of þverra (*n nom/acc sg*)

❖ **þó** *adv* yet, though, nevertheless; **en þó** nevertheless, and besides, moreover

þó *1/3sg past* of **þvá**

þófi *m* felt, saddle-pad

Þórr <*dat* Þór~Þóri, *gen* Þórs> *m* Thor, god of thunder, husband of Sif, son of Odin and Earth

❖ **þótt** *conj* [*w subjunct*] although, even though; *adv* though

þótti *1/3sg past* of **þykkja**

þóttisk *2/3sg past* of **þykkjask**

þóttiska = **þóttisk** + **-a**

þóttu *3pl past* of **þykkja**

þóttusk *3pl past* of **þykkjask**

Þrandheimr <-s> *m* Trondheim (*place name*), early power center of Northern Norway

þrasa <*3sg pres* þrasir> *defective vb* be belligerent

þraut *1/3sg past* of **þrjóta**

þrá *n* obstinacy, persistence

þreifa <-að-> *vb* touch or feel with one's hand; **þreifask** *mid* fumble, grope

þrekleysi *n* lack of courage, lack of resolve

þrekligr *adj* stout of frame

þrekvirki *n* courageous deed, feat of strength

þremr *dat* of **þrír**

þresköldr <*dat* -skeldi, *gen* -skaldar, *pl* -skeldir, *acc* -sköldu> *m* threshold; tidally-flooded isthmus

þrettándi *ord* thirteenth

þreyta <-tti, -ttr> *vb* make exertions, try

þriði <-ja, -ju> *ord* third; **við þriðja mann** with a third person, being three altogether

þriðjungr <-s> *m* a third

þriggja *gen* of **þrír**

þrim(r) *dat* of **þrír**

þrífa <þrífr, þreif, þrifu, þrifinn> *vb* catch, grasp, take hold of suddenly

þrífœttr *adj* three-legged

❖ **þrír** <*f* þrjár, *n* þrjú, *m acc* þrjá, *all dat* þrim(r)~þrem(r), *all gen* þriggja, *ord* þriði> *num* three

þrítøgr (*also* **þrítugr**) *num* thirty

þrjá *m acc pl* of **þrír**

þrjár *f nom/acc pl* of **þrír**

þrjóta <þrýtr, þraut, þrutu, þrotinn> *vb impers* [*w acc subj*] come to an end, fail

þróttr <*gen* -ar> *m* courage, strength, valor

þrjú *n nom/acc pl* of **þrír**

þrúðhamarr *m* strong hammer

Þrúðr <-ar> *f* Thrud (*personal name*) name of a Valkyrie

þrúðugr *adj* strong, powerful, mighty

Þrúðvangar *m pl* Thrudvangar (*mythological name*), 'Plains of Strength,' the abode of Thor

þrútinn *ppart* swollen (*m nom/acc sg; see also* **þrútna**)

þrútna <-að-> *vb* swell, increase

Þrymr <-s> *m* one of the giants, their lord; noise, alarm

þræll <-s, -ar> *m* thrall, slave

Þrœnzkr *m* inhabitant of Trondelag

þræta <-tti, -tt> *vb* [*w gen*] deny, argue

þröng (*also* **þröng**) <*pl* þröngvar> *f* crowd, throng

þrøngð *var* of **þröng**

þrøngði *3sg past* of **þrøngva**

þrøngr (*also* **þröngr**) <*f* þrøng, *n* þrøngt, *m acc sg* þrøngvan> *adj* narrow, close, tight; crowded, thronged; [*as adv*] **þrøngt** close together, thronged

þrøngva <-ði, -ðr> *vb* press on one; straiten, tighten; contract; **þrøngva [e-m] til [e-s]** force [sb] to [sth]; **þrøngva [e-m] undir sik** subdue [sb] by force; **þrøngvask** *mid* throng, press forward

þula *f* list, poem, lay, rhapsody

þumlungr <-s, -ar> *m* thumb (of a glove)

❖ **þungr** *adj* heavy; **[e-m] er þungt í skapi** one is heavy-hearted

þungt *adv* heavily, gravely

þunnr <*comp* þynnri~þunnari, *superl* þynnstr~þunnastr> *adj* thin

þunnvangi *m* temple (of the head)

þurðr <*gen* -ar> *m* decrease, diminution

þurfa <þarf, þurfti, þurft> *pret-pres vb* [*aux*] need; [*w gen*] need, have need of

þurftigr *var* of **þurftugr**

þurftugr *adj* in need (of); poor

þurr <*comp* þurrari, superl þurrastr> *adj* dry

þurs <*dat* þursi, *gen* þurs, *pl* þursar> *m* giant, ogre, monster

þursligr *adj* monstrous (*see also* **þurs**)

❖ **þú** <*acc* þik, *dat* þér, *gen* þín> *pron* you (*sg*)

þúsund <*pl* -ir> *f* thousand

þúst *n var* of **þústr**

þústr <-s, -ar> *m* stick, grain flail (see also **þúst**)

þvá <þvær, þó, þógu, þveginn> *vb* wash; remove by washing

þváttdagr *m* Saturday, *lit* washing-day

þvengr <-jar, -ir> *m* thong, strap

þverr *adj* athwart; adverse, contrary; **um þveran** across
þverra <þverr, þvarr, þurru, þorrinn> *vb* decrease, diminish
þvers *adv* across
þvertaka <-tekr, -tók, -toku, -tekinn> *vb* deny flatly
því *dat* of **þat**; *adv* therefore; [*w comp*] the, so much the more; **(fyrir) því at** *conj* because; **því næst** then, thereupon
þvíat *see* **því**
þvít = **því at**, since the
❖ **þvílíkr** *adj* such; **þvílíkr ok** the same as
þvílíkt *adv* such, in such a manner
þykkizk *2pl pres* of **þykkjask**
❖ **þykkja** <þykkir, þótti, þótt> *vb impers* seem to be, [*w dat sub*] think, seem (to one);**[e-m] þykkir sviptir** *impers* [sb] feels bereft; **[e-m] þykkir undir** *impers* it seems important to [sb]; **þykkja einum fyrir** there seems to be something in the way, one hesitates; **myndi mér fyrir þykkja í** I should be displeased; **þykkjask** *mid* seem to oneself, think, consider oneself;
þykkleikr <-s, -ar> *m* thickness
þykkr <*acc* þykkvan> *adj* thick, close
þykkt *adv* thickly
þyldi *3sg past* of **þola**
þylja <þylr, þulði~þuldi, þulðu~þuldu, þuliðr~þulinn> *vb* chant, recite quietly, mutter
þynna <-ti, -tr> *vb* make thin; **þynnask** *mid* get thin
þyrfti *3sg/pl past subjunct* of **þurfa**
þyrma <-di, -t> [*w dat*] *vb* deal reverently with, show respect to, keep, observe; show mercy to, spare; **þyrmask** *mid* display forbearance
þyrmt *ppart* of **þyrma** (*n nom/acc sg*)
þyrstr *adj* thristy
þytr *m* noise, whistling; crying, wailing (as of wolves, children)
þær <*acc* þær, *dat* þeim, *gen* þeira~þeirra> *f pl pron* they
þær *f nom/acc pl* of **sá**
þærs = **þær** + **es** (*var* of **þær er**)
þœfa <-að-> *vb* to press, put pressure on; to beat, stamp (cloth); **þœfask** *mid* quarrel, squabble; **þœfask við** struggle clumsily and inconclusively, to delay, drag things out
þœfð *f* quarrel, long tedious struggle
þœfizk *2pl pres* of **þœfask**
þœtti *3sg/pl past subjunct* of **þykkja**
þögn <*gen* þagnar> f silence
þökð *ppart* of **þekja** (*f nom sg, n nom/acc pl*)
þökk <*gen* þakkar; *pl* þakkir> *f* thanks
Þökk *f* Thokk (*mythological name*), a giantess
þökt *ppart* of **þekja** (*f nom sg, n nom/acc pl*)
þörf *f* need
þörf *f nom sg, n nom/acc pl* of **þarfr**

Æ

æ *adv* ever, always, forever
æðr <*acc/dat* -i, *gen* -ar, *pl* -ar> *f* eider duck
ægir *m* sea
Ægir *m* Ægir (*mythological name*), a god, personification of the sea
æri *dat sg* of **árr**
Æsir *m pl* one of the two major groups of gods (*see* **Áss**)
æsta <-ti, -tr> *vb* ask, demand, request; **æsta [e-n] [e-s]** ask [sb] for [sth]
æti *3sg/pl past subjunct* of **eta**
❖ **ætla** <-að-> *vb* intend, purpose, mean; think, consider; **ætlask** *mid* intend for oneself
ætlan *f* plan, design; thought
ætlun *var* of **ætlan**
ætt <*pl* -ir> *f* family, kindred; generation; race**; ættir várar** our kin
ætta *1sg past subjunct* of eiga
ættaðr *adj* descended
ættangr *m* family calamity, misfortune
ætti *3sg/pl past subjunct* of **eiga**
ævi *f indecl* age, time; lifetime; life-story, biography; **alla ævi** for all time, forever

Œ

œddisk *3sg past* of **œðask**
œða <-ddi, -ddr> *vb* make furious; **œðask** *mid* become frantic or furious
œgigeisl *m* threat-beam, terrifying look
œgishjálmr *m* helm of terror
œpa <-ti, -tr> *vb* shout
œra <-ði, -ðr> *vb* madden, make angry
❖ **œrinn** *adj* sufficient, abundant
œrnar *f nom/acc pl* of **œrinn**
œrit *adj* sufficiently, enough; very
œrr *adj* furious, mad
œztr *also* **œstr** *superl* highest
œxla <-ti, -tr> *vb* cause increase, multiply

Ö/Ø

öðlask <-að-> *vb* win, earn
öðru *n dat sg* of **annarr**
öðrum *m dat sg, all dat pl* of **annarr**
øfri *var* of **efri**
öfundarorð *n pl* slander, envious words
Ökuþórr *m* Thor 'the Driver' (*mythological name*)
öl <*dat* ölvi, *gen pl* ölva> *n* ale, beer
öld <*dat* öldu, *gen* aldar, *pl* aldir> *f* age, time; *poet* man
öldnu *wk f acc sg* of **aldinn**
öldungshúð *f* bull hide
ölgögn <*gen pl* -gagna> *n pl* drinking vessels
öll *f nom sg, n nom/acc pl* of **allr**
öllum *m dat sg, all dat pl* of allr
öln <*pl* alnar~alnir> *f* ell, cubit; forearm
ölrúnar *f pl* 'ale runes'
ölteitr *adj* merry with ale, in good spirits
önd <*dat* önd~öndu, *gen* andar, *pl* andir> *f* spirit, life; breath; soul
önd <*gen* andar, *pl* endr~andir> *f* duck
öndóttr *adj* fearsome, terrifying, fiery
önduð *ppart* of **anda**(*f nom sg, n nom/acc pl*), dead
öndurdís.f 'Ski-dís,' said of Skadi
öndurguð f 'Ski-goddess,' said of Skadi
öndvegi (*also* **öndugi**) *n* high-seat
öndverðr *adj* fronting, in front of (*place*); in the earlier, in the beginning of, former part of (*time*); **til öndverðs þings** for the opening of the thing
øngi *var* of **engi**
önnur *f nom sg* of **annarr**
ör <*gen* örvar> *f* arrow
ørlög (*also* **örlög**) *n pl* fate
örn <*gen* arnar, *pl* ernir, *acc* örnu> *m* eagle
ørendi (*also* **örindi**, **erindi**, **eyrindi**, *or* **-endi**) *n* errand, mission, purpose, message, business; breath; stanza (of a poem)
ørendislauss *adj* without effect, purposeless, *lit* errand-less
ørendislaust *adv* without purpose, in vain, for nothing; **fara ørendislaust** go in vain, without a purpose or reason
örendr (*also* **eyrendr**, **erendr**) *adj* out-of-breath; dead
ørendsreki *m* messenger
ørgrandr <*comp* -ari, *superl* -astr> *adj* upright, just
örindi *var* of **ørendi**
örn <*dat* erni, *gen* arnar, *pl* ernir, *acc* örnu~erni> *m* eagle
örr *adj* swift, ready; quite; **örr af fé** liberal with money
örr *n* scar
ørindreki *m* messenger
örmust *f nom sg* of **armastr**, *superl* of **armr**
øróf *n* immensity
örskotshelgr <*acc/dat* -helgi, *gen* -helgar, *pl* -helgar> *f* sanctuary within arrow-shot of a home; **í örskotshelgi** within arrow-shot
ösku <*acc/dat/gen*> of **aska**
øruggr *adj* safe, secure, trusty

---

e-n (einhvern) = somebody, *acc*; **e-t** (eitthvat) = something, *acc*; **e-m** (einhverjum) = (for) somebody, *dat*; **e-u** (einhverju) = (for) something, *dat*; **e-s** (einhvers) = (of) somebody or something, *gen*

ørviti *adj* mad, frantic, out of one's senses
ørvænn *adj* past hope; beyond expectation
ørœfi *n* open, harborless coast
øx <*acc/dat* øxi, *gen* øxar; *pl* øxar> *f* axe
Øxará *f* Oxara (*place name*) Axe-river, the river at Thingvellir
öxl <*gen* axlar, *pl* axlir> *f* shoulder
øxn *nom/acc pl* of **oxi**
Øxna-Þórir *m* Thorir of the Oxen (*mythological name*)

A SELECTION OF BOOKS BY JESSE BYOCK ABOUT ICELAND AND THE VIKING AGE

The Saga of the Volsungs: The Norse Epic of Sigurd the Dragon Slayer

Translated with an introduction and notes by Jesse Byock
Penguin Classics, Penguin Books

An unforgettable tale, the Saga of the Volsungs is one of the great books of world literature. Based on Viking Age poems, the *Volsung* (*Völsunga*) *Saga* combines mythology, legend and sheer human drama. At its heart are the heroic deeds of Sigurd the dragon slayer who acquires runic knowledge from one of Odin's Valkyries. Yet it is set in a human world, incorporating oral memories of the fourth and fifth centuries, when Attila the Hun and other warriors fought on the northern frontiers of the Roman empire. An illuminating Introduction links the historical Huns, Burgundians and Goths with the events of this Icelandic saga, whose author claimed that Sigurd's name was 'known in all tongues north of the Greek Ocean, and so it must remain while the world endures'.

With its ill-fated Rhinegold, the sword reforged, and the magic ring of power, the saga is the Norse version of the *Nibelungenlied* and a primary source for J.R.R. Tolkien's *Lord of the Rings* and for Richard Wagner's *Ring* cycle.—*from the back cover*

The Prose Edda: Norse Mythology

Snorri Sturluson
Translated with Introduction and Notes by Jesse L. Byock
Penguin Classics, Penguin Books

The Prose Edda is the most renowned of all works of Scandinavian literature and our most extensive source for Norse mythology. Written in Iceland, it tells ancient stories of the Norse creation epic and recounts gods, giants, dwarves and elves struggling for survival. It preserves the oral memory of heroes, warrior kings and queens. In clear prose interspersed with powerful verse, the *Edda* provides unparalleled insight into the gods' tragic realization that the future holds one final cataclysmic battle, Ragnarok, when the world will be destroyed. These tales from the pagan era have proved to be among the most influential of all myths and legends, inspiring Wagner's *Ring Cycle* and Tolkien's *The Lord of the Rings*.

This new translation by Jesse Byock captures the strength and subtlety of the original, while his introduction sets the tales fully in the context of Norse mythology. This edition includes detailed notes and appendices. —*from the back cover*

www.vikingnorse.com

A SELECTION OF BOOKS BY JESSE BYOCK ABOUT ICELAND AND THE VIKING AGE

Medieval Iceland: Society, Sagas, and Power

Jesse L. Byock
University of California Press

"Byock's book is a tour-de-force of historical argument. He brilliantly reconstructs the inner workings of an intriguing society, not elsewhere to be found in the Western world." — David Herlihy, *History Book Club*

"The first to demonstrate the importance of brokerage, advocacy, and arbitration as a social method of maintaining the governmental system, the balance of power, and the peace." — Helgi Thorláksson, *Skírnir*

"Medieval Iceland was a kind of pure-environment anthropological laboratory… It ought to have been a Utopia. It had: no foreign policy, no defence forces, no king, no lords, no peasants, no dispossessed aborigines, no battles (till late on), no dangerous animals, and no very clear taxes. What could possibly go wrong? Why is their literature all about killing each other? Answers lie, says Byock, in 'the underlying structures and cultural codes' of the island's social order… The most fascinating parts discuss the ways in which saga characters operate within a system of checks and balances to gain their ends." — Tom Shippey, *London Review of Books*

"In this stimulating and important work, Byock has succeeded in rehabilitating the Icelandic sagas as important sources for the social and economic history of the Free State (c. 930s to 1262-64)… Highly recommended." — C.W. Clark, *Choice*

Feud in the Icelandic Saga

Jesse Byock
University of California Press (UCPress)

"Byock's thorough inquiry into the Icelandic feud system and its impact on the saga literature is valuable and fruitful in itself. But his specific research work also results in important general conclusions concerning the Icelandic saga as a medieval epic genre… A sound and convincingly motivated statement on the unique character of the Icelandic saga." — Peter Hallberg, *International Journal of Scandinavian Studies*

"Byock has not only succeeded in grounding, in a convincing manner, the social roles of individuals in the sagas but has also laid bare the role of narrative in Old Icelandic society." — Vilhjálmur Árnason, *Skírnir*

"Jesse Byock has here established an admirable basis for further research by clearing away much of the debris of the past. We are now ready for a full-scale reevaluation of saga materials in light of socio-historical and evolutionary views." — *Einar Haugen*

"An admirable study… A wealth of information about the political, social, and economic development of Icelandic society and the social thought underlying institutions and practices." — *The Scandinavian-American Bulletin*

"Jesse Byock's work has illuminated fundamental social concepts better and more clearly than has previously been done because he uses Icelandic sources in a new way." — Helgi Thorláksson, *Ný Saga*

"Boldly imaginative and on the cutting edge of the human sciences." — Dwight Conquergood, *Journal of American Folklore*

www.vikingnorse.com

A SELECTION OF BOOKS BY JESSE BYOCK ABOUT ICELAND AND THE VIKING AGE

Viking Age Iceland

by Jesse Byock
Penguin History, Penguin Books

The popular image of the Viking Age is a time of warlords and marauding bands pillaging the shores of Northern Europe.

This deeply fascinating and important history reveals the society founded by Norsemen in Iceland was far from this picture. It was an independent, almost republican Free State, without warlords or kings. Honour was crucial in a world which sounds almost Utopian today. In Jesse Byock's words, it was 'a great village': a self-governing community of settlers, who adapted to Iceland's harsh climate and landscape, creating their own society.

Combining history and anthropology, this remarkable study explores in rich detail all aspects of Viking Age life: feasting, farming, battling the elements, the power of chieftains, the church, marriage, women's roles, and kinship. It shows us how law courts, which favoured compromise over violence, often prevented disputes and insults from becoming 'blood feud'. Iceland thrived for 300 years until it came under the control of the King of Norway in the 1260s.

This was a unique time in history, which has long perplexed historians and archaeologists, and which provides us today with fundamental insights into sometimes forgotten aspects of western society. By interweaving his own original and innovative research with masterly interpretations of the Old Icelandic Sagas, Jesse Byock brilliantly brings it to life.—*from the back cover*

The Saga of King Hrolf Kraki

Translated with an introduction by Jesse Byock
Penguin Classics, Penguin Books

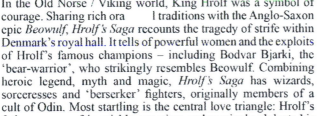

Composed in medieval Iceland, Hrolf's Saga recalls ancient Scandinavia of the Migration Period, when the warrior chieftain King Hrolf ruled in Denmark.

In the Old Norse / Viking world, King Hrolf was a symbol of courage. Sharing rich ora l traditions with the Anglo-Saxon epic *Beowulf*, *Hrolf's Saga* recounts the tragedy of strife within Denmark's royal hall. It tells of powerful women and the exploits of Hrolf's famous champions – including Bodvar Bjarki, the 'bear-warrior', who strikingly resembles Beowulf. Combining heroic legend, myth and magic, *Hrolf's Saga* has wizards, sorceresses and 'berserker' fighters, originally members of a cult of Odin. Most startling is the central love triangle: Hrolf's father, a man of insatiable appetites, unknowingly abducts his daughter, who later marries the despised sorcerer King Adils of Sweden.

A powerful human drama with deep historical roots, extraordinary events and fierce battle scenes, *Hrolf's Saga* ranks among the masterworks of the Middle Ages, influencing writers such as J.R.R. Tolkien.—*from the back cover*

www.vikingnorse.com

A SELECTION OF BOOKS BY JESSE BYOCK ABOUT ICELAND AND THE VIKING AGE

Sagas and Myths of the Northmen

Translated by Jesse Byock
Penguin Classics / Penguin Epics XVI
(Penguin Series: The Greatest Stories Ever Told)

A short introductory sampling of selected Norse myths and legends for beginners to Old Icelandic mythology and sagas with excerpts from *The Saga of the Volsungs, The Saga of King Hrolf Kraki*, and *The Prose Edda.*

In a land of ice, great warriors search for glory… when a dragon threatens the people of the north, only one man can destroy the fearsome beast. Elsewhere, a mighty leader gathers a court of champions, including a noble warrior under a terrible curse. The Earth's creation is described; tales of the gods and evil Frost Giants are related; and the dark days of Ragnarok foretold.

Journey into a realm of Old Norse and Viking legend, where heroes from an ancient age do battle with savage monsters, and every man must live or die by the sword. — *from the back cover*

Grettir's Saga

Translated with an Introduction and Notes by **Jesse Byock**
Oxford University Press, Oxford World's Classics

'You will be made an outlaw, forced always to live in the wilds and to live alone.'

A sweeping epic of the Viking Age, *Grettir's Saga* follows the life of the outlaw Grettir the Strong as he battles against sorcery, bad luck, and the vengefulness of his enemies. Feared by many, Grettir is a warrior, a poet, and a lover who is afraid of the dark. Unable to resolve the dispute that has outlawed him, Grettir lives outside the bounds of family life . He roams the countryside, ridding Iceland and Norway of berserkers, trolls, and walking dead. The saga presents medieval Icelandic life, including love life, food, blood feud, folklore, and legend. *Grettir's Saga*, with its scathing humour, explicit verses, and fantastic monsters, is among the most famous, and widely read of Iceland's sagas.

This new translation features extensive maps and illustrative material. — *from the back cover*

www.vikingnorse.com

A SELECTION OF BOOKS BY JESSE BYOCK
ABOUT ICELAND AND THE VIKING AGE

Viking Language 1:
Learn Old Norse, Runes, and Icelandic Sagas
Jesse L. Byock

Viking Language 1: Learn Old Norse, Runes, and Icelandic Sagas is an introduction to the language of the Vikings offering in one book graded lessons, vocabulary, grammar exercises, pronunciation, student guides, and maps. It explains Old Icelandic literature, Viking history, and mythology. Readings include runestones, legends, and sagas.

Viking Language 1 focuses on the most frequently occurring words in the sagas, an innovative method which speeds learning. Because the grammar has changed little from Old Norse, the learner is well on the way to mastering Modern Icelandic. *Viking Language 1* provides a wealth of information about Iceland, where the sagas were written and Old Scandinavian history and mythology were preserved. *Viking Language 1* is accompanied by *Viking Language 2: The Old Norse Reader*.

Viking Language 2:
The Old Norse Reader
Jesse L. Byock

Viking Language 2: The Old Norse Reader is a collection of original texts to accompany *Viking Language 1*. A stand-alone book for classes and the self-learner, *The Old Norse Reader* immerses the learner in Icelandic and Viking Age sources. It provides the tools necessary to read complete sagas and Norse mythic and heroic poetry. *The Reader* includes:

- Sagas of blood feud in Viking Age Iceland accompanied by introductions, notes, maps, and cultural discussions.
- Extensive vocabulary, a comprehensive Old Norse reference grammar and answer key to the exercises in *Viking Language 1*.
- Mythic and heroic poetry teaching eddic, skaldic, and runic verse.
- Selections from Old Norse texts ranging from the doom of the gods at the final battle Ragnarok to descriptions of the ring and the dwarves' gold that inspired Richard Wagner's *Ring Cycle* and J.R.R. Tolkien's *Lord of the Rings*.

www.vikingnorse.com

A SELECTION OF BOOKS BY JESSE BYOCK ABOUT ICELAND AND THE VIKING AGE

Saga of the Volsungs: The Norse Epic of Sigurd the Dragon Slayer

Translated with an Introduction and Notes by Jesse L. Byock
University of California Press
The source for Wagner's *Ring* and for Tolkien's *The Lord of the Rings*

A trove of traditional lore, this Icelandic prose epic tells of love, vengeance, war, and the mythic deeds of the dragonslayer, Sigurd the Volsung. Richard Wagner drew heavily upon this Norse source in writing his Ring Cycle. With its magical ring, and the sword to be reforged, the saga was a primary source for J.R.R. Tolkien and romantics such as William Morris. Byock's comprehensive introduction explores the history, legends, and myths contained in the *Volsung (Völsunga) Saga*. It traces the development of a narrative that reaches back to the great folk migrations in Europe when the Roman Empire collapsed.

"Byock extends the background to the saga beyond the interest of 'Wagnerites' to the complex relationship between history and legend in the Middle Ages and the social context of the myths and heroes of the saga... [Byock is] very successful in his adept renderings of Eddic rhythm... The translation of prose is equally fine." — Judy Quinn, *Parergon*

"This is a book of the highest importance. No one should attempt to teach about Viking society or claim to understand it without being familiar with this chilling and enduring myth." — Eleanor Searle, *Medieval Academy of America*

L'Islande des Vikings

Jesse Byock
Traduit de l'anglais (E.-U.) par Béatrice Bonne
Préface de Jacques Le Goff
Aubier Collection historique
Flammarion / Aubier

Seigneurs sanguinaires, maraudeurs sillonnant les rivages de l'Europe du Nord et pillant tout sur leur passage, les Vikings n'ont pas bonne réputation. Et pourtant ils ont fondé, en Islande, sur cette île demeurée quasi vierge de toute présence humaine jusqu'au IXe siècle, une société unique : basée sur un État libre et indépendant, elle est en grande partie exempte des hiérarchies sociales habituelles – y compris dans les rapports entre hommes et femmes – et fait reposer le règlement des conflits davantage sur le consensus que sur la violence et la guerre. Entre festins de raie pourrie et manuel de survie en milieu hostile, conflits juridiques et méthode de construction des maisons en mottes de terre herbeuse… c'est la vie quotidienne des Vikings à l'époque médiévale qui nous est ici dévoilée. En entrelaçant ses propres recherches historiques et archéologiques avec ses interprétations magistrales des sagas, ces récits littéraires typiquement islandais, Jesse Byock fait revivre cette civilisation avec brio. — *quatrième de couverture*

www.vikingnorse.com

A SELECTION OF BOOKS BY JESSE BYOCK ABOUT ICELAND AND THE VIKING AGE

Исландия эпохи викингов

Джесси Байок
Москва, Corpus, 2012
Translated by Ilya Sverdlov (Jesse Byock, *Viking Age Iceland*)

Джесси Л. Байок - специалист по древнеисландскому языку и средневековой Скандинавии, профессор Калифорнийского университета, автор множества книг, переводов и научных статей. Его главный труд, "Исландия эпохи викингов", - это и увлекательное путешествие по исландской действительности в период X-XIII вв., и полезное пособие по чтению саг, и экскурсия в удивительное общество, которое настолько занято делом, что вынуждено вместо междоусобных войн развивать правовую систему.

La Stirpe di Odino: La Civiltà Vichinga in Islanda

Jesse Byock
Traduzione di Marco Federici
Prefazione di Jacques Le Goff
Arnoldo Mondadori Editore

I primi raggiunsero l'Islanda dalla Scandinavia e dalla Brittannia vichinga alla metà del IX secolo e qui diedero vita a uno stato libero, indipendente e non gerarchico, che costituisce un unicum nella storia europea. Le strutture sociali, economiche, politiche e giuridiche, infatti, per quanto ispirate a quelle delle zone d'origine, doveterro essere modellate su una realtà geografica del tutto nuovo, difficile e affascinante, e durarono con minime evoluzioni fino alla conquista norvegese del 1260, dando vita a una civilità rurale, con una stupefacente cultura del diritto e un forte senso dell'onore.

In questo libro, che il grande medievista Le Goff ha definito "splendido e affascinante", l'autore indaga l'Islanda indipendente in modo globale, facendo ricorso a molteplici tipologie di fonti, da quelle giuridiche a quelle archeologiche, e in particolare analizza le splendide saghe, capolavori letterari dai quali è possibile ricavare la più esatta descrizione di quello che voleva dire vivere nella "terra dei ghiacci" tra IX e XIII secolo.

www.vikingnorse.com

A SELECTION OF BOOKS BY JESSE BYOCK
ABOUT ICELAND AND THE VIKING AGE

Island i sagatiden: Samfund, magt og fejde

Jesse Byock
Oversat av Jon Høyer
C. A. Reitzels forlag

De islandske sagaer udgør i denne bog et vindue ind til et usædvanligt samfund: Uden nogen central og udøvende myndighed formåede denne sociale nyskabelse at inddæmme fejder og konflikter og holde fred og forlig i omkring 300 år. I hele denne tradition, med dens tingsamlinger og kompromisløsninger, har de nordiske samfund dybe rødder.

Sagaerne opfattes i denne bog som et middelalderfolks beretninger om sig selv, fortalt til sig selv, til underholdning og social orientering. De opfattes således som pålidelige gengivelser af sociale mønstre og normer igennem den islandske fristatstid, der var kendetegnet ved en forbavsende kontinuitet. Læst i sammenhæng med anden islandsk middelalderlitteratur kaster sagaerne et gennemtrængende lys over hele dette historiske forløb. — *bagsidetekst*

Island i sagatiden udkom første gang i 1988 i USA og England med titlen *Medieval Iceland* og er en meget benyttet fagbog i mange lande. Denne danske udgave er gennemgribende udvidet siden da og omkring halvanden gang så omfattende. Denne bog kan anbefales til både erfarne forskere og nybegyndere inden for sagastudierne. Byock fremlægger sine undersøgelsesresultater og sine præmisser forbilledligt og klart, og netop derfor vil denne bog stimulere debatten på bedste vis. — Nanna Damsholt, *Scandinavian Journal of History*

Byock er sandsynligvis den første forsker, der viser, hvordan mægling, tredjepartsindgreb og forhandling udgør en vigtig social metode til at sikre statssystemet, magtbalancen og freden. — Helgi Þorláksson, *Skírnir*

Byock's bog er en *tour-de-force* inden for historisk argumentation. På fremragende måde rekonstruerer han de underliggende styringsmekanismer i et fejdesamfund, der ikke findes noget andet sted i den vestlige verden. — David Herlihy, *History Book Club*

De mest fascinerende dele af Byock's bog blotlægger de måder, som sagapersoner handler på for at nå deres mål inden for samfundets kontrol- og balancesystem. — Tom Shippey, *London Review of Books*

New From The Mosfell Archaeological Project

Viking Archaeology in Iceland
Mosfell Archaeological Project
Edited by Davide Zori and Jesse Byock

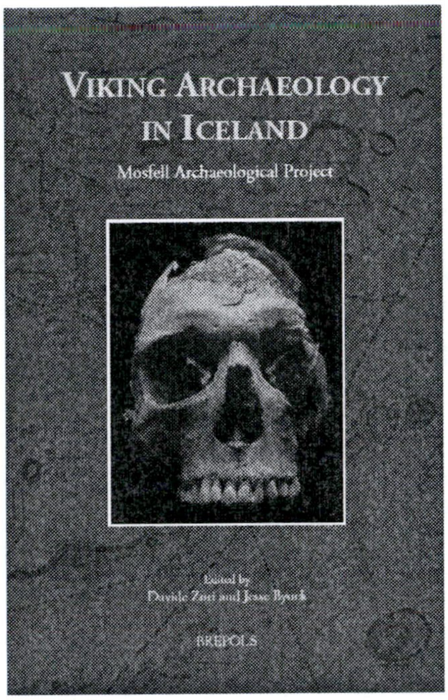

The Viking North Atlantic differs significantly from the popular image of violent raids and destruction characterizing the Viking Age in Northern Europe. In Iceland, Scandinavian seafarers discovered and settled a large uninhabited island. In order to survive and succeed, they adapted lifestyles and social strategies to a new environment. The result was a new society: the Icelandic Free State.

This volume examines the Viking Age in Iceland through the discoveries and excavations of the Mosfell Archaeological Project (MAP) in Iceland's Mosfell Valley. Directed by Professor Jesse Byock with Field Director Davide Zori, MAP brings together scholars and researchers from Iceland, Britain, Canada, Denmark, Norway, Sweden, Germany, and the United States. The Project incorporates the disciplines of archaeology, history, saga studies, osteology, zoology, paleobotany, genetics, isotope studies, place-names studies, environmental science, and historical architecture. The decade-long research of MAP has led to the discovery of an exceptionally well-preserved Viking chieftain's farmstead, including a longhouse, a pagan cremation site, a conversion-era stave church, and a Christian graveyard.
The research results presented here tell the story of how the Mosfell Valley developed from a ninth-century settlement of Norse seafarers into a powerful Icelandic chieftaincy of the Viking Age.

Cursor Mundi is a publication series of inter - and multidisciplinary studies of the medieval and early modern world, viewed broadly as the period between late antiquity and the Enlightenment. Like its companion, the journal Viator, Cursor Mundi brings together outstanding work by medieval and early modern scholars from a wide range of disciplines, emphasizing studies which focus on processes such as cultural exchange or the course of an idea through the centuries, and including investigations beyond the traditional boundaries of Europe and the Mediterranean.